甲午殇思

刘亚洲等 撰文

刘声东 张铁柱 主编

上海远东出版社

《甲午殇思》编委会

主　编：刘声东　　张铁柱
副主编：曹　智　　陶德言
编　委：陈　浩　　王经国　　李宣良
　　　　谢开华　　刘　华　　陈　锐

目　录

策划心语：我们无权不殇思……………………………………01

代序：制度·战略·信仰·国运
　　——由甲午战争谈起　刘亚洲……………………………01

从一场战争看一支军队
　　——北洋海军甲午惨败实属必然　金一南………………01

对甲午海战的再认识　丁一平……………………………………21

三个甲午年：中国命运的三大转折　孟祥青……………………33

甲午战争的历史告诫　肖裕声……………………………………49

甲午战争惨败的十大教训
　　——痛思的意义在于拒绝耻辱　罗援………………………67

穿越无形历史障壁的强国梦　郭凤海……………………………78

甲午战争："文化力"的比拼　皮明勇……………………………94

一场日本精心谋划的侵华战争　张炜……………………………113

中日海军战略差异决定甲午战局　刘杰…………………………132

甲午战争使中日关系易位的启示　徐焰…………………………153

还北洋海军将领公正评价　丁一平……………………171

以坚强的国家意志应对新挑战
　　——甲午战争120周年祭　彭光谦………………191

日本在甲午海战中粗暴践踏国际法　李安民…………215

甲午战争：清廷同样输在国际法运用上　邢广梅……233

大时代需要清晰完整的大战略
　　——甲午战争的历史启示　舒　健…………………245

不断提升打赢战争的战略能力
　　——甲午战争的战略警示　姜春良…………………267

李鸿章海防战略思想与北洋海军兴亡　张　炜………281

甲午谍报战让日本占尽先机　尤永斌…………………299

晚清国防转型与近代海防格局的形成　方　堃………319

胜败快慢之间
　　——对甲午战争的另一种观察　侯昂妤……………335

以甲午为鉴，全面提升打胜仗能力　丁伟杰…………353

观甲午战场，议强军目标　杨建立……………………369

从海陆协同战例反思甲午战争　苏小东………………387

晚清海军教育训练得失评析　刘化军…………………405

从中日价值取向看甲午轮回　靳明臣…………………………419

从攻防不对称律审视甲午战争　张　煌…………………………429

晚清军事改革的教训和启示　王晓彬…………………………443

战略决策失误与甲午惨败　肖天亮…………………………455

走进甲午，是为了走出甲午
　　——败局远去的沉思　余爱水…………………………471

出版后记…………………………………………………485

策划心语：我们无权不殇思

2014，又逢甲午。

120年前的那场中日甲午战争，宛若无法痊愈的伤口、无法挥去的噩梦、无法逾越的鸿沟，令人在无法驱散的硝烟中悲不自胜。

当年的北洋水师主舰"定远"舰被打捞起来后，迄今仍在日本福冈的街头，被拆造成"定远馆"风餐露宿；甲板改造成的大门上弹痕累累，一个多世纪以来默默述说着中华民族的苦难和屈辱；邓世昌、丁汝昌、刘步蟾……这一个个宁死不屈、舰亡人亡的军魂，在异国他乡的"定远"上泣血！

当年的侵略者日本，右翼势力恶性未改，依旧气焰嚣张；从倾坍的废墟中站起来的中国，有一些人麻木习气尚余，散沙根性犹存。愿泱泱中华的国魂、军魂，从对甲午战争的殇思中汲取力量，更加强壮！让我们记起盛唐的痛击，曾打得日寇一千年俯首称臣；大明的骁勇，曾让日倭二百年不敢来犯。

为了少流生命之血，少抛民族之泪，新华社解放军分社和参考消息报社联合组织刘亚洲、丁一平、皮明勇、肖天亮、余爱水、金一南、罗援、肖裕声、彭光谦、徐焰、张炜、孟祥青等军事名家，以中国军人的家国情怀、当代学者的文化良知，就120年前的甲午战争的惨痛历史教训，进行深刻、全方位的反思，走进历史深处，回应现实关切，倾听未来呼唤，撰成长篇研究论述和血泪文章，以期警醒国人和全军官兵勿忘国耻，勿忘军耻，知古鉴今，重振国威。

这组长篇反思深思文章，字字千钧，句句泣血，自2014年3月3日至4月11日在《参考消息》连载以来，激起了军内外各界读者的热烈反响。应广大读者要求，我们特将其充实完善，汇编成册，由上海远东出版社公开出版。

相信这组极有含量的政论性文章，既能激起我们勿忘国耻、矢志强国的奔腾热血，也能引发我们理性判断、对症下药的冷静思考；既能帮助我们梳理历史思绪，也能激发我们增强时代担当。

"虽有其心，难有其力"，是尴尬。

"虽有其力，难有其心"，是悲哀。

走在复兴之路上的中华儿女，反思反省，应有其心；抗耻拒辱，当有其力。

马年春节，有这样一条特别提神提气的拜年短信：

甲午重触中国痛，天马扬我汉唐风。

谁敢兴风作恶浪，叫他赎罪到祖宗。

一位将军和诗一首，表达心志：

回首甲午心椎痛，放眼新春梦汉风。

何惧鬼魅再作孽，策马待命箭在弓。

这样的诗句读来让人热血沸腾。

岁逢甲午，狼烟犹在。我们无权不殇思！

新华社解放军分社社长　刘声东
参考消息报社总编辑　张铁柱
2014年4月18日

代序：制度·战略·信仰·国运
——由甲午战争谈起

刘亚洲

刘亚洲

国防大学政委，空军上将军衔。毕业于武汉大学英文系。参军后历任排长、副连长、军委办公厅干事、师级单位政委、军区空军政治部主任、军区空军政委、空军副政委等职。

由新华社解放军分社和参考消息报社联合组织策划的"军事名家的甲午殇思"系列文章，自2014年3月3日起在《参考消息》连续刊发以来，得到社会各界极大关注。在本系列文章结束前夕，中国人民解放军国防大学政治委员刘亚洲空军上将接受了新华社解放军分社社长刘声东和参考消息报社总编辑张铁柱（文中简称记者）的采访，就甲午战争谈了自己的看法。

记者：请您谈谈对甲午战争的看法。

刘亚洲：习近平主席说，历史是现实的根源，任何一个国家的今天都来自昨天。甲午战争是一场深刻影响和改变了两个国家命运的战争，这两个国家，一个是中国，一个是日本。再往大处看，它还在相当程度上影响了世界历史。当然，受影响最大的还是中国。对中国而言，这场战争的历史深刻性在于两点：一、战争失败了，但失败的原因至今仍在追问之中；二、战争虽然早已结束，但战争的伤口并未愈合，仍然横亘在历史和现实之间。对这场战争疑问的解答，构成了我们民族进步的阶梯。从这个意义上讲，甲午战争已成为一种标志、一个符号。

一、制度

刘亚洲：甲午之败并非海军之败，也非陆军之败，而是国家之败。甲午战争日本的胜利是制度的胜利。大清帝国的失败是制度的失败。鸦片战争一声炮响，在唤醒了清朝的同时也唤醒了日本。中日两国同时走上了"改革开放"的道路。但两个国家学习西洋文明，一个从内心革新变化，另一个则止于外形。一个把外来的东西当饭吃，一个把外来的东西当衣穿。当饭吃的消化了，强身健体；当衣穿的只撑起了一个模样。福泽谕吉说，一个民族要崛起，要改变三个方面：第一是人心的改变；第二是政治制度的改变；第三是器物的改变。这个顺序绝不能颠倒。如果颠倒，表面上看是走捷径，其实是走不通的。日本就是按照福泽谕吉这个顺序走的，而清朝则反着走。结果一个成功了，一个失败了。德国"铁血宰相"俾斯麦曾分别接待过中国和日本两个代表团，后来有人问他对中日的看法，他指出，中国和日本的竞争，日本必胜，中国必败。他说："日本到欧洲来的人讨论各种学术，讲究政治原理，谋回国做根本的改造；而中国人到欧洲来，只问某厂的船炮造得如何，价值如何，买回去就算了。"

记者：当时清朝有句口号叫"中学为体，西学为用"。

刘亚洲：中国古代文明太灿烂了，反而成了我们的包袱。日本从来不是领导世界历史文明潮流的强国，因为它缺乏文明的原创力，这反而使它在全面西化时能够轻装上阵。况且日本是个爱学习的民族，谁强跟谁学，而且学得有模有样。当年它被唐朝打败之后，立即派出大批遣唐使。那时日本，弥漫的是一股"唐化"之风。二战结束后，东京的废墟瓦砾还没清除干净，裕仁天皇就签发了向美国派出留学生的诏令。所以，明治维新短短30多年时间，便把日本变成了一个现代国家，并不让人惊讶。日本与清朝的对决，是一个现代国家与前现代国家的对决。清朝怎么能赢？

记者：您说当时日本已成为一个现代国家，有什么标志？

刘亚洲：最主要的标志是人的觉醒。日本沿袭中国文化上千年，其国家形态与它的文化母国是一样的：国不知有民，民不知有国。人民只有宗族意识，没有国家意识。那时候西方传教士到中国和日本来，都一致承认中日两国人民的忍耐与坚忍无与伦比，但另一个印象就是麻木不仁，对压迫逆来顺受，毫无主动性和创造性。日本有本侮辱中国人的书叫《支那论》，说中国人"似蚯蚓这种低级动物，把一段身子给切断了，其他部分没有感觉，仍能继续活着"。其实以此来形容明治维新前的日本人，也不差分毫。但西风东渐之际，日本人断然斩断了上千年的文化脐带，脱亚效欧，加入了西方的发展行列，人民变成了国民。

百姓是不是国民，有两条重要标准，一是有没有权利，二是有没有财富。在明治维新的同时，日本还搞了"自由民权"运动，其核心是"纳税人的参政权"。大久保利通说："国家强大源于民众的富足。"日本走了和清朝洋务运动相反的路，鼓励民间资本。而清朝腐朽的制度不仅阻碍民族发展，为敌国入侵提供可能性，并在关键时刻出卖民族利益。甲午战败后赔了那么多钱，可战前买军舰，竟一分也掏不出来。有了国民，就有了真正现代意义上的国家。很多日本学者在总结甲午战争经验时都认为，国民意识是战争胜利的最大法宝。后来，"战争＋国民＋国民国家形成"这种形式，构建了近代日本的国家模式。反观大清帝国，当日本在不顾一切地调动和激发全民族的创造力的时候，清朝则不顾一切地将民间思想火花扑灭于萌芽之中。战争从来就不是老百姓的事，甚至不是军人的事。威海卫陷落后，南洋舰队曾派人向日本海军请求归还被俘的南洋舰队的两艘舰只，因为这两艘舰是北上参加北洋水师会操的，而非参战，理应归还。此事成了海战史上的笑柄。

记者：一切事情，核心因素是人。

刘亚洲：梁启超说："今日世界之竞争，不在国家而在国民。"日本自然资源实在匮乏，所以就最大限度开发人的资源。明治维新时是这样，今天也是这样。它首先抓的是对人的教育。这里说的教育指的是完全不同于日本"唐化"后的旧式教育，而是"欧化"后的新式教育。甲午战争10年后，日本又打赢了日俄战争。日本天皇说，赢了这场战争，他最应当感谢的是日本的小学教师，因为日本士兵绝大多数都受过小学教育，而沙俄士兵则大多数是文盲。教育的革命带来了思想的革命。军队是更需要思想的。对一支军队而言，思想才是真正的杀手锏。红军就是一支有思想的军队，所以它战无不胜。

记者：相比之下，清军就差多了。

刘亚洲：清朝的教育恐怕是中国历史上最差的教育。有两份广为流传的名单很有代表意义：第一份名单上的人都是清朝的状元，如傅以渐、王式丹、毕沅、林召棠、刘子壮、陈沅……然而大家对他们知之甚少。第二份名单上的人有吴敬梓、蒲松龄、洪昇、袁世凯等，这些人赫赫有名，却是清朝的落第秀才。这最能说明清朝的教育出了大问题。

记者：这个对比太强烈了，也太有说服力了。

刘亚洲：思想的力量太重要了。人的精神即人的思想，人的思想即人的精神。思想不仅是心理的，也是生理的。我看二战时期日本军队的影像，总觉得日本军人脸上有股异样之气，别人很难模仿。老干部看了我国演员扮演的日本兵，总说："不像。"为什么不像？缺少了什么？有一次，我在日本访问，正值马拉松比赛，七大电视台全部转播，日本几乎是全国观看。有一个运动员腿扭伤了，花了近5个小时才跑到终点，但日本电视一直在跟拍他。街道两侧，密密麻麻全是为他鼓气的人。这时我突然明白了日本人身上那种异样之气是什么了。就在甲午战争后不久，李鸿章访问英国，英王室为他表演网球。事后问他观感，李鸿章说："很好，很好，只是实在太辛苦，何不雇人来打？"

记者：李鸿章这样的人，还是洋务运动的精英。

刘亚洲：梁启超认为李鸿章是时势所造的英雄，而不是造时势的英雄。在他看来，日本的伊藤博文则是造时势的英雄。他还说，像伊藤这样的人，在日本成百上千；"中国之才如李某者，其同辈中不得一人"。人是改革的最大动力，也是改革的阻力。成事在人，败事也在人。李鸿章以一人来敌一个精英集团，怎能不败？

二、战略

刘亚洲：甲午战争其实也是中日两国发展战略的对撞。19世纪中叶，西方列强入侵东方，亚洲各国相继沉沦，只有中日两国奋起自强。中国发起洋务运动，日本搞起了明治维新。洋务运动的倡导者和参与者，在建立现代国家的努力上，与日本明治时期那代人，应该同样值得尊重。问题是，东亚狭窄，容不下两个国家同时崛起，尤其容不下中国这样的大块头崛起，这就决定了中日间必有一战。日本对此认识得非常清楚，而清朝则懵懵懂懂。中日双方都在西方船坚炮利的逼迫下进行战略转移。日本实现了由传统国家战略向现代国家战略的彻底变革。相反，清朝在确立具有现代特征的国家战略上始终裹足不前。直到国家覆亡，都没有制定出现代意义上的国家战略。

记者：这告诉我们，任何时候，最重要的是要有清晰的战略。

刘亚洲：第一位的是要有战略意志。在这一点上，我们要向日本学习。日本是个岛国，它始终认为自己的出路在大陆。为了踏上列岛西边这片大陆，它已经准备了上千年。也就是说，它的对华战略已经实施了上千年。历史上的日本有两个特点：一，一旦权力集中，就要征伐朝鲜；二，每一次自然灾难之后，就会出现要求对外动武的声音。最近的一次是福岛大地震后，日本右翼分子对钓鱼岛的染指。其实这都与它的大陆战略有关。大陆情结贯穿了日本历史的始终。

中国历史上不乏大思想家、大战略家，但是难以有跨越数代人的长久性大战略和实行这种战略的意志。日本发动甲午战争时，叫嚣的是"国运相赌"，清朝就没有这样的国家意志。甲午战争之后，日本是想永久占领中国的，所以它学习的是清朝灭亡明朝的经验，以摧毁中国人的心理和意志为主。这就是为什么日军在战争中对中国人那么凶残和几次大屠杀的原因。南京大屠杀就是"扬州十日"的翻版。从这个意义上说，大屠杀不发生在南京，也一定会发生在其他地方。只不过南京是中国首都，屠城的震撼力远大于其他地方。这是日本的既定战略。

记者：这样一讲，日本的脉络就看得很清晰了。

刘亚洲：其次是战略眼光。要看得深、看得远。中国的历史，既是世界历史进程的一部分，同时也是自身发展的历史。只有布局天下，才能布局中国。甲午战争既是中日双边冲突，又是大国博弈的产物，对国际格局的影响至今未消。1853-1856年，英、法等国在克里米亚战争中战胜俄国，堵住了俄国南下的道路。不久后，左宗棠收复新疆，也让俄国在中亚方向无所作为，所以它掉头东进，这就与日本发生了冲突。甲午战争后，日俄冲突成为必然。10年后，双方爆发了被西方称为"第〇次世界大战"的日俄战争，这场新列强战胜老列强的战争，实际上成为了日后更有世界影响的俄国十月革命的催生婆。

记者：请您谈谈清朝的军事战略。

刘亚洲：美国人李普曼说，只要存在着一条军事疆界，一条相应的政治疆界就会出现。这句话也可以反过来理解：只要存在一条政治疆界，一条相应的军事疆界就应该出现。军事战略是国家战略的一部分，军事战略应当服从于国家战略。但是如果军事战略出了问题，仗打败了，这个国家的国家战略也就完了。退一万步说，即使国家战略出现失误，如果军事战略恰当，还能为国家战略的重构创造机会。否则，即使国家战略正确，如果没有正确的军事战略配合，国家战略照样无法实现。纵观当时中日两国的国家战略，最能说明这一点。清朝经过30年洋务运动，迎来了千载难逢的战略机遇期，将强未强。清朝的首要目标是确保战略机遇期不失去。日本则强调"强兵为富国之本，而不是富国为强兵之本"，8次扩充军备，准备"举国发动，国运相搏"。谁的国家战略目标正确，一目了然。但战争结果是，正确者失败，错误者胜利。差距就在军事战略上。

清朝经过了30年的军事变革，建立了一支表面上脱胎换骨的新式海军和陆军，但它的军事变革是失败的，主要是观念落后。胜利的军队用未来的观念打今天的战争，失败的军队用昨天的观念打今天的战争。清朝的军事变革，正如车尔尼雪夫斯基评价彼得大帝的改革那样，"大胡子剃掉了，德式西服穿上了，但是留大胡子、穿旧式服装时期的那些思想却留下了"。清朝的军事改革从根子上没有能够摆脱农耕文明的桎梏。农耕生产方式要解决的问题首先是天下太平,有饭吃就满足。农耕文化的眼睛是向内而不是向外看的。清朝内斗那么激烈,也是农耕文化的产物。因此,北洋水师虽然拥有世界上最先进的铁甲舰,奉行的却是长期防御性战略。这是一支农民的海军,因此是一支守土的海军,而不是一支经略大洋的海军。表面上看,甲午海战的战场上,是双方"海龟"的较量。军舰都是从欧洲进口。双方将领均毕业自英国的海军院校,且都用英语指挥。但那是农民与现代军人的较量,那是鸡蛋和石头的碰撞。我曾为北洋水师在全部海战中没有击沉过一艘日舰而震惊。后来我想透了,这丝毫不奇怪。全世界的鸡蛋联合起来就能够打过石头吗?退一步讲,即使是防御,第一道防线也应该在对马海峡展开。反观北洋水师,只敢在大陆沿海做些机动。作为失败的典型,这支水师实在太"成功"了。

记者:清朝军事变革还有什么问题?

刘亚洲:还有两点。第一是没有现代军事思想家。没有军事思想家就无法进行战争的顶层设计,而顶层设计的失败是最大的失败。中国一贯有轻视军事思想家的传统,兵书是不登大雅之堂的,正经的读书人以读兵书为耻。德国在第一次世界大战战败后,在列强的监视和重压下,从零开始,仅仅 20 年时间就建立起一支全新的机械化大军,横扫欧洲。德军是怎么做到的?根本原因就在于它们重视军事理论家。古德里安因为他的军事理论被任命为德军第一支装甲兵团的司令官,官拜上将。中国自古很少有军事理论家受到如此重视。与之相反,日本对华侵略的思想、政策的设计者,基本都不是政府官员,而是普通的学者和知识分子。

第二是难以冲破利益的藩篱。清朝的新军本来就是在湘军、淮军基础上组建的，门户对立，内斗激烈。朝廷上有维新派与顽固派的斗争，朝廷外有革命党与保守党的斗争。黄遵宪在甲午战争中悲愤地说："噫吁哉！海陆军！人力合，我力分。如蠖屈，不得申；如斗鸡，不能群。"军事工业分属不同洋务集团，已然成了官员私产。战争中，日军缴获大量清军装备，这些装备型号之多，令日军瞠目。各个集团都在把自己的利益最大化。北洋水师炮台上的火炮型号达84种之多。

记者：这样的军队怎能打胜仗？

刘亚洲：甲午战争中，一些优秀的清朝军人尽力了，特别是北洋水师的一些将领。北洋水师共有11名管带，7名殉国，近3000官兵血洒海疆。但这并不能改变战争结局。他们越英勇，就越反衬政府无能，反衬战略出错所造成的代价之惨重。甲午战争，是近代历史上中国军队与外国军队武器装备差距最小的一次战争，又是中国军队败得最惨的一次战争。短暂的战略机遇期彻底失去。日本由此一步步走向强盛，而中国则自此万劫不复。仅举海军为例，到第二次世界大战爆发时，日本海军总吨位为98万吨，拥有10艘航空母舰。此时中国海军全部舰船总吨位只有5.9万吨，还没有日本一条"大和"号战列舰的吨位（6.5万吨）大。

三、信仰

刘亚洲：甲午之败还是文化之败。

记者："甲午殇思"系列中专门有一篇文章谈这个问题。

刘亚洲：了解一个民族首先要了解其文化。文化的核心是精神。精神的核心是信仰。这是一个民族的基因。基因决定了一个民族特征、发展和变异。要知道一个国家未来向哪里去，可以先通过基因分析看看它从哪里来。分析甲午战争，同样必须分析双方的基因，才能透过现象看清本质，才能找到千年前的根源，也才能够看清千年后的发展。甲午战争前，日本向中国派出了大批间谍。我记得有一个间谍来到南方一处游冶场所，倾听缓慢、悠长、哀伤的二胡演奏，观察在场中国人的麻木表情。良久，他说："完了，这个大国完了。"他从音乐声中看到了晚清中国人的精神状态。

记者：评价甲午战争，都觉得中日两军精神状态差距太大。

刘亚洲：清军没有守住一座该守住的城池，没有攻下一个该攻下的阵地。丰岛海战、平壤之战，乃至大东沟海战，日军无一战有十足胜算，但清军却总是无一战不一触即溃。日本《日清战争实记》写道："支那大将身形高大，力气超群，貌似可指挥三军，然一旦开战就变成弱虫一条，尚未听到枪声就逃之夭夭，甚至披上妇女衣装，企图蒙混过关。"以至于战后在日本儿童游戏时，辱骂失败者是"支那"。两国老百姓的精神状态对比也非常强烈。中国老百姓送亲人上前线，哭哭啼啼。日本人出征的情形，梁启超写道："亲友宗族把送迎兵卒出入营房当作莫大光荣。那光荣的程度，中国人中举人、进士不过如此。"他还说，日本人欢送亲朋子弟入伍都以"祈战死"三字相赠。报刊所载赠人从军诗，都以"勿生还"相祝贺。就连在日本社会地位最卑微的妓女，也捐钱捐物资助国家战争。

旅顺大屠杀时，中国百姓几乎未有任何抵抗，绝大多数神情麻木，如待宰羔羊。李鸿章幕僚罗丰禄描述："倭人常谓中国人如死猪卧地，任人宰割，实是现在景象。"福泽谕吉说："支那人民怯懦卑屈实在是无有其类。"在中国，一共发生过两次刺杀日本高官的事件，一次是安重根击毙伊藤博文，一次是尹奉吉炸死陆军大将白川义则。两个义士都是朝鲜流亡者。朝鲜人在中国土地上有此惊天地、泣鬼神的壮举，让日本人胆寒。我常常想，如果他们是中国人该多好。如果一条鱼病了，是鱼的问题；如果一条河的鱼全病了，那就是水的问题。

记者：这个"水"指的是中国文化吗？

刘亚洲：是的。中国的国民性在古代是非常辉煌的。春秋时期，中国人性格阳刚勇武，思想灿烂绚丽，极富进取心也极富创造力。到处是慷慨悲歌、侠肝义胆之士。与之相得益彰的则是直到今天仍令我们神往的诸子百家，洋洋大观！那时的中国人是有信仰的。他们信仰的是中国传统中最健康的东西，如信、义、仁等等。秦始皇之后，专制皇权大行其道，对人民一代一代进行奴化教育。被统治阶级阉割后的儒学道统使得中国人只知道有家，不知道有国。孝子太多，忠臣太少。政治权力不允许民众树立信仰与道德，因此成了一盘散沙。尤其是经过蒙、满两个马背民族的统治，中国人的血性几乎被摧残殆尽。你看看明、清的绘画，很多是颜色黑白的山水画，愁云惨雾，给人一种凄凉压抑的感觉。戴季陶说，日本最消极的"浮世派文学艺术"的画中，都含有不少杀伐之气。200多年前，一个叫马戛尔尼的英国人到中国走了一趟，回去后，一针见血地说了一句话："中国人没有宗教，如果有的话，那就是做官。"日本间谍宗方小太郎研究中国后得出一个结论："人心腐败已达极点。"他提出，国家是人民的集合体，人民是国家组织的一"分子"，"分子"一旦腐败，国家岂能独强？"分子"腐败，国家的元气就丧失消亡，这比政策失误还要可怕。

记者：日本似乎也没有具有国际影响力的宗教。

刘亚洲：对，日本对外出口一切，但独不输出或输不出宗教。然而日本人有信仰。日本的武士道精神，最初来源于中国春秋战国时代的豪侠人格。石原莞尔认为，中国原先也是有"武士"的，但这种"武士"在宋朝以后永远消失了。中国的"武士"在日本得到了发扬光大。日本神道最强调"忠"。"忠"在日本才是一种宗教，并成为超越其他一切宗教的思想。缘由是这个岛国历史上从未受过外来侵略，也没有发生过王朝更替，是所谓"万世一系"。武士道精神加上对天皇的忠诚，使日本出现了一种畸形的信仰，将死亡视为解脱，认为死者可以免受谴责。武士道强调看透死亡。武士道最初要学习的就是忍耐、冒险和自杀。"武士道就是看透死亡，于生死两难之际，要当机立断，首先选择死"，而且是果断地死，毫不犹豫地死。武士只要做了对不起领主的事，唯有切腹自杀以谢罪。所以日本文化把认罪看得很重。正因为如此才不会轻易认罪。切腹自杀是最痛苦的一种自杀方式，却最受日本推崇。这种信仰调教出来的人，在侵略战争和屠杀中是不会有任何道义和怜悯的。我看甲午战争时期中日两军的照片，总有一个强烈的感觉：清军士兵无论拿什么武器，看上去都像一个厚道的农民；而日本农民不管拿什么武器，看上去都像一个武士。你再看看日本的军歌："……冲向高山，让尸骸填满沟壑；走向大海，让浮尸浮满洋面。"在现代世界军队中，哪支军队有这样又是尸体又是鲜血的军歌？

记者：听上去像今天恐怖主义分子的调门。

刘亚洲：日本军国主义者就是恐怖分子。日本侵略中国，从来就是以屠杀为手段。有一种研究认为，甲午海战时，北洋水师炮的口径大，日舰的炮口径小，但射速快。日军是打人不打船。当4—5倍于清舰射速的炮弹雨点般地落在船上时，给北洋水师造成的肉体创伤和精神打击是巨大的。日军攻击旅顺，远没有像10年后日俄战争时那么吃力，那么伤亡大，但它还要在旅顺进行大屠杀，杀得旅顺只剩下36人。面对这样凶残的敌人，你想当时处在半殖民地半封建状态下的中国人能够抵挡吗？

记者：难以想象。

刘亚洲：可是，一个奇怪的情景发生了。就在甲午战争发生40

年后，有一批中国人做出了这个民族近千年来不曾有过的壮举。这个壮举令世界震惊，也令中国人自己震惊。这就是1934-1936年红军进行的二万五千里长征。中国工农红军一扫甲午年间中国人的那种懦弱、麻木、贪生怕死，展现出来的是一种全新的精神面貌。他们是那样英勇、大无畏，那样藐视死亡和苦难。长征，被美国作家索尔兹伯里比作犹太人出埃及、汉尼拔翻越阿尔卑斯山和美国人征服西部，他认为："本世纪中没有什么比长征更令人神往和更为深远影响世界前途的事件了。"布热津斯基说："中国革命的长征不是什么象征，而是考验中国红军男女战士的意志、勇气和力量的人类伟大史诗。"这支衣衫褴褛、面带饥色的军队从南中国出发时有8.6万人，到陕北时只剩下不到6000人，可正是这支军队，后来建立了一个强大的新生政权。仅仅40年，他们应该还算是甲午同代人。他们怎么能这样？是什么使他们让中国焕然一新？

记者：您说是什么？

刘亚洲：我给你们讲一个长征中的故事。红军翻越一个叫党岭的雪山时，很多人因为缺氧和劳累死去了，被埋在雪堆里。后面的部队上来后，发现有一只胳膊伸出雪堆，拳头紧握。他们掰开这只手一看，里面是党证和一块银元。党证上写道："刘志海，中共正式党员，1933年入党"。从这个故事中，你们一定会明白红军的力量来自哪里。

四、国运

刘亚洲：甲午一役，是民族之哀、民族之痛，但我认为，它同时还是民族之幸。因为在这场战争之后，一个奇妙的瞬间诞生了。在这个瞬间里，历史向古老的中国打开了另外一扇门。

记者：为什么这么说？

刘亚洲：甲午战争的失败导致了中国人群体意识的觉醒。甲午战争对中华民族的影响，梁启超曾有过入木三分的评论："吾国四千余年大梦之唤醒，实自甲午战败割台湾、偿二百兆以后始也。"从准确意义讲，不是鸦片战争，而是甲午大败才是中国人真正睁开眼睛看世界的开始。甲午战争直接导致了辛亥革命的发生。1894年6月，时年28岁的孙中山上书李鸿章，指出器物层面的改进不足以战胜西洋，结果不被采纳。最终甲午兵败。同年11月，檀香山兴中会成立。次年2月，香港兴中会成立。兴中会就是同盟会的前身。十几年后，清朝被推翻。1919年，因为不满日本强加给中国的所谓《二十一条》，北京爆发了"五四"运动。正是在这个运动的基础上，中国共产党诞生了。从此，中国历史开始了伟大的转折。

毛泽东出生在甲午战争爆发的前一年。邓小平出生在甲午战争结束后10年，也就是日俄战争的当年。他们的青年时代，正是甲午风云掀起的巨涛对中国近代史冲击最猛烈的时代。启蒙、自强与救亡，是那个时代的主旋律。他们的思想上一定有深深的甲午烙印。他们肯定从来不曾忘记甲午。上世纪60年代，毛泽东在谈到中印领土争端时说过"不能做李鸿章"的话。1982年，英国首相撒切尔夫人不愿把香港主权归还中国，邓小平说："如果不收回，就意味着中国政府是晚清政府，中国领导人是李鸿章！"正是在这两位伟人手中，中华民族获得了复兴。

记者：还没有人从这个角度看甲午。

刘亚洲：从另一个意义上讲，我们还应当感谢日本。毛泽东就讲过类似的话。1956年，毛泽东在与访华的日本前陆军中将远藤三郎谈话时说："你们也是我们的先生。正是你们打了这仗，教育了中国人民，把一盘散沙的中国人民打得团结起来了。所以，我们应该感谢你们。"日本是一个有特点、有优点的对手。中国是日本最早的老师，日本是中国最新的老师。没有甲午一役，中国还不知道要再沉睡多少年。

"造就最强大国家的首要条件不在于造枪炮，而在于能够造就其国民的坚定信仰。"中国共产党在当代最伟大的历史成就之一，就是再造了中华民族的精神信仰。也正是这群有信仰的共产党人，领导中国人民走出了甲午战争失败的阴影。抗日战争中，他们不仅彻底战胜了日本侵略者，还在第二个甲午年到来之际，打胜了一场抗美援朝战争。这似乎是一个宿命。当年的甲午战争，因朝鲜而起。抗美援朝战争，又回到了60年轮回的原点，这一仗不仅挽回了中国军人自1840年以来屡战屡败失尽的颜面，而且为民族复兴提供了重要心理支撑点。这是毛泽东的大手笔。萨镇冰曾是北洋水师的管带，刘公岛鏖战时，夫人来探望。萨镇冰说："这里是什么地方？今天是什么日子？告诉她就当我死了，叫她速回！"夫人垂泪而归，不久就去世了。萨镇冰后来参与重建民国海军，解放后还当过中央人民政府人民革命军事委员会委员，但终身没有再娶。他在抗美援朝胜利后欣喜若狂，写下了"终有扬眉吐气天"的诗句。去世前还赠诗毛泽东："尚望舟师能再振。"《清日战争》作者宗泽亚认为，甲午战争以来，日本人真正开始正视中国并试探与中国建立邦交，自抗美援朝始。

记者：请再谈谈日本甲午一役后的结局。

刘亚洲：日本的结局与中国正好相反。甲午战争中国败了，却是凤凰涅槃，一步步走向辉煌；日本胜了，却在胜利中一步步走向灾难。甲午战争不仅使日本淘到现代化的第一桶金，还尝到了"国运相赌""以小博大"的甜头，在军国主义的道路上越走越远。最后，日本军国主义者已狂妄得没有边际了，竟然叫嚣要"将旭日旗插上喜马拉雅山山顶"。美国学者研究认为，日本患上了一种"胜利病"。什么仗都敢打，什么国家都敢侵略。看看日本人甲午战争后的旅程，我认为就是一场奔丧的过程。直到牺牲了上千万军民，挨了两颗原子弹，输得一干二净：交还了朝鲜，交还了东北、蒙古，交还了台湾，除了一个冲绳之外，其他吃进去的东西都被迫吐了出来。种未灭，国已亡，至今还是个非正常国家。这一切，不能不说都与甲午战争有关。日本民族性格中一些本来是优点的东西，走到极致，也就滑向了反面。岛民善冒险，总是搞突然袭击。凭借冒险和偷袭，日本赢得了甲午战争和日俄战争的胜利。滥用这种力量，在最后一场战争中则遭到惨败。韩国学者李御宁指出："袭击珍珠港的念头，来自刹那间一击取胜的剑道和相扑，但那场地太大了。每当把盆景树木要移植到广阔的平原时，日本总是犯大错误。"

当下的日本又是如此。

从一场战争看一支军队
——北洋海军甲午惨败实属必然

金一南

实践是检验真理的唯一标准。军人的实践，军队的实践，从最根本上来说都是这两个字：战争。战争从来用血与火，对一支军队进而对一个国家作出严格检验。被甲午战争检验了的北洋海军，是一支什么样的军队呢？

一、在官僚倾轧中艰难成军

北洋海军是中国第一支近代化军队。它能够成军，主要受到三个事件的推动：1856—1860年的第二次鸦片战争，1874年的台湾事件，1884年的中法战争。

1860年英法联军入侵北京火烧圆明园，是搭乘兵轮从天津海口登岸的。1874年日军入侵台湾事件，清廷大臣文祥描述道："东洋一小国……仅购铁甲船二只，竟敢借端发难。"1884年的中法战争，光绪皇帝称"法国恃其船坚炮利，横行无忌"。清军虽有

金一南

国防大学战略研究所所长，少将军衔。全国模范教师，全军优秀教师，连续三届国防大学"杰出教授"。著作《苦难辉煌》获图书出版最高奖"中国出版政府奖"，《浴血荣光》入选社会主义核心价值体系"双百"出版工程首批重点出版物，近期新著《心胜》。

陆上的胜利，结果却仍然是签订不平等条约。

三大事件，无不和海上力量的有无与强弱密切相关。在危机愈加深重的时刻，清廷终于发出了"造船不坚，制器不备，选将不精，筹费不广"的感叹，作出了"惩前毖后，自以大治水师为主"的决断。1885年，总理海军事务衙门设立。1888年，北洋海军正式成军。

从1861年决定投巨资向英国购买一支新式舰队装备起，到北洋舰队成军的27年时间内，清廷为建设海军到底耗去了多少银两，至今无法精确统计。对一个既无明确的用款计划，又无严密的收支审计的封建王朝来说，这是一笔太难弄清的糊涂账。但投入无疑是巨大的。姚锡光在《东方兵事纪略》中说，北洋舰队"其俸饷并后路天津水师学堂及军械、支应各局经费，岁一百七十六万八千余两"。这还仅仅是人头费、行政开支等项，可见水师的开支的确惊人。有人统计，不算南洋海军和广东、福建水师，仅建成北洋海军就耗银3000万两。还有人统计说，清廷支付的舰船购造费超过3000万两，再加舰船上各种装备器材的购置维持费、舰队官兵薪俸、舰队基地营造费及维持费、后路各造船修船局厂及官衙的开设维持费、海军人才的国内外教育培养费、海军学堂的开办维持费等等，合而计之，清廷筹建海军的总投资约在1亿两上下，等于每年拿出300余万两白银用于海军建设，平均占其年财政收入的4%强，个别年份超过10%。

这样的数目与比例，在当时条件下不可谓不高。尤其是在政局剧烈动荡、财政捉襟见肘的情况下完成如此巨大投入的。持续将近20年镇压太平军、捻军的战争，已使清廷"帑藏支绌"，财政上几乎山穷水尽。又有"倭逼于东，俄伺于西"。东面先打发日本，后打发法国不断地赔款；西面先平息"回乱"，后收复新疆不断地支款。在这种情况下拆东墙补西墙，勉为其难地凑成对海军的投入，也算是挖空心思了。道理不复杂，此时不论慈禧太后还是同治、光绪二帝，皆意识到海防对维护统治越来越重要的意义。

但为什么自 1888 年北洋海军成军后，“添船购炮”的工作就停止了呢？慈禧曾称“惟念海军关系重大，固非寻常庶政可比”，几乎将海军视为身家性命，却为何突然又挪用海军经费去建颐和园了呢？

注意三个人物：醇亲王奕𫍽、北洋大臣李鸿章、帝师翁同龢。

首先是慈禧指派的总理海军事务大臣、醇亲王奕𫍽。此人在任上筹措款项，建立机构，确实做了一些事情。但自他入主海军之日起，便给海军带来了过多政治利害。

奕𫍽是光绪皇帝的生父，主持海军衙门时，正值慈禧应撤帘归政、光绪亲政在即的关键时期。奕𫍽深知慈禧专权，亲睹即使慈禧亲生子同治帝，亦被长期作为“儿皇帝”对待的境况。同治帝病亡无子，两宫皇太后宣布醇亲王奕𫍽之子入承大统，奕𫍽竟然“惊遽敬唯，碰头痛哭，昏迷伏地，掖之不能起”，可见对祸福的感受有多么深。多年来，他担心其子光绪永远只能做个儿皇帝，也担心自己不慎惹怒慈禧，招致更大祸患。他“谦卑谨慎，翼翼小心”，“深宫派办事宜，靡不殚心竭力”，甚至“前赏杏黄轿，至今不敢乘坐”，被慈禧评价为“其秉心忠赤，严畏殊常”。1886 年 6 月，慈禧做出试探，宣布“明年正月择皇帝亲政日期”。奕𫍽立即反应，两次率诸王大臣“请皇太后仍训政”，使慈禧“勉从之”。获得的回报是慈禧“命醇亲王仍措理诸务”。奕𫍽十分清楚，不这样做不但光绪帝不能亲政，自己也可能“诸务”“措理”不成。

这就是奕𫍽出任总理海军事务大臣时的精神状态。其最大心愿并非海军建设，而是如何使光绪帝平安掌权。海军衙门不过是他完成这一夙愿的平台。

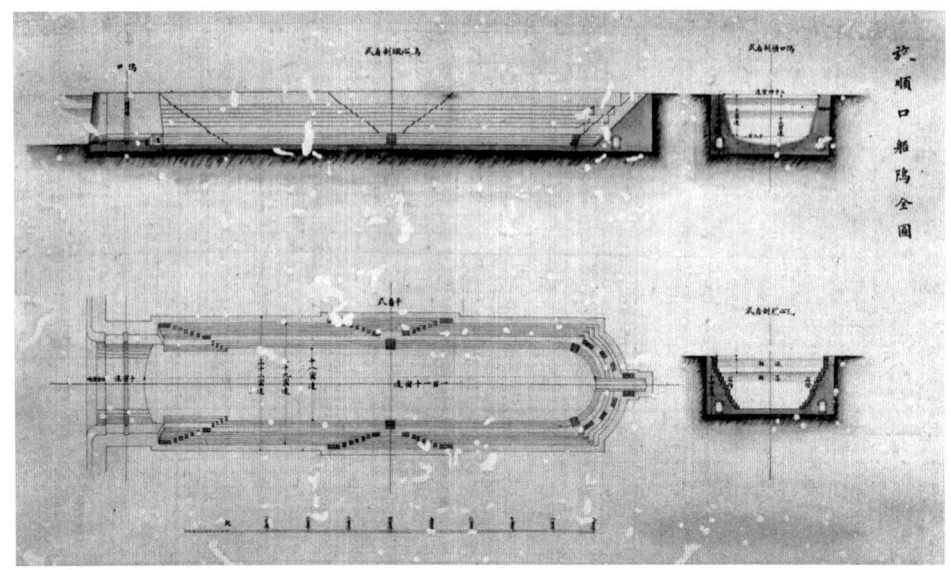

经过慈禧审定的旅顺口船坞全图

指派奕譞出掌海军之时,慈禧正遇烦恼。据李鸿章日记载,1885年7月13日慈禧计修圆明园,估工银2000万两。户部尚书阎敬铭称无款可办。慈禧言改修三海,阎仍答无款。慈禧"喝滚出"。慈禧要修园由来已久。1873年同治帝刚刚亲政,即按慈禧的意思决定重修圆明园。当时奕譞两次上疏、廷辩,在同治皇帝前"面诤泣谏",最终与恭亲王奕䜣等人一道,阻止了修园活动。

但在其子被立为皇帝之后,最初坚决反对修园的奕譞,变为挖空心思挪用海军经费修园的始作俑者。清末政治舞台上,利益决定立场就是这样富于戏剧性。铁甲舰和颐和园是一对矛盾体,可对慈禧来说却并不矛盾。危机时用铁甲舰来维护统治,承平时用颐和园来享受统治,一切都是天经地义。所以她既主张大办海军,多购舰船,又对阻止她修园的大臣"喝滚出",给予痛斥。掌握数百万银饷的海军大臣奕谭,知道慈禧既要购舰,也要修园的两个心病。他也有两个心病:既要保己,也要保子。奕谭最终选择用海军经费作为协调利益的黏合剂:腾挪经费造一个园子,让慈禧住进去"颐养天年",不但可巩固自己的政治地位,还能让政权早日转移到光绪帝手中。人们指责慈禧以海军换取颐和园,却忽略了更加隐秘的海军大臣奕谭的赌注:以海军经费换取光绪帝亲政。用满足慈禧心愿的方法,实现自己的心愿。若说奕谭早想如此,也不尽然。毕竟他一直记得"庚申之变,大辱国家"。在一份奏折中,他表露出在挪用经费时反复权衡的矛盾:"钦工紧要,需款益急,思维再三。"

思维再三之后定下的决心,更难改动。这个深陷官场利害的海军大臣,终于难以自拔。奕谭开始挪款,前后表现十分矛盾,李鸿章加入挪款的行列,矛盾表现得更加深刻。

李鸿章当年未处朝政中枢,却在反对修园上起了关键作用。他在直隶总督任上,抓捕受朝廷内务府指派筹集修园木材的奸商李光昭,严加审讯,以"诈传诏旨"判处李光昭斩监候,令朝野大哗。以此案为契机,清廷诸重臣联衔上疏,慈禧的第一次修园活动才被终止。随后李鸿章上奏"停内府不急之需,减地方浮滥之费,以裨军实而成远谋"。话虽婉转,也还是有些胆量的。为筹建海军,李鸿章奔走数十年,凡海疆大略、海防分区、舰船配制、港口泊位、炮台船坞、官兵俸饷、经费筹措等事,无不参与谋划。即使醇亲王奕谭以光绪皇帝生父身份入主海军衙门,要李鸿章"于存汇丰银行购买快船款内暂提银30万两,修三海工程",他也推说"因购船尚不敷,请另诣他处有著之款拨付",予以婉拒。

但最终他还是加入了挪用海军经费的行列,甚至成为其中积极的筹措者，这首先是对自身政治地位的忧虑。李鸿章多年兴办洋务，在朝中政敌甚多。恭亲王奕䜣失势后，李更失去支撑的台柱。与恭亲王多年不和的光绪生父醇亲王奕譞入主海军，且光绪帝亲政在即，李鸿章不得不开始新的政治算计。他很快摸透了奕譞那两个心病，从而做出了抉择。在婉拒挪用汇丰银行买船款后不到一个月，李鸿章函"请奕譞在亲政撤帘后继续主持海军"，向醇亲王发出了明确的信号。5个月后因"南海工程款项不敷"，奕譞要李"称创建京师水师学堂或某事借洋款七八十万两"，李鸿章立即办理，从德国银行借款500万马克，约合银90余万两，超出奕譞提出的数目。总理海军事务大臣奕譞欲以海军经费换取光绪帝早日亲政，会办海军事务大臣李鸿章则欲借海军重新获得一片政治庇荫。1888年奕譞称万寿山工程用款不敷，要李鸿章以海军名义从各地筹款，李即分函两广总督张之洞、两江总督曾国荃、湖广总督裕禄、湖北巡抚奎斌、四川总督刘秉璋、江西巡抚德馨等，从各地筹到260万两，以利息供慈禧修园，完全跌入了挪款修园的行列。

　　李鸿章加入挪款行列的第二个原因，是对形势的错误估计。李本是清廷中最具危机感的大臣。1874年率先指出："泰西虽强，尚在七万里以外，日本则近在户闼，伺我虚实，诚为中国永远大患。"1881年又称"今之所以谋创水师不遗余力者，大半为制驭日本起见"。目标不能说不明确，警惕性也不可谓不高。但随着"定远""镇远"两艘铁甲舰的到来及北洋海军成军，作为中国近代海军创始人，在一片夸赞声中李鸿章也开始飘飘然。1891、1894年两次校阅北洋海军，他感觉"就渤海门户而论，已有深固不摇之势"，"整个北洋海防，北至辽沈，南至青济，二千里间一气联络，形势完固"。1894年7月大战爆发近在眼前，他仍然认为"海军就现有铁快各船……似渤海门户坚固，敌尚未敢轻窥。即不增一兵，不加一饷，臣办差可自信，断不致稍有疏虞"。早年对日本的高度警惕，变成了晚年的昏庸和麻木。1894年7月25日爆发丰岛海战，8月1日中日宣战，直至8月29日李鸿章仍奏报"海军力量以之攻人则不足，以之自守则有余"。战前北洋水师提督丁汝昌要求配置速射炮，需银60多万两，李鸿章声称无款。北洋舰队在黄海海战中战败，他才上奏说明海军款项分储各处情况："汇丰银行存银一百零七万两千九百两，德华银行存银四十四万两，怡和洋行存银五十五万九千六百两，开平矿务局领存五十二万七千五百两，总计二百六十万两。"无款的海军和藏款的李鸿章形成极其矛盾的对照。这个挖空心思为海军筹措经费的人，最终同样挖空心思"变通"挪用了海军经费。

到底有多少海军经费被挪用了，一直是笔糊涂账。传说3000万两，显然夸大。较为接近的数字有两种：1200万至1400万两、600万到1000万两。与其说是慈禧挪用的，不如说是奕譞、李鸿章等海军主持者拱手让出去的。当初筹建海军最力的人，后来腾挪海军经费最力。当初反对修园最力的人，后来别出心裁暂借、直拨、挪用、吃息筹资修园最力。

清末政治中这种极其矛盾复杂的现象，也出现在李鸿章的激烈反对派、暗讽慈禧"以昆明（湖）易渤海"的光绪皇帝师傅翁同龢身上。

翁同龢是甲午战争著名的主战派，其父翁心存是同治皇帝的师傅。父子两人成为"两代帝师"，在朝中的影响可想而知。但就是这位激烈的主战派，作为户部尚书，不设法去节简宫廷开支，反而将海军装备购置费停支两年，"所省价银解部充饷"，将这些钱用来缓解朝廷财政的紧张。翁同龢如此行事，既有多年与李鸿章深结宿怨的官场现实，又有满族中央权贵排斥汉族封疆大吏的朝廷背景。清朝末年，满族中央政权衰弱，汉族地方官僚崛起，办洋务、兴局厂、练新军、求自强，李鸿章是其中集大成者。在"帝师"翁同龢及一批满族中央权贵的眼中，北洋水师就是李鸿章的个人资本。削弱李鸿章，就要削弱这支舰队。所以限制北洋海军就是限制李鸿章，打击北洋海军就是打击李鸿章，成为这些人的共识。

"主战"与"主和"的争斗，不过是由承平延伸到战时的官僚倾轧。斗来斗去，吃亏的只能是夹在中间的海军。

在没有认清那部庞杂腐朽的封建官僚机器之前，针对个人的结论往往是轻率的。奕䜣、李鸿章、翁同龢三人，身份各异，观点各异，利害各异，却是晚清政治腐败的一个缩影。西方有人评论说："此大机器……其诸组之轮，不依一共同之方向而旋转，乃各依其私独之方向而旋转。"结果是在内外利害纵横交织、官场福祸蝇营狗苟的形势下，谁也不会将主要精力投入海军建设。外患未至，海军是政治角逐中的筹码；外患已至，方想起以海军为共同盾牌，却为时晚矣。一个政权将如此多的精力、财力用于内耗，自然无法有效迎接外敌的强悍挑战。

二、在歌舞升平中悄然断送

危机面前的北洋海军能否一战？流行的说法是，自1888年后未添船购炮，北洋海军难以一战。难道真如清臣文廷式指责的那样，"北洋海军糜费千万却不能一战"？

先从软件方面看。首先，北洋海军建立之初曾参考西方各海军强国方略，制定了一套周密的规程。其中包括船制、官制、饷制、仪制、军规、校阅、武备等方面，组织规程完备，对各级官兵都有具体详尽严格的要求。其次，北洋舰队前期训练相当刻苦，监督甚严，"刻不自暇自逸，尝在厕中犹命打旗语传令"，"日夜操练，士卒欲求离

"定远""镇远"铁甲舰,从德国订造。1885年到华,北洋海军主力舰,号称"亚洲第一巨舰"

舰甚难,是琅(威理)精神所及,人无敢差错者"。此等严格的要求和训练,在文化素质上也使北洋官兵达到了较高水准。

再从硬件上说。"定远""镇远"两艘铁甲舰,直到大战爆发前,仍然是亚洲最令人生畏的军舰。两舰是当时世界上比较先进的铁甲堡式铁甲舰,各装12英寸大炮4门,装甲厚度达14英寸。黄海大战中两舰"中数百弹,又被松岛之十三寸大弹击中数次,而曾无一弹之钻入,死者亦不见其多",皆证明它们是威力强大的海战利器。日本以此两舰为最大威胁,叹其为"东洋巨擘",直到战时也未获得达到此等威力的军舰。

火炮方面,据日方记载,200毫米以上大口径的火炮,日、中两舰队为11门对21门,我方记载此口径火炮,北洋舰队有26门。小口径火炮北洋舰队也有92比50的优势。日方只在中口径火炮方面以209比141占优。因为中口径炮多为速射炮,所以日方在火炮射速方面的优势明显。又因为大、小口径火炮北洋舰队的优势同样不小,所以不能说火炮全部是日方占优。

再看航速的比较。中日舰队平均航速比是1:1.4,优势也并不很大。有人说北洋舰队10舰编一队,使高速舰只航速只有8节,不利于争取主动。其实日本舰队中也有航速很低的炮舰,舰队整体航速并不比北洋舰队快多少。

黄海大战前的北洋海军,从表面看软件、硬件都具有相当实力。清廷正是出于此种自信,才在丰岛海战之后毅然对日宣战。

日本精心策划了这场战争。但碍于北洋海军,日本也没有必胜的把握。首相伊藤博文在丰岛海战后对同僚说:"似有糊里糊涂进入(战争)海洋之感。"日本当时制定三种方案:甲,歼灭北洋舰队夺取制海权,即与清军在直隶平原决战;乙,未能歼灭对方舰队,不能独掌制海权,则只以陆军开进朝鲜;丙,海战失利,联合舰队损失沉重,制海权为北洋舰队夺得,则以陆军主力驻守日本,等待中国军队登陆来袭。

日本为胜利和失败都做好了准备。所以如此,是感觉到自己海军力量不足。

首先,日本海军的投入少于清朝海军。从1868年至1894年3月,日本政府共向海军拨款94805694日元,约合白银6000多万两;只相当于同期清廷对海军投入的60%。

其次,联合舰队组建仓促。1894年7月19日丰岛海战前6天,日本海军联合舰队刚刚编成,主力战舰大多1890年以后才下水,舰龄短,官兵受训时间也短。相比之下,北洋海军1888年成军,舰队合操训练已经6年,多数官兵在舰训练时间达10年以上,这是日本联合舰队无法比拟的。

其三，舰只混杂，有的战斗力甚弱。据日方统计，联合舰队 12 艘军舰参加黄海海战，共计 40840 吨位；北洋海军 14 艘舰艇参战，共计 34466 吨位（我方统计北洋舰队参战舰只 10 艘，未算开战后赶来增援的"平远""广丙"2 舰及 2 艘鱼雷艇）。日方在总吨位上只是貌似强大。如"西京丸"舰，战前刚由商船改装，排水量 4100 吨，仅一门 120 毫米火炮，且船体大大高出水面，极易被击中。又如"赤城"舰，排水量 622 吨，航速 10 节，与"西京丸"舰并称为"羁绊手足、老朽迟缓之二舰"。再如"比睿"舰，是一条全木结构的老舰，三根高耸的木桅杆使它看上去更像中世纪的海盗船。

大战之前的中日海军，总体看中方的优势还稍大一些。

但当战场不再是操演场时，平日训练的差异立即显现了。

面对逼近的敌舰，北洋舰队首先在布阵上陷入混乱。提督丁汝昌的"分段纵列、犄角鱼贯之阵"，到总兵刘步蟾传令后，变为"一字雁行阵"；随后针对日方阵列我方又发生龃龉，交战时的实际战斗队形成了"单行两翼雁行阵"；时间不长，"待日舰绕至背后时清军阵列始乱，此后即不复能整矣"。这种混乱致使今天很多人还在考证，北洋舰队到底用的什么阵形。

其次，还未进入有效射距，"定远"舰首先发炮，不但未击中目标，反而震塌主炮上的飞桥，丁汝昌从桥上摔下严重受伤，首炮就使北洋舰队失去了总指挥。黄海大海战持续近 5 个小时，北洋舰队"旗舰仅于开仗时升一旗令，此后遂无号令"，一直在失去统一指挥的状态下作战。刘步蟾、林泰曾二位总兵，无一人挺身而出替代丁汝昌指挥。战斗行将结束，才有"靖远"舰管带叶祖珪升旗代替旗舰，可升起的也只是一面收队旗，收拢残余舰只撤出战斗而已。

第三是作战效能低下，击之不中，中之不沉。激战中掉队的日舰"比睿"号冒险从我舰群中穿过，相距 400 米"来远"舰发射鱼雷，不中，让其侥幸逃出。目标高大的"西京丸"舰经过北洋海军铁甲舰"定远"舰，本已成射击靶标，"定远"发 4 炮，2 炮未中；"福龙"号鱼雷艇向其连发 3 枚鱼雷，也无一命中，又让其侥幸逃出。日方 600 余吨的"赤城"舰在炮火中蒸汽管破裂，舰长阵亡，弹药断绝，大樯摧折，居然也不沉，再侥幸逃出。李鸿章平日夸耀北洋海军"攻守多方，备极奇奥""发十六炮，中至十五"，在真枪实弹的战场上烟消云散。有资料统计，黄海海战日舰平均中弹 11.17 发，而北洋各舰平均中弹 107.71 发。对方火炮命中率高出我方 9 倍以上。

北洋舰队官兵作战异常英勇。其宁死不退、誓与军舰共存亡之气概，让外籍雇员都留下深刻印象。但对军人来说，胜利没有替代品。战场决定胜利，战场不能孕育胜利。很多东西仅凭战场上的豪壮不能获得。最辉煌的胜利，只能孕育在最琐碎枯燥、最清淡无味的承平。

多种资料证明，北洋海军在一片承平的环境中，军风严重毒化。《北洋海军章程》规定："总兵以下各官，皆终年住船，不建衙，不建公馆。"可实际情况是"自左右翼总兵以下，争挈眷陆居，军士去船以嬉"；水师最高指挥官丁汝昌，在海军公所所在地刘公岛盖铺屋，出租给各将领居住，以致"夜间住岸者，一船有半"。对这种情况，李鸿章睁只眼闭只眼。直到对日宣战前一日，他才急电丁汝昌，令"各船留火，官弁夜晚住船，不准回家"。

章程同样规定不得酗酒聚赌，违者严惩。但"定远"舰水兵在管带室门口赌博，无人过问，连丁汝昌也侧身其间："有某西人偶登其船，见海军提督正与巡兵同坐斗竹牌也。"

清廷兵部的《处分则例》规定，"官员宿娼者革职"。但"每北洋封冻，海军岁例巡南洋，率淫赌于香港、上海"。威海之战后期，

"来远""威远"被日军鱼雷艇夜袭击沉,"是夜'来远'管带邱宝仁、'威远'管带林颖启登岸逐声妓未归,擅弃职守,苟且偷生"。"靖远"舰在刘公岛港内中炮沉没,"管带叶祖珪已先离船在陆"。

章程规定的舰船保养也形同虚设,普遍将保养经费挪作他用。英国远东舰队司令弗里曼特尔谈过他的观感:"中国水雷船排列海边,无人掌管,外则铁锈堆积,内则秽污狼藉;使或海波告警,业已无可驶用。"北洋舰队后期实行"行船公费管带包干",节余归己,更使各船管带平时惜费应付,鲜于保养维修,结果战时后果严重。

至于舰船不作训练而用于他途,已不是个别现象了。"南洋'元凯''超武'兵船,仅供大员往来差使,并不巡缉海面";北洋则以军舰走私贩运,搭载旅客,为各衙门赚取银两。这种风气下,舰队内部投亲攀友,结党营私。海军大半闽人,水师提督、淮人丁汝昌"孤寄群闽人之上,遂为闽党所制,威令不行"。甚至在黄海之战后,"有若干命令,船员全体故意置之不理",提督空有其名,闽党之首刘步蟾则被称为"实际上之提督者"。"粤人邓世昌,素忠勇,闽人素忌之","'致远'战酣,闽人相视不救"。这支新式军队的风气,很快与八旗绿营的腐败军风相差无二。

舰队腐败风气蔓延,训练中弄虚作假,欺上瞒下。每次演习打靶,都"预量码数,设置浮标,遵标行驶,码数已知,放固易中"。以威力强大的假象,博取官爵利禄的实惠。最后发展到大战之前,据传"定远""镇远"2艘铁甲舰主炮的实战用弹仅存3枚(定远1枚,镇远2枚),唯练习弹"库藏尚丰"。一年前李鸿章已知此事,"令制巨弹,备战斗舰用",却一直无人落实。战争迫在眉睫,如此重大缺口,既不见"定""镇"二舰两位总兵刘步蟾、林泰曾向丁汝昌报告,也不见丁汝昌向李鸿章报告。直至北洋舰队全军覆灭,"定""镇"二舰主炮到底有几枚战时用弹，人人讳莫如深。如此巨大的疏忽，使北洋海军大口径火炮优势顿成乌有。不排除这种可能性：海战中二舰之主炮绝大部分时间内，一直在用练习弹与敌舰作战。

军风腐败的结果，战时必然要付出高昂代价。力图隐瞒这一代价，就要谎报军情。

丰岛海战，"广乙"搁浅损毁，"济远"受伤，北洋海军首战失利。丁汝昌却报李鸿章："风闻日本提督阵亡，'吉野'伤重，中途沉没。"

黄海海战丁汝昌跌伤，舰队失去指挥，是我方仓促开炮、震塌飞桥的结果，上报却成"日船排炮将'定远'望台打坏，丁脚夹于铁木之中，身不能动"；丁汝昌还向李鸿章报称"敌忽以鱼雷快船直攻'定远'，尚未驶到，'致远'开足机轮驶出'定远'之前，即将来船攻沉。倭船以鱼雷轰击'致远'，旋亦沉没"。实则日方舰队中根本没有鱼雷快船，"致远"在沉没前也未曾"将来船攻沉"。

此战北洋海军损失"致远""经远""扬威""超勇""广甲"等5舰，日舰一艘未沉。李鸿章却电军机处"我失四船，日沉三船"；又奏"据海军提督丁汝昌呈称……此次据中外各将弁目击，攻沉倭船三艘。而采诸各国传闻，则被伤后沉者尚不止此数。内有一船系装马步兵千余，将由大孤山登岸袭我陆军后路，竟令全军俱覆"。一场我方损失严重的败仗，却被丁、李二人形容为"以寡击众，转败为功"；而且"若非'济远''广甲'相继逃遁，牵乱全队，必可大获全胜"。清廷也以为"东沟之战，倭船伤重"，"沉倭船三只，余多受重伤"，给予大力褒奖。一时间除参战知情者外，上上下下跌进自我欣慰的虚假光环之中。不能战，以为能战；本已败，以为平，或以为胜。严重加剧了对局势的误判。

直至全军覆灭那一天，谎报军情未曾中止。1894年11月，铁甲舰"镇远"返回威海时触礁,"伤机器舱,裂口三丈余,宽五尺";舰长林泰曾深感责任重大,自杀身亡。这样一起严重事故,经丁汝昌、李鸿章层层奏报,变成"'镇远'擦伤","进港时为水雷浮鼓擦伤多处"。清廷真以为如此,下谕旨称:"林泰曾胆小,为何派令当此重任?"

有的谎报军情,使作战计划都发生改变。1895年2月,左一鱼雷艇管带王平驾艇带头出逃,至烟台后先谎称丁汝昌令其率军冲出,再谎称威海已失。陆路援兵得讯,撤销了对威海的增援。陆路撤援,成为威海防卫战失败的直接原因。

越是艰难处境,越考验军风、军纪。北洋海军在威海围困战后期,军纪荡然无存。

首先是部分人员不告而别,"北洋海军医务人员,以文官不属于提督,临战先逃,洋员院长,反而服务至最后,相形之下殊为可耻"。

其次是有组织的大规模逃逸。1895年2月7日,日舰总攻刘公岛,北洋海军10艘鱼雷艇在管带王平、蔡廷干率领下结伙逃跑,"逃艇同时受我方各舰岸上之火炮,及日军舰炮之轰击",最后"或弃艇登岸,或随艇搁浅,为日军所掳"。一支完整无损的鱼雷艇支队,在战争中毫无建树,就这样丢脸地毁灭了。

最后发展到集体投降。"刘公岛兵士、水手聚党噪出,鸣枪过市,声言向提督觅生路";"哨兵已不在岗位,弁卒多离营垒";营务处道员牛昶昞请降;刘公岛炮台守将张文宣请降;严道洪请降;"各管带踵至,相对泣"。面对全军崩溃的局面,丁汝昌"乃令诸将候令,同时沉船。诸将不应,汝昌复议命诸舰突围出,亦不奉命。军士露刃挟汝昌,汝昌入舱仰药死"。官兵"恐取怒日人也",不肯沉船,使"镇远""济远""平远"等10艘舰船为日海军俘获。显赫一时的北洋舰队,

正在旅顺船坞内抢修的"定远"舰

就此全军覆灭。战前英国远东舰队司令评论北洋海军"观其外貌,大可一决雌雄于海国"。亲历战斗全过程的洋员泰莱事后说:"如大树然,虫蛀入根,观其外特一小孔耳,岂知腹已半腐。"

军风至此,军纪至此,不由不亡。

三、对教训的挖掘往往伴随掩埋

中日甲午战争,是近代史以至现代史上,中国军队与入侵之外敌交战时武器装备差距最小的一次战争。它又是近代史以至现代史上,中国军队败得最惨的一次战争。鸦片战争之后,国人皆知西方专恃坚船利炮,无坚船利炮要割地赔款。北洋成军,船不可谓不坚,炮不可谓不利,为什么反而更大规模地割地赔款?巨额军饷堆砌起来的海军不能一战,原因何在?

从失败一刻起,当事者就开始诿过别人,洗刷自己。

丁汝昌曾向李鸿章报告说,"若非'济远''广甲'相继遁逃,牵乱全队，必可大获全胜"，战败就因个别将领的怯懦逃跑。

李鸿章则间接诿过于清廷："平时请款辄驳诘，临时而问兵舰，兵舰果可恃乎？"这是最早的经费不足失败论者。

清廷则将责难集中在李鸿章身上："满朝文武，均议李鸿章应负陆海军战败之全责，并令拔去三眼花翎，褫夺黄马褂。"以为李鸿章只知避战保船，导致战败。

这些观点直至今日仍在延续。

不妨提出几种假设。

假设一：北洋水师皆有邓世昌之勇，如何？

自从战争与人类社会相伴以来，还没有哪一种力量像海军这样，尤其检验一支军队的整体实力。也没有哪一种兵器像军舰这样，每一个战斗动作的质量都是全体成员战斗动作质量的总和。同治年间有人仔细观察过西方海军的训练："……每船数百人，终日寂然无声。所派在船分段巡查者，持枪往来，足无停趾。不但无故无一登岸者，即在船亦无酣嬉高卧之人。枪炮、器械、绳索、什物，不惜厚费，必新必坚，终日淬砺，如待敌至。即炮子之光滑，亦如球如镜；大小合膛，皆以规算测量，故其炮能命中致远，无坚不摧。虽王子贵人，一经入伍，与齐民等，凡劳苦蠢笨事，皆习为之。桅高数丈，缘索以登，必行走如飞。尽各兵之所能，方为水师提督。行伍之中，从无一官一兵，可以幸进。"真正的战斗力，只有这样产生于严密的组织、严格的训练、严谨的作风形成的整体合力。一支平素疏于训练却精于应付的舰队，战时无论怎样英勇，也难整合成整体合力。

假设二：北洋水师经费充足，多添快船快炮，如何？

持这样想法的人，仍以为北洋舰队败于装备性能，败于经费不足。同是主力舰，只备有一二枚主炮实弹去作战的海军，给它再强的兵器

被日军俘获的"操江"号

也归于无用。同是鱼雷艇,我方管带王平、蔡廷干冒死率艇冲出港外争相逃命、丢脸地毁灭之时,日方艇长铃木贯太郎却冒死率艇冲入港内,创下了世界近代海战史上鱼雷艇首次成功夜袭军舰的战例。其中的差距,不是船速炮速所能弥补的。单就军事来说,甲午海战中最令人铭心刻骨的结局,莫过于庞大的北洋海军舰队整体覆灭的同时,对方舰队竟然一艘未沉。就此一点,任何经费短绌方面的探索、船速炮速方面的考证,在残酷事实面前成了苍白无力的开脱。

假设三:北洋水师多运用谋略,少去死打硬拼,又如何?

北洋海军自始至终都在失败地运用谋略。李鸿章"以夷制夷"的手法贯穿战争始终。外交上他殚精竭虑地疏通英、俄、德,妄图用他们钳制日本；在军事上更费尽心思，增援朝鲜的运兵船雇佣英轮"高升"号，以为日舰不敢开炮。北洋舰队总教习用汉纳根、马格禄，都并非海军出身，李鸿章考虑这样既争取英、德两大国关照，又不致将舰队指挥权落入外人之手。思虑、算计不可谓不深，但现代战争从头到尾是实力的较量，包括兵力、兵器，更包括人的勇气、意志、素质。以心术支撑的谋略哪怕再高再深，在实力冲撞面前不过是画饼充饥而已。

甲午之败，腐败使然。从慈禧、光绪到奕䜣、李鸿章、翁同龢，再至丁汝昌、刘步蟾等人，可以算一下，在日本联合舰队开炮之前，有多少人参加了埋葬这支舰队的工作？他们有的是海军筹建者，为此上下呼吁，四处奔走；有的则是舰队指挥者和战斗参加者，最终随战舰的沉没而自杀身亡；有的至今仍然受到我们的尊敬。他们的悲剧何尝仅仅是他们个人的悲剧？在政治腐败、军纪废弛的社会环境中，一切都因循往复，形成一个互为因果的恶性循环锁链：政权建立了军队，又腐蚀着它；军队维护着政权，又瓦解了它。在这一过程中，它们互为牺牲品。

对当今的军人来说，一个再大不过的教训就是：武器本身并不是战斗力，哪怕是再先进的武器。任何武器的效用，必须通过人及其组织去实现。从这一点上来说，北洋海军的失败实属必然。

参考文献：

《同治朝筹办夷务始末》　　《李鸿章年谱》
《清末海军史料》　　　　　《左文襄公全集》
《光绪朝东华录》　　　　　《越缦堂国事日记》
《翁文恭公日记》　　　　　《李鸿藻先生年谱》
《翁同龢日记》　　　　　　《李文忠公全书·奏稿》
《清史稿》　　　　　　　　《李文忠公尺牍》

《中日交涉史料》
《甲午海战与中国近代海军》
《海防档·福州船厂》
《李鸿章传》
［日］佐藤市郎《海军五十年史》
［日］伊藤正德《国防史》
《近代中国对西方及列强认识资料汇编》
《中国近代海军史略》
《中日战争》（一）
《中日战争》（三）
《中日战争》（六）
《中日战争》（七）
《北洋舰队》
《中国历代战争史》第十七卷
《中国近代海军史》

《航海琐记》下册
《洋务运动》
《盛宣怀档案之三·中日战事》
《日本军事战略研究》
《日清战争》
《甲午中日战争》
《清实录·德宗》
《中法、中日兵事本末》
《李鸿章全集》（一）
《李鸿章全集》（二）
《李鸿章全集》（三）
《中国近代海军史事编年》
《淮军志》
《道咸同光四朝奏议》
《中国兵书集成》

对甲午海战的再认识

丁一平

丁一平

海军副司令员,全军军事科学学会副会长,海军中将军衔。中国共产党第十七届中央委员会候补委员。曾任北海舰队司令员。2002年带领海军舰艇编队实现了人民海军舰艇首次环球航行。编、著有《世界海军史》《逐鹿海洋》《世界著名海军人物评传》等。

甲午海战的硝烟散去近两个甲子了,那段屈辱的历史已经一去不复返,曾经遍体鳞伤的中华民族正在走向复兴。在这一历史时刻,我们重新反思那段令人痛心的往事,意义何在?

吸取历史教训,正视历史启迪,开拓走向未来,这是一个民族对待历史,尤其是对待失败历史的正确态度。失败的历史是一面雪亮的镜子,可以照出一个国家、民族的历史心态,也可以照出一个国家、民族的自信心、责任感和忧患意识。

当前,我们党正领导全国各族人民为实现中华民族伟大复兴的中国梦,实现"两个一百年"的战略目标而努力奋斗。在此历史关键时刻,我们以历史唯物主义的立场、观点和方法,客观分析、正确评价和重新反思甲午海战的屈辱历史,具有特殊意义。以更宽的视野,更科学、更全面、更深刻地吸取历史经验教训,这既是一个有着5000年悠久

威海卫炮台

文明的伟大民族应有的历史担当,更是实现"富国强军"和建设"海洋强国",增强全民族海洋、海权意识的现实需要。

一、可歌可泣的历史悲歌

甲午海战是中国历史上规模最大、最为惨烈的一场海上侵略与反侵略战争。1840年的鸦片战争,西方列强用坚船利炮从海上打开了中国的大门,在其后的100多年间,英、法、美、日、俄、德、意、奥等国从海上入侵中国达479次之多,其中规模较大的就有84次,中国人民进行了不屈不挠、艰苦卓绝的抵抗和斗争。在历次海上反侵略战争中,1894年爆发的甲午海战规模最大、最为激烈、最为悲壮。

1868年日本明治维新后,国力逐步增强,开始奉行"大陆政策",蓄谋侵略中国。1887年日本制定了《清国征讨策案》,将侵略中国作为其主要战略目标,将北洋舰队视为其侵略中国的主要障碍,举国上下捐款建设海军,进行了全面战争准备,建立了战时动员和指挥体制,不断派出间谍反复深入侦察，制定详细的作战方案，对部队进行严格的实战训练。反观清政府，依旧浑浑噩噩，既没有战略指导，也没有战争准备。全面分析战前形势可以看出，日本侵略中国是既定的，是精心策划的，是突然袭击发动的，由此决定了这场战争的侵略与反侵略性质。而比较双方战前的所作所为也可以看出，此战胜败其实早有结果，清朝政府、军队，特别是北洋舰队的失败有其必然性。

甲午海战是整个甲午战争的组成部分，主要包括丰岛海战、黄海海战和威海卫保卫战，北洋海军投入了几乎所有战舰和兵力，与日本联合舰队进行了殊死较量。特别是在黄海海战中，中日双方主力战舰全部参战，激战近5个小时，北洋舰队在损失5艘战舰的情况下，死战不退，击伤日军战舰7艘，重创了包括日本联合舰队旗舰"松岛"号在内的4艘战舰，迫使日军舰队先行撤离战场，削弱了日军舰队实力，迟滞了日军舰队行动，使日军进攻中国的作战计划一再做出调整。尽管最终北洋舰队在海战中失败了，但海战打破了日本战时大本营尽早获取制海权、直接投送兵力在直隶平原与清军决战的企图。

甲午海战是弘扬爱国主义精神、可歌可泣的历史悲歌。海战中，以邓世昌为代表的北洋海军将士，奋勇杀敌，视死如归，在火力、机动力、毁伤力都不及日军舰队的情况下，不畏强敌，血战到底。邓世昌发出"吾辈从军为国，早置生死于度外，今日之事，有死而已"的誓言，是北洋舰队官兵群体英雄主义、爱国主义精神的集中体现。实际上，不仅是邓世昌，北洋舰队官兵大都抱有"与舰共存亡"的决心，与其他军队相比，在整个甲午战争中，死战不退的是北洋舰队，战至最后的是北洋舰队，战至全军覆没的也是北洋舰队。

特别需要强调的是，北洋海军的将领是中国近代史上一批优秀军人，他们中的绝大多数人刻苦学习西方海军建设经验，努力钻研海军技术、战术，治军勤勉，作战勇敢，有的战死疆场、以身殉国，有的拒不投降、自杀殉国，在胜利无望的情况下，依旧保持了崇高的民族气节。纵观世界海战史，在一场海战中，一支海军舰队战死或以身殉国、尽节以终的将领占到高级指挥军官半数以上，是极为罕见的。

然而，甲午战败之后，腐朽没落的清朝统治者却把失败的罪责推到了北洋舰队头上，北洋舰队的将领成了战败的"替罪羊"。丁汝昌死后，清廷下令褫夺职籍，没收家产，将其棺柩加3道铜箍捆锁，涂黑漆，以示戴罪，并不准其下葬，以致17年后才得入土。时至今日，社会上对北洋海军和北洋舰队的优秀将领仍有一些不实的指责，对此我们应当纠正，应当还他们以历史的公正。爱国主义应是中华民族永远弘扬的民族精神，崇尚和讴歌爱国主义应是中华民族的民族大义。

二、洋务运动失败的必然结果

甲午海战是对晚清以洋务运动为主要标志的改革的实际检验。两次鸦片战争的失败，使中华民族在遭遇巨大伤痛和屈辱的同时，也深切感受到来自海上"数千年未有之强敌"的威胁，且威胁不仅来自西方列强，也来自东方的日本。明治维新后，日本决心"拓万里之波涛，布国威于四方"，以对外扩张为基本国策，1874年侵略台湾，1879年吞并琉球，1882年和1884年两次进犯朝鲜。此后，便以中国为敌手大肆扩军备战。面对这数千年未有之陆海大变局，中国的一批有识之士以空前的忧患意识和超前眼光，审视思考中国的海防建设，开始谋划中国近代海军的发展。从林则徐、魏源的"师夷长技以制夷"，到奕䜣、曾国藩、左宗棠、李鸿章发起"军事自强"的洋务运动，特别是经过两次海防大讨论，增强了清政府大治水师、加强海防建设的紧迫感。洋务运动从军事自强始，军事自强从海军近代化始，实为当时应对严峻的国家海上安全形势之必然。

1888年北洋海军正式成军，中国破天荒有了一支在亚洲堪称一流的近代化海军舰队。这支舰队在人才培养、装备建设、基地建设、制度建设、教育训练、战术技术等方面全面依靠和学习借鉴西方，建军治军有许多新的特点和宝贵经验。这支舰队成军后，在捍卫国家主权、维护国家海洋利益、威慑遏制外敌入侵等方面发挥了十分重要的作用，也一度迟滞了日本侵略中国的步伐，将日本对中国发动战争的时间大大向后推迟。

但是，洋务运动是不彻底的改革，是只改器物、不改制度的改革，是不触及腐朽统治阶级利益的改革，是半途而废的改革。这种失败改革的结果，必然首先影响北洋舰队，使这支生长在封建落后、腐朽没落、封闭保守制度和没有任何工业科技基础上，主要靠引进的舰队，存在严重的先天不足和水土不服。同时，旧观念、旧体制、旧制度、旧军队的种种弊端与恶习也不可避免地束缚、影响着北洋舰队。

反观日本，明治维新的"全盘西化""脱亚入欧"的基本政策，使日本在政治、经济、军事上实现了较为全面的近代化改革。日本为拓展其海外利益，举国节衣缩食建设海军。在北洋舰队成军之后停止造舰、发展之时，日本以每年增建2艘主力战舰的速度赶了上来，到甲午海战爆发时，北洋舰队在多个方面已落后于日本的联合舰队。从某种意义上说，北洋舰队的失败是洋务运动失败的必然结果，也是晚清政府改革失败的重要标志。

甲午海战是甲午战争的重要组成部分，也是关键部分。日本在发动战争时，对能否战胜北洋舰队并无把握，因此以能否战胜北洋舰队为基点制定了3套方案，包括战败以后固守本土的方案。为了战胜北洋舰队，日本进行了长期的精心准备，确立了首先寻求海上决战，打

北洋海军旅顺基地东港，港内停泊着多艘北洋海军军舰

败北洋舰队，夺取制海权的战略及作战计划。黄海海战后，日本陆海并进、协同作战，辽东战役和山东战役都是以歼灭北洋舰队为主要作战目标实施的。因此，北洋舰队全军覆没对整个战争失败产生了关键性影响。

从整个战局看，北洋舰队的覆灭基本上就是整个甲午战争的结束，而甲午战争的失败对中国半封建半殖民地的历史进程产生了重要影响。甲午战败的后果是清政府被迫与日本签订了丧权辱国的《马关条约》，割让了台湾全岛及所有附属岛屿，赔偿日本2.3亿两白银，被迫开放多个通商口岸等。这不仅使中国领土主权进一步沦丧，而且给中国人民和中国的发展套上了沉重的枷锁，从此西方列强纷纷划分势力范围，明争暗斗，强租军港，霸占海湾。法国租借了广州湾，以西南为势力范围；俄国占据了旅大，以东北为势力范围；英国又租借了威海，扩大了对香港的占领，以长江流域为势力范围；德国强租了胶州湾，以山东为势力范围；日本割占台湾、澎湖，以福建为势力范围。

中国深深地跌入了半封建半殖民地的深渊，海上国门洞开，海防荡然无存，权益被进一步侵吞，偌大的一个文明古国从此积贫积弱，被挤出了东亚的政治舞台，东亚地区的战略格局被彻底改变。

三、昏庸腐败是战败根本原因

甲午海战失败有其必然性和深层次原因，值得我们深刻反思。

晚清统治者腐朽奢靡、苟且偷安、派争党伐、明争暗斗。面对国家政治腐败、经济贫困、军备空虚、社会动荡和外敌入侵的局面，他们依旧冥顽不化，恪守封建旧制，不思改革进取。他们自诩"天朝上国"，视西方列强为"夷狄蛮"，斥先进科技为"奇技淫巧"。北洋舰队成军后就再也未增一舰一炮，面对近在咫尺的战争危险，丁汝昌提出以60万两银子添置新式快炮的最低需求都未予满足。巨额海军经费被挪用来为慈禧修建颐和园，慈禧的六十大寿成了国家的头等大事。应当说，政治上的昏庸腐败是导致甲午失败的根本原因。

面对日本明治维新后的举国图强及侵略扩张图谋，晚清政府虽然认识到日本是"肘腋之患"，但对其大力发展海军和咄咄逼人的战争企图缺乏准确判断。战争在即，清政府决策机制仍旧是皇帝专权的旧体制，辅助决策的军机处既不懂军事又无权典兵，或寄希望于列强调停，或盲目主战却不知如何胜战，战略决策迟疑不决、心存侥幸，战争准备被动应付，既无争取主动的作战指导，更无一战到底的决心意志。

在"专守防御""保船制敌"的消极防御思想指导下，李鸿章强调北洋舰队要守住海口，拱卫京畿，处处限制北洋舰队的作战行动。丰岛海战前，丁汝昌提出大队前往护航，遭李鸿章拒绝，结果仅以"济远""广乙"2舰为2艘运兵船护航，在日军舰队第一游击队3艘主力战舰不宣而战的突然袭击下，运兵船"操江"号被俘，"高升"号被击沉，军舰"广乙"号搁浅损毁，仅"济远"一舰逃脱，损失极为惨重。黄海海战前中日已经宣战，日本联合舰队的任务十分明确，就是要与北洋舰队决战；而北洋舰队的任务却只是给输送清军士兵的船只护航，整个舰队在作战准备、战术运用和组织指挥等方面明显不及日本联合舰队，结果遭受5艘战舰损毁、官兵伤亡800余人的重大损失。威海卫保卫战则更是被动，清廷内外臣工意见纷纷，在"舰队出击""拼死一战"，还是"水陆相依""固守待援"的犹豫中，失去了挽救战局的所有机会，最终导致全军覆没。应当说，消极保守的战略决策和消极防御的战略指导是导致甲午战败的关键原因。

从战役筹划和指挥上看，清军陆海两个战场缺乏协同配合。日军在辽东半岛花园口登陆未遇任何抵抗，长驱直入使北洋舰队丢掉了重要基地旅顺；日军在山东半岛荣成湾登陆后，只遭遇轻微抵抗便很快拿下威海港南岸炮台。此后，北岸炮台和威海卫城的清军弃守逃跑，使北洋舰队腹背受敌陷入绝境。从总体上看，清军有北洋、南洋、福建、广东4支舰队，但在整个战争中，这4支舰队之间没有任何策应，致使北洋舰队始终在孤军奋战。

从黄海海战的战役全过程看，北洋舰队在海战打响不久即由于提督丁汝昌负重伤而失去了统一指挥，除了在海战开始时丁汝昌下达一次命令外，在长达近5个小时的激烈海战中，北洋舰队各舰实际上未再接到任何战斗命令。海上战场是相对独立的战场，作战双方要在激烈的对抗中，高速机动，变换阵形，争取主动，没有一个精干、高效、应变、完善和有生命力的指挥机构是难以办到的。黄海海战中，北洋舰队没有建立完善的指挥机构，丁汝昌甚至连代理人也未指定，结果造成指挥瘫痪和各自为战。应当说，战役指挥的一系列失误也是导致甲午海战失败的重要原因。

四、甲午战争的历史启迪

甲午战争的惨痛失败给中华民族带来了雪上加霜、更为深重的巨大灾难，也带来了痛定思痛的思考和抉择。无数先进的仁人志士不惜牺牲生命，奋起寻找救国救民的真理，促进了中华民族进一步觉醒。梁启超说："吾国四千余年大梦之唤醒，实自甲午战败割台湾、偿二百兆以后始也。"接踵而来的是戊戌变法、辛亥革命、五四运动，中华民族的革命先行者们开始了民族自强的抗争与求索。在此期间，中华民族海洋意识的觉醒是一个重要方面。

历史上中华民族曾经有过海洋上的辉煌，郑和七下西洋的伟大壮举，早于哥伦布发现美洲大陆 87 年。但是，数千年来中国本质上是重陆轻海的，当近代西方海权思想迅速发展之时，中国依然禁锢于"陆主海从"，甚至只见陆地不见海洋的落后观念之中，从而逐步演变成一个闭关锁国、囿于大陆的国家，造成了整个民族海洋观念的薄弱和海权思想的缺失。甲午战败使人们开始重新认识海洋和海军，认识到甲午之痛不仅仅是海军之痛，更是海防之痛、海权之痛。北洋海军将领刘冠雄说："中国海岸线绵长，属于陆海交错之国，应当陆军和海军并重"，否则"势将无以自存，更无论称雄于今世"。国民党海军总司令陈绍宽说："国家的强弱，全看领海权为比例。领海完全与否，全看海军。海权伸张，国家自然日臻富强。"革命先行者孙中山发出了"伤心问东亚海权"的感慨，提出"自世界大势变迁，国力之盛衰强弱，常在海而不在陆，其海上权力优胜者，其国力常占优胜"的著名论断。从晚清到民国，有识之士提出了诸多有价值的海洋观念和海权思想，从而形成了新的海防观念。直至 1949 年中华人民共和国成立前夕，以毛泽东为代表的中国共产党人以其宏大的战略视野创建人

日军于1895年1月在山东荣成湾登陆

民海军,提出"为了反对帝国主义的侵略,我们一定要建立一支强大的海军"之时,中华民族的海防思想才真正确立。

甲午战争留给中华民族的惨痛教训和历史启迪弥足珍贵。历史不会重复时间和情节,但却会重复规律和教训,甚至会有惊人的相似。我们反思失败历史、屈辱历史必然是苦涩的、痛心的,但"以史为鉴,可知兴替",一个能深刻自省的民族,才是最有希望的民族。甲午战争及其甲午海战给我们留下了一笔宝贵的历史遗产,这就是刻骨铭心的历史教训和振聋发聩的历史启迪。择其精要：

一是必须坚持富国与强军的统一。大国的国防海防不强，小国照样可以打大国。发展强大是硬道理，落后必定挨打。

二是必须确立积极防御的战略思想，深化军事斗争准备，抢占现代战争制高点，以积极防御的战略指导科学运用军事力量。战略主动是最大的主动。

三是必须坚持党对军队的绝对领导。从严治军，从实战训练，正风正气。军队腐败也会亡国。

四是必须坚定捍卫国家主权、安全和发展利益的决心意志，关键时刻敢于亮剑，坚决维护国家海洋利益。力量需要决心意志来表达。

五是必须树立正确的海洋观。海洋关系国家民族的生存与发展、荣辱与兴衰，要牢记"向海则兴，弃海则衰"的历史教训，中华民族坚定不移走向海洋才会有更光明的前景。

六是必须增强忧患意识，安不忘危，居安思危。要随时准备应对来自海洋方向的挑战，没有海洋安全就没有国家安全。

七是必须坚持改革创新，加大国防和军队改革力度。因循守旧、墨守成规没有出路。

八是必须创新军事理论和战术战法。新军事变革正以前所未有的力度、深度和广度影响和决定着军队建设与现代战争，要研究现代战争，准备现代战争，掌握制胜机理，把握制胜先机。"打得赢"才是强军之要。

党的十八大作出了建设海洋强国的战略决策。这是中华民族数千年历史开天辟地的第一回，重陆轻海的民族意识已经到了一个重要的历史拐点，维护海权、经略海洋、发展海军是中华民族的历史性选择，事关国家民族的前途命运。我们必须放眼全球，着眼未来，把握机遇，建设一支世界一流的强大海军，才能真正肩负起维护国家海洋主权、安全和发展利益的神圣使命，让中华民族伟大复兴的历史航船鼓起风帆，破浪远航！

三个甲午年：中国命运的三大转折

孟祥青

孟祥青

国防大学战略研究所副所长，教授，博士生导师，大校军衔。军队战略规划咨询委员会委员，全军外事工作专家咨询小组成员，中央电视台特约评论员，中央人民广播电台特约观察员。

2014，又逢甲午年。

1894年甲午战争的失败，让中国受压迫的屈辱历史在半封建半殖民地的社会中达到了顶峰。这场战争成为压垮处于极度衰落中的清廷的"最后一根稻草"。之后的一个甲子，中国陷入苦难的深渊。也因为这段历史，自此的120年间，甲午年就成为了对中国人有特殊含义的年份。

1954，第二个甲午年，取得了抗美援朝战争胜利的新中国，洗刷了近百年的耻辱，中国人民站立了起来，扬眉吐气。

2014，第三个甲午年，经过30多年的改革开放，中国已经义无反顾地走在了崛起的道路上，特别是党的十八届三中全会作出全面深化改革的重要决定，中国吹响了再次出发的"集结号"。中国从来没有像今天这样越来越接近于实现民族复兴、国家崛起的伟大目标，也从来没有像今天这样越来越迈向世界舞台的中心。

三个甲午年，中国历史命运的三大转折，不能不让我们掩卷深思，感慨万千。

一、1894年甲午战争：救亡图存的起点

1894年爆发的甲午海战是近代日本侵华的肇始。

作为隔海相望的邻国，日本多山环海，资源匮乏，自然条件的限制造成了其国内经济比较倚重对外的经贸交往，注重发展海运，其民族性格当中一直都有强烈的对外扩展的海权意识，而近在咫尺的中国则是其首选目标。早在16世纪，统一日本的丰臣秀吉就产生了"天皇居北京，秀吉留宁波府，占领天竺"的念头，计划以武力征服朝鲜、占领中国，进而夺取印度，在亚洲建立以日本为中心的大帝国。为此，于1592年和1597年两次发动侵略朝鲜的战争，但囿于国力的原因，均无功而返。但此后，开疆拓土必先自吞并中国始，成为日本的信条。

近代自美国的佩里利用武力敲开日本的国门之后，日本人不仅派遣大量的学生到西方国家虚心求教，探求国家强盛之道，而且也派人到中国探求晚清政府失败的原因。通过睁开眼睛看世界的真实对比，日本认识到西方在政治、经济、文化、军事等方面的全面优势，对西方文明的拜服，促使日本国内产生了以福泽谕吉等为代表，鼓吹"脱亚入欧""对外扩张"的一批思想人物，在思想层面做好了理论准备。

通过"明治维新"近一代人的努力，日本不但继承了西方扩张主义的思想，也逐渐建成了近代民族国家的体制，形成了强大的国家力量，确立了海外扩张的国策。明治天皇即位后就制定了日本的"大陆政策"：第一期征服中国的台湾；第二期征服朝鲜；第三期征服中国的东北和蒙古地区；第四期征服全中国；第五期征服南洋、亚洲乃至全世界。

为配合扩张需要,日本一方面出兵琉球、台湾,将对外征服的目标计划转变为具体军事行动,虽然最终以失败告终,但对自身的军事实力有了较为清晰的认识。自此之后,日本在军事体制方面完成了较为全面的改革,于1878年成立参谋本部,实现了军政、军令的统一,同时大幅加快扩军备战步伐,通过发行海军公债筹资的方式实施造舰计划,颁布帝国宪法,颁布征兵令,实现了军国主义化的全民皆兵制度,为对外扩张奠定了基础。另一方面,在甲午海战前的1886年,日本即派遣间谍对清政府统治下的中国社会民情、人口分布、军营位置、山川地理作了详尽的侦察。在军事部署上,制定了以夺取制海权为主的海军战略,组建了进攻性的联合舰队,并组织了多次海军大规模对

全副武装的台湾高山族原住民战士

抗演习和陆海军联合大演习，为其对外侵略扩张作了充分的准备。

反观清政府，两次鸦片战争的惨痛失利使清廷认识到了加强海防的重要性，但在政府高层始终存在着"海防"和"塞防"之争，制约了海军的建设发展。虽然以李鸿章为代表的洋务派提出"居今日而欲整顿海防"的建议最终得到清政府采纳，但以维护清王朝统治地位为根本出发点的军事变革，从一开始就决定了其不会从本质上触动封建制度的基础，而更多的只能停留在"另立海军"的"器物"层面，对西方先进的军事理念、军队编制体制、军事训练只是选择性地接纳，尤其是缺乏对军队运用和发展的长远规划，对现代海战中"制海权"的认识几近于无，而且在海军力量的建设和运用上，基于畛域、地域观念的海军力量设置，极大削弱了海军的整体作战力量。在对海军舰队的运用上，也将海军的作用局限于"拱卫京畿"，这种消极防御的战略思想严重束缚了海军进攻力量的发挥，以此为指导的清朝军队刚一开战就处于被动挨打的境地。同时，在朝野上下弥漫的贪腐之风，也严重消蚀了士气和作战能力。

仅从双方战前的各项准备来说，可以说大战未至，胜负已分。

而北洋水师的全军覆没让日本"赌博式"的侵华计划得以奏效，战后日本逼迫清政府签订《马关条约》，割让台湾等地，加剧了帝国主义列强分割在华利益的狂潮；赔款 2.3 亿两白银，相当于日本 4 年财政收入之和，沉重的割地、赔款条约成全了日本的快速崛起，刺激了日本以战养战的扩张野心，也成为了压垮清廷的"最后一根稻草"。以此为节点的 60 年，"驱逐日寇，抵抗侵略"成为了中华民族救亡图存的主旋律。日本取代欧美列强成为中国最主要的侵略者后，其对中国的奴役和压迫，对中国人民的掠夺和残杀，是中华民族近代史上最为黑暗的一页，而二战后日本对其滔天罪行的无理诡辩和在钓鱼岛问题上的一意孤行，是中日关系始终难以改善的根本原因。

二、1954年再逢甲午年：走向复兴的开端

1954年甲午年是中华民族实现独立、走向复兴的真正开端。这个甲午年之所以具有节点性质的意义，缘于三件事情：其一是抗美援朝战争（1950—1953年）的结束；其二是和平共处五项原则（1953-1954年）的提出和万隆会议（1955年）的召开；其三是新中国第一部宪法（1954年）的诞生。

抗美援朝战争虽然只是二战后的一场现代化局部战争，但却奠定了中国半个多世纪的和平发展基础，是中国现代史上最为光辉的一笔。1949年成立的新中国，西藏和沿海少数岛屿还未解放，大股土匪活动猖獗，严重危害社会稳定，基层政权尚未完全建立，已经建立的基层政权还不巩固。国民经济建设任务繁重，以1950年为例，粮食、棉花、钢分别为2400亿斤、1420万担、60.6万吨，产量仅相当于1936年以前最高生产水平的63%、86.5%、83.6%。军事上，解放军精简整编工作刚开始，军队武器装备基本上是小米加步枪的水平，海军、空军和装甲兵部队都在组建过程中，部队没有现代化装备，也没有现代化战争经验，且解放军大部分部队已投入恢复国民经济的生产建设，没有打仗的准备。反观美国，1950年其工农业生产总值2848亿美元，钢产量8772万吨；军事上，拥有强大的海军和空军，全面掌握着战场的制海权和制空权，同时还拥有原子弹和其他世界上最先进的武器。

在敌我力量如此悬殊的情况下，选择和平还是战争，成为摆在新中国领导人面前的一道难题。但正如毛泽东指出的那样："我们认为应当参战，必须参战，参战利益极大"，"对中国，对朝鲜，对东方，对世界极为有利"，反之，"不参战，损害极大"。历史雄辩地证明

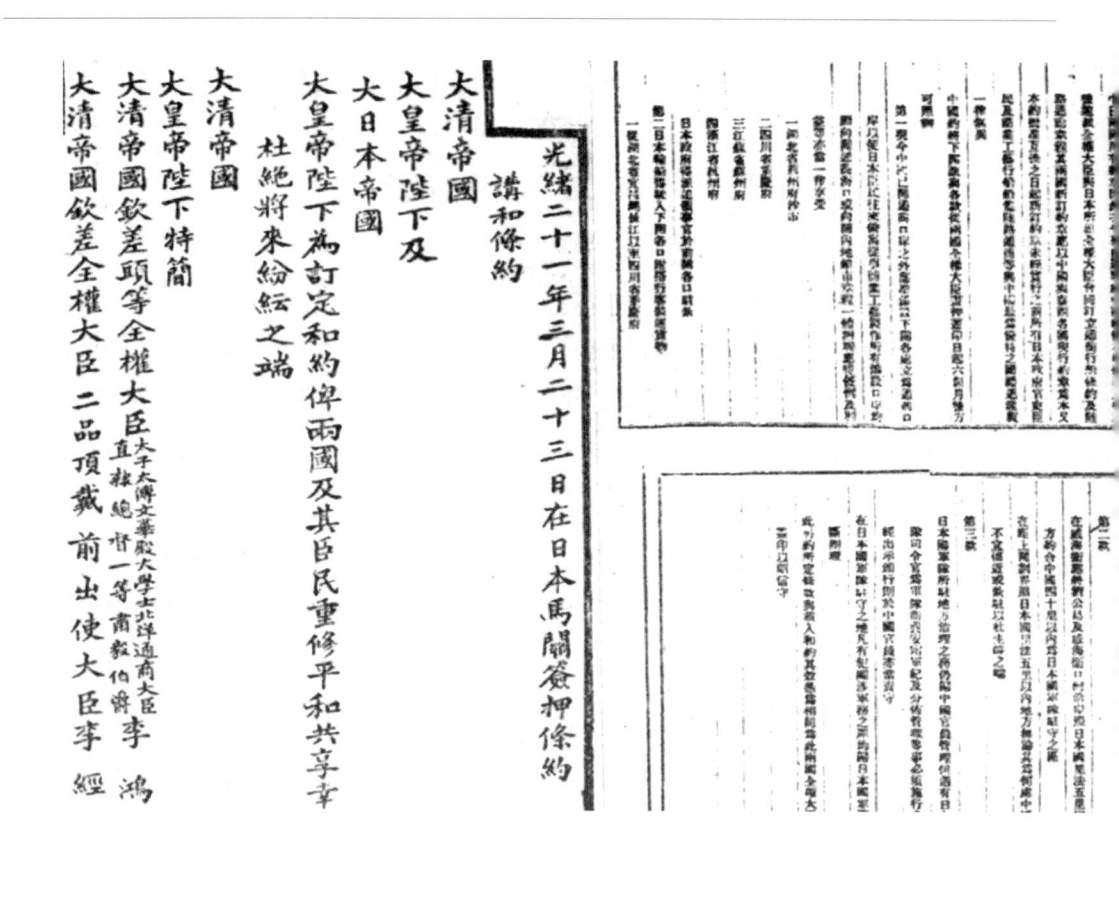

了抗美援朝战争我们收获的"利益极大"。

首先，中国出兵朝鲜洗刷了百年耻辱。抗美援朝战争打断了美国遏制中国链条中最重要的一环，冲破了美国对我的战略包围，粉碎了其妄图征服全部朝鲜进而扩大侵略的计划，捍卫了朝鲜民主主义人民共和国，保障了中国的安全，不仅使朝鲜成为中国友好邻邦，巩固了中苏关系，也洗刷了中国百年耻辱，使西方国家特别是美国认识到中国的意志和力量，缓解了打压中国的势头，奠定了新中国在国际社会中的大国地位，为我们赢得了半个多世纪的和平建设环境。

《马关条约》的正文

其次，抗美援朝战争使中国获得了苏联的信任和援助。为了支持中国，苏联帮助中国建立起了完整的工农业生产体系，使新中国不仅没有因为战争影响经济建设，反而在战争期间积极开展国内经济建设的恢复和发展，为大规模经济建设的进行准备了条件。1952年中国的工农业生产大部分都超过了抗战以前最高年代的水平，使新中国得以按预定计划从1953年起实施国民经济建设的第一个五年计划；同时苏联的援助还使志愿军武器装备有了突破性的改善和加强，空军、地面炮兵和高射炮兵都有了明显的发展，有力促进了中国军队的现代化建设。

再次，抗美援朝战争推动了新中国领导人思想认识的巨大飞跃。高强度的军事对抗改变了革命战争年代一切为了战争的观念，领导层首次将国防建设与经济建设、科教文化事业放在同步并进的位置上。具体来说，一是采取了"边打、边稳、边建"的正确方针。打，就是志愿军在朝鲜的作战；稳，就是稳定国内政治秩序和经济秩序；建，就是国内建设的恢复和国防力量的建设。同时根据战争的进程及时调整军事斗争方针，在停战谈判开始后，迅速实行了"精兵简政，增产节约"，有效兼顾了战场和国内建设。二是加深了对现代军事科学的认识。朝鲜战争开启的现代局部战争新样式，使领导层认识到现代战争胜败的主要因素是军队的质量，而不是人员、装备的数量，全军因此掀起了现代化、正规化和系统学文化的高潮，毛泽东也明确提出了建设现代化国防的问题，并将其作为国家建设的重要内容。

1953年12月31日，在同印度政府代表团谈话时，周恩来总理首次提出按照"互相尊重领土主权、互不侵犯、互不干涉内政、平等互惠、和平共处"五项原则，作为处理两国关系的准则。1954年，周恩来又先后访问印度和缅甸，并与印度总理尼赫鲁、缅甸总理吴努分别发表"联合声明"，双方一致同意以和平共处五项原则作为指导中印、中缅两国关系的基本原则。至此，和平共处五项原则正式宣告诞生，在国际关系史上是一个伟大的创举，从而掀开了新中国外交崭新与辉煌的一页。"和平共处五项原则"的提出，标志着新中国外交的成熟，它超越了意识形态和社会制度的差异，以其包容性和开放性逐渐得到了国际社会的广泛认可，成为解决国与国之间问题的基本准则，从而为国际关系的发展作出了巨大贡献。

1955年召开的万隆会议是在美苏冷战对抗格局已经形成的背景

下，新中国参加的一次重要多边国际会议。建国之初，美国对"一边倒"向社会主义阵营的新中国政治上不予承认，军事上封锁包围，经济上遏制孤立，并拉拢英、法、印度、澳大利亚等国家在外交方面发起"不承认"新中国的运动，刻意在国际舞台上宣传中国的"好战"形象，阻塞了新中国通过双边关系改善国家间关系的渠道。在这种情况下，借助多边外交舞台，打开外交局面，营造和平的外部环境，为新中国的经济建设提供保障是我们的现实需要，而万隆会议的召开正好为我们提供了这样一个契机。会议期间，周恩来总理代表新中国第一次完整提出"和平共处五项原则"，并表达了和亚非国家开展经济合作的愿望，对新中国了解国际环境的发展变化、宣传中国的政策和主张、打开外交局面具有重大意义。而通过万隆会议所反映出来的"万隆会议十原则""求同存异精神"和"南南合作"等理念，在两极格局下创造了新的合作模式，时至今日仍然发挥着重要作用。

第一，拓展了中国的发展空间。万隆会议期间，中国与各国平等发言，共同协商，尤其在华侨国籍、领土争端和意识形态等敏感问题上消除了与会各国的疑虑，让世界看到了中国和平发展、友好交往的意愿。中国代表团提出的"求同存异"精神，主张超越意识形态，尊重各国政治制度，掀开了亚非国家间合作发展的新篇章。周恩来总理纵横捭阖、进退有度，展现出卓越的外交艺术和个人魅力，为新中国在国际上树立了自尊自信、和平共处的崇高形象，为我国赢得了众多朋友，展示了中国的和平友好形象，中国的对外政策进一步为亚非各国所了解，中国的国际地位明显提高。在此之后的10年间，与新中国建交的国家由23个猛增到49个，成功地突破了美国的外交封锁。

第二，推动了国际关系多极化发展。万隆会议达成的"万隆会议十原则"和以"团结、平等、合作"为特征的"万隆精神"增进了亚非各国的了解，增强了亚非国家维护地区和世界和平、开展经济合作的自觉意识。万隆会议后，亚非国家在国际事务中所处的地位越来越重要，有力地推动了国际政治力量向多元化方向发展。以此为开端，参加过万隆会议的部分亚非国家，又成为不结盟运动、77国集团的忠实参加国，开启了南南合作的新阶段。这对于发展中国家争取完全的独立，促进发展中国家间的经济合作，巩固和加强发展中国家在国际经济关系中的地位，建立国际经济新秩序，都具有重大意义。

第三，为中国进入联合国奠定了基础。在万隆会议十项原则的影响下，亚非民族解放运动的发展迅猛异常，非洲和拉美地区众多国家先后获得独立，1960年就有17个非洲国家获得独立，被称为"非洲年"。会议之后，中国与非洲开始增进了解，并对这些国家寻求独立提供物质上的援助，大批非洲国家摆脱殖民统治，宣布独立并先后进入联合国，增强了广大发展中国家在联合国中的力量。同时广大亚非拉国家也积极支持中国恢复联合国合法席位。正因如此，在1971年第二十六届联合国大会上，在广大亚非拉国家的支持下，大会以压倒多数票通过了恢复中华人民共和国在联合国的合法席位的议案。正如毛泽东所说，中国恢复联合国合法席位是"非洲黑人兄弟把我们抬进去的"。

1954年宪法是新中国诞生后的第一部宪法。新中国成立之初，在全国范围内，军事行动和土地改革都未完成，由于不具备普选和召开全国人民代表大会制定宪法的条件，过渡期间一直采用《中国人民政治协商会议共同纲领》作为全国人民共同的政治基础。制定中国历史上第一部社会主义类型的宪法，不仅可以驳斥国际敌对势力对新中国的攻击，也有利于中国更好地开展建设事业，为此斯大林曾经3次对毛泽东和刘少奇提及制定宪法的必要，但由于当时制定的宪法属过渡时期的宪法，如果对过渡时期总路线的一系列重要内容不解决，制定宪法就无从谈及。直到 1953 年 12 月，经过长时期的酝酿并确定过渡时期总路线之后，宪法制定才最终提上议事日程。这部由毛泽东亲自挂帅，参加讨论人数达 1.5 亿（占当时全国人口的 1/4）的宪法第一次以根本法的形式，记录了在共产党的领导下，全国人民经过长期革命斗争而取得的胜利成果，确认了人民群众成为国家主人的事实，规定了人民民主专政制、人民代表大会制、民族区域自治制、生产资料公有制等各项具有中国特色的政治制度、经济制度和其他的基本制度，是中国共产党人依法治国的开端，具有里程碑式的意义。其后宪法虽几经修改，但它所规定的主要内容，都是对 1954 年宪法的继承和发展。对此毛泽东曾说过："这个宪法使人民有了一条清楚的明确的正确的道路可走，使全国人民感到有了一条清楚的轨道。"

三、2014 年又逢甲午年：由富到强的节点

2014 年是中国新的甲午年，因为特殊的年份和敏感的钓鱼岛争端，日本不可避免地仍然是我们必须关注的对象。但中国已成为世界第二大经济体，综合国力的增强、国际地位的提升和自我刮骨疗伤的改革勇气，已经注定了我们的使命、任务不能也不仅仅再局限于"战胜日本"。然而，随着美国加快推进"亚太再平衡战略"，日本右翼势力迅速抬头，在扩军修宪的道路上越走越远，又让我们不得不时刻"警惕日本"。在这样一种特殊的背景下，如何重新定义甲午年，怎样规划好今后 60 年的建设蓝图，需要我们对自身的根本利益和发展目标、对日斗争方针和国际定位有一个清醒的认识。

第一，坚定不移地实现中华民族伟大复兴的"中国梦"和"强军梦"，这是 21 世纪我国的根本利益，也是最大利益。

清朝陆军演习场景

以习近平为总书记的党中央再次重申"两个一百年"的奋斗目标，并把实现中华民族的伟大复兴定义为"中国梦"，对于我们在错综复杂的国际形势下，把握国家建设发展的主线具有重大意义。"强军梦"是"强国梦"的应有之义，"强国梦"蕴含着"强军梦"，"强军梦"支撑着"强国梦"。实现中华民族的伟大复兴，必须有强大国防力量作后盾。否则，再繁荣的经济，再灿烂的文化，也会成为一堆瓦砾。所以，强军是历史的警示、时代的呼唤、和平的需要、军队的使命所在和责任所系。

不可否认的是，与新世纪头10年的高速发展相比，我们所面临的内外形势发生了较大的变化。从反恐战争中脱身的美国为了维持其霸权地位，遏制中国发展势头，加快推进"亚太再平衡战略"，导致我国周边安全形势持续紧张；在后金融危机时代，随着我国的经济结构调整和产业转型升级，我国与世界各主要经济体的贸易摩擦明显增多。从国内来看，来自国际恐怖主义、极端宗教主义和民族分裂主义等三股势力的威胁有所上升，恐怖袭击活动进入新阶段。发生在天安门的"10·28"暴力袭击事件，呈现出恐怖活动有向内地蔓延的新趋势。

贫富差距扩大，拆迁占地、官民纠纷等引发的群体性事件不断，导致一些群众"仇官、仇富"的不满情绪在增长。在水污染、土地污染没有得到根治的情况下，空气污染显著加剧，"雾霾"天气已经严重影响了工农业生产和日常生活。微博、微信等新型多媒体技术的应用，使网络信息的传播速度和数量实现了倍增，正是利用这一特性，西方敌对势力着力在国内培养网络大V，通过网络攻击我国的社会制度，污蔑党政机关，大肆传播谣言，扰乱社会思想，分裂公众意识，社会意识形态领域的斗争趋于激烈。上述种种情况的出现，既有国内外敌对势力敌视、围堵中国的背景，也与我国30多年工业化进程中积累的矛盾、问题集中爆发有关；既是经济全球化负面因素的集中体现，又是任何社会改革发展所必经的阵痛。但任何事情皆是相辅相成的，危险中蕴含着机遇，痛苦中也孕育着新生。新的甲午年我们需要反思和总结，但却不能一味地纠结和抱怨。我们需要增强信心和勇气，而不能颓废和消极，因为我们又站在了一个新的历史节点上。党的十八届三中全会做出全面深化改革的重大决定，"中国梦""强军梦"的实现已经指日可待。

2014年，这个甲午年是我们迈向新征程的起步之年，更是关键之年，我们需要坚定发展的理想信念，更需要壮士断腕的改革勇气。正如党的十八大报告所指出："我们要准确判断重要战略机遇期内涵和条件的变化，全面把握机遇，沉着应对挑战，赢得主动，赢得优势，赢得未来，确保到二〇二〇年实现全面建成小康社会宏伟目标。"而这才是对甲午年最好的注释和解答。

第二，我国与日本围绕着历史问题和海洋权益的斗争是长期的、复杂的，斗争的结局取决于综合国力的较量，而历史已经并将再次证明，时间在我们一边。

日本海军"高千穗"舰上的水兵与该舰260毫米主炮合影

提及甲午年就离不开日本。由于日本政府"购买"钓鱼岛所引发的争端,又让新的甲午年承载了更多的责任和使命。在钓鱼岛危机的持续发酵之中,中国政府和人民展现出的维护国家主权和安全的坚定决心和意志,让日本始料未及。安倍政府否认历史、参拜靖国神社、解禁"集体自卫权"、扩军备战、推动修改和平宪法等一系列倒行逆施的言行,其主要目的就是要让背负着战败国历史包袱的日本彻底摆脱这一地位,成为所谓"正常化国家"。所以,升级钓鱼岛事态,制造东海紧张局面,搞坏中日关系都是安倍实现其政治野心的"抓手"、借口和筹码,短期内不会有大的改变,我们必须做好与日本打"持久战"

的准备。

纵观人类历史，领土争端的解决都经历了漫长的过程，都伴随着长期、艰苦的斗争，其间充满了曲折、反复，有的延续百年甚至千年。而解决领土争端也有过各种模式，既有兵戎相见，也有和平谈判，但不论哪种模式，都必须以实力为后盾。如果没有强大的综合国力，没有强大的国防和军事力量，即使是和平谈判也只能是被动地接受强权的条件。当年周恩来总理说过："战场上得不到的东西也休想在谈判桌上得到。"今天重温，仍具有现实意义。我们爱好和平，但不惧怕战争；我们走和平发展道路，但绝不以牺牲国家的主权和安全为代价；我们坚持和平发展的国家战略，但前提是必须要有基本的安全保障。因为，没有国家安全就谈不上和平发展。

钓鱼岛问题，历经中日甲午战争和第二次世界大战以及冷战，折射出激烈的国力较量和残酷的国际政治斗争现实。既涉及中日之间100多年的历史恩怨，又涉及当今错综复杂的亚太战略格局。中日钓鱼岛争端既是硬实力的较量，又是软实力的博弈。扎扎实实做好我们的本职工作，不断提升包括军事实力在内的综合国力，方是解决钓鱼岛问题乃至最终解开中华民族"甲午年"心结的根本之路。

第三，积极适应我国国际角色的转变，做一个负责任的大国，为地区稳定和世界和平做出更大贡献。

如果说1894年甲午年是清王朝由衰到亡的节点，那么新的甲午年就是中国由富到强的节点。而要实现国家的强大，我们不但需要日益增强的综合国力和国防实力，也要做一个"负责任的大国"，为国际社会提供更多的公共产品，宣传"中国理念"，发出"中国声音"，提出"中国方案"，发挥"中国作用"。

随着中国的崛起，今天我国的国际角色已经发生三个重大的也是必然的历史转变：由一个十分落后的发展中国家正在变成一个迅速崛起，并对地区和世界事务越来越具有重要影响力的大国；由国际体系的旁观者、反对者正在变成一个积极参与者和改造者；由一个过去被国际社会忽略和偶尔借重的对象正在变成一个既被重视又被借重，同时又被加以防范和制约的对象。可见，今天我国的国际角色已不同于以往，由"旁观、反对、被动"变为"参与、改革、主动"，即加入并遵守国际制度，改革不合理的国际秩序，主动提出建设性意见并发挥建设性作用。

国际角色的转变使中国与外部世界的互动关系日趋复杂，使外部环境变化与我国内部政策调整越来越紧密相关。"中国因素"成为影响国际形势发展变化的重大因素。所以，做一个负责任的大国，不仅有利于我国的根本利益，也有利于维护地区稳定和世界和平。中国过去、现在和将来都将继续为国际社会承担应该承担的责任和义务，为世界和平与发展做出更大的贡献。这也是时代赋予这个新甲午年的新内涵、新精神。

甲午战争的历史告诫

肖裕声

肖裕声

军事科学院博士生导师，少将军衔。先后任军事科学院军事历史研究部副部长、世界军事研究部副部长。著有《中国共产党军事史论》《中国共产党军队政治工作史》《毛泽东政治工作思想概述》等。

120年前的甲午战争是日本发动的一场侵略战争，战争以日本胜利和中国的失败而成为历史，此后新兴的日本帝国开始疯狂扩张，最终走入毁灭的深渊，而中华民族则在丧权辱国之痛中猛醒，进行百年复兴的奋斗。

今年又是甲午年，中日都在纪念和反思这场战争。日本一些右翼极端分子采取的纪念方式是纷纷踏入靖国神社"拜鬼"，追寻当年侵略胜利的"荣光"。那么，我们这代中国人应当如何认识120年前的这场战争？这段历史又告诫了日本、中国与世界什么？

一、历史告诫日本：军国主义终将把国家民族带入毁灭深渊

1. 侵略战争确实曾给日本带来意想不到的超额回报。

日本是一个岛国，在历史上又是一个外向型的国家，对外侵略扩张的民族思维由来已久、根

深蒂固。早在1855年，日本的政治家吉田松阴就曾提出："一旦军舰大炮稍微充实，便当开拓虾夷，晓谕琉球，使之会同朝觐；责难朝鲜，使之纳币进贡；割南满之地，收台湾、吕宋之岛，占领整个中国，君临印度。"他的这一思想对他的学生、以后成为日本内阁总理大臣的伊藤博文和山县有朋等人，产生了极为深刻的影响，并开始成为此后日本政界的主流思想。

日本明治天皇登基之初，即颁行诏书宣称"拓万里之波涛，布国威于四方"，把扩张侵略作为国家发展道路，并开始了"明治维新"。明治维新推动日本的资本主义快速发展，同时也形成了由封建武士道精神和极端民族主义思潮相结合的军国主义怪胎。这一怪胎以其固有的扩张性和掠夺性，裹挟日本民族走上了一条依靠对外发动侵略战争的崛起之路。

日本始终把中国作为战争对象。1874年，日本利用台湾与对清朝纳贡的琉球之间发生的"牡丹社事件"和清朝政府官员的昏聩，签订了《北京专约》，吞并琉球，并将其更名为"冲绳"。此后，日本一方面积聚实力，一方面谋划侵吞朝鲜和中国的战略。到1887年，日本政府进一步制定了更为详细的《清国征讨策案》，规定在1892年前完成对华作战的准备，进攻的方向是朝鲜、辽东半岛、山东半岛、澎湖列岛、台湾、舟山群岛。

为了发动侵略战争，日本先后实施了8次《扩充军备案》。1890年后，日本以国家财政收入的30%来发展海军和陆军。明治天皇每年还从皇室经费中捐款30万元作为海军补助费，从全国官员的薪俸中抽出10%用以弥补军费的不足。在天皇的感召下，日本富豪们也纷纷捐款，一年就达上百万元之多。举国上下士气高昂，以打败中国为奋斗目标，持续展开了一场以"国运相赌"的战争准备。

据统计，在1890年时，北洋海军2000吨位以上的战舰有7艘，共2.7万多吨；而日本海军相应吨位的战舰仅有5艘，共1.7万余吨。1892年，日本提前完成了自1885年起的10年扩军计划。到甲午战争前夕，日本已经建立了一支拥有6.3万常备兵和23万预备兵的陆军，海军舰艇的排水量达到6万多吨。不仅如此，日本还派出大批间谍在中、朝两国活动，在甲午战争之前，绘成了包括朝鲜与中国辽东半岛、山东半岛和渤海沿线的每一座小丘、每一条道路的战略详图。这时的日本，就好像一架高速运转的战争机器，时刻等待最佳时机，对外诉诸武力。

1894年，认为时机已经成熟的日本，经过一系列精心策划和秘密操纵，以朝鲜东学党起义为借口，挑起事端，对朝鲜和中国不宣而战。日军采用偷袭的方式，攻击援朝的中国军队，击沉了中国的运兵船"高升"号，并对丰岛海面的中国海军和驻朝鲜牙山的中国陆军发动突然袭击，日本军国主义战争机器全面启动。

鉴于甲午战争发动时并无必胜的把握，日本统治集团事前专门制定了上、中、下三种预案：一是如果海战获胜，取得制海权，陆军就长驱直入，进攻辽东、山东及北京；二是如果海战胜负未决，陆军只占领朝鲜，海军尽可能维持朝鲜海峡的制海权；三是若海战失败，则撤退驻朝鲜陆军，海军协防日本沿岸。

最终，日本在战争中取胜。1895年4月17日，北洋大臣、直隶总督李鸿章作为清朝政府的特命全权大使，被迫与日本政府签订了丧权辱国的不平等条约《马关条约》。该条约的主要内容是：（一）中国承认朝鲜独立；（二）中国向日本割让辽东半岛、台湾全岛及其附属岛屿、澎湖列岛；（三）中国赔偿军费白银2亿两（加上赎回辽东半岛的3000万两共2.3亿两）；新开通商口岸，增加内河航线等。共

11款。此外，日本还得到了价值1亿多两白银的战利品。

近代的日本首次发动大规模侵略战争，便一举获得了意想不到的巨额回报，整个朝野就像是打了"鸡血"一样，开始疯狂起来。日本外相陆奥宗光高兴地说："在这笔赔款之前，根本没有料到会有几亿日元，本国全部收入只有8000万日元，一想到现在会有3.5亿日元滚滚而来，无论政府和私人都觉得无比的富裕！"于是日本从上到下狂妄满满，野心进一步膨胀。

2. 甲午的胜利使日本更沉迷于军国主义道路和对外侵略。

甲午战争的直接后果就是日本将整个国家变成一部疯狂的战争机器，从19世纪90年代到20世纪40年代的半个世纪，日本与中国、俄国（及苏联）、德国、法国、英国、荷兰、美国和澳大利亚等几乎全世界主要国家都交战过，把战火烧向整个亚太地区，其疯狂程度在人类历史上也绝无仅有。

甲午战争之后，日本以中国巨额的战争赔款为主要财源，制定了"战后财政十年计划"，使日本的财政规模急剧扩大。1894年，日本财政支出仅8000万日元，到1899年达3.9亿多日元，5年间猛增到5倍！据日本学者统计，日本从甲午战争所获得的赔偿金中，5700万日元用于陆军扩充费，1.39亿日元用于海军扩充费，7900万日元为临时军事费，另用于发展军舰水雷艇补充基金为3000万日元，共3.05亿日元，占赔偿金总数的85%。（石井宽治《日清战后经营》）余下的经费则用于开办钢铁厂，设立教育基金，供皇室享用和补充财政支出，以进一步强化侵略战争的物质基础。

日本参谋本部制定了打败俄国远东军队的扩军计划，在原有6个师团的基础上又增加6个师团，使总数达到12个，并扩大炮兵和骑兵，使其成为能够适应近代化战争的军队。日本海军更是提出了野心勃勃的扩军计划,海军大臣西乡从道大将提出,日本的"目标是要在德国或法国同俄国联合起来时,用以击沉这两个国家能够联合派到东方来的舰队"。(藤村道生《日清战争》)

1904年2月8日,日本经过充分准备,重演故伎,不宣而战,以突然袭击的手段发起了日俄战争,目的就是要打败俄国,夺取朝鲜半岛和中国东北。战争中的日本仍然像一个贪婪的赌徒,以倾国之力疯狂下注,动员了近120万兵员投入作战,伤亡人数近28万,甚至还派出间谍深入俄国境内策动内乱。此次战争,最后在英、美两国的"调停"下,又一次以日本的胜利而告结束。统观日俄战争,日本以小博大,不计代价,孤注一掷,最终通过战争手段达到了梦寐以求的侵略扩张利益。

应当特别指出的是,日俄战争是两个帝国主义国家为争夺殖民利益而在中国土地上进行的战争,中国成为此次战争的重要受害者。在别国土地上作战又取得了这样的胜利,更让日本统治集团错误地认为:只有战争手段才能达到自己想要的目的;只要有举国武装的决心和毅力,走军国主义和对外扩张的道路,日本就能够征服世界、为所欲为。这些,又成为了日本民族侵略野心不断膨胀的直接诱因。

日俄战争后,日本借第一次世界大战列强无暇东顾之机,趁火打劫,发动对德国的战争,夺取了德国在中国青岛的势力范围和太平洋的德属岛屿。

后来,随着军国主义者将在战争中不断攫取的经济资源用于扩军备战,日本在侵略中国、征服世界的道路上越走越远,越走越快。日本法西斯集团按照精心策划、挑起事端、不宣而战、突然袭击、赢得优势的步骤,在中国又相继挑动了"九一八事变""华北事变""七七事变",挑起了针对苏联的"张鼓峰事件",发动了针对美国的"偷袭珍珠港"事件,在一次次复制战争的进程中,终于走上了一条不归路。

3. 军国主义和侵略战争最终使日本民族遭受灭顶之灾。

日本的侵略战争给亚太各国人民带来灾难,必然遭到被侵略国家人民的坚决反抗。中国受害程度最深,反抗时间最长,也最为坚决。在导致日本最终失败的第二次世界大战期间,中国以巨大的牺牲,在东方主战场独立抗击日本侵略长达14年之久,挫败了日本速决战的战略,迫使其陷入长期战争的泥潭。仅在中国全面抗战的8年中,中国牵制日本近70%的陆军和近1/3的海军,歼灭日军150多万人,128万多日军向中国投降。

日本的侵略行径,招致英、美等西方大国的反对,各国逐渐转变绥靖主义政策,从经济制裁开始,最终对日作战,在共同反对侵略战争中,全世界结成反法西斯国际统一战线。

1943年,中、美、英发布的《开罗宣言》宣布,中、美、英三国对日战争的目的在于制止及惩罚日本的侵略,剥夺日本通过侵略战争侵占的一切领土,将东北、台湾、澎湖列岛等归还中国,使朝鲜独立。

1945年,中、美、英发布《波茨坦公告》,重申《开罗宣言》的决定,宣布:对日本的历史侵略问题做出国际法裁决,彻底铲除日本军国主义;占领日本领土,以实现公告的主旨;日本的主权限于本州、北海道、九州、四国及被指定的其他小岛之内;解除日本军队的武装;严惩战争罪犯;容许日本维持其经济所必需及可以偿付实物赔偿的工业,但不允许存在可能重整军备的工业。这是对日本侵略惩罚的国际法依据。

日本的侵略也给本国带来了灾难性的后果。1945年2月25日,美军出动150架B-29轰炸机,向日本首都东京发动了大规模空袭,使方圆2.5公里的土地陷入一片火海。3月上旬,300架B-29轰炸机对东京再次发动空袭,巨大的火团烧毁了东京的1/4建筑物,有8.5万名平民死亡。接下来的几个月里,日本的主要城市几乎都被美军摧毁。之后,美军的B-29轰炸机又开始系统攻击规模较小的工业城市。

大规模空袭之后则是原子弹袭击。1945年8月6日,美国对日本广岛市区及其工业区,投掷第一颗原子弹,使广岛的所有时钟永远停在8点15分17秒。原子弹在离地面580米的高度爆炸,形成了一个大火球。火球发射出来的30万摄氏度的高热,使爆心半径1公里内的花岗石熔化。随后出现的冲击波,使3公里内的建筑物几乎全部被摧毁;全市7.6万座建筑中,只有6000座大体还残存;广岛市区80%的建筑化为灰烬,6.4万人丧生,7.2万人受伤,伤亡总人数占全市总人口的53%。

8月9日,美国又对日本长崎实施原子弹袭击,致使长崎60%的建筑物被摧毁,2.5万人死亡,6.1万人受伤,伤亡人数占全市总人口的37%。据广岛、长崎两市1977年《致联合国的报告》称,因原子弹轰炸而死去的人,广岛已达22万多,长崎超过12万。

统计资料显示,到1945年8月,日本全国共有119个城市化为废墟,毁于战火的住房达236万栋,900万人流离失所,近一半的工业设备、道路、桥梁、港湾设施受到不同程度的破坏,仅有京都、奈良等个别文化古城因盟军刻意避免轰炸而幸存下来。

与此同时,苏联红军以150余万的强大兵力向日本关东军发起攻击,并在南库页岛和千岛群岛登陆,势如破竹,锐不可当。

由于战争,日本物质财富损失总额高达1057亿日元,相当于1944年全部国家财富的35%。阵亡和因灾难致死者达350万人,另有67万人负伤或下落不明。1946年,日本工矿业生产指数仅为1934-1936年平均水平的30.7%,农业生产降至战前的60%,人均国民生产

1895年2月17日，日本军舰驶入威海卫军港

总值仅及战前一半。由于物资极度缺乏，日本国内货币发行量激增，通货膨胀日甚一日。1945年秋到1946年初，主要消费物资的黑市价格暴涨为官价的30—60倍。英国作家大卫·巴迪在《日本帝国的兴衰》一书中写道："当时的日本不仅饱受战败的创伤，而且简直是饿殍满地。"美国占领军最高司令官麦克阿瑟曾说："由于战争，日本已降为四等国。"

1945年，日本在中、美、苏等盟国的联合反击下，被迫无条件投降。回顾自甲午战争以来日本侵略扩张的历史，可以看出日本走的是"战争冒险—战争获益—再冒险"的畸形道路，直到彻底失败。战争确实使日本曾经取得过一时的胜利和繁荣，但侵略之路从一开始就注定了失败的必然，正如中国老话"不是不报，时候未到"，最后连本带利一起清算。日本当政者应该清醒认识到，在当今世界和平与发展的主流趋势下，如妄图再走侵略扩张的老路，与亚洲邻国和世界为敌，必将重蹈失败覆辙。

二、历史告诫中国：只有全面改革才能实现强国梦、强军梦

1. 清王朝的军事变革曾经打造了号称"亚洲第一"的北洋水师和相当规模的军工企业。

鸦片战争后，清王朝在内忧外患的双重打击下陷入空前危机，面对"数千年来未有之变局"和"数千年来未有之强敌"，封建统治阶层内部发起了以军事近代化为核心的洋务运动，经过数十年的努力，在军事工业、人才培养、海军建设等方面都取得了明显成就。

据统计，清政府仅用于海军北洋水师的建设资金就超过1亿两白银，舰船购造费超过3000万两，另外还有舰船上各种装备器材的购置维持费、舰队官兵薪俸、舰队基地营造费及维持费、各造船修船局厂及官衙的开设维持费、海军人才的教育培养费等等。北洋海军是当时亚洲第一、世界排名前列的海军舰队。1888年，北洋海军正式成军，拥有军舰25艘，官兵4000余人。"定远""镇远"号铁甲舰，排水量达7335吨，各装12英寸大炮4门，日方叹其为"东洋巨擘"。即使甲午战争前，北洋水师仍然在吨位上保持着"亚洲第一"的规模，并且在大口径火炮、小口径火炮等指标上优于日军。

清朝陆军也逐步走向近代化。清政府仿照西方列强，邀请军事顾问，购置或自产一些武器装备，引入西方的军事训练，从冷兵器军队向近代军队过渡，特别是在镇压太平天国的战争中，中西结合的"洋枪队"已初具规模，甲午战争中的援朝清军也装备了近代武器。

此外，以建立重工业特别是军事工业为目的的洋务运动也在蓬勃发展，江南制造总局、福建马尾船厂、汉阳铁厂等一批军事企业在亚洲首屈一指，其规模和技术丝毫不逊于同期的日本企业。

然而，就是这样一支貌似强大的军事力量和颇具实力的国防基础，却在甲午战争中一败涂地、全军覆没，令人痛惜，发人深思。

2. 腐朽的政治体制、腐败的官僚体系、堕落的军队必然导致战争的失败。

洋务运动由清朝政府官僚体系自身发起，在他们看来，中国的文武制度"事事远出于西人之上，独火器不能及"，因此不想也不敢触动封建旧根基，不能进行全局的改革。尽管购得部分"坚船利器"，发展了与军事密切相关的制造及重工业，但政治腐朽和体制落后以及由此形成的腐败最终阻碍了军事变革，新式装备的清朝军队也是外强中干。

统治集团内部腐朽不堪。慈禧太后为个人享乐，竟置国家于不顾，挪用海军军费修建颐和园。1891年户部奏请"南北洋购买外洋枪炮、船只、机器暂停二年，解部充饷"。挪出的经费干什么？为她庆祝六十大寿，先是修北海、中海、南海，花费白银600万两，其中挪用海军经费437万两；紧接着再修建颐和园，耗资1000万两，挪用海军军费750万两。随着外敌侵略的可能性加大，有御史上奏请求停止建设以保军费，慈禧申斥说："今日令吾不欢者，吾亦将令彼终生不欢。"为博慈禧一欢，各省督抚相约报效白银260万两，名义为军费，实则因为修园，全部存储于外国银行，不能用于海军建设。到后来，为了筹钱竟用海军名义向外商借款，甚至采用卖官的办法，京官郎中以下、外官道台以下均可捐买。皇家穷奢极侈，官员也是放胆胡来。"帝后两堂暗斗于内，翁李两党倾轧于外"，清廷内部倾轧，地方和军队更是派系林立，将领们把军队作为争权夺利的资本，战时各方自保，互不配合。

黄海海战后,翰林安维俊奏参李鸿章"有银数百万两,寄存日本茶山煤矿公司,其子在日本各岛开设洋行三所",并以"米、煤资敌,释放日本奸细"。事实是甲午战争前日本向中国购买大米和煤炭,开战后部下建议停止供货,但李鸿章却说"订货在失和之先",命令继续供货"以示信用",于是3万吨煤炭和3000石大米照常运送日本,而这些煤炭,正好用作进攻中国的军舰燃料,连外国人都认为"李的立场值得深思"。

军队腐败导致军队训练荒废、纪律败坏,毫无战斗精神,即使再好的武器也无法发挥应有作用。1886年,北洋舰队访问日本长崎,官兵上岸在妓馆闹事,引起事端,致数十人伤亡。事后李鸿章不但不处理,还开脱说"武人好色,乃其天性。但能贪慕功名,自然就我绳尺"。如此治军,北洋水师的军纪松弛也就有了源头。水师提督丁汝昌原是陆军将领,任职10多年时间,既不懂海军也不去学习海军知识,长期在基地刘公岛营造店铺,出租给下级敛财;开设鸦片烟馆、妓院,还时常因此与部下发生龃龉;生活更是骄奢淫逸,甚至自蓄优伶演戏。舰队最高长官如此,其他官兵自然一一仿效。"操练尽弛,自左右总兵以下,争挈眷陆居,军士去船以嬉。每北洋封冻,海军岁例巡南洋,率淫赌于香港、上海。"军队训练弄虚作假,打靶演习"预量码数,设置浮标,遵标行驶"。军舰用来载货载客,参与走私人参。

海军如此,陆军更糟。牙山战役的主帅叶志超不但仓皇逃窜,还慌报军情,"饰败为胜,欺君邀赏"。平壤之役,叶志超故伎重演,一路逃过了鸭绿江。日军进攻义州,义州的守军只放了一排枪便弃城逃跑。日军进攻大连,守将赵怀业则提前将其私产装船运走,却将大量枪炮弹药留给了日军。旅顺守将龚照玙未见敌军就乘船逃往烟台,日军只用了6天就攻占清朝经营多年的远东第一大军港。日军进攻辽东时，这里驻有清军 7 万多人，进攻的日军只有 2 万人。但清军因毫无斗志，无法抵挡日军的进攻，不到 10 天就全线溃败。李鸿章的幕僚罗丰禄曾描述说："倭人常谓中国人如死猪卧地，任人宰割，实是现在景象。"

不仅不敢战，而且要谎报军情，以败为胜。丰岛海战时，北洋水师的"广乙"舰搁浅损毁，"济远"舰受伤。但丁汝昌却谎报"风闻日本提督阵亡，'吉野'伤重，中途沉没"。全然颠倒黑白。黄海海战时，北洋水师损失惨重，"致远""经远""扬威""超勇""广甲" 5 舰被击沉，日舰一艘未沉。李鸿章却谎报军机处"我失四船，日沉三船"；又谎奏"据海军提督丁汝昌呈称……此次据中外各将弁目击，攻沉倭船三艘。而采诸各国传闻，则被伤后沉者尚不止此数。内有一船系装马步兵千余，将由大孤山登岸袭我陆军后路，竟令全军俱覆"。一场惨败，竟在主帅口里变成了一场大胜。

这样腐朽的朝廷，这样腐败的官僚，这样堕落的军队，失败便是不可避免。尽管朝廷、军队都有许多忧国忧民、正气凛然之士，但已无回天之力。

3. 甲午战争的失败揭开了中国近代追求民族复兴的历史新篇章。

甲午战争的失败，使中国彻底沦为半殖民地国家，中断了中国近代化和工业化的进程，中国国运衰败从此加速，民族灾难从此加深。然而，正是在这场巨大的灾难后，中华民族的觉醒也有了一个新的转折，从而揭开了中国近代追求民族复兴的历史新篇章。

1894 年 11 月 24 日，孙中山领导的兴中会在美国檀香山成立。1895 年 4 月 22 日，康有为、梁启超发起"公车上书"，中国群众性救亡图存、变革自强的运动蓬勃兴起。1898 年，一场反帝爱国的义和团运动把革命矛头指向帝国主义列强。同年，清王朝最后一次企图自救的戊戌变法运动宣告失败。1900年八国联军把清王朝打成了服服帖帖的奴才，也把中华民族不甘为奴的反抗激情点燃。亡国灭种的危机，增强了中华民族的凝聚力，成为中华民族自立自强于世界民族之林的根本所在。

在一次次反对帝国主义侵略的战争中，中国人民的民族觉醒意识进一步提高，探索民族复兴道路的勇气也日益增强。1912年，孙中山领导的资产阶级民主革命建立了中华民国，试图学习和模仿西方走出一条自强的资本主义道路。但资产阶级的先天不足和帝国主义列强的侵略，最终使中国的变革半途而废。1919年的"五四运动"，中国工人阶级第一次走上历史舞台，1921年中国共产党成立，从此中华民族的复兴有了坚实的阶级基础和坚强的领导核心。

1931年日本发动"九一八"事变，企图一步步吞并中国，此时的中国共产党尚处在幼年时期，但她依然坚定地举起了反帝反封建的旗帜，号召"全中国工农兵士劳苦民众必须在反对第二次世界大战，推翻帝国主义统治，争取中国民族解放的利益之下实行坚决的斗争"。1937年，日本发动"七七"事变，开始了蓄谋已久的全面侵华战争。但此时的中华民族已经有了极大的觉醒，更有了用先进理论武装起来的成熟的中国共产党作为全民族抗战的坚强领导核心，战胜日本帝国主义侵略，赢得民族解放已经成为历史的必然。抗日战争取得了伟大的胜利！

近代中华民族复兴的历史，始终贯穿一条主线，这就是：民族独立、人民解放、国家富强、人民富裕。经过可歌可泣的奋斗与牺牲，经历无数艰难与曲折，中华人民共和国成立了，中国以独立的姿态开始建设一个新国家与新社会。进入21世纪，中国的面貌更发生使世界惊讶的变化，正在向着现代化的目标奋进。

甲午死难同胞百年祭,旅顺民众重修万忠墓

回顾自甲午战争以来的历史,中国要实现强国梦、强军梦,良好的内外环境是前提,全面改革发展是途径。党的十八届三中全会奏响中国全面深化改革的新乐章,开启构建中国改革升级的新航程,为全面建成小康社会乃至中华民族伟大复兴夯实基础。我们必须坚定地沿着全面改革的道路走下去,富国强军,直至实现民族伟大复兴的中国梦。但是我们必须清醒地看到日本军国主义的亡灵又在谋划破坏中国的发展。今天的中国已经是一个以崭新面貌屹立在世界东方的大国,我们有决心有能力斩断魔爪。

三、历史告诫世界:防止日本军国主义复活是国际社会的责任义务

1. 日本当局严重右倾化,正在引导日本走向新的军国主义。

第二次世界大战日本战败投降后,也有不少人对战争进行反省,战争的灾难让日本人民遭受了前所未有的煎熬,大多数日本人民十分

厌恶战争、恐惧战争。日本确立了和平宪法，宣称永不再战。一些有远见的政治家和官员也多次向被侵略的中国和东南亚国家道歉。然而，与德国全民族的深刻的战争反省相比，日本政体在战后没有根本性改变，产生极端民族主义和右倾的文化根源、社会根源没有彻底清除。随着时间的推移，日本年轻一代已经开始淡忘伤痛，并极力否认侵略历史。日本民众的这种心理，被一小撮右翼分子利用，他们大搞民粹主义，极力美化战争，沉迷于"昔日胜利的荣光"，长期顽固推行反华政策，导致目前日本国家右倾化现象越来越严重。

特别是安倍晋三执政以来，其一系列举动表明日本在复活军国主义的道路上越走越远，严重威胁着亚洲地区与世界的安全。以安倍晋三为首的日本政要频频参拜供奉着甲级战犯牌位的靖国神社，向那些战争狂人顶礼膜拜，矢口否认侵略历史，挑动日本国民的反华情绪。以"争岛"为契机，高调成立"夺岛作战部队"，加紧军事准备。试图绕开修改宪法的复杂程序，直接通过修改解释的方式谋求行使"集体自卫权"，从而为走向军国主义打开通道。特别是修改《原子能基本法》，谋求拥有核武器。据日本政府官员自称，日本拥有的钚可制造4800多枚1945年美军在长崎投下的原子弹。日本右翼分子更是公开宣称，日本也要拥有核武器。这是极其危险的信号。

2. 中国必须时刻警惕日本军国主义分子的两面性，建设巩固的国防和强大的军队。

从古至今，中日两国之间已经发生过近百次战争，其中持续8年以上的战争就有3次，但每一次战争都是日本主动进攻中国。总结历史经验可以发现，日本往往具有极端的两面性，一方面表现出非常"彬彬有礼"与"爱好和平"，另一方面往往又挑起事端嫁祸于人，以此欺骗民众、欺骗世界。从甲午战争、日俄战争，到"九一八事变""华北事变""七七事变""偷袭珍珠港"事件，每一次发动的侵略行动，日本都是在和平的谎言下精心策划，而后制造事端、不宣而战，这已经成为日本的一贯行径，我们必须高度警惕，严加防范。

必须始终做好防范战争的准备。对于中国来说，甲午战争最深刻的教训就是缺乏战争准备。甲午战争前，由于西方帝国主义间忙于相互争斗，无暇顾及对中国的侵略，因而相对平静了一段时间，此时的清朝政府全然不知危险的降临，丝毫没有战争的准备，当日本气势汹汹地打过来时，清王朝的失败也是必然的了。今天的日本，一旦突破和平宪法，就是最危险的战争信号，中国唯一的选择就是常备不懈，做好防止战争的准备。

必须始终坚持独立自主的原则。甲午战争期间，清朝政府不是立足于直面强敌、打赢战争，而是致力于乞求英、俄、德、法、美等国调停，以达求和目的，最终是自取其辱。甚至连日本外相陆奥宗光都说："中国政府不顾污辱自国之体面，一味向强国乞哀求怜，自开门户，以迎豺狼。"历史经验证明，如果一味求助别人而松懈自己、放纵敌人，不能自强自立，就会成为被宰割的对象。要想求得和平，必须把反侵略战争的立足点放到自身力量上，在战争中立于不败之地。中国是一个大国，只有坚持独立自主的原则，立足于依靠自己的力量来解决中日冲突和矛盾，才是正确的策略和选择。

必须加快建设一支能打仗打胜仗的人民军队。甲午战争前的中国军队特别是北洋海军，就其装备来说并不比日本军队差，然而由于整个国家与军队的落后与贪腐，最终战败甚至全军覆没。这就深刻地告诫我们，如果一个国家、民族、军队缺乏坚强的抵抗外敌入侵的决心与意志，如果一味沉浸在莺歌燕舞中，就好比我们的士兵从小就生活在麻木的环境中，军队就存在着先天不足，因此建设巩固的国防和强大的军队，不仅需要改善装备，提高军队战术技术水平，更重要的是塑造坚定的国家抗争意志和常备不懈的民族牺牲精神。

3. 团结包括日本人民在内的世界一切和平力量，坚持走共同发展的和平道路。

第二次世界大战日本战败后，被迫接受战胜国的和平改造，解除武装，1947年5月施行新宪法，规定日本放弃战争权，从此逐步走上了和平发展的道路。由于放弃战争道路，日本从此大大缩减了军费开支，而集中财力物力于经济发展和民生改善。与此同时，美国、中国等相继减免了日本的战争赔偿，美国甚至将已经拆除的工业设备也全部发还，并向日本提供了数十亿美元的贷款和援助。20世纪80年代初，当中国刚刚开始改革开放，走上以经济建设为中心的发展道路时，日本已经发展成为一个高度现代化和工业化的经济强国，并开始了向信息化的跨越。直到今天，日本仍然是世界上最发达的现代化国家之一，而这一切都在于日本选择了一条和平发展的正确道路。

回顾人类文明史特别是甲午战争120年来的历史发展经验，我们可以看到：人类的进步大多是在和平的变革中实现的，战争和暴力不能带来真正的进步。战后，日本正是因为选择了和平发展的正确道路，才迅速发展成为高度现代化的经济强国，日本正是和平发展的最大受益者。

目前，日本右翼势力妄图否定世界反法西斯战争的胜利成果，这种挑战战后国际秩序的行径必然引发地区不稳定。我们要团结世界一切爱好和平的国家和团体，共同向日本人民和国际社会广泛揭露日本安倍政府的真实企图，让世界认清日本右翼势力的野心，阻断日本右翼分子绑架日本人民走向战争的通道，防止日本再度走上军国主义道路。日本当政者应该清醒地认识到，在当今世界和平与发展的主流趋势下，如妄图再走侵略扩张的老路，与亚洲邻国和世界为敌，必将重蹈失败覆辙。

同时，个别大国也不能忘记当年因"纵虎为患"的绥靖主义而导致的惨痛教训。日本右翼极端分子的本质没有变，若个别大国再为一己私利，被日本右翼极端分子离间利用，必将重蹈历史覆辙，给包括自己在内的亚太各国带来灾难。

甲午战争惨败的十大教训
——痛思的意义在于拒绝耻辱

罗 援

罗 援

第十一届全国政协委员，中国战略文化促进会常务副会长兼秘书长，博士生导师，少将军衔。曾任军事科学院世界军事研究部副部长。中国国际战略学会高级顾问，海峡两岸关系研究中心、清华大学国际问题研究院特邀研究员。

今年是甲午战争120周年祭，120年前中日之间进行了一场震惊世界的战争，中国战败后与日本签订了丧权辱国的不平等条约《马关条约》。《马关条约》规定：（一）中国承认朝鲜独立；（二）中国向日本割让辽东半岛、台湾和澎湖列岛；（三）中国赔偿军费白银2亿两（加上赎回辽东半岛的3000万两，共2.3亿两）；以及新开通商口岸，增加内河航线等。共11款。

甲午战败及《马关条约》的签订，使中国陷入更加深重的灾难。巨额战争赔款相当于全国3年的财政收入，清政府根本无力承受，只能向英法德俄列强贷款，不但利息很高，还要以海关、税收、财政的管理权作抵押。大面积割让国土直接导致帝国主义列强掀起瓜分中国的狂潮。战后的几年里，列强纷纷在中国划分势力范围。中国原来的藩属国朝鲜沦为日本的殖民地，成为日本侵略中国的

李鸿章乘坐德国商船"公义"号去日本马关议和

跳板，中国东北部的安全受到严重威胁。台湾被日本割占，使数百万骨肉同胞离开祖国的怀抱，饱受欺凌50年。

日本则是战争的最大受益者，得到了价值1亿两白银的战利品和2.3亿两白银的赔款。这笔巨款相当于日本当时4年的财政收入，日本外相陆奥宗光兴高采烈地说："在这笔赔款之前，根本没有料到会有几亿日元，本国全部收入只有8000万日元，一想到现在会有3.5亿日元滚滚而来，无论政府和私人都觉得无比的富裕！"战后，日本经济和军事实力飞速扩张，为其在上世纪30年代大举侵华打下基础。

总之，甲午战败和《马关条约》的签订使中国陷入深重的民族危机，面临生死存亡的关头。在中国近代的对外战争中，中日甲午战争可以说是规模最大、失败最惨、影响最深、后果最重、教训最多的一次战争。

正因为如此，重新反思这段历史，也最具现实意义。

我认为，甲午战争惨败的教训主要有十条：

一、国殇伤在政体上，体制落后必然挨打

19 世纪后期，主要资本主义国家已经完成了向帝国主义阶段的转变，资本输出具有特别重要的意义，这必然引起新一轮对殖民地更加激烈的争夺。于是，地大物博的半封建半殖民地中国便成为帝国主义列强眼中的猎物。从鸦片战争开始，帝国主义对中国的侵略和掠夺愈演愈烈。而此时，中国大陆战祸接连，内忧外患频仍，导致国库空虚，财力窘困，清政府只得横征暴敛，竭泽而渔，影响所及，民不聊生，怨声载道。慈禧太后垂帘听政以来，重用宦官，偏听偏信，政治腐败、经济腐败加上吏治腐败，使国运岌岌可危。李鸿章奉命创建海军，建设国防力量，虽学习西方之经验，但只学其表皮，未触实质。而慈禧太后竟将海军之大量军费挪用，作为修建三海及颐和园之用款。

反观日本，自 1868 年明治维新以来，建立新政，充实国力，汲取西方文化之精髓，摒弃不合时宜之思维，提出"拓万里之波涛，布国威于四方"的口号，走上资本主义发展道路。1887 年 3 月 14 日，正当中国准备挪用包括海军购舰专款大修颐和园之际，日皇谕令从皇室内库中提取 30 万元（相当皇室经费 1/10）作为购建海军舰船之补助用费。谕令既出，全国影从，至是年 9 月，集资即达 100 余万元。两相比较，高下立现，由此可见大清帝国首先败在国体政体上，甲午之战，其实是两种社会制度的较量。甲午之败，有其历史的必然性。

二、战败败在贪腐上，腐败不除，未战先败

当时，清廷修缮"三海"工程，有人估计费用在 300 万两白银以上，几乎可添购清军当时的主力舰"定远""镇远"各一艘。光绪七年至

十七年（1881—1891）10 年间海军专项拨款应在 4600 万两白银，即便不考虑相关因素也在 3680 万两左右。这 10 年间，北洋海军共购买军舰 9 艘，花费总额充其量为 1100 万两，存付两抵，有近 2600 万两白银被中饱私囊。在黄海海战之前 6 个月，北洋舰队申请紧急换装部分速射炮并补充弹药，以应紧急之需。而李鸿章竟然以慈禧太后祝寿需要用款，不敢转请为名，予以拒绝。1894 年 11 月 7 日（光绪二十年十月初十），清廷为慈禧太后大庆六十寿辰之日，正是我辽东半岛大连湾陷落敌手之时，而清廷统治者却在铺张扬厉，强颜欢笑。如此腐朽政权，焉能不败！

三、强国必须强军，军不强最多是一个富国，永远成不了强国

在中日开战之前，中国的经济、军事实力并不比日本差，从经济上看，甲午战前日本的重工业还比较薄弱，轻工业中也只有纺织业比较发达，与中国相当。钢铁、煤、铜、煤油、机器制造的产量都比中国低得多。但清政府疏于国防建设，有国无防，有军不强。更有甚者，自光绪十五年至甲午中日战争 6 年间（1889—1894），竟然只舰未添。原来清政府的海军位居亚洲第一、世界前列，此时已被日本赶超。开战前 3 个月，李鸿章预感到这种危机，拟为北洋海军换新式炮 21 尊，竟因海军衙门与户部意见相左，均难筹此款，而不得不先为"镇远""定远"两舰购买快炮 12 尊。而此时，日本几乎所有主力舰船都已安装速射炮，这就为甲午之战埋下了隐患。甲午战败后，清政府签订《马关条约》，承诺赔款白银 2 亿两，约为 1842 年及 1860 年对英法赔款之 7 倍，超过中国全年之收入。早知今日何必当初，若当年早将此数额之银两用于购买北洋舰队急需之速射炮及开花弹，何至开战仓皇溃败？

四、强军必须观念创新，观念落后，满盘皆输

进入19世纪90年代，海军"快船快炮"之观念开始兴起。海上作战的首要目标，由以往之击毁战船转为注重杀伤舰上有生力量。所以，当时新型舰船趋向于减少大口径主炮数量，而以众多中口径速射炮代之。在黄海海战中，日本舰队装备大型速射炮71门，小型速射炮154门；而北洋舰队仅有大型速射炮2门，小型速射炮130门。与敌相比，大型速射炮远逊于敌。在10分钟内发射弹药，中日之比是33∶185，换言之，在同一时间内，日本舰队的发射量是北洋舰队的6倍。由此可见，虽然在战舰的总吨位上，北洋舰队并不比日军小，但由于作战理念落后，导致优劣转换，北洋舰队在战力上处于下风。

五、强军重在塑造军魂，无勇之军是散沙一盘

岳飞云："文官不爱钱，武官不怕死，则天下太平矣！"中华民族不乏精忠报国之仁人志士。甲午战争中，北洋舰队10个管带7个以身殉职。管带邓世昌为保护旗舰，下令"致远"舰向敌先锋舰"吉野"号猛冲，以求同归于尽，不幸中敌鱼雷，连同邓世昌在内200余人与舰同沉，忠烈殉国。1895年2月3日日军占领威海卫城，提督丁汝昌坐镇指挥的刘公岛成为孤岛，日本联合舰队司令伊东祐亨曾致书丁汝昌劝降，遭丁汝昌拒绝。5日凌晨，旗舰"定远"舰中水雷搁浅，仍做"水炮台"使用，继续搏战。10日，"定远"舰弹药告罄，管带刘步蟾下令将舰炸沉，以免资敌，并毅然自杀与舰共亡。11日，丁汝昌在洋员和威海营务处提调牛昶昞等主降将领的胁迫下，拒降自杀。洋员和牛昶昞等又推举"镇远"管带杨用霖出面主持投降事宜，杨用霖拒不从命，自杀殉国。这些舍生取义者，虽败犹荣。

日军突袭威海卫时的六号鱼雷艇艇长铃木贯太郎，在日本二战战败时担任首相

但在甲午战争中亦有"怕死畏葸"之将领，临阵脱逃。平壤之战中，大同江南岸、玄武门外、城西南三大战场，只有玄武门陷落，此时对清军来说，战事尚有可为，但清军总指挥叶志超，却竖白旗停止抵抗，并下令全军撤退。6天里，清军狂奔500里，于21日渡鸭绿江回国，日军占领朝鲜全境。在黄海激战中，"致远""经远"2舰不幸被敌军击沉，"济远""广甲"2舰惊恐万状，仓皇逃窜，不但削弱了战斗力，还严重地扰乱了军心。在金旅之战中，日军分3路向大连湾进攻，清军不战自溃，日军又开始向旅顺进逼。当时旅顺地区清军有7个统领，

道员龚照玙为前敌营务处总办，有"隐帅"之称，共辖33营，约1.3万人。18日，日军前锋进犯土城子，龚照玙竟置诸军于不顾，乘鱼雷艇逃往烟台。19日，黄仕林、赵怀业、卫汝成3个统领也先后潜逃。清军群龙无首，成鸟兽散。

六、强军必须强装备，装备强在于量够质优

固然，人是决定战争胜负的决定性因素，但武器装备也是重要因素。对于海军战力之评估，通常以拥有舰船数量与总吨位作为依据，据有关资料表明，甲午战争爆发之前，中国海军（包括北洋、南洋、福建、广东四大舰队）共有军舰78艘，总排水量8.5万吨左右。日本海军只有军舰31艘，鱼雷艇24艘，总排水量6万余吨。中国在规模数量上占据上风。但军力的比较，不只是绝对值的比较，还应包括相对值的较量。比如，在黄海海战中，北洋舰队参战兵力为12艘战舰（实为10艘，"平远"舰与"广丙"舰未参战），总吨位34420吨；日本参战兵力为12艘战舰，总吨位39684吨。数量上难分伯仲。而在建军质量上，则中国军队处于劣势。北洋舰队之主力舰"定远"和"镇远"2艘铁甲舰，舰首炮塔之4门主炮，只能正向直射；8门12英寸口径炮，据传仅有作战用开花弹3颗（1颗在"定远"舰，2颗在"镇远"舰），其余皆为实心练习弹。其他各舰所配弹药也不多，据传每炮仅有15颗。海战中，后续补充弹药，或者与火炮口径不符，无法使用；或者质量太差，弹身布满小孔，炮弹未出炮口即炸膛；或者弹身铜箍太厚，必须先锉小才能入膛；还有的炮弹底火引信受潮，击发时成哑弹……如此等等，北洋水师即使有三头六臂，也回天无力。

七、强军必须常备不懈，有备才能无患

1880年起，日本全力扩充军力，举国上下士气高昂，以赶超中国为奋斗目标，准备进行一场以"国运相赌"的战争。截至甲午战争前夕，日本已经建立了一支拥有6.3万名常备兵和23万预备兵的陆军和舰船排水量6万余吨的海军，超过了北洋海军。中国一些有识之士对此有清醒的认识，如两江总督沈葆桢、台湾巡抚刘铭传等看出"倭人不可轻视"，但朝廷和大部分政要对日本的认识还停留在"蕞尔小邦"的阶段，"不以倭人为意"。李鸿章也认为"倭人为远患而非近忧"。在日本倾全国之力扩充军备，战争危险日益迫近的紧要关头，清政府反而放松了国防建设，以财政紧张为由，削减军费预算，从1888年开始停止购进军舰，1891年停止拨付海军的器械弹药经费。中国就是在这样一种毫无戒备的状态下，迎来了一场命运攸关的战争。

八、强军必须综合集成，任一短板将导致全局失败

海上作战，舰队远离陆上指挥中心，应有独立高效的指挥机构。黄海海战，北洋舰队以"定远"舰为旗舰，提督丁汝昌、总教习德国人汉纳根均位于此舰上。而通常做法是在旗舰上建立指挥中心，由提督坐镇指挥；另于主力舰"镇远"舰上建立预备指挥中心，以备万一，接替指挥。但因为丁汝昌、汉纳根均不谙海战，不能担当舰队实际指挥，只得以旗舰管带刘步蟾代为执行，同时北洋舰队又未在"镇远"舰上建立预备指挥中心，指定代理指挥官。因此，交战初期，当"定远"舰被敌炮击中，无法升旗发布号令时，北洋舰队各舰即陷入各自为战境地，缺乏协同作战，不能集中兵力火力，乃使敌"比睿""赤城""西京丸"等被重创之船，侥幸脱逃。

情报战输人一头也是导致甲午战败的重要原因。1894年6月23日，一份由驻日公使汪凤藻发给清政府总理衙门的密电被日军截获，由于日方事先已经知道这份电报的内容，日军很容易地破解了中方密码的编排规律，掌握了清政府的密钥。一个月后的7月21日，清军雇用"高升"号等3艘英国轮船，秘密向朝鲜牙山运送2500名淮军将士。虽然清军是一次绝密军事行动，又租用的是英国商船，派遣了2艘军舰护航，本认为万无一失。但由于行动电报被日军破译，日本联合舰队7月25日偷袭了这支清军舰队，导致清军损失惨重，"高升"号上的780余名江淮子弟兵葬身大海。黄海海战中，日军在破译的电码中得知，北洋水师的军舰将于1894年9月15日运送兵员在大东沟登陆，于是，日本联合舰队在大东沟附近设伏，导致北洋海军惨败。

　　通信联络是构成舰船战斗力的重要因素之一。甲午海战中，北洋舰队发布指挥号令全部依赖旗舰以旗令达成。但没想到交战不久，旗舰"定远"舰前桅被敌炮击中折断，无法悬旗发令。"镇远"舰虽然未伤桅杆，但旗缆被炮火焚毁，亦无法代发号令，各舰失去统一指挥，遂导致敌舰当沉未沉，我军当胜未胜之结局，通信中断实为重要原因之一。

　　海上作战远离陆地依托，又离不开陆地依托，应建立完善的后勤机构，自舰船补给、维修以至武器弹药、机器机件、卫生医疗等，缺一不可。最为迫切之需求是弹药供应及战损维护两项。而恰恰在这两项上，北洋水师严重不足，黄海海战中，"定远"舰受伤千余处，舵机锚机均被击毁；"镇远"舰锚机亦被损坏。两舰返回旅顺基地，虽有船坞，但无备用零部件之储存，无法恢复战斗力，最终贻误战机。

九、强军必须有灵活机动的战略战术，剑不如人剑法要过人

　　技术决定战术，由于北洋舰队2艘主力铁甲舰受炮塔装置的限制及主炮位置的制约，只能采用单行雁行阵为接敌阵形，但对右翼2艘舰船"超勇"号和"扬威"号之战力未加慎重考虑与加强，以致在日军第一游击队4艘战舰全力冲击下，这2艘舰一伤一沉，阵形随之被打乱。在战术运用上，单行雁行阵运用之妙在于全力冲刺日军的鱼贯阵形，攻击日方由我阵形前方经过的每一艘舰船。但令人扼腕的是，在冲击时，北洋舰队反而将航速由8节降为6节，形成无力之冲击，最终难以达成预期之目的。

十、敢战方能言和，战场上得不到的东西谈判桌上也很难得到

甲午战争始终存在着主战派与主和派之争，当时中国最高统治者中掌握实权的慈禧太后、奕䜣等都是主和派，李鸿章也坚决主张"羁縻为上，力保和局"。他们一直致力于争取英、俄、德、法、美等国家的调停，以达到求和目的。李鸿章想利用各国之间的利益冲突遏制日本，解除中日军事对峙。但他显然对外国干预成功的可能性期望太高了，过分依赖外交斡旋而放松了军事努力。李鸿章首先请求英国调停，他考虑英国在华既得利益最多，日本侵华"英人必不答应"。但没有想到英国和日本已经在背后进行了交易。李鸿章转而请求俄国干涉。但这时俄国西伯利亚铁路尚未修通，在远东争夺的筹码还不够，并不想和日本闹翻，只是进行了一番口舌之争了事。清政府还请求德、法两国调停，那更是徒劳无益，白白浪费时间。英、俄、德、法调停落空后，李鸿章竟异想天开地寄希望于美国调停。美国则回复说："美国抱严正的中立态度，只能用友谊的方式影响日本。"实际上美国并不是什么中立的态度，而完全是偏袒日本。美国在支持日本侵华的路上远比其他国家走得远，给日本提供军事贷款，派遣军事顾问，运送军用物资，包庇日本间谍，甚至曾允许日本军舰挂美国国旗蒙蔽中国海军。

1894年6月，大战在即，日本积极调兵遣将，李鸿章不是在运筹帷幄，积极备战，而是设想利用外力，挟制日本，迫日本从朝鲜撤兵，恢复和平。

清政府的主战派心急如焚，光绪皇帝下谕旨说："他国劝阻，亦徒托之空言，应预筹战守之计。"朝中众臣责备李鸿章"观望迁延，寸筹莫展，一味因循玩误，险要之地，拱手让于外人"。遗憾的是，清政府并没有听进这些忠言，反而一味妥协示好，消极避战，结果不仅没有摆脱战争的厄运，而且使中华民族背负了割地赔款的奇耻大辱。

事实证明，要想求得和平，只有良好的愿望是不行的，靠别人不如靠自己，以夷制夷必将被夷所制。我们必须加强军备，且有英明的决断，抓住战机该出手时就出手。战争不相信眼泪，弱国无外交，战场上如果没有胜算，谈判桌上肯定什么也得不到。甲午战争的历史教训，充分证明了这个真理。

反思甲午战争的历史教训，就是要痛定思痛，通过审视历史，解读现在，放眼未来。现在的中国已经不是120年前的中国，现在的日本也不是120年前的日本，现在的世界更不是120年前的世界。甲午战争的硝烟虽然已经散尽，但甲午战争的警钟却在长鸣。牢记国耻，勿忘国殇，富国强军，锐意进取，居安思危，常备不懈，警惕日本军国主义复活，杜绝甲午耻辱再现，这就是我们痛思甲午战争的意义所在。

穿越无形历史障壁的强国梦

郭凤海

郭凤海

国防大学科学社会主义教研室主任，博士，研究生导师，大校军衔。全军中国特色社会主义理论研究中心研究员，中国辩证唯物主义研究会副秘书长，中国科学社会主义学会常务理事。著有《智能唯物论》《哲学智能观探索》《文以铸兵》等。

一部近代民族史留给我们的，不仅有奋斗的辉煌，还有痛切的自我反省。

120年前的中日甲午海战，中国人不应该忘记，中国军人更不应该忘记！那场战争，暴露出近代中国积贫积弱、横遭列强侵凌的种种历史病根。今年又逢甲午，面对日本挑衅频出，周边纷争不断，外来威胁由远及近，似乎又接近战争边缘的严峻局面，为了不再重蹈历史覆辙，我们有必要回望当年那场海战，思考一个东方大国海军何以殒没黄海，中国由此衰弱至历史谷底，而那个被时人所称的"蕞尔小国"又何以由此步步紧逼，一再中断中国的现代化进程。今天，我们能否真正穿越近代以来横亘在中国强国强军道路上一道道无形历史障壁，以史无前例的革新进取精神戮力强军，建起无坚不摧的现代军事力量体系，有力支撑中华民族伟大复兴的中国梦？

1894年11月21日午后,被日军占领的黄金山炮台

一、三大历史积弊阻碍中国强国强军

据著名历史学者雷颐所著《走向革命:细说晚清七十年》一书记载,清同治六年,即1867年,身为曾国藩幕客,极力推动曾兴办洋务、强国强军的赵烈文,私下里与曾纵论时局,推断大清国不出50年就会灭亡。他说大清国"若非抽心一烂,则土崩瓦解之局不成。以烈度之,异日之祸必先根本颠仆,而后方州无主,人自为政,殆不出五十年矣"。听过此言,后又屡见晚清弊政丛生的曾国藩,晚年曾无奈地感叹道:"吾日夜望死,忧见宗祏之陨。""宗祏之陨"即指王朝覆灭。他不愿看到国家"抽心一烂""土崩瓦解"的局面。赵烈文凭什么推断大清国很快会亡?他看到了什么?

1894年,清政府在中日甲午海战中惨败,次年被迫签订割地赔款、丧权辱国的《马关条约》。泱泱中华从几度威仪万邦,衰落到遭受众多西方列强欺凌;从巍然傲立东方,衰落到被几千英军打败;从金戈铁马横扫漠北,衰落到被新崛起的沙俄侵占、割走150余万平方公里土地；从当了日本人一千多年先生，衰落到被这个东方蕞尔小国在甲午战争中打得一败涂地……梁启超说："吾国四千余年大梦之唤醒，实自甲午战败割台湾、偿二百兆以后始也。""创巨痛深，于是慷慨爱国之士渐起，谋保国之策者，所在多有。"甲午战败为什么在国内引起了比当年鸦片战争还大的震动，导致"吾国四千余年大梦之唤醒"？当时的中国人反思、省察到了什么？

甲午海战惨败，不仅宣告了曾国藩、李鸿章等洋务派凡30余年兴办洋务、致力强国强军的种种努力彻底失败，更重要的是，它以最冷酷的现实，集中暴露出大清国外强中干的极度虚弱性，它以最彻骨的"创巨痛深"，让近代中国仁人志士反省到阻碍中国救亡图存、强国强军的种种历史积弊。

第一，高层"改革惰性"。

1876年，多次代表中国办理对外战争赔款的李鸿章，与日本驻华公使森有礼有过一次耐人寻味的交谈。他对日本想与东亚传统决裂表示不解，认为日本人以西装换掉古老的民族服装是对祖先不敬。森有礼却回答："如果我们的祖先还活着的话，他们无疑会做我们全部做过的事……大约一千年前，他们改穿中国服，因为他们当时发现中国服比原来的穿着要好。"这场关于服装的辩论，反映了两国改革者完全不同的变革取向：森有礼主张变革必须彻底，而李鸿章则坚持洋务派"中学为体，西学为用"的基本立场，说中国决不能推行日本式的改革，决不能用欧俗，只是采取"军器、铁路、电信及其他器械等必要之物"。

无疑，"中体西用"嫁接，是一种极不彻底的改革。中国改革之所以采取这种方式，与其说为强国强军提供了一定空间，毋宁说从另一方面反映了改革派的不利处境，反映了清廷上层反对、拖延全面改革势力的强大。后者政治上极端反动，思想上极度保守落后。当改革与旧制稍有冲突，大小保守派官僚、士绅、文人便一拥而上，斥之为"以夷变夏""仇视君上""乱臣贼子""汉奸卖国"。他们先是中断了林则徐、魏源等人"睁眼看世界"的努力，后使李鸿章、张之洞等洋务派在主张仿效西方、兴办近代工业的同时，总是小心翼翼地绕开"敏感问题"，不敢触动皇权专制，只能在政治夹缝中勉力以"中体"与"西用"嫁接的方式引进坚船利炮，仿造洋枪洋炮。

清廷上层极度缺乏改革共识，主要表现在：一方面，改革派缺乏对改革全面性、彻底性、紧迫性的清醒认识。另一方面，保守派势力极其强大，并结成了阻碍改革的庞大既得利益集团。一般讲，历史上任何既得利益集团，即使遇到重大经济、政治和社会危机，也是不愿意放弃丝毫既得利益的。出于维护自身既得利益的目的，晚清保守派把传统、道统置于不得触碰的道德制高点上，振振有词地讲"国之存亡在德不在强"，就是说中国的主要危险不在于西方列强侵略，不在于国内经济技术落后，不在于专制制度衰朽，而在于"圣道"沦亡和以"洋人为师"；他们大摆忠君爱国腔调，故意"和这'洋气'反一调：他们活动，我偏静坐；他们讲科学，我偏扶乩；他们穿短衣，我偏着长衫……"；他们主张"以忠信为甲胄，礼义为干橹"，来抵御外国列强的侵略，以"忠信礼义""华夷之辨"等，来大肆讨伐"名教罪人"；他们"耻言西学，有谈者指为汉奸，不齿士类，盖西法萌芽，而俗尚深恶"。这种孔教徒"使'圣道'变得和自己的无所不为相宜"的局面，必然使最高决策当局在推动改革问题上，总体上呈现出一种心猿意马、三心二意、一再拖延的"改革惰性"。这种改革惰性，致使发展"军器、铁路、电信及其他器械等必要之物"的工商实业步履维艰，体制变革一误再误。李鸿章虽然组建起亚洲最大、装备先进的北洋舰队，但是，其他与之相配套的军事管理体制、作战思想、训练方式等，却远远没有跟上。对此，觊觎中国已久的日本军国主义当局，通过长期情报搜集与研究早已全盘掌握，并以此为重要依据加紧筹划与中国开战。

与中国相对照，日本明治维新显然更加彻底。早在1858年10月8日，马克思在致恩格斯的信中，就以全球化和现代化的眼光，把中国清政府和日本将军幕府在西方炮舰打击下被迫开放通商口岸，形容为"门户开放"。他预言中国和日本都将走向"改革开放"道路。而这个预言很快在日本得到全面落实。1868年4月6日，日本明治天皇亲率文武百官在京都御所紫宸殿，向天地神明郑重昭告了"五条御誓文"：（1）广兴会议，万机决于公论；（2）上下一心，盛展经纶；（3）官武一体，以至庶民，各遂其志，毋使人心倦怠；（4）破除旧有之陋习，一本天地之公道；（5）求知识于世界，大振皇国之基业。他发誓："我国即将进行前所未有之变革，故朕躬身先众而行，向天地神明宣誓，定斯国是，立万民保全之道。盼众卿亦咸秉此念，同心戮力。"明治维新由此正式启动。

而一直以天朝上国老大自居的中国统治者，即使因为两次鸦片战争而付出割地赔款的沉痛代价，也依然不愿意主动放弃既得利益和专制特权，不肯全面"改革开放"。正如赵烈文在推断大清国不出50年必亡时给出的理由："主威素重，风气未开"，"奄奄不改，欲以措施一二之偶当默运天心"。目光如炬的赵烈文，透过洋务运动所营造的表面经济繁荣的迷雾，切入骨髓地看到，能使清廷避免遭到灭顶之灾的国家核心体制改革部分并未改变，端坐在庙堂之上的各色人物中，没有一个人具有改变这个核心部分的才能和魄力，他们"风气未开"，只是"以措施一二"来敷衍、拖延改革。正是由于内外环境中各种不利因素的共同耦合，特别是清廷上层的改革惰性，早已在客观

德国画报刊载的日本巡洋舰绘画作品，
自左至右为"严岛""吉野""浪速""扶桑"

上决定了洋务运动的最后结局。而作为这场"半吊子改革"的重要"成果"，北洋舰队在甲午海战中与乘全面改革之风、进取雄心正劲的日本军队对决，其命运也就可想而知了。

第二，国民"一盘散沙"。

中国的先人，素有"虎视何雄哉"的气派。想想那一声"犯强汉者虽远必诛"的呐喊，至今仍令我们血脉贲张。当年，慷慨豪迈的秦腔就出自耕——战结合的秦人。秦人连在饮酒唱歌时，都高唱那首《无衣》歌："岂曰无衣？与子同袍。王于兴师，修我戈矛，与子同仇……"这是一种多么摄人心魄的精神境界！当年的秦国，通过商鞅变法，把军功爵制普及到全社会，从而把秦国强国、创霸、帝天下的战略目标，与人民立功受爵的梦想紧密地结合起来，铸就了秦国军民的强大战斗力，帮助秦始皇完成了统一中国的大业。云梦睡虎地秦墓出土木牍，展示了前线立功普通士卒关切家乡依法授爵行田宅的急迫心境，使后人触摸到秦中军民追求事功的历史脉动，感受到军功爵制的巨大感召力，领略到秦军凌厉兵锋所向披靡的奥秘。事实上，整个春秋战国时代，不独秦国，多数诸侯国都洋溢着尚武精神。遇有战事，国君亲自出征，神州大地弥漫着一种雄奇壮烈的氛围。那是一个持续500余年、影响波及几千年的尚武精神光芒四射的"酒神时代"。在整部《左传》中，很少有因胆怯而临阵脱逃的人。以荆轲武士为代表的"风萧萧兮易水寒，壮士一去兮不复还"，"提一匕首入不测之强秦"的武士之风，发尽上指冠、义士慷慨赴死的壮烈，是何等豪迈！

然而，到了近代中国，仁人志士一方面为先人那一声"犯强汉者虽远必诛"的血性呐喊所感动，另一方面，又为这种豪情在近代消散殆尽而痛心疾首，慨叹中国虽有四万万之众，90万常备军，却何以形如"一盘散沙"，先是打不过"去六万里"远道而来"与中华争"的几千英军，进而又被时人所称"蕞尔小国"日本打得一败涂地？同样，当我们今天慨叹上述历史变化，就不能不继续追问、思考传统中国的家国关系、传统中国人的爱国主义精神在几千年历史变迁中到底经历一个怎样的精神变化历程。

传统中国"始于家邦，终于四海"，家国同构。由此生发出的数千年家国情怀与梦想，构成了中华爱国主义的基本要素。由于传统中国是家国同构的，所以朝廷为了树立君父权威，就建构了一种家（老百姓）对国承担单向伦理义务的社会治理体系。可以说，传统中国的全部政治理论与实践，都集中于一个重大而单纯的问题，即家国关系调整上。其政治原则：一是王通天人、朕即国家的王权观；二是王朝即国家，天下大一统的王朝天下观。与此相联系的政治取向，必然是突出关照某姓王朝江山社稷的安危：一是家国高于祖国。某姓家天下高于中华民族世代生息的祖国，祖国只是一种在论证现存王朝历史合法性时连带产生的从属性意识。国家认同的核心始终是王朝认同。二是爱国等于忠君。把爱国主义置换成"忠于君主、报效朝廷"，是家国高于祖国的必然逻辑。不管君主怎么样，他多腐败、多残酷，臣民都得无条件效忠他，所谓"君叫臣死，臣不得不死，不死不忠"。至于人民有什么权利，统治者应对人民负什么责任、尽什么义务，则很少提及。这种单向尽忠的爱国主义，必然还伴生一种历史现象：如果家天下与祖国根本利益一致时，统治者保家国就是保祖国；否则，就宁可"量中华之物力，结与国之欢心"，也要保全家天下。这就是传统忠君爱国主义。

因而，从传统中国历史看，由爱家到爱国，对于百姓来说，存在着一个巨大逻辑断裂：以一姓之家压万姓之家，二者多数情况下互为异己，老百姓的家与一姓王国除了伦理关联，很少有实质性的权益关联，无法结成真正的命运共同体。国破未必（老百姓的）家亡，只是更换王朝姓氏而已，民众不存在把国（朝廷）作为自身利益代表来热爱和捍卫的必然性。因此，老百姓的"家之爱"，并不总是因统治者提倡上升为"国之爱"。这就决定了传统中国，内在地存在一种政治性、体制性涣散。若非遇到巨大的国破家亡危机，人们的精神旅途通常归于家而终止，民族魂消散在家的细胞中，无法上升为整体国家民族精神。这样，以忠君为表征的爱国精神，只能落实在少数蒙受皇恩的仁人君子身上。然而即便如此，仁人君子追求富国强兵的努力一旦危及王政既得利益，统治者仍会无情地扼杀本来旨在忠君保国的爱国主义，使志士仁人"使于四方，不辱君命"的忠魂颂，总是以商鞅变法横遭车裂、岳飞精忠报国而死于国、文天祥高歌正气却忧愤过零丁洋、林则徐禁烟御侮反被贬黜的奇异方式终场。它拖着长长的血痕延续于整个传统中国，使家国关系的内在断裂暴露得淋漓尽致，以无以复加的悖谬演绎出无数"任何诗人想也不敢想的"爱国者追求富国强兵的"对联式悲歌"。

这种历史悲歌在2000多年的传统中国反复上演，使人民自觉不自觉地感受到，家国与祖国在安全利益上、老百姓与统治者的家天下在利益牵连上是可分离的。这一点，更是加重了那种政治性、体制性涣散，致使偌大的中国"人虽众，国常亡"，总是跳不出盛衰兴替的历史周期律。尽管出现过几代兴盛，如汉、唐、宋、明、清初期，也出现过一些真志士，如岳飞、文天祥等，但绝大多数文人、官绅往往卖身投靠于不同的政权之间。每临旧朝覆亡，面对新的统治者，那些口口声声标榜仁义道德的前朝士大夫们，往往不再顾及道德廉耻，伏首迎款，种种行为令人感慨"为士不知耻，为国之大耻"。所谓"汉贼不两立"只为维护"前朝道统"，新统治者只要接受"前朝道统"，就不再是"贼"，不再"不两立"，因而又可以同流，形成了传统中国特有的"曲线救国论"与"汉奸发生学"。

清朝晚期，由上述家国关系内在断裂决定的国民"一盘散沙"局面更加突出。表现在军队中，将领不负责任，严重腐败，基层官兵厌战怯战，战场上临阵脱逃现象十分普遍。史料证明，北洋海军中后期风纪严重毒化，司令官违反规定乱建铺屋，出租给所属将领；"岁例巡南洋，率淫赌于香港、上海"；舰船保养形同虚设，战备训练弄虚作假，欺上瞒下；海战最艰难时，一些舰长离舰上陆，苟且偷生……充分暴露出体制性涣散对军队作战造成的严重后果。

第三，文化"积弊难返"。

在人类历史上，中国曾经产生过辉煌灿烂、独树一帜的诸子百家文化，包括以《孙子兵法》为代表的传统军事文化。然而，自汉代"兵儒合流"以后,整个传统社会"以文御武""以文抑武"的社会氛围日趋严重。汉光武帝刘秀推行"兵儒合流",以儒家国家观、治世观为治军用兵的根本原则,"去甲兵,敦儒学"。就连文治武功兼备的唐太宗,在天下安定之后也说:"及乎海岳既晏,波尘已清,偃七德之余威,敷九功之大化,当此之际则轻甲胄,而重诗书。"赵宋时代以文驭武达于顶峰。"文盛武衰,亦自此始。"汉唐文治武功"为宋儒所极不满"。朱熹指责汉武帝、唐太宗所为"无一念之不出于人欲也。直以其能假仁借义,以行其私"。他和程伊川诸儒反对"尊三王而不废汉唐",无非是认为汉唐尚存法家重力、重事功、文武并举遗风。政略决定战略。恰恰是赵宋重王抑霸、重文轻武,才使其对外用兵连连失利,才使中国从宋朝以后开始了由盛而衰的滑坡,直到近代中国饱受西方列强侵略、掠夺和压迫。

清朝康乾盛世之后,在日趋严重的"以文御武""以文抑武"社会氛围里,以儒学为代表的中国传统文化,更是趋向保守落后僵化,不仅无法引领国家和军队变革创新,反而在军中积累了一系列消极因素,成为军队改革发展的巨大阻滞力。清帝国后期,不论在国家层面,还是在国防和军队建设中,转型变革至少面临三大阻力:一是思维定式。清廷上下,传统日常经验性思维模式顽固不化地存在于军队建设各个领域。那种以习惯、常识、经验等为基本要素的思维定式,以及与此有关的日常行为方式,比如固守冷兵器时代"十八般兵器样样精通"的训练和作战方式,无视新式热兵器对改进训练和作战样式的新要求,成为影响清军包括北洋海军军事理论、训练作战、风纪管理的重要文化模式。二是"潜规则"。无孔不入的人情交往模式,衍生出一系列复杂的"关系网""人情网""小圈子",致使用人上不正之风盛行。比如,李鸿章为北洋海军选择统帅时,国内海军军官学堂已毕业几届学生，首届赴英国海军留学生也陆续回国，但这些人都被他排除在统帅人选之外，而丁汝昌虽然出身陆军，不懂海战，却被选任为舰队司令官。其中原因，不外乎丁出身淮军，与李同乡，对李唯命是从而已。丁不谙航事，导致海军训练针对性、实战性不强，在甲午海战中付出惨痛代价。三是部门利益。如有些军中后勤保障部门权力过大，又缺乏相应制约，随意压减、扣发前线部队军饷和弹药。甲午海战中，有的军舰严重缺乏炮弹，只好用训练弹向敌舰射击。

　　如果说鸦片战争的失败让中国人看到，与西洋诸国相比，自己的器物技不如人，应当发展坚船利炮，那么，清朝在1894年中日甲午战争中惨败，则进一步使中国人猛省到只重"器物技术"的局限，开始全面反省"吾国政体""吾国法律""吾国文化"等问题，从这时起，"谋保国之策"者迅速汇聚而成波澜壮阔的"维新变法"的思潮与行动。正是在这个意义上，梁启超才说"吾国四千余年大梦之唤醒，实自甲午战败……始也"。 也是在这个意义上，1894年9月下旬，恩格斯在致劳拉·拉法格的信中指出，甲午战争将成为中国近现代化历史的一个重要转折点，"古老中国整个传统的经济体系将完全崩溃"。尽管当时的中国还处在风雨如磐的旧社会，尽管中华民族还需要再经过许多阶段才能把陈旧的制度送进坟墓，但是，中国人民致力于全方位社会变革、追求民族伟大复兴的强国梦、强军梦的全新历史已经展开，成为任何敌对势力都无法阻挡的滚滚历史洪流。

二、以史无前例的革新精神戮力进取

　　今天，当我们回顾120年前那场战争，当我们面对自己、审视自己，思考怎样才能不再重蹈历史覆辙时，我们毫不讳言，有一系列历史障壁，导致甲午海战失败于无形，羁绊着近代以来中华民族救亡自强的脚步。当代中国，尽管从很多角度看，早已不是过去的中国，但历史遗留下来的种种消极因素，仍然死而未僵，影响着我们追求强国梦、强军梦的历史进程，促使我们不得不面对那些"其形维新，其实依旧"的东西，中华民族如何以"阐旧邦以辅新命"的精神，走出一条穿越历史迷雾的强国强军道路，仍然是一个重大时代课题。

第一，关键在于消除信息社会"时代差"。

众所周知，战争是一种特殊的社会历史现象。关于历史，马克思指出，人类社会发展的基本历史阶段及其形态，既可以从生产关系性质来划分，称为经济社会形态，包括原始社会、奴隶社会、封建社会、资本主义社会和共产主义社会等形态，也可以从生产力和技术发展水平来划分，称为技术社会形态，包括渔猎社会、农业社会、工业社会和信息社会等形态。我们常讲农业时代的军队、工业时代的军队、信息时代的军队等，都是从技术社会形态角度，从大的时代阶段、时代基准讲的。

当今中国，正处于向信息社会大转型、大变革时代。国防和军队改革无疑是一个追赶世界先进水平，弥补、消除时代差的过程。这个时代差不仅是武器装备的"代差"，而且是一个大的社会时代差。一支军队，如果整体上落后于时代基准，如当年大清国军队，即使有一些工业时代的武器装备，产生了著名的北洋水师，但在整体上并未脱离农业时代军事思想、体制编制、管理和训练方式的束缚，仍然是落后于工业时代基准的军队，必然要打败仗。近几十年，我军现代化建设取得了巨大成就，撒手锏武器装备发展取得长足进展，但却仍未能摆脱外部压力、战争威胁。其中一个重要原因，就是我军整体信息化水平落后于时代基准。

新形势下，随着军队建设视野的飞跃，我军进入了以信息化建设为基点，加快战斗力生成模式转变的发展阶段。这不是一般性的模式转变，它预示着军队各个构成要素——从"物"到"人"，将发生整体性转变。21世纪，在追求"全谱优势""全球即时打击"的态势下，军队达不到信息化时代基准要求，威胁就会从四面八方涌来。因此，对于我军来说，重要的不单是在某种关键武器装备上补级差、补代差，而且要在整体上消除信息化这个时代差，从而在思想观念、管理方式、训练和作战样式等方面全面跨入信息时代，形成敌人无法压制的基于信息系统的体系作战能力和整体交战能力。

第二，处理好国家和平发展战略与军事战略的权重关系。

古往今来，任何一个大国在崛起过程中，无一例外地要受到周边或域外大国的围堵与遏制；无一例外地会面临一个重大战略抉择，即如何看待和处理国家战略与军事战略二者的权重关系。当年，中国洋务运动也受到日本忌惮，后者不惜几十年坚持不懈地筹谋策动，阴谋通过战争来破坏、打断中国现代化进程，而甲午海战恰恰实现了这样一个战略企图。

今天，美、日等国甚至一些周边小国，纷纷从陆地、海洋等方向危害、蚕食中国主权、安全和发展利益。特别是日本安倍政府，一边为二战军国主义招魂，频频挑战挑衅中国，挑战战后国际秩序；一边贼喊捉贼，回避近代以来中日关系长期是日本侵略与中国被侵略的关系，回避日本安倍政府更像一战后急于摆脱国际束缚的纳粹德国政府，回避当今德国恰恰与当今日本在所作所为上完全相反的事实，反而颠倒黑白地将中日关系比作一战前的德英关系。这种既无耻、无知且更阴险的挑衅背后，潜藏着巨大的冒险可能与疯狂。从长期看，必然包藏着以挑战中国的名义，实现摆脱美国控制的战略意图。当然也不能排除，图谋趁着中国正在走向强大，却又"将强未强"时再次打断中国现代化和民族复兴历史进程的可能。

这就严重警示中国,中国的和平崛起,再也绕不过军事上面临的挑战。关键是,我们如何看待和处理国家和平发展战略与军事发展战略的关系,既要防止军事发展战略超越国家发展战略;又要积极作为,随时准备以一两场阶段性的、有限的局部战争,来支撑国家长远发展。因此,决不能把牺牲军事上适当有所作为,作为换取"和平发展形象"的代价。当强国梦变为全民族的主旋律,当强军梦上升为强国梦的重要内涵时,在全面深化改革中建设一支与国力相称、拥有远程战略打击力量的强大军队,不仅能拒敌于国门之外,而且能让战争的起源地也成为战场,彻底改变近代以来侵略战争发动国后方总是安全的这一历史,以此有效遏制战争,维护和平,这必然成为我们实现强国梦的重大战略目标。

第三,打通家与国的内在联结,夯实强国强军根基。

历史表明,对于一个国家来讲,如果家国关系存在实质性权益断裂,那么,国民的爱国主义就会停留于表面。在这种情况下,无论执政者怎样提倡爱国,怎样高度重视国家与军队的发展,也仍然避免不了国民爱国精神、国防意识、尚武精神的淡漠,从而无法形成推进富国强兵的强大精神动力。历史同样表明,只有把民众之忧视为大者,国之忧才能有人民为之忧;只有让执政目标契合到人民的诉求、需要之中,才会有天下"匹夫"甘心与之共担"兴亡"之责。当年,中国共产党人走上历史舞台,就以"土地革命"为指向,改造、重构农民思想,改铸中华民族的国魂与军魂,使老百姓对家园的眷顾与对国家的责任紧密结合起来,使人民自身利益与民族大义有机结合起来,从而使整个中华民族富于血性、奋发进取的精神因子空前展现,由此确立了全新的中国现代爱国主义。正是在这种现代爱国主义的感召下,中国军民才义无反顾地投身于救亡、解放的历史大潮。也是有鉴于此，新中国人民充溢着"翻身解放做主人"的豪迈，以保卫自己"胜利果实"的历史主动性和"保家卫国"的爱国热忱，跨过鸭绿江去与世界头号军事强国作战，以前所未有的战斗和牺牲精神，打出了强国之势，打出了几十年和平发展的外部国际环境。

历史发展到今天，当我国的国防和军队建设与世界新军事变革浪潮一起涌动时，当富国强军成为国家安全与发展不容忽视的重大议题时，一些人国防观念却开始淡化，漠视军事现代化对国家发展的重要价值。这既根源于长期和平生活环境所导致的和平麻痹，也与领导干部和群众关系的变化有关。一些领导干部宗旨意识淡漠，漠视甚至损害群众合法权益，给党群关系、干群关系造成了一系列消极影响，也直接影响到人民对国家安危、国防和军队建设的认识与态度。这已经成为一个亟待解决的重大现实问题。正是有鉴于此，以习近平为总书记的党中央把"人民梦"与"中国梦"内在地联系在一起，就是以此整合、优化当代中国家国关系，从而进一步建构现代中国人民的国家意识和爱国主义精神。现代爱国主义，回避不了千百年来老百姓对家的眷顾。"家是我们的生处，也是我们的死所"，囊括了中国人"思想、道德和情感的全部视野"，成为中国人的精神和心理归宿。因此，优化家国关系，必须从促进社会公正、公民权利与义务相平衡的视角出发，建立基于权益共享、真正保障公民权利的家国共同体，从根本上填平传统中国家与国、保家与卫国的权益鸿沟，由此奠定中国人民应对一切外来风险、挑战和不测事件，实现中华民族伟大复兴中国梦的坚实社会基础。

第四，以前无古人的军事变革及其成果支撑国家现代化。

美国学者英格尔斯在研究第三世界国家现代化问题时，发现一些国家即使引进了先进制度，但却缺乏赋予这些制度真实生命的广泛现代心理和文化基础。因为，执行这些制度的人，还是尚未摆脱传统落后生活方式和保守观念束缚的"传统人",即使再先进的制度、管理方式和技术工艺,也会在这种传统人手里变成废纸。近代中国军事严重落后于西方,当西方军事完成了从"农业-军事体制"向"工业-军事体制"和"商业-军事体制"转变后,中国军事仍然停留在传统"农业-军事体制"上。不仅如此,就连军事领域里的"人",也仍然是一群"传统人",演出了"马拉火车"的历史荒诞剧,产生出北洋舰队这样一个由小农经济与工业兵器结合的现代化畸形儿。今天,在国防和军队现代化建设进程中,如果人本身的现代化问题不解决,仍然可能出现"传统人"扭曲现代体制机制,抑制先进装备技术效能的"英格尔斯效应"问题。因此,中国军队必须全面深化改革,弥补人的差距,推动人从思想观念到实际能力全面向信息化跃升。

历史表明,和平发展期不应是军事发展的停顿期。军事现代化是军事发展连续性积累的结果。在这个过程中,通过全面深化改革,推动军队外部经济、政治、科技、文化、人力等要素,以及军队内部人员、装备技术、体制编制、军事思想等要素实现"连续整合",推动军事顺利实现向现代"军事-商业体制""军事-工业体制""军事-高科技体制"的混合式三级跳。三条线扭在一起并进转型,难度巨大,注定是一场史无前例的伟大军事变革。在甲午海战落幕120周年后的今天,为了让历史悲剧不再重演,我们只有以前无古人的决心、勇气和意志,穿越面前一道道无形的历史障壁,在推进这场伟大变革中建立起无坚不摧的现代军事力量体系,才能有力支撑中华民族伟大复兴的中国梦。

甲午战争："文化力"的比拼

皮明勇

皮明勇

军事科学院科研指导部部长，研究员，博士生导师，少将军衔。曾任第八届全国青联委员，军事科学院首届叶剑英科研奖获得者。著有《中国近代军事改革》《湘军》，参与编著《现代国防论》《战略学》等。

民国著名军事理论家杨杰在《国防新论》中写道："一个国家的强弱，是根据全国人力、物力、文化力的总和来决定的。"[1]

甲午战争是中日两国的武力之战，也是两国的"文化力"之战。武力之战让我们看到的是舰船、大炮和热血，"文化力"之战则让我们感受到思想、观念和灵魂的力量。将武力之战与"文化力"之战结合起来，得到的是更完整的画面、更真实的历史，也更加引人深思，更加让我们的心灵受到震撼。

一、"文化力"不足，散而不聚焉能不败

"文化力"建立在文化之上。文化是什么？文化包含世代累积沉淀下来的习惯和信念，而核心是价值观念体系。文化是一种生活方式，决定一个社会发展方向和发展速度，特别是决定一个社会如何应对外来的新挑战新威胁。

在战争中，"文化力"首先构成一种独立

的力量要素，它与"武力"相对应，以"军事软实力"的形式直接参与战略博弈。与此同时，"文化力"又以思维、观念作黏合剂和催化剂，广泛渗透进武力要素之中，影响武力的生成和武力能量的释放，间接参与战场比拼，常常是"润物细无声"。

甲午战争中，中日两国隔海对峙，中日两军海陆厮杀，一胜一败、速胜速败、完胜完败，原因当然是多方面的、综合的。其中很重要的一点就是取决于双方"文化力"的差异，只不过由于文化是一种软因素，不像武力那样物质化，那样弹飞血溅，它有其独特的作用机理和方式，容易让人视而不见，或者见而不透。

我们观察清朝在甲午战争中的表现，可以发现"散"是一个非常突出的问题。在朝廷，光绪皇帝与慈禧太后不和，主战与主和态度分歧。朝中大臣们各有所图，各执一词，激愤之词多，管用之策少。清廷关于对日战争的主要决策往往是多种主张角力妥协的产物，总体上迟缓不及时、杂乱无章法，没有魄力更没有战略智慧。在战场上，湘军、淮军、绿营、练军[2]、海军各成派系，"清军"成为一个复合词，根本没有形成一个有机的、统一的力量体系。即使是清朝海军内部，也是南洋、北洋各分畛域，在体制上、利益上、行动上都存在着明显的此疆彼界。丰岛海战后，有人建议清政府调南洋舰队北上参战，黄海海战北洋水师大败后李鸿章等人再次提议，但终不见行。至于普通民众，更是一盘散沙，对战争漠然视之。甲午战后，一名日本官员到湖北沙市，吃惊地发现这里的官员和民众根本就不曾听说过刚刚打完的战争，他们还完全沉醉在自己的天地里。沙市作为长江中游港口城市，本属消息灵通之地，尚且如此境况，真正的内地乡里之地，就更不待说了。曾经亲历这场战争的英国人泰莱说："此役非中国与日本战，实李鸿章与日本战，大多数中国人于战事尚懵然无知也。"日本首相伊藤博文也有此类似的说法。李鸿章自己也曾发出这样的感慨,说他是"以北洋一隅之力,搏倭全国之师"。如此散而不聚,战争焉能不败!

而清朝上下为什么会如此散漫呢?一方面,是由于清朝政治体制统驭力不强,军事指挥体制效能太差,社会组织发育程度很低。这种旧体制具有持重求稳、惯性很大、反应迟钝的特点,很容易出现周期性腐败,导致周期性的运行失灵。而清朝的晚期既处于封建社会的没落衰世,又处于清王朝的腐朽末期,可谓"谷底的谷底",自然是腐烂之极、骨架趋散。另一方面,更是因为清朝社会严重缺乏共同精神凝结,整个社会对于这场战争没有思想发动,没有精神激励,没有观念引领,官绅军民是一个没有共同灵魂和思想的集合体,实际上就是乌合之众。无论是制度方面的问题,还是精神方面的问题,从更深层次看都有思想文化上的问题。就是说,清朝所缺失的是"文化力"对战争的可靠支撑。杨杰将军一语中的:"甲午战争,不是中国的军队战败,而是思想战败。"[3]

二、国民意识比拼,心中没有国家与有国家

国民意识是国家"文化力"的第一支撑要素。国民意识就是强烈的国家认同感、真挚的爱国情怀、为国效命的使命担当。一句话,就是心里有国家。国民意识建立在国民自由平等地位的确立上,建立在国民独立健全人格的塑造上。国民意识一旦形成,特别是当战争威胁来临之际一旦被激发出来,就会极大地振奋人心士气,就将产生巨大的精神能量,起到发动民众、组织民众、化育官兵、激励官兵、震慑敌人、瓦解敌人的实质性作用。

拿破仑有一句名言:"在战争中精神之于物质是三比一。"[4]西方著名军事理论家克劳塞维茨说:战争是"双方经常发生相互作用的

过程","军事活动绝对不仅涉及物质因素,它总是还同时涉及使物质具有生命力的精神力量","整个军事行动始终离不开精神力量及其作用"。"任何理论一接触精神因素,困难就无限增多","那些同精神相对立的理论是多么可怜"！[5]美国战略学家约翰·博伊德说:"机器不会打仗,地形不会打仗,打仗的是人。你必须进入人的内心,那里才是赢得战斗的地方。"[6]

甲午战争时期,日本的近代国民意识已基本形成。早在明治初年,日本思想家们就开始提出"国民"问题,积极提倡"国民政治",要求"对外实现国民独立,对内实现国民统一"。[7]1879年,植木枝盛在所著《民权自由论》中说:"日本的农民们,日本的商人们,日本的工匠们,其他士族们,医生、船夫、脚夫、猎手、卖糖小贩们,乳母们,新平民（未解放部落民）们,大家联合起来！"[8] 当日本决定发动对朝对华战争后,原本存在很大矛盾的日本政府与议会之间,迅速消除了政治上的对立,在战争问题上进行密切合作。在思想家福泽谕吉的劝导下,许多豪商大族表示"不参军也要尽国民之责",纷纷捐筹巨款。日本多数民众也在"伸张国权"思想鼓动下,被导向支持战争、参与战争,实现了"国民舆论的一致"。[9]根据日本参谋本部编纂的《明治二十七八年日清战史》统计,1894年1月到1895年11月,日本的66家报社派出114名记者、11名画工、4名摄影师进行战地报道,此外还有许多军方本身派出的军人记者。"战争开始后不久,漫画也罢,歌曲也罢,都反映出对中国人的憎恶。"[10]

通过煽动对中国、中国人的敌意和仇恨,日本的民族主义情绪不断高涨,而且走向极端,完成了它的战争动员,固结了它的战争意志,增强了它的战争支撑力。据记载,1893年日本陆军有7个师团近7万官兵,甲午战争中日本很快进行兵力动员,陆军总员额迅速增至24

桦山资纪，甲午战争时期
日本海军军令部部长

万人，另有夫役15万人。其中派到中国和朝鲜作战的兵力达17万多人。可以说，正是国民意识的形成，使日本在甲午战争中确实做到了举"国内全体之力""日本全国之力""整个国家之力""统一和睦之力"。

与日本的情况相反，甲午战争前清朝根本没有进行过全面的国民意识启蒙。洋务运动时期的改良思想家，有的提出要实行政治改革，努力使"民志和，民气强"[11]，但整个思想界对国民问题还没有引起高度重视，官绅军民的国民意识还没有萌生，民族国家的概念还没有提出，近代民族主义作为一种普遍的社会思潮还没有兴起。中国仍然处于典型的传统社会状态："中国人没有独立的国家认同感和忠诚感"，"中国人把最高的忠诚感给予了文化而非国家"[12]。当近代列强并起，中国需要以民族国家的整体力量应对列强的侵略时，这种国民意识的薄弱，就成了一个严重短板。战前日军间谍在多次实地考察之后，得出了这样的结论：清国"作为缺乏忠君爱国精神之国，困于财政，弱于军备，其弊可谓已极矣"[13]。甲午战争爆发后，战场内外都没有中国记者的身影，更没有随军记者这个概念。当时北京、上海等地仅有的几家报纸所登载的消息大都是舶来物，仿佛这场战争不是在中国发生似的。后人研究甲午战争，所看到的照片多是日本人拍摄的，也有一些出自英国人等洋人之手，就是找不到中国人的作品。正是国民意识的薄弱，使甲午战争时期的中国民众对战争漠然视之，使这场战争变成李鸿章"一个人的战争"。甲午战争之后，梁启超在一篇名为《中国积弱溯源论》的文章中说："是故吾国民之大患，在于不知国家为何物。"[14]

三、战争观念比拼，和平主义不敌尚武主义

战争观是构成战争"文化力"的重要因素。如何理解和平，如何看待战争，对军事暴力从根本上抱持什么态度，不同国家和社会有着不同的战争观，并进而深刻地影响着国家和社会的军事活动及战争行为模式。有研究表明，"人类生来既不爱好和平，也不喜欢战争；既不倾向合作，也不倾向侵略。决定人类行为的不是他们的基因，而是他们所处的社会教给他们的行事方法"。中日虽然同属东亚国家，但由于各自的生存条件和历史积淀不同，到近代两国兵戎相见时，双方的战争观甚为悬殊[15]，并使清国清军在这方面的"文化力"比拼中同样落于下风。

中国传统战争观形成很早，带有明显的和平主义特征，强调以道德立国而不以兵立国，以仁义化育天下而不以武力强制天下，对战争暴力持一种谨慎乃至厌恶的态度。中国典籍主张"和为贵"，重视战争的正义性，崇尚"止戈为武"，希冀以非暴力的手段来达到克敌制

胜的目的。中国人的和平主义给历史上那些曾经深入过中国社会或对中国封建社会有过较深入研究的西方人留下了很深刻的印象。马可·波罗将南宋度宗皇帝描绘成"和平和正义之友",说他"既不重视军事,又不鼓励百姓从事训练",并宣称"世界各民族的旅游者,经过这个王国的任何一部分,不分昼夜,都可以自由自在地通行无阻,并且不必担心有什么危险"[16]。传教士利玛窦对明代中国人战争心态的看法一如马可·波罗。他说,在中国,"凡希望成为有教养的人都不赞成战争",人们"极不喜欢武器"[17]。可以说,和平主义是中华民族的传统美德,它建立在对人类生活的高度理解之上,代表着人类理性的较高发展水平,无疑是值得充分肯定的。然而必须看到,传统的和平主义存在明显功能缺失。由于它在价值观念上对战争暴力持一种否定或倾向于否定的态度,这就使得国家和社会很容易缺乏尚武精神。出于和平主义观念对武力的排斥,中国古人发明了一种"不得已而用兵""用兵如吃药"的理论。明太祖朱元璋说:"国家用兵犹医之用药,蓄药以治疾病,不以无疾而用药。"[18] 认为军队和战争就好比毒药,只有当国家和社会有病之时才迫不得已用它来以毒攻毒,用兵之际要如良医治病一样"除疾易而体气无伤"[19],一旦病好之后便不再需要它,甚至连"药罐子"都要扔掉。这种观念显然会影响人们对战争准备的积极性,影响人们设计战争、参与战争的主动性。尽管也有人反复强调"安不忘战",但实际上"马放南山"、安辄忘战现象却又不时出现。与此同时,在社会心理上还形成了严重的重文轻武文化传统。"中国乃有'好铁不打钉,好人不当兵'之谚,稍有身家咸所鄙弃。贵贱之分,强弱之源也。"[20] 在每一个王朝的承平时期,大都是士可以徒步而致公卿,所以人贵之;兵荷戈而常流为乞丐,所以人贱之。这是一种极不合理的社会现象,成为中国沦于文弱的重要根源。

这种战争观念一直延续到晚清时期。曾国藩认为，战争具有残酷的特性，是"阴事"，是"不仁"之事。他说："兵者，阴事也。"[21]"兵犹火也，弗戢自焚，古人洵不余欺。"[22]"古人谓兵者不祥之器，良有昧乎其言之也。"[23]他在给其弟曾国荃等的信中写道："吾辈不幸生当乱世，又不幸而带兵，日以杀人为事，可为寒心。"[24]在讲到开花炮的威力时，他还说：炮弹"喷薄而出，如珠如雨，殆无隙地，当之辄碎。不仁之器，盖莫甚于此矣"[25]。曾国藩等人的"兵犹火"论和"用兵如吃药"论，其内在精神是完全一致的。对于这种"吃药军事文化"，晚清时期的中国思想家黄遵宪做过精辟总结，并对中西不同的军事价值观进行过比较。他说："中国之论兵谓如疾之用医药，药不可以常服，所谓不得已而用兵也。泰西之论兵，谓如人之有手足，无手足不可以为人，所谓兵不可一日不备也。"[26] 从实际情况看，从鸦片战争、第二次鸦片战争、中法战争一直到甲午战争，清朝上下在战争筹划和实施上都表现出严重的消极倾向，总是在被动应付，在军事改革问题上也是典型的"刺激反应""好了伤疤忘了疼"。至于军人的社会地位，虽然战争连年，不少官兵通过当兵打仗发财，但在社会心理上却仍然得不到实质性认同。即使是清军军官，对自己的职业也丝毫没有自豪感，甚至比别人更嫌弃军人职业。淮军统领周盛传官至湖南提督从一品，可谓武官权位之极，但他却在自己的《年谱》中表示："予以战功起家，良非得已，不可为子孙训。"他发誓不让自己的子孙再入营伍，而要他们"抑方刚之气，读有用之书"。淮军另一位统领刘铭传亦因自己是武官而感到严重的自卑，直至他设法改任文官之后才找回内心的平衡。这种情况的出现并长期延续，尽管原因很多，但无疑是与"吃药军事文化"分不开的。

日本军事文化深受其武士道影响，在近代受西方列强的刺激，迅

"致远"舰军官

速地演变成军国主义,形成一种比较极端的尚武主义战争观。这种战争观相对于中国的和平主义战争观,一方面要血腥得多,另一方面也强劲得多。甲午战争使中日两种不同战争观在近代第一次正面碰撞。中国的战争文化面对日本武士道式的横蛮,它的无助无力充分显现出来,无论是战前的准备还是战时的表现,也无论是战场的官兵还是后方的民众,都没有从自己的战争文化中找到精神动力。而同一时期的日本人,却被它的战争文化鼓动得众情激愤。甲午战争前,日本做了针对中国和朝鲜的大量情报搜集,绘制好朝鲜半岛、中国东三省、渤海湾海区及沿岸的详细军用地图。[27]为了进行战争鼓动,福泽谕吉发表《日清战争是文野之战》一文,称这场战争"是谋求文明开化之进步者与阻碍其进步者之间的战争,绝非两国间的战争"[28]。另一位思想家内村说:"日支两国关系,乃代表新文明之小国与代表旧文明之大国的关系。"[29]福泽谕吉和内村等人将此役定性为"文野之战",认为文明淘汰野蛮实属必然,无论采取何种方法都符合"大义",都是"义战"。这就使日本人在推崇武力、极端使用暴力手段方面找到所谓时代理念依据和心理解脱,变得更加有恃无恐、无所顾忌。

值得深思的是,中日两国基于不同战争观,在甲午战争中表现出不同的心态和行为方式,一个消极,一个积极,后果十分严重。对于中国来说,如何让一个美好的价值取向同时成为有用有力的东西?如何在保持理性的同时始终充满激情,在保持自我的同时积极开放接纳世界?这是历史留给我们严肃的考题。

四、海洋观念比拼,消极"海防"难敌积极"海权"

在决定一个国家"文化力"的因素中,海洋观念同样占据着非常重要的位置。中日分别作为大陆濒海国家和海岛国家,对海洋的认知和情感明显不同,处理涉海事务的态度和原则也大相径庭,核心是海权意识强弱悬殊。这种认知和情感、态度和原则,直接作用于两国的海军建设,也深刻影响到两国对甲午战争的战略指导。

以全球的眼光看,陆地和海洋是构成人类生存环境的基础,是影响一个国家、一个民族生存方式和思想观念的客观条件。从地理条件上讲,中国是一个典型的陆海兼备国家,西南高山屏障,北面大漠阻隔,东南濒临大海,中间平原辽阔。这样的地理条件导致了很重要的一点,就是自给自足小农经济高度发达。中国古人通过利用大陆资源就能够生活得比较好,缺乏向海外进行贸易、争取域外资源的动力。中国这样的地理条件,也决定了在很长时间里所面临的威胁主要来自北方草原。历代中原王朝修筑长城,都在农耕文明和游牧文明的分界线上。从中国历史的整个发展脉络可以看得出,中原王朝对外的主要战略方向在北边，基本任务是防范游牧民族的南侵。以"长时段"进行观察，中国历史的重心经过前后两个大的变化。唐朝以前，是"东西轴心"时代，中国的政治、经济和军事大戏，总体上都是在黄河一线展开。从先秦一直到唐朝，基本的对抗是东部与西部势力顺着黄河的对抗，最后谁能够控制关中，谁就能够得到天下。进入宋朝，特别是南宋以后，中国的历史重心发生了重大的转移，进入"南北轴心"时代。这个新的轴心就是京杭大运河，各种力量顺着它南北对抗。一直到清朝前期，这种格局和特性都没有发生根本变化，战争都是在南边与北边力量之间展开。合起来看，无论是"东西轴心"时代还是"南北轴心"时代，中国古代政治经济的重心都在内陆，都没有转移到海边，更没有拓展到海上，以海外贸易为主的商业文化并不发达。即使是当时的大学者，如明末清初的大学者顾祖禹，专门研究地理问题，在山川关隘研究方面很有成就，对中国本土哪些城池重要讲得非常简洁明白，然而他的《读史方舆纪要》却只讲到沿海一线，顶多讲近海岛屿，再往外就笔锋不到了。

马汉在《亚洲的问题》一文中说："海上航线随船只的航行而延伸"，"海上交通的载运量是陆上交通根本无法相比的"，"这些特点不是偶然、暂时的，而是本质上的、长久的"。但是，"海上交通的存在是一回事，对它的使用又是另一回事"，"后者取决于能力"，特别是"海上海军力量"上。"将海洋由自然状态有效地转变为存在着海权的状态，最具决定性的方式是商业控制。"马汉的这三句话，第一句可归结为海洋观，第二句可归结为海权观，第三句说明了海上贸易对海权的反作用，又回到了海洋观。[30] 民国军事家蒋百里曾对农业文化与商业文化及其对海的态度基调进行过对比，他为此专门做了一个表。[31]

	商业文化之基调	农业文化之基调
地理	海……交通	陆……区划
道德	独立自由——个人主义。日本福泽谕吉以独立自尊主义养成现代财阀，此义完全是从英美来的。	忠孝（爱）——家族主义。世界各国之武士贵族团体皆然。
国家	国家发源于市府。	国之本在家。
社会	契约。所谓宪法民约，一切皆有契约性，视契约为神圣。	感情与信仰。影响到商人，熟识的就一言为定，不用文字契约，故欧洲人引以为奇。
经济	（一）观念。重"余"，余即利，即商业存在的本体，故对数字养成一严肃习惯。（二）运用。以生命在交通，故重周转，确立信用制度，资本能集中。	（一）重在生产之本体，对剩余不甚注意，故养成笼统习惯，结账抹零。（二）生产易，运输难，故只能各个贮蓄，不能流转，故不能集中，社仓成功，青苗失败之原因在此。
对于科学之利用	能利用前期科学即蒸汽机关之类（物理的），轻工业属之。	能利用后期科学，即土地肥料之改良及煤制汽油之类（化学的），重工业属之。
影响于军事及国防	取攻势以开辟世界，觅商场，求原料。	取守势而效死勿去，守坟墓，保家室。

中国的传统文化特征，确实有如蒋百里对农业文化基调的分析和认知。可以说，中国独特的地理条件，与此相适应的农耕经济和军事安全问题，决定了中华民族在文化上始终是面向大陆背向海洋。从孔子的"道不行，乘桴浮于海"，到苏东坡的"空余鲁叟乘桴意，粗识轩辕奏乐声"，都将海洋归于蛮荒与神秘。历朝统治者对海洋茫然无知，普通民众对海洋漠然以对，整个民族严重缺乏海洋意识。特别是进入近代以后，在受到西方列强侵逼的情况下，中国海权观念仍然淡薄，把海权问题矮化成"海防"问题，更遑论对海洋的通达性、海军的机动性优势的认识。他们哪里知道，海军是19世纪下半叶机动性与攻击性结合最为紧密的近代化军种，这就是它的根本特性。基于这

一特性，对海军的最好的使用方式就是积极的海上进攻。甲午战争前夕，中日两国的海军力量大体相当，当两国战争不可避免时，两国海军的决战也就不可避免了。这是近代两个隔海相望而又各自拥有实力大体相当的海军的国家进行大规模战争的必然现象。实际情况是，清政府在战争开始之前，并未提出明确而完整的战略计划，只是在宣战诏书中以"布告天下"的形式表示要在朝鲜半岛厚集陆师，迅速进剿，以拯韩民于涂炭，同时"著沿江、沿海各将军督抚及统兵大臣，整饬戎行，遇有倭人轮船驶入各口，即行迎头痛击，悉数歼除"[32]。史学界据此将当初清军的战略意图概括为"海守陆攻"[33]。依据这个总的战略意图，北洋海军的基本任务是固守渤海湾口，具体又以防守旅顺、威海两军港及其附近海域为中心，没有确立积极主动进行海上决战的指导思想。这就必然使北洋海军陷于一种消极应付的状态，将海上作战的主动权拱手让给了日本。

眼界的狭窄，限制了思维的空间，思维的局限带来的必然是行动的愚笨。哲学家黑格尔曾站在欧洲远距离地观察中国，得出这样结论："这个帝国自己产生出来，跟外界似乎毫无关系，这是永远令人惊异的。"[34] "在他们（中国人）看来，海只是陆地的中断，陆地的天限；他们和海不发生积极的关系。"在黑格尔的观念中，这是因为"平凡的土地、平凡的平原流域把人类束缚在土壤上，把他卷入无穷的依赖性里边"。[35]

就日本的情况而言，虽然它紧邻中国、远离欧美，在近代以前主要受中国文化的影响，但岛国的基本属性使它在近代接触西方文明以后，越来越愿意将日本定位为海洋国家，特别是迅速接受了马汉的海权论。明治天皇登基不久，就宣示要"拓万里之波涛，布国威于四方"。到甲午战争前夕，在日本海军部和内阁，对海权问题已经有了很深刻的认识。海军大佐山本权兵卫提出重视海权的主张得到认同。山本权兵卫说:"大凡偏处海国,或领有海疆之邦……其无能掌握海权者,斯不克制敌以操胜算,此古今东西莫易之义。"[36]甲午战争中,日本战时大本营正是根据对海权的这种深刻认知,制订了一个以海军争夺制海权为关键的"作战大方针",把海军的海上作战问题放在整个战略的高度优先考虑,从而也使整个战略带有明显的海军制胜特色。从日军实际作战情况看,它也完全是围绕攻击北洋舰队,夺取黄海、渤海制海权进行的,以海权的得失决定其他作战行动。就两军作战的实际效果而言,确实是海战决定胜负,海权就是主动权。

五、科技意识比拼,守成与创新的巨大差距

"文化力"比拼,还有一个方面就是科技意识比拼。科学技术能够物化为武器装备,科技意识则直接关乎科学技术的研发和创新。一个国家科技意识的强弱,最终会通过武器装备的发展水平将自己的影响投射到战场上。在这方面,甲午战争提供给我们的仍然是深刻教训。

中华文化重道轻器,在总体上是缺乏科技意识的。最主要的表现,一是把先进科技视为"奇技淫巧",在心理上排斥,制度上限制;二是对西方的科技发展缺乏敏感性,没有危机感,漠视之冷待之。举三个典型事例。

第一件事发生在1793年。当时马戛尔尼率领英国使团访华,代表大英帝国向清廷赠送了一批礼物,其中有天体仪、地球仪、铜炮、开花炮弹、自来火枪、能载110门火炮的"君王"号军舰模型、望远镜、热气球等。马戛尔尼以为这些物品足可以打动中国君臣们的心,出乎其意料的是,清朝君臣们反应却极为冷淡。清朝名将福康安在受邀参观英国使团卫队的新式火器操演时,"意颇冷淡,岸然答曰:'看亦可,不看亦可。这火器操法，谅来没有什么稀罕！'"[37]对英国人送的火炮和炮弹，清朝君臣们也不屑一顾，一直将它们摆放在圆明园而未曾使用过，直到第二次鸦片战争英法联军攻入圆明园时仍完好无损，英军又将它们重新运回伦敦。要知道，英国军队后来在鸦片战争中所使用的大炮、步枪、望远镜和主力战舰，与马戛尔尼访华时给中国人展示过的物品是基本相同的。历史真是残酷无情啊！[38]

第二个事例，是关于清军火炮技术失传的。中国是世界上最早发明并使用开花炮弹的国家（15世纪后半期）。而且，在明末清初红夷炮技术传入的同时，西洋的开花炮弹技术也传到了中国。现在故宫博物院所藏清初炮弹大都为开花弹。然而，鸦片战争时林则徐和造炮专家黄冕竟然都闹了不知道开花弹技术的大笑话。林则徐奏称："封门炮子一项，向来俱用实铁弹，于致远攻坚已属得力，但一炮只毙一贼，多亦不过数贼而止。"[39]当林则徐好不容易了解到英军的开花弹技术时，便急忙组织人力进行研究和仿制。一项地地道道的中国人的发明，却在时隔3个多世纪后由中国人第二次从西方引进，而当事者竟为之欣喜不已。又过了二三十年之后，左宗棠督兵西征新疆，在陕西凤翔发现了明朝所遗开花炮弹的实物，不禁恍然大悟，发出这样的感叹："西洋利器之入中土三百余年矣，使当时有人留心及此，何至岛族纵横海上，数十年挟此傲我。"[40]

第三个事例，讲的是清初火器专家戴梓的故事。戴梓发明了一种连珠铳，也可以叫连珠炮，据记载铳背装有弹匣，可贮存28发火药铅丸。有人称之为早期的机关枪，不免有些夸张，但这种武器在当时确实是比较先进的。可悲可叹的是，当他将连珠铳造出来后，却不敢献给政府，更不敢让清军实际使用。原因是什么呢？就是他在晚上做了一个噩梦，梦中有人斥责他：上天有好生之德！这个武器杀伤力太大，太厉害了，传出去你的子孙一个都留不下。戴梓醒来,一头冷汗,他确实是害怕了。其结果,这个连珠铳就真的没有流传下来。这是非常典型的文化压抑技术的发展。

知道了这些事例,我们就一定能够理解,为什么当年北洋海军成军之后,技术和装备上便都止步不前,不几年就被日本海军赶超过去,造成舰速、炮速和炮弹威力都不如日军的严重局面。

《管子》说:"疑今者察之古,不知来者视之往。"法国历史哲学家布罗代尔说:"历史学的精神在根本上是批判的。"[41]"现实生活因夹杂着种种小事而显得模糊不清,历史的眼光却能简化现实生活而揭露其真相。"[42] 反思甲午战争,到底是什么在触动我们的神经,什么能够增强我们的战略理性?精神文化是人类社会的基因。"文化力"的较量是更深层次的较量。文化的自觉是根本性的自觉!

最后,摘引几段蒋百里和杨杰的话。"北蒋南杨"作为民国军事理论家的代表,他们在抗日战争时期对中日两国做了大量对比研究,对战争中的"文化力"因素有很深刻的论述。

● 我于民族之兴衰,自世界有史以来以迄今日,发现一根本原则,曰:"生活条件与战斗条件一致则强,相离则弱,相反则亡。"[43]

● 战争可以用武力取胜,也可以用文化力取胜;取胜虽可以用武力,但保持永久的胜利必须用文化力。文化力既能使有形的胜利变为无形的胜利,又能使暂时的胜利变为永久的胜利。[44]

● 军事的战斗是短期的、一时性的;文化的战斗是长期的、永久性的。[45]

● 国防是政治、经济、文化、社会、军事等各种力量的结晶,军事是结晶体的顶点,经济是结晶体的基础。所以,国防建设必须和政治建设、经济建设、文化建设、社会建设同时并进。[46]

●武装战斗员的任务在占领敌人的阵地,而文化队伍的进攻目标,却在占领敌国军民的脑袋。[47]

●新闻纸,杂志,小册子,无线电,戏剧,电影,雕刻,绘画,音乐,文学,哲学,统统着上了战斗的武装,它们的效力,比飞机大炮还厉害呢。[48]

●我们的文化里面,有许多是霉烂了的,已经不中用了……里面含着病菌,在实行文化动员之前,最好是筛它一筛,或者一股脑儿送进卫生院,清一清血,消一消毒,遇必要时还得硬起心肠动动手术。不然的话,它不是动不起来,就是像疯子般地乱动了。[49]

注释:
[1] 杨杰著,严则敬主编:《杨杰将军文集》,第一册,昆明:云南民族出版社2011年版,第9页。
[2] 练军是从绿营抽出,采取相对集中方式进行加饷加训的清朝经制武装,实际上仍未脱绿营之旧。
[3]《杨杰将军文集》第一册,第40页。
[4] 见钮先钟:《历史与战略》,台北:台湾麦田出版股份有限公司1997年版,第244页。
[5] 克劳塞维茨著,中国人民解放军军事科学院译:《战争论》,第一卷,北京:商务印书馆1978年版,第115—116页。
[6] 弗兰斯.P.B.奥辛格:《科学·战略·战争——约翰·博伊德的战略理论》,北京:军事科学出版社版,第54页。
[7] 信夫清三郎著,吕万和等译:《日本政治史》第三卷,上海:上海译文出版社1988年版,第229页。
[8] 信夫清三郎著,吕万和等译:《日本政治史》第三卷,第96页。
[9] 信夫清三郎著,吕万和等译:《日本政治史》第三卷,第288页。
[10] 信夫清三郎著,吕万和等译:《日本政治史》第三卷,第299页。
[11] 郑观应语,见《戊戌变法》(资料丛刊)第一册,上海:神州国光社1953年版,

第 56 页。

[12] 美国学者詹姆斯·哈里森语，引自郑永年著《中国模式——经验与困局》，杭州：浙江人民出版社 2010 年版，第 17 页。

[13] 小川又次著，米庆余译：《征讨清国策案》，见林伟功主编《日藏甲午战争秘录——〈征讨清国策案〉与〈甲午海战记事〉》，澳门：中华出版社 2007 年版，第 18 页。

[14] 见梁启超著《饮冰室文集之五》，第二册，第 15—16 页。令人印象十分深刻的是，中国近代兵学家蒋方震和杨杰也都提到甲午战争是北洋一隅与日本全国打仗。蒋百里在他所著《中国五十年来军事变迁史》中说：甲午战争后，有人问日本甲午战胜的原因，日本说"用日本全国来打李鸿章的北洋一隅，所以胜了"。杨杰在《国防新论》中也有类似的表述。

[15] 见斯塔夫里阿诺斯著，吴象婴等译：《全球通史：从史前史到 21 世纪》第 7 版修订版，上册，北京：北京大学出版社 2006 年 10 月第 2 版，第 43 页。

[16] 《马可·波罗游记》，福州：福建科学技术出版社 1981 年版，第 164 页。

[17] 《利玛窦中国札记》上册，北京：中华书局 1983 年版，第 59、第 62 页。

[18] 《明太祖宝训》卷五"谕将士"。

[19] 唐甄：《潜书》"全学"篇，北京：古籍出版社 1955 年版。

[20] 张之洞：《酌拟变通武科新章折》，《张文襄公全集》奏议四十八，第 18、第 19 页。

[21] 曾国藩：《笔记二十七则》，见《曾国藩全集》，长沙：岳麓书社 1986—1994 年版，《诗文》，第 386 页。

[22] 曾国藩：《致沅弟》，见《曾国藩全集》，《家书》，第 540 页

[23] 曾国藩：《复吴廷栋》，见《曾国藩全集》，《书信》，第 4142 页。

[24] 曾国藩：《致沅弟季弟》，见《曾国藩全集》，《家书》，第 549 页。

[25] 曾国藩：《笔记二十七则》，见《曾国藩全集》，《诗文》，第 389 页。

[26] 黄遵宪：《日本国志》，"兵志"，浙江书局光绪二十四年（1898）重刻本。

[27] 进入民国之后，日本进一步展开大规模对华军事地理信息搜集，绘制了我国东北、华北、华东等广大地区的大比例尺军用地图。20 世纪 30 至 40 年代，中国军队无论是内战还是对日作战，所使用的军用地图相当一部分都是缴获的日本军用地图，或者是从日本军用地图影印的。

[28] 引自《福泽谕吉全集》，第十四卷，东京：岩波书店 1960 年版，第 491 页。

[29] 内村：《征诸世界历史论日、支关系》，引自野村浩一著，张学锋译《近代日本的中国认识：走向亚洲的航踪》，北京：中央编译出版社1998年版，第17页。
[30] 马汉著，萧伟中等译：《海权论》，北京：中国言实出版社1997年版，第222—223页。
[31] 蒋百里著：《国防论》，第三篇第二章《从欧洲历史上解释》。
[32] "中国近代史资料丛刊"《中日战争》，第三册，第17页。
[33] 《中国近代战争史》，第二册，北京：军事科学出版社1985年版，第142页。
[34] 黑格尔著，王造时译：《历史哲学》，上海：上海书店出版社2001年版，第119页。
[35] 黑格尔著，王造时译：《历史哲学》，上海：上海书店出版社2001年版，第93页。
[36] 转引自戚其章《晚晴海军兴衰史》，北京：人民出版社1998年版，第464页。
[37] [英] 马戛尔尼著，刘半农译：《乾隆英使觐见记》，《清外史丛刊》中卷，第27页。
[38] 皮明勇：《中国近代军事改革》，北京：解放军出版社2008年版，第12页。
[39] 林则徐：《附炸炮法》，见魏源《海国图志》，卷八十七。
[40] 左宗棠：《上总理各国事务衙门》，见《左文襄公书牍》，卷十三。
[41] 费尔南·布罗代尔著，刘北成等译：《论历史》，北京：北京大学出版社2008年版，第9页。
[42] 费尔南·布罗代尔：《资本主义论丛》，北京：中央编译出版社1997年版，第186页。
[43] 蒋百里著：《国防论》，第三篇《从历史上解释国防经济学之基本原则》。
[44] 《杨杰将军文集》，第一册，第201页。
[45] 《杨杰将军文集》，第一册，第204页。
[46] 《杨杰将军文集》，第一册，第247页。
[47] 《杨杰将军文集》，第三册，第72页。
[48] 《杨杰将军文集》，第三册，第73页。
[49] 《杨杰将军文集》，第三册，第74页。

一场日本精心谋划的侵华战争

张 炜

张 炜

海军军事学术研究所研究员，文职二级。毕业于北京大学历史系。专于海军战略理论、海军历史、海上安全政策和军事外交等领域的研究。曾主持国家、军队和海军多项重大课题，编、著有《国家海上安全》《中国海疆通史》《甲午海战与中国海防》。

19世纪中叶是东亚地缘政治大变局的时代，中日两国几乎同时遭到来自海上西方国家的挑战而开始近代化改革，但选择了完全不同的道路。中日甲午战争，是日本明治维新后对外扩张政策的总暴露，是一场精心谋划、准备和实施的侵华战争。

一、确立"大陆政策"——北上南下

中日两国一衣带水。当中国遭受西方鸦片战争厄运的时候，日本也在1853年被迫开国。日本是一个岛国，四面环海，陆地狭小，资源匮乏，危机感更强。1868年明治天皇登基后便发布了"拓万里之波涛，布国威于四方"的御笔信，确立"大陆政策"，企图摆脱岛国困境，通过由海向陆的对外扩张，改变东亚秩序，并借机崛起。明治这一政策的首要目标是征服中国大陆，其方向有二：一是向北，越过朝鲜海峡"征韩"，继而进入

台湾巡抚衙门

中国东北、华北，进一步觊觎俄远东地区；二是向南，越过琉球进犯台湾，以台湾为跳板进入中国东南沿海地区，进一步征服吕宋（今菲律宾）等南洋诸国。台湾及其附属岛屿自古属于中国的领土，琉球、朝鲜则是与中国有悠久宗藩关系的国家。[1] 由此形成地缘魔咒，"二战"时重现并发展到太平洋和印度洋，一直影响到今天的东亚乃至世界地缘政治气候。

明治政府的"大陆政策"源远流长。在明代，就有日本丰臣秀吉大规模渡海侵略朝鲜和中国之举，有"天皇居北京，秀吉留宁波府，占领天竺"的说法。幕府末期，日本一批主张变革的思想家，如林子平、本多利明、佐藤信渊等都有强烈的领土扩张意识，主张吞并朝鲜。1854年，日本倒幕思想家吉田松阴就提出"责朝鲜纳质奉供"，"北割满洲，南收台湾、吕宋诸岛"。次年又在应对"鲁墨"（即俄国和美国）的侵略时说："此期间举我国力，随而攻易攻之朝鲜、满洲、支那，以交易失之于鲁墨者，以土地与鲜满取偿之。"[2] 甚至提出要占领整个中国、君临印度的构想。吉田松阴是对日本明治天皇影响最深的思想家，后来甲午战争前后的日本政要木户孝允、山县有朋和伊藤博文都是其学生。明治初年,"征韩论"一度甚嚣尘上,其核心是把朝鲜作为日本向亚洲大陆扩张的起点,征服中国大陆,继而建立亚洲太平洋霸权。从"征韩论"到"大陆政策"的确立,奠定了明治政府对外政策的理论基础。

1870年,日本天皇派遣外务大臣柳原前光来华,正式与中国进行订约通商的首次谈判;翌年,日大藏卿伊达宗城作为全权特使与清廷继续谈判订约,公然要求按照"西人成例,一体订约",被清廷断然拒绝,双方只签订了《中日修好条规》和《通商章程》,此番中日交涉,双方显然不欢、不爽。1873年,日本借交换中日条约批准书之机,再次派特命全权大臣副岛种臣和柳原前光来华"访问",而其真实目的是为了弄清中国与朝鲜的确切关系,以便向朝鲜敲门;同时亦为刺探中国对琉球的立场,为进一步策划吞并琉球和谋取台湾做准备。

从此,日本开始在南北两个方向扩张:

吞并琉球。琉球历史上具有独立国家的地位,从14世纪起接受中国明朝皇帝的册封,使用中国的年号,建立了藩属中国的关系。至1866年(清同治五年)近500年间,明清两代朝廷先后24次派遣使臣前往琉球王国册封。17世纪初日本染指琉球,迫琉球同时藩属日本。1872年日本单方面宣布琉球国属于日本,1875年废止其与中国的宗藩关系,1879年改琉球国为冲绳县,将距离日本最近的岛国琉球侵吞。

侵略台湾。1874年,日本翻出3年前琉球渔民在台湾被杀的"牡丹社事件",悍然发动了侵略中国台湾的战争。日本宣告建立"台湾都督府",任命西乡从道为"台湾事务都督",率4艘战舰和运输舰,载兵2000登陆台湾琅峤,攻占了牡丹社。清廷紧急任命船政大臣沈葆桢为钦差,办理台湾事务,率福建水师5舰急驶台湾,直隶总督李鸿章也急调淮军6500人入台,与日军对峙。最后,经英、美、法调停,中日签订《台事专条》,日本写入此次侵台是"保民义举"的字眼,精心设计了让中国实际承认琉球属于日本的阴谋,并向中国索取50万两白银而撤兵。此后,日本仍不甘心,于1879年吞并琉球后又进一步南下觊觎钓鱼岛,从1884年开始到甲午战争前多次进行密谋将钓鱼岛收入囊中,只是由于完全清楚这些岛屿归属中国、未找到适当时机而始终未敢付诸实施。1885年10月日本外务卿井上馨复函时任内务卿的山县有朋说:"当前宜仅限于实地调查及详细报告其港湾形状、有无可待日后开发之土地物产等,而建国标及着手开发等,可待他日见机而作。"[3]

进犯朝鲜。1874年日本退出台湾后,第二年便派出军舰"云扬"号北上朝鲜,制造了"江华岛事件",逼迫朝鲜签署《江华条约》,向日本开国;1882和1884年,日本借朝鲜的"壬午兵变"和"甲申政变",2次派兵登陆朝鲜干涉其内政,结果都被中国迅速派出的陆、海军慑止。中国派兵赴朝鲜平乱,是因为中国与朝鲜有传统的宗藩关系,负有在藩属国发生内乱外患而求援时派兵帮助戡乱的责任。对此,日本早就心存芥蒂,费尽心机谋求去除中朝这一特殊关系:1876年,日本在朝日《江华条约》中写入"朝鲜国为自主之邦,保有与日本国平等之权"的内容,一箭双雕地使朝鲜获得了与中国同等的国家地位并离间中朝两国关系;"壬午兵变"和"甲申政变"平息后,日本先后通过与朝鲜签订《济物浦条约》[4]和《汉城条约》[5],获得了与中国同等的在朝驻兵权利;1885年在中日为解决朝鲜"甲申政变"后两国撤兵问题的谈判中,日本利用签订中日《天津条约》的机会,规定两国或一国若要派兵,"应先互行文知照,及其事定,仍即撤回,不再留防",[6]又取得了与中国同等的向朝鲜派兵和撤兵的权利。《天津条约》的这一条款,为9年后日本出兵朝鲜、挑起甲午战争创造了条件。

由此可见，日本明治政府为推行"大陆政策"，对外进行领土扩张，将地大物博的中国作为第一目标。在南下和北上的过程中，不择手段地挑起事端，利用签署各种国家间条约的机会，步步为营地为其侵略扩张铺路，显示了日本对近代国际法和国际"游戏规则"已有相当程度的认识和把握。反观中国，在这段中日交涉时期，清廷高层已经感觉到日本"其势日张""其志不小"的势头，认为其"后必为中国肘腋之患"。[7] 但对日本的居心叵测却缺乏应有的警惕和认识，甚至曾经试图与日本推诚相待，联东洋而制西洋；发生日本侵台事件后，清廷取息事宁人之道，《台事专条》中甚至写入日本侵台是"保民义举"，对日本借此认定琉球归属日本的阴谋默然置之；尤其是 1885 年《天津条约》关于中日在朝鲜派兵驻军的"君子协定"，完全陷入了日本精心谋划的陷阱中。这是两个民族和两种文化的差异，同时也显示出此时清廷在制度、观念和法制近代化方面与日本的差距。

二、制定作战构想——剑指中国

早在 1879 年，日本参谋本部就派遣了陆军中佐桂太郎等 10 余名将校到中国调查军制、军备和地理情况，回国后"起草《对清作战策》"。1880 年，山县又选拔 10 余名中文研究生，在参谋本部第二局小川又次少佐带领下到中国各地调查，编撰了详细论述中国兵制及兵备的《邻邦兵备略》一书，山县将此书呈送天皇。他还提出，日本处于东方国际竞争的中心，"在邻国变局之际，最重要的是充实军备"，[8] "因为强兵为富国之本，而不是富国为强兵之本"。[9]

进入 19 世纪 80 年代，中国海军进入了快速发展期，尤其是 1884 年中法战争以后，中国决心"大治水师"，首先精练北洋海军，"定远""镇远""济远""经远""靖远""致远""来远"等一批新型铁甲舰

日本驻朝鲜公使大鸟圭介

和巡洋舰组成北洋海军的主力,获得了亚洲第一的地位。日本两次干涉朝鲜内政被挫败后,并没有停止发动战争、征服中国的野心,但尚不敢轻举妄动。1885年中日《天津条约》签订后,日本高层曾经有立即与中国开战的主张,但日本特命全权谈判代表伊藤博文等人反对这种意见，认为与中国和谈，是当下必须采取的策略，因为战机未到。他说："我国现当无事之时，每年出入，国库尚短一千万元左右。若遽与中国、朝鲜交战，款更不敷，此时万难冒昧"，"倘此时我与之战，是催其速强也"，因此"此时只宜与之和好，我国速节冗费，多建铁路，赶添海军"，卧薪尝胆，加速战争准备。[10]日本明治维新以后刚刚起步近代化，与中国一样没有大工业基础和资本原始积累，综合国力弱，发动对中国的战争显然力不从心。

1886年8月，丁汝昌率领"定远""镇远""济远""威远"舰艇编队执行护送中俄勘界特使前往海参崴的任务，回航途中顺道进入日本长崎对"定远""镇远"号铁甲舰进行上坞保养。这使日本首次近距离接触了这两艘7000吨级的铁甲巨舰，感受到了巨大震动和威慑。在此期间，发生了北洋舰队水兵与日本军警及民众冲突的"长崎事件"，北洋兵勇闹事在先，后又遭到有预谋的日本警察袭击，以至于当地市民也参与围攻，刀砍、浇沸水、掷石块，大规模械斗的结果是清士兵死7人，受伤43人，日警方死2人，受伤29人。事件最后的结论是因语言不通而发生误解所致，并由双方互相赔偿损失而告终结。但日本政府利用"长崎事件"策动民族情绪，将中日政治矛盾发散到民间，在国内鼓吹中国威胁，让民众深信"如果中日邦交破裂，清朝军舰将大举袭击长崎"，激发国民对日本侵略中国的认同，进行对中国发动战争的全民动员，甚至连小孩子玩的游戏都叫做"打沉定远""打沉镇远"。

1887年，日本参谋本部第二局局长小川又次中佐提出了完整的《清国征讨策案》。该《策案》对当时中国的军事实力、防御部署及政治、经济、文化等各方面作了全面评估，提出日本应自本年开始，以5年为期完成对华作战的准备，争取在中国尚弱之时加以攻击。具体作战计划是，以日本海军击败中国海军，并由海军掩护陆军 8 个师团远征中国，其中 6 个师团在中国北方的直隶湾登陆，2 个师团进入长江攻占沿岸要冲之地，最终实现攻陷北京、擒拿清帝、使中国乞降于阵前的目的。

《清国征讨策案》特别指出了海军的作用，认为对中国的战争，"压制其海上为第一步"。《策案》对中国海军现状做了分析，指出中国本有北洋、南洋、福建和广东 4 支水师，但福建水师已在中法战争中遭到重创，广东水师虽有数十艘舰船，但基本上都是木造脆弱之军舰，其速度无有每小时超过 6 海里者，所以中国现在尚可出海作战者唯有南北两洋之军舰。日本要在 5 年后进攻中国，自今日起，就要使用最大限度之财力扩充海军。"一旦军力充实，克日制胜，使之为城下之盟，达到我国目的，决非难事。"

日本参谋本部对小川又次拟定的《清国征讨策案》极为重视。鉴于进攻中国需陆海军协同，又命海军部掌管海军作战的第二局和掌管海军谍报的第三局就此进行讨论。海军军官们随即献策，提出了 6 份作战方案：

1.《征清方策》，参谋本部海军部第二局第一科代理科长、海军少佐樱井规矩之左右，于 1887 年 12 月 30 日。

2.《对策》，参谋本部海军部第二局第三科科长、海军少佐岛崎好忠，于 1887 年 12 月。

3.《对策》，参谋本部海军部第二局第二科科员、海军大尉三浦重乡（无日期）。

4.（无题），参谋本部海军部第三局第一科科员、海军大尉日高正雄，于 1887 年 12 月 30 日。

5.《陈述有关对策之意见》，参谋本部海军部第三局第一科科员、海军大尉佐佐木广胜，于1887年12月28日。

6.《对策》，"浪速"舰舰长、海军大佐矶边包义，于1888年4月20日。

这6份征清方案，提出海军在对华作战中主要任务有三：一是与北洋舰队决斗，将其击溃，以保证陆军在直隶湾登陆的安全；二是攻占旅顺和威海，以作为海军之前进根据地；三是选择进攻北京之上陆地点，掩护陆军渡海及登陆。[11]

正如日本著名史学家中塚明所说："日中间的交战，至少从1887年开始，具体的作战计划就已经被构想出来了。"[12] 最终目标显然是灭亡中国。

三、开动战争机器——扩军备战

日本对外扩张必须依赖军事力量。明治天皇上台伊始就大力推进军事近代化改革。1872年参照欧美军制，撤销兵部省，分别设立陆军省和海军省，作为陆海两军的最高军政军令机关；1878年参照德国军事指挥体制设立了参谋本部，先在陆军、后在海军实施军政军令分离的"二元化"领导体制；1885年在建立内阁制时设立了陆军大臣和海军大臣；1889年颁布《大日本帝国宪法》，明确天皇直接统帅军队、拥有最高军政军令权力，以及军事首脑有直接辅助天皇决策的特权和不受其他阁员制约的执行军事诏令的权力，使军队在国家政治生活中处于特殊地位，为日本走向军国主义建立了制度基础，也成为日本提高军事实力、扩军备战的加速器。1890年，日本军费开支占总预算经费的10%左右，1892年则高达40%以上。[13] 日本著名学者信夫清三郎对1885年到1888年日本的战争准备做了这样的记载：

明治十七年十二月，汉城发生甲申政变；

明治十八年四月，发布国防会议条例；

明治十九年十二月，新建对马警备队；

明治二十年三月，颁布关于海防费的敕谕；

明治二十一年一月，监军山县有朋致函伊藤首相，论充实军备之急务；

明治二十一年五月，按新编制组成师团，建立大陆作战的基础。[14]

在整个扩军备战中，日本近代化海军发展占据重要地位。早在明治维新之初，天皇就在《耀皇威于海外，非海军莫属》的奏折上批示："海军建设为当今第一急务，应从速奠定基础。"1871年日本海军建立小舰队，1872年发展成中舰队，1874年向英国订购了"扶桑""比睿""金刚"等二等铁甲舰，80年代初向英国订造了"浪速""高千穗"等3700吨级巡洋舰，针对中国北洋舰队发展的意识日益强化。1886年后，日本海军进入快速发展阶段，明治天皇颁布海军条例，规定了军区、军港和镇守府的基本职责，海军编为常备的大舰队、中舰队和小舰队。明治天皇发出号召，以皇室捐款、大臣捐薪、发行公债等方式集资，高薪聘请法国著名舰船设计师设计专门针对中国的新型军舰，并在国内和国外同时造舰，以日本著名风景区命名的"松岛"号、"严岛"号、"桥立"号"三景舰"就是这时建造的。1890年，新任海军大臣桦山资纪认为，中国军舰总吨位已达6万余吨，而日本海军仅有5万吨，要想打败中国海军，急需弥补差距。因此又提出海军扩张案，先后购买和制造了2439吨的"千代田"、4160吨的"吉野"、3172吨的"秋津洲"等3艘新式巡洋舰。其中"吉野"购自英国，时速达23节，是当时世界上航速最快的巡洋舰。在中日甲午战争的前夕，日本几乎是以每年2艘新舰的速度，大力扩充海军实力。

在指挥军官的培养方面，日本从1869年开始建立海军兵学校、

广岛宇品港，这里是甲午战争期间日本陆军入侵中国的出发地

海军驾驶学校、海军造船工业学校、海军炮兵练习所、海军鱼雷练习所等各类学校。海军兵学校后来发展为江田岛海军学校，培养海军初级军官，到1894年共有21期学生毕业，其中700人参加了甲午战争。1888年又在东京建立海军大学，培养高级参谋指挥人才。同时聘请了如英格尔斯等战术专家执教，灌输欧洲先进的海军战术思想。还有大量海军留学生留学欧美。不容忽视的是，进入90年代后，日本还及时引进了美国人马汉的海权理论，进一步提高了日本自觉运用海军向海外扩张的战略思想。

此外，日本将中国作为主要侵略目标后，从1878年参谋本部成立之后，便启动了情报战，在中国建立了诸如东洋学馆、日清贸易研究所等间谍机构，不断向中国派遣各类间谍，其中包括桂太郎、小川又次、上川操六等高级军官。这些日本间谍穿着中国服装，说着一口流利汉语，扮成洋行职员、游学者、商贩、僧人、农民、渔民、船夫、工役、乞丐等各种身份的中国人，侦察搜集各种情报，从政治、军事、经济、文化到地理形势和风土人情，几乎无所不包。后来甲午海战中，无论是丰岛海战还是黄海海战，都不是偶然的遭遇战，而是基于准确的情报的。

1889年12月，山县有朋内阁成立。1890年12月，山县有朋在帝国议会上提出了"利益线"理论，强调："盖国家独立自卫之道有二，一为守卫主权线，二为保护利益线。主权线者，国之疆域之谓；利益线者，乃与主权线之安危有密切联系之区域是也。大凡国家，不保主权线及利益线，则无以为国。而今介于列国之间，欲维持一国之独立，只守卫主权线，已决非充分，必亦保护利益线不可。"[15]而"利益线的焦点"是朝鲜。与此同时，山县内阁的青木外相也提出了吞并朝鲜、满洲和俄国滨海地区（勒拿河以东）的必要性。[16]山县有朋的《意见书》将日本明治维新以来的"大陆政策"赤裸裸地公开出来，成为日本政府加速推行的基本政策。

进入1894年，日本发动对华战争进入最后冲刺阶段。此时日本陆军能够出国作战的机动兵力已有7个野战师团12万多人；海军共有大小军舰31艘，鱼雷艇24艘，总排水量61000余吨。6月5日，日本成立了由天皇直接统辖的、以参谋总长为幕僚长、参谋次长为陆军参谋官、海军军令部长为海军参谋官的战时最高指挥机构——大本营。至此，日本完成了对华战争的所有军事准备。

四、无视国际公法——挑起战争

1894年春天，朝鲜半岛爆发了愈演愈烈的东学党农民起义。6月3日，朝鲜李氏王朝向中国发出乞援书，请求中国派兵助剿。6月4日，北洋海军"济远""扬威"两舰赶赴仁川；6月6日，直隶提督叶志超和太原镇总兵聂士成率2000余淮军渡海前往朝鲜牙山。6月7日，清廷根据中日《天津条约》正式照会日本政府，说明中国派兵是应朝鲜政府请求，按照"保护属邦旧例"，并保证"一俟事竣，仍即撤回，不再留防"。[17] 此前，日本一直密切关注朝鲜局势，居心叵测地多次通过外交途径怂恿中国尽快出兵，表示日本政府"必无他意"。[18] 因为只要中国出兵，日本就有理由也出兵，就可以乘机启衅开战。清廷竟轻信了日本的保证，毫无顾虑地钻进了圈套。

实际上，在朝鲜向中国发出乞援书的前一天，日本政府就已做出了派遣一个混成旅团前往朝鲜的秘密决议，内容"已不是如何用和平方式解决问题，而是如何发动战争，如何取得胜利"。在成立战时大本营的当天，经明治天皇批准，参谋总长已经下令驻广岛第五旅团以保护侨民名义速往朝鲜，其他陆海各路兵马也都在陆续出动。因此，当叶志超、聂士成所部清军于6月12日在朝鲜半岛牙山湾完成登陆时，日军先遣队和8艘军舰也已进抵朝鲜，7000余人的混成旅团开始登陆仁川。

事实上，此时朝鲜形势已经趋缓，东学党起义军已经与朝鲜政府签订了休战和约，起义军已经退出全州。当中国提出按照《天津条约》双方撤兵时却得到日本的拒绝，日本不仅要在朝鲜留兵，还要继续向朝鲜派兵，日本外相陆奥宗光致电其驻朝鲜公使大鸟圭介说，"即使以任何借口，亦使我军留驻京城乃极为重要之事"。[19] 因为日本"在军事上要先发制人"，必须赖在朝鲜不走。为了摆脱在外交上所处的被动地位，日本政府处心积虑提出了"改革朝鲜内政方案"，要"与清国协力改革朝鲜政府之组织"。陆奥宗光说："目前既无迫切的原因，又无表面上的适当借口，双方还不可能开战。因此，要想使这种内外形势发生变化，除去实施一种外交策略使局势改观以外，实在没有其他方法。"[20]但这一方案清廷绝不可能接受。于是，中日两国政府在你来我往的外交交涉中紧张关系不断升级和恶化，而这种紧张和恶化的升级正是日本所需要的。陆奥宗光后来回忆这段历史时公开承认，他就是"想借此好题目，或把一度恶化的中日关系重加协调；或终于不能协调，索性促其彻底决裂"。[21]6月26日，日本向中国提出"第一次绝交书"。中日战争一触即发。

此时列强云集的东亚，形势复杂，英俄矛盾尖锐。英国是世界头号强国，在东亚的势力范围和影响力最强；俄国正修建西伯利亚铁路，具有积蓄远东力量挑战英国在东亚霸主地位的野心；美、法、德等国也都在权衡利弊，在中日矛盾中选择符合各自利益的立场。中国政府对即将到来的中日战争并无充分准备，因此从6月20日起，李鸿章开始奔走于英、俄之间，将遏止战争的希望寄托于列强调停。

日本对地区形势做出的基本判断是：目前列强正保持均势，不会马上发生战乱。日本必须抓住时机，尽快取得朝鲜并对华作战。日本认为，英、俄在东亚势力最强，但俄国为了其远东利益，会在中日交恶中选择日本，所以只要拉住英国就万事俱备。于是日本在准备开战前与英国就拖延已久的《日英通商航海条约》达成协议，以让利换取英国对日本发动战争的默许。

7月14日，日本向中国发出"第二次绝交书"。7月17日，日本召开第一次大本营御前会议，决定发动战争。大本营在制定作战计划时，对其陆军实力信心十足，但对其海军能否战胜中国北洋海军却没有绝对的把握。为此，日军大本营根据争夺制海权可能出现的三种结果制订了三套作战方案：

第一，若海战获胜，取得黄海制海权，陆军即长驱入直隶，直取北京；

第二，若海战胜负未决，陆军则固守平壤，以舰队维护朝鲜海峡的制海权，并运送部队；

第三，若海军大败，则陆军全部从朝鲜撤退，海军也退守本土沿海。[22]

这意味着日本要发动的是一场海军制胜的战争，海战被视为决定战局进展和战争胜负的关键所在，显然，海军、海战、制海权，成为此次日本对华战争及其作战计划中的主题词。为此，天皇新任命主张与北洋海军决战的桦山资纪出任海军军令部长，他上任后立即对日本海军进行改编，组建了由本队和第一游击队等多个战术分队组成的联合舰队。

7月21日，中国向朝鲜牙山的增兵计划开始实施，清政府仍以为日本不会挑起战争，做出了错误的判断。但出于安全考虑，中国运兵船雇佣了英国公司的"爱仁""高升""飞鲸"3艘商船，认为这至少可以让日本顾忌《万国公法》而不敢擅自攻击。22日，北洋海军3艘军舰奉命从威海出发驶向牙山护航。

然而，日本通过在华间谍系统获取了中国向朝鲜牙山运兵和护航的详细计划。7月23日，日本联合舰队主力起航前往牙山。7月25日，双方军舰在朝鲜丰岛海域相遇，预有准备的日本海军完全不理睬什么《万国公法》，发动突然袭击，不宣而战，挑起了丰岛海战。日本海军不但攻击军舰，而且不顾英籍商船"高升"号船长的一再交涉，击沉了"高升"号，并残忍射杀已落水失去抵抗力的中国士兵，使780多名清军士兵葬身大海。

8月1日，中日两国同时宣战。

五、调整作战计划——陆海并进

甲午战争有陆、海两个战场,这是因为日本的既定作战计划是进犯中国领土,在直隶平原与清军决战,侵略乃至灭亡中国。为达到这一目的,必须陆海并进、协同作战。

日本在发动丰岛海战的同时,登陆朝鲜的日陆军第一军也积极进攻,占领牙山,夺取成欢,将入朝清军聂士成部和叶志超部全部压缩到平壤。丰岛海战后,日本联合舰队在朝鲜西海岸搜索北洋海军,寻找主力决战的机会,以取得黄海制海权,但一直到8月中旬始终不见北洋海军踪迹。因畏惧北洋海军"拱卫京畿"的能力,日军大本营决定调整投送陆军在直隶湾大举登陆的原计划,首先发动平壤战役,占领朝鲜全境,然后进攻中国本土。于是,日本继续向朝鲜大举增兵,日本联合舰队在掩护陆军增兵朝鲜的同时,继续寻机与北洋海军决战,为下一步入侵中国本土创造条件。终于,9月17日,日本联合舰队在黄海大东沟海域遭遇北洋舰队主力,遂进行了人类历史上第一次大规模的全部蒸汽动力舰队对阵的海战,整个海战长达5个小时。北洋海军5舰沉毁、4舰受伤。日本联合舰队旗舰"松岛"号和"赤城""比睿""西京丸"号4舰受重伤,却未沉一舰。

黄海海战后,日本陆军第一军占领了朝鲜全境,但日本海军并没有完全实现消灭北洋海军、取得黄海制海权的目标,"定远""镇远"铁甲巨舰对其下一步实现运兵渤海湾、登陆直隶平原与清军决战的计划仍构成威胁。日军大本营决定发动辽东半岛战役,具体计划是:陆军第一军从朝鲜过鸭绿江,新编陆军第二军共约2.5万余人由联合舰队护送登陆花园口,两军由陆路和海路同时入侵中国本土。结果,其陆海两路全部实现作战计划。11月22日,日军攻陷旅顺,连续4天进行惨绝人寰的大屠杀，2万多平民百姓几乎被斩尽杀绝，只有36人因为日军需要搬运尸体而得以幸存。联系到日本占领台湾后1896年的云林大屠杀，特别是后来的南京大屠杀使30万中国人死于日军屠刀下，人们不能不问如何会有这般泯灭的人性和反人类的残暴？！

辽东半岛战役后已进入隆冬。日军大本营再次调整作战计划，组建山东作战军，在荣成湾登陆，从后路包抄，而联合舰队在海上协同作战，进攻威海卫，目标是彻底消灭北洋海军。日军再次实现了山东半岛的作战计划，至1895年1月24日，3批登陆部队共计3.46万余人在荣成湾登陆，与日本联合舰队形成陆海夹击，最后将北洋海军围困在威海卫军港，使其全军覆灭。

1895年4月，中日《马关条约》缔结。日本最终获得2.3亿两白银的战争赔款，虽然割让中国本土辽东半岛的条款由于俄、德、法三国干涉而不得不放弃，但终于侵吞了中国台湾全岛及所有附属岛屿，包括钓鱼岛。通过甲午战争，日本不仅实现了明治维新后既定"大陆政策"的一部分，而且通过战争赔款的豪夺完成了资本的原始积累，为后来发动日俄战争以及走向军国主义奠定了重要基础。

中日甲午战争是日本明治政府"大陆政策"的必然结果，是一场经过精心谋划、长期准备、决然发动和周密实施的侵略中国的战争。这场战争在日本崛起的过程中具有重要地位，也是日本从此走上军国主义道路的起点。此后，日本频繁发动侵略战争，尤其是二战期间，日本军国主义给中国人民、给亚洲太平洋地区、给世界带来了巨大灾难，同样也给日本人民带来了灾难。甲午战争是日本国运的转折点，但绝不可能是日本永远的骄傲和福音，因为它是一场非正义战争，它同样也是日本二战厄运的起点。

中日甲午战争已经过去120年了。但对于这场战争的性质，至今在国际上还有不正确的认识，尤其是在日本，无论是当年还是现在，无论是政治界还是学术界，都有一些推卸日本发动战争责任的说法，如甲午战争是偶然发生的，日本伊藤内阁是和平主义的，甲午战争日本是被迫防卫的，甲午战争是文明对野蛮的战争，等等。弄清这样一个原则问题、是非问题，是我们面对两个甲子前的甲午的首要责任。

今天，日本安倍政府不断无中生有制造事端，渲染中国威胁论，将40多年来两国修复关系的努力归零，并试图抛弃日本和平宪法，挑战二战后国际秩序，时值甲午战争120周年，不能不倍加引起人们对日本重蹈军国主义老路的担心和警惕。但是，今天的中国已经不是过去的中国，日本右翼如果真的重蹈军国主义覆辙，结果也绝不会是120年前的结果。

注释：

[1] 宗藩关系是历史上中国与周边一些国家特殊的国家关系。藩属国奉行中国年号和历法，国王受中国皇帝册封，定期向中国朝贡。中国作为宗主国，不干涉藩属国的内外事务，但在其发生内乱外患而求援时，中国有责任应要求出兵帮助戡乱。这种宗藩关系与通过侵略扩张建立殖民地和托管地有着本质的不同。

[2] [日] 吉田常吉等编：《吉田松阴》，岩波书店1978年版，第193页；转引自曹中屏：《东亚与太平洋国际关系》，天津：天津大学出版社1992年版，第149页。

[3] 中华人民共和国国务院新闻办公室：《钓鱼岛是中国的固有领土》，《人民日报》2012年9月26日。

[4] 1882年《济物浦条约》第5款规定："日本公使馆置兵员若干备警，设置修缮兵营，朝鲜国任之，……"日本首次获得在朝鲜的驻兵权。

[5] 1885年的《汉城条约》第5款规定："择定公使馆附属土地，为日本护卫兵弁之营舍，照壬午续约第五款施行。"

[6] 参见王铁崖编：《中外旧约章汇编》第一册，北京：生活·读书·新知三联书店1957年版，第465页。

[7] 李鸿章：《复黄子寿太史》，同治十一年四月初八日，《李文忠公全书·朋僚函稿》，卷12，第14页，上海：上海古籍出版社1995年版。
[8] [日] 德富苏峰：《公爵山县有朋传》；转引自孙克复、关捷编著：《甲午中日海战史》，哈尔滨：黑龙江人民出版社1981年版，第41页。
[9] [日] 井上清等：《日本近代史》，上卷，第72页。
[10]《日人朝比奈密探各事清册》，中国史学会：《中国近代史资料丛刊·中日战争》第1册，第600页，上海：新知识出版社1956年版。
[11] 参见苏小东：《甲午中日海战》，天津：天津古籍出版社2004年9月版，第22页。
[12] [日] 中塚明：《日清战争前的日本对清战争准备》，载《抗日战争研究》1997年第2期；转引自苏小东：《甲午中日海战》，天津：天津古籍出版社2004年9月版，第22页。
[13] 孙克复、关捷编著：《甲午中日海战史》，哈尔滨：黑龙江人民出版社1981年版，第43页。
[14] [日] 信夫清三郎：《甲午日本外交内幕》，北京：中国国际广播出版社1994年版，第99页。
[15] [日] 大山梓：《山县有朋意见书》，原书房1966年版，第203页。
[16] 戴逸等著：《甲午战争与东亚政治》，北京：中国社会科学出版社1994年版，第64页。
[17] 戚其章主编：《中国近代史资料丛刊续编·中日战争》第9册，北京：中华书局1994年版，第197页。
[18] 李鸿章：《寄译署》，光绪二十年十月二十八日酉刻，《李文忠公全书·电稿》卷十五，第32—33页；参见王芸生：《六十年来中国与日本》第二册，第24页。
[19]《陆奥外务大臣致驻朝鲜国大鸟公使电》，明治二十七年六月二十五日，戚其章主编：《中国近代史资料丛刊续编·中日战争》第9册，北京：中华书局1994年版，第232页。
[20] [日] 陆奥宗光：《蹇蹇录》，第21页。北京：商务印书馆1963年版。
[21] [日] 陆奥宗光：《蹇蹇录》，第29页。北京：商务印书馆1963年版。
[22] 参见 [日] 藤村道生：《日清战争》，上海：上海译文出版社1981年版，第78页；[日] 外山三郎：《日本海军史》，北京：解放军出版社1988年版，第42—45页。

中日海军战略差异决定甲午战局

刘 杰

刘 杰

海军大连舰艇学院人文社科系教授、研究生导师、海军优秀教员，海军大校军衔。曾获全军军队院校育才奖银奖和金奖。在《中国军事科学》等核心期刊发表过近百篇学术论文。

海军战略及其海上作战是决定中日甲午战争进程与结局的主导和关键。海军战略是筹划和指导海军建设与作战全局的方略，对赢得海上战争具有至为关键的指导作用。海军战略可分为海上进攻型战略和海上防御型战略。

在甲午战争前后，日本海军选择的是攻势战略，中国海军采取的是守势战略，而且是消极的近岸防守。不同的海军战略选择，制约着海军战略目标的确定、海军战略力量的发展、海军战略方针的采取、海军战略手段的使用，导致了两个背景相似的东亚国家30余年平行竞赛后迥然不同的战争结局。因此，有必要对甲午战争前后中日海军战略作一番比较研究，为今后的海军建设发展提供借鉴。

一、在"为什么建设海军"上不同

由于中日近代海军是在同一历史背景下创建的，所以两国建立海军的最初动机和前期的一些工作，如设厂造船、培养人才、购买舰艇、借才异域等，有诸多相似之处。但是，随着海军的发展和两国竞争的加剧，二者在战略层面上的差异日渐明显。以往史学界研究甲午战争中的海军战略问题，只限于"制海权""消极防御"等海军战略方针问题。本文试图拓宽视野，从海军战略目标、海军建设目标、海军组织领导体制、海军作战指导方针等方面，分析甲午战争前后中日海军战略的不同之处。

"为什么建设海军"的问题，属于海军战略目标范畴，即在一定的历史时期，海军企图实现的全局性预期目的、海军总体上肩负的使命任务，是海军战略的出发点和归宿。

晚清政府筹办海防和创建海军的主要目的是"自强""御侮""欲与洋人争衡"，维护清王朝的封建统治。按李鸿章的说法，办海军不仅是"实行自强之一策"[1]，可以"保和局，守疆土"[2]，而且"可上岸击贼"[3]。由此可以进一步概括其海军的主要使命：一是抵御侵略，保卫海疆；二是镇压国内反抗，维护统治秩序；三是执行清政府海外政治使命，保卫藩属国和旅居海外的华侨。例如，在解决1882年朝鲜"壬午兵变"和1884年朝鲜"甲申政变"过程中，清政府海军为控制藩属国朝鲜的局势、挫败日本借机控制朝鲜的企图，确实发挥了一定的作用。清政府建设海军很大一部分目的是为了防御日本，但是却未明确制定积极防御的海军战略方针，后来在甲午海战中实际上采取了消极防御的方针。另外，令人遗憾的是，清政府筹办海防，建立和发展海军，缺乏一个全局性的明确的海军战略目标，缺少跻身世界海军大国和强国的长远考虑，也缺少关于海军使命任务的明确具体的顶层设计。

日本则不同，从明治维新开始，就一直有明确的远大的海军战略目标。1868年，明治天皇睦仁登基伊始，即开始推行"武国"方针，确立以对外侵略扩张的"大陆政策"为基本国策。4月，他发表《御笔信》，宣称"日本乃万国之本"，须要"继承列祖列宗的伟业"，"拓万里之波涛，布国威于四方"[4]，这实际上为海军战略目标指明了方向。7月，负责海陆军事务的军务官向天皇提出奏折，说"耀皇威于海外，非海军莫属，当今应大兴海军"。对此，天皇于10月谕令："海军建设为当今第一急务，应该从速奠定基础。"[5]1870年5月，日本兵部省向太政官呈交了"堪称为创立海军基本理论的建议书"，提出了"迅速建设海军"的基本原则，确立了"耀皇威于海外"的海军战略目标，规划了"20年内拥有大小军舰200艘，常备军25000人"的海军建设目标，奠定了日本海军战略的基础。日本政府赋予海军的历史使命，就是充当"大陆政策"的工具。这从1887年海军部奉命为日本参谋本部所作的6份"征清方略"中清楚可见。1890年，日本首相山县有朋在国会发表的演说进一步明确了海军的使命任务："守护主权线"，"保护和扩大利益线"[6]，争做"东洋盟主"，打破亚太地区旧有的"华夷秩序"，为其称霸亚太地区进而称霸世界开辟道路。[7]

二、在"建设什么样的海军"上不同

海军实力是赖以制定和实现海军战略目标的物质基础。围绕建设什么样的海军问题，即海军建设目标问题，中日两国经过了长达30余年的你追我赶的紧张军备竞赛，双方的差异在于是否坚持不懈地为建设一支具有"亚洲第一"作战能力的近代化海军而奋斗。

晚清政府在创建海军的过程中不仅缺乏一个明确的高瞻远瞩的海军建设目标，而且没有倾举国之力坚持不懈地建设海军。从洋务运动中初建海军算起，经过清廷两次海防大筹议和两轮海军建设热潮，历时20余年，至1888年北洋海军成军时，北洋海军拥有铁甲、快船等大小舰艇25艘，其实力暂居亚洲第一，超过了日本海军。当时，北

日本明治天皇在广岛大本营召开会议

洋海军拥有 2000 吨级以上的战舰 7 艘，共 2.7 万多吨，是日本的近 2 倍。但是，成军后的北洋海军充其量不过是一支跛足的舰队。其一，北洋海军舰船编制数量按实战的要求"尤嫌其少"。如李鸿章在《北洋海军章程》的《船制》一章指出："海军一枝，局势略具。然参稽欧洲各国水师之制，战舰犹嫌其少，运船太单，测量、探信各船皆未备，似尚未足云成军。"[8] 其二，北洋海军成军后，再未添置一艘军舰。究其原因：一是虚骄心态使当权者稍有所成便开始忘乎所以、固步自封起来。二是清廷上下勾心斗角，未能倾举国之力作不懈努力。三是清廷挪用海军经费为慈禧修建颐和园和三海工程。据不完全的统计，迄于甲午战争，清政府为大修上述园林所挪用的海军经费总数达 1300 万两之多。当时，北洋海军购自英、德的 7 艘主力战舰，共耗银 778

万两。[9] 不必说修园总的工程费用，如果仅将颐和园和三海工程挪用的海军经费用于购置新舰的话，北洋舰队的主战舰艇就差不多可以再增加2倍，甲午战争的结局也就很可能会全然改观了。

与晚清政府形成对比，日本早在明治维新初期就明确了海军建设目标。1870年5月，日本兵部省向太政官呈交的海军建设"建议书"中明确指出："需要一支装备精良的海军，且要超过英国。"[10] 从而确立了赶超当时世界最强大海军的宏伟建设目标。为了实现这一目标，日本尽管条件有限，仍坚持不懈地举全国之力建设海军。特别是1882年朝鲜发生"壬午兵变"，日本因海军实力不如中国而未敢直接交锋，但日本海军大臣川村纯义向政府提出一个8年海军扩张计划，计划增加大中小舰和鱼雷艇32艘，用费2664万日元。为此，日本政府将酿造业、烟草业税收用作海陆军军费。1886年，受强大的北洋舰队访日的刺激，日本进一步制定了所谓第一期军备扩充计划，欲建造、购买54艘舰船，总排水量66300吨。为在拮据中筹集海军军费，日本不仅发行海军公债，皇室甚至节衣缩食，每年拨内帑30万元作为造舰经费，贵族和富豪也纷纷解囊，为海军捐款。日本先向英国订购了当时最先进的"浪速""高千穗""千代田"3艘巡洋快舰，后又为对付中国的"定远""镇远"，专门由法国设计制造了"松岛""严岛""桥立"3艘4000吨级巡洋舰，号称"三景舰"。1893年，明治天皇再次决定，此后5年中继续从内库每年拨出30万日元作造舰经费，并敕令政府官员同时也从薪俸中拿出1/10作海军军费。此外，贵族院议员亦决定将其岁俸的1/4作为制舰费的献金。在甲午战前的6年间，日本平均每年增添新舰2艘。至甲午战前，日本海军已有各型军舰31艘，鱼雷艇24艘，合计55艘，总排水量63373吨。同时尚有6艘军舰（33330吨）及2艘鱼雷艇（165吨）正在制造中。同时，日本海军不断改良舰艇装备,使用了"山内速射炮""保式14英寸鱼雷""LBS测距仪""下濑火药"等一批新装备。[11] 日本海军在舰艇吨位、船速、炮速及新装备等方面迅速赶超了中国北洋海军。

三、在"怎样建设海军"上不同

怎样建设近代化海军问题涉及方方面面。与古代海军相比,近代化海军建设的主要特点在于:具备先进的机械化武器装备、科学的近代军事教育体系、先进的相互联络手段和后勤保障设施、统一的兵力建设和组织指挥等。这四个方面相辅相成,缺一不可。日本海军建设重视了这些方面,晚清海军建设却只注意到前三个方面,忽视了第四个方面,始终不能将海军置于统一建设和统一指挥中,而这个方面又恰恰是近代化海军建设最重要的一环,也是中日海军建设在战略上的主要差别所在。

1874年,清廷第一次海防大讨论的中心议题,就是怎样组建海军,是划洋而建,还是统一组建。讨论中最有代表性的是丁日昌的"三洋水师"设想和左宗棠的统一海军主张。尽管丁氏的设计蓝图对于后来划洋而成的晚清海军布局起了很大的促成作用,但是丁氏的主张基本上是从旧式外海水师分省布防中演化而来的,尚未摆脱传统水师划疆而守的消极防御观念,带有很大局限性。其一,分洋建军不适合海军这一新军种的特性。海军是伴随着近代西方列强的扩张和争霸而发展起来的,其战略特性为进攻性,战术特性为机动性,编制特性为集团性。统一编制、统一指挥更便于发挥海军的特性和优势,更适应积极防御或攻势战略的要求,更有利于海军从近岸到近海以至远海的发展。而晚清海军的发展,走了分区域组建的道路,由"三洋"而"北洋",由"保卫海防"而"拱卫京畿",路越走越窄,以致造成区域海军发展的不平衡和海防体系的"短板"。其二，分洋建军使清廷难以统一调度"四洋"舰队，形成合力优势。1884年中法甲申海战中福建水师孤军奋战以致全军覆没的事实，充分暴露了这种海军领导体制的弊端。总结教训后，清廷大治水师，设立海军衙门，意在中央统辖海军大权，但是由于海军畛域之分的历史痕迹太深，加上中央政府对地方督抚控制力的日渐衰弱，难以形成对各洋海军的统一指挥调度。以致在黄海海战后的危急时刻，北洋几次请调南洋各舰北上助战，皆被两江总督刘坤一、署南洋大臣张之洞等托辞拒绝。难怪李鸿章说，这场战争是"以北洋一隅之力，搏倭人全国之师"[12]。其三，分洋建军导致海陆军难以联合作战。由于分区建军使清朝的海、陆军分属不同的指挥系统，以致在甲午战争中不能协同作战。例如，在辽东半岛、山东半岛两次抗登陆作战和旅顺、威海两次港口保卫战中，北洋舰队既未袭敌于航渡、换乘等任何一个阶段，又未能向己方陆军的濒海翼侧进行策应；清陆军既未有效护卫海军基地和舰队的安全，更未解救北洋舰队或掩护海军突围，致使基地尽失，海陆皆败。显然，北洋海军惨遭失败的原因，"非患兵弱，而患在无术。其尤足患者，在于军制冗杂，事权纷歧"[13]。因此，"变革军制""修明武备""依照西法添设新军"，成了战后清廷朝野上下的一致呼声。

相比之下，日本海军的领导体制更为集中统一。日本海军在编制上原本也分属于沿海各镇守府，但同时在中央又设有统管海军的海军省，后来还增设专管军令权的海军军令部。甲午战争前夕，日本为集中使用兵力，形成局部优势，进一步强化了统一指挥。为此采取了两方面措施：一是新上任的海军军令部部长桦山资纪对日本舰队进行整编，将主要战舰编入常备舰队，将警备舰队改为西海舰队，又将常备舰队与西海舰队合编为联合舰队，任命海军中将伊东祐亨为联合舰队司令官。战争爆发后，为适应海上攻势战略的需要，将联合舰队再次改编，共辖本队和三个游击队。二是成立了直属天皇的战时大本营，作为海陆军的最高指挥机构，统筹和协调有关战争的重要事宜。大本营还制定了统筹海陆军战略意图和行动的全面作战计划，即所谓"作战大方针"。在战争过程中，大本营做到了及时把握前线军情，实施了不间断的集中统一指挥，保证了军队的顺利推进。

四、在"如何运用海军"上不同

如何运用海军，换言之，或用之进攻，或用之防御，或积极防御，或消极防御，其实即海军战略方针，它是指导海上战争准备与实施的行动纲领。海军作战指导方针的理论核心实质上是制海权问题，而能否夺取制海权，取决于能否采取攻势。甲午战争中，日方运用的是积极的海上进攻战略方针，中方采取的是消极的近岸防御战略方针。战略方针的不同决定了制海权的归属，进而也决定了战争胜负的归属。

晚清政府对夺取制海权的重要意义缺乏深刻认识。包括北洋大臣李鸿章所设想的海军战略只是建立在"守"字上，用他自己的话来说，"我之造船本无驰骋域外之意，不过以守疆土保和局而已"[14]，即专"防敌兵沿海登岸"，实际上仍未跳出纯海岸守口主义的窠臼。丰岛海战的第二天，北洋海军提督丁汝昌曾率10艘战舰由威海到朝鲜近海追击敌舰。出海前，李鸿章特别告诫丁汝昌："惟须相机进退，能保全坚船为妥，仍盼速回。"[15] 即所谓"保船制敌"之策。在李鸿章看来，"海军力量，以之攻人则不足，以之自守尚有余"。只期"作猛虎在山之势"[16]，即使游弋渤海内外，也"不过摆架子耳"，[17] 仅作一种威慑。尽管李鸿章手下也有一些主张改守势为攻势的海军将领，例如，从国外归来的两位海军留学生刘步蟾、林泰曾于1879年上条陈提出："求最上之策，非拥铁甲等船自成数军，决胜海上，不足臻以战为守之妙。"[18]甲午战争爆发前后，北洋海军提督丁汝昌、左翼总兵"镇远"管带林泰曾又先后"主执攻击论，将以清国全舰队扼制仁川港，进与日本舰队决胜负"。[19]甚至连文廷式、马建忠这样的文官也发出"凡两国战事，隔海者以先得海面为胜"的呼吁。但是，李鸿章皆未予采纳。消极的"保船"思想成为海军作战的指导方针。在此情况下，根本谈不上夺取制海权了。

  日本在大力发展海军的同时，对制海权的认识也有争议的过程。在挑起甲午战争之前，日本参谋本部以参谋次长川上操六中将为代表的"陆军万能"论者轻视海军的作用及制海权的重要性。最先提出海权问题的是海军省主事山本权兵卫大佐，他在列席内阁会议时，反驳"陆军万能"论："大凡偏处海国，或领有海疆之邦……其无能掌握海权者，斯不克制敌以操胜算，此古今东西莫易之义。"并进一步建议："现下时局如此，我海军所应取之方略，宜先谋前进根据地之设施；基于此项根据地，按诸敌海军游弋面，扩大我海军活跃范围，迫近敌国要地而占据之，加以防御及其他必需之设备。夫如是，我根据地既固，足以对敌，然后始可出动陆军，着手运输，借期兵站联络之安全，陆上作战之推进。"[20]山本权兵卫的意见受到日本首脑的高度重视。于是，参谋本部根据山本的意见制定了所谓"作战大方针"，其内容：第一，如海战大胜，掌握了黄海制海权，陆军则长驱直入北京；第二，如海战胜负未决，陆军则固守平壤，舰队维护朝鲜海峡的制海权，从事陆军增遣队的运输工作；第三，如舰队受挫，制海权归于中国，陆军则全部撤离朝鲜，海军守卫沿海。[21]以争取实现第一项为基本战略方针。整个"作战大方针"表明，这场战争命运的关键，首先取决于海军作战的胜负和制海权之得失。

战争尚未打起来，而仅从双方作战指导方针的制定来看，胜负似乎已见分晓了。关于甲午战争期间中日双方争夺制海权的得与失，史学界已有很多的探讨，这里毋庸赘言。简而言之，决定甲午战争胜负的一个关键因素在于双方的作战指导方针。日军以夺取制海权为关键的海陆协同作战的指导方针，不仅使其获得了战争的主动权，也为其打开了走向胜利的广阔空间。相反，北洋海军放弃制海权的消极防御的指导方针，不仅使其错失了许多主动出击的获胜战机，也注定其走向失败的悲惨结局。

五、多重原因造成中日海军战略差异

军事战略是一定的社会历史条件下的产物。不同的文化传统、民族特性、地缘环境、经济形态、政治制度、基本国策、军事思想和海洋观念等诸多社会历史因素，造成了中日海军战略发展中的历史差异。

首先，爱好和平、注重防御是中国的军事文化传统，而追求海上利益、谋求霸权是日本传统文化的体现。

中华民族是一个爱好和平的民族。我们的祖先在创造文字时，就以"止戈为武"，主张"全胜不斗，大兵无创"，崇尚"不战而屈人之兵"的军事最高境界。公元15世纪，明代皇帝派郑和率领当时世界上最大的舰队七下西洋，中国的舰队没有像西方国家那样去进行武力征服、建立殖民地、掠夺别国财富，而是作为友好使者，去促进中国与亚非各国的经济和文化交流。数千年来对和平的追求，已经融入中华民族的性格之中。中华民族还是一个注重防御的民族。中国古代典籍中，多见有关防御的论述。战国时期的中国思想家墨子就提出"非攻"的政治军事观念，主张防御，反对攻伐侵掠。中国古代的万里长城，就是防御思想的物化标志，而不是国界的标志。它是古代中国内部的农耕部族为抵御游牧部族而建造的。在中国历史的大部分时间里，这种防御传统为中国人民带来了自身的繁荣和睦邻友好关系。但是，后来特别是进入19世纪中叶以后，腐朽没落的封建统治者没能将防御传统的积极成分加以继承和发扬，反而使之变得保守和僵化，给中国带来了深重的灾难，中日甲午战争就是一个例证。

日本之所以走上对外侵略扩张之路，确立进攻型的海军战略，也是有其历史文化背景的。近代天皇制是其重要的体制性根源，它集中体现了日本具有浓厚封建因素的制度文化，它是保护和滋生军事封建帝国主义的温床；植根于岛国文化的"大和民族优越论"导致日本民族精神畸形发展，成为近代日本对外侵略扩张的主要精神支撑；资本主义改革极不彻底的明治维新促成天皇制与日本畸形民族精神紧密结合，以军国主义的文化形态直接推动日本走上侵略扩张之路。而日本自明治维新以来形成的以利为本、开疆扩土、崇尚功利、以力服人、强而不安、富而不足、耀威海外、谋求霸权的扩张自我和以邻为壑的传统观念，更导致日本对海洋开发的认识以及在此基础上形成的海军战略与中国迥然不同。

其次，地缘环境不仅促成了中国自给自足的社会经济结构，也促成了中国的"海防"观；而岛国地理不仅决定了日本经济发展的外向型，也决定了日本的"海权"观。

地缘环境的不同，不仅使中日对待陆地和海洋的态度有所不同，也造成两国的经济发展模式、安全需求、国防观念及军事战略等诸方面的差异。中国的地理特点是背靠高原和草原、东临大海，地理空间相对独立、地大物博。这种地理特征带来了什么社会效应？其一，重农轻商。广饶富足的地理空间能够满足中华民族生存与发展的基本需求，使中华民族形成了自给自足的农业与手工业结合的社会经济结构；

自古以来中国以农立国，十分重视对陆地的开发和利用，社会形成了重农轻商的价值观念。其二，重陆轻海。广袤的生存空间，使中华民族不必像岛国民族那样拼命去拓殖海外领土；丰饶的物产和自给自足的自然经济，使之几乎可以不依赖海外贸易；人们小富而安，眷恋故土，无意顾及海外；犹如屏障的浩瀚大海，形成对外族渡海入侵的阻挡，更使之有一种天然的安全感。因而，中国的安全需要基本上是陆权性的，中华民族作为一个濒海的大陆民族，对于海洋的认识保守而有限，形成了重土轻洋的观念，进而导致了晚清政府"陆主海从"的战略思维。其三，重海防轻海权。一旦发生了来自海上的侵略危险，晚清政府的反应十分被动，发生海上之争时，中国人想到的是"海防"，而非"海权"。中国近代军事家蒋方震曾尖锐指出："海军之败，识者多归之物质之不备，此知其一不知其二者也。国民既少攻击性，故当时开口即曰海防。信曰防也。则铁甲乃无所用之。停止购船之议之能见诸事实。防之一字中其毒也。"[22] 因此，面对海上侵略，晚清政府被动建立的海军是防御型海军，被动确立的海军战略是防御型战略，被动实施的战略方针是近岸消极防御。

日本是个横亘亚欧大陆东侧边缘、周围环海的弧形列岛国家。四岛之邦的地理、封闭狭小的环境、贫乏的资源、有限的市场，注定了海洋对于日本有着特殊的意义。其一，岛国地理不仅决定了日本经济的海洋性，也决定了其经济发展的对外依赖性，特别是通过明治维新使日本走上资本主义发展道路之后，它更为迫切地去海外搜寻原料、开拓市场、积累资本，甚至扩大生存空间。其二，岛国地理使日本的安全需求主要是海权性的，认识到海洋是连接陆地的"流动公路"，从而使日本民族产生了强烈的海上进取意识。正是在这种海权意识下，适应海外扩张的需求，日本主动地以举国之力发展海军。其三，因海外扩张的需求，明治时期，日本把"富国强兵"作为国策，并且把"强兵"作为"富国"的前提，把大力扩充海军作为实现国策的第一急务。在此基础上，日本建立的是进攻型海军，海军战略的重心是"海上进攻"，海军战略目标是以控制海洋进而称霸东亚乃至世界。

第三，清政府统治集团的腐朽没落、虚骄心态和苟安思想，使晚清海军错失发展机遇，导致战略上的保守；日本中央政府维新变法、励精图治和居安思危，使日本海军抓住发展机遇，实现战略上的转型。

一个国家海军战略取"攻"或"守"，说到底取决于海军实力；而海军实力建设快或慢，关键在于能否抓住历史机遇；而能否抓住机遇，又决定于统治集团的素质和眼光。甲午战争爆发前的30年，对中国发展海军来讲，是机遇和挑战并存的30年。所谓机遇，当时正处于世界军事迅速变革的时代，世界海军正由风帆战船时代向蒸汽铁甲舰船时代过渡，海军作战方式正在发生深刻变化；另外，中国的内外环境相对和平稳定，正值国家发展振兴的大好时机。所谓挑战，从国外来说，主要来自包括日本在内的西方列强。19世纪60年代至80年代的20多年，中国基本上抓住了机遇，每一次列强海上入侵之后，清廷都要表一番大治海军的决心，海军建设取得较好的成绩，并一度领先于日本。然而，由于晚清统治集团腐朽没落、目光短浅、虚骄苟安，稍有所得，浅尝辄止，很快就丧失了危机感和军事变革的紧迫感，以致错失了百年难逢、稍纵即逝的历史机遇，延误了海军发展的历史进程。因海军的实力不够强大，故清廷制定海军战略时底气不足，自然趋向被动的软弱的防守型战略。

反观同期的日本，机遇和挑战与中国相似。1874年日本侵台的失败，1882年朝鲜"壬午兵变"和1884年朝鲜"甲申政变"，还有1886年和1891年中国北洋舰队主力6舰两次对日本的访问，以及当

宋庆毅军副营城门

中引发的"长崎事件",都极深地刺激了日本,使之在惊叹、羡慕、愤懑等复杂情绪中产生了危机感。面对严峻的挑战,日本人抓住了机遇,维新变法,励精图治,卧薪尝胆,奋起直追,终于完成了由古代水师向近代化海军的转型。后来居上的优势,为其奠定了进攻型海军战略的基础,并通过甲午战争检验了其维新变法、军事变革及海军战略的成效。

第四,清政府长期忽视海军军事理论的研究,不了解西方海军最新战略战术,海军战略缺乏充分的理论准备;日本海军战略的形成发展建立在长期的思想基础和理论准备之上,并及时借鉴世界最先进的军事理论而与时俱进。

北洋海军的创建和成军，是甲午战争前中国军事观念更新的产物，又是中国军事观念更新不彻底的产物。忽视军事理论的研究、缺乏先进军事理论的指导，是晚清海军军事战略落后，乃至甲午战败的一个重要原因。

中国的"师夷"是被列强侵略逼出来的，不是自觉的。甲午之前，受"中本西末"指导思想的影响，清朝当权者只想学习西方国家的"船坚炮利"，未想学习西方的制度和理论，包括先进军事理论。因此，虽然清政府曾就海军建设问题多次展开讨论，但是基本上都是围绕如何认识海防形势、要不要建设海军、舰船自制还是外购、海军如何组建、人才如何培养、经费如何筹集等实用性问题展开的，而对于建设什么样的海军、海军战略使命和任务、海军建设方针和发展方向、如何运用海军等战略性问题，几乎未有深入的讨论，更不可能形成符合世界军事变革潮流的军事理论。海军衙门虽然设置了许多办事机构，唯独没有研究海军战略的部门；创办了许多海军学堂，但主要是学习海军技术，很少研究海军军事理论；翻译了一些军事书籍，但主要限于军事技术、训练和零散的战术，除《防海新论》外，未见其他西方海军军事理论译著问世；而对《防海新论》所提出的"派兵船往堵敌国海口"之略带海权意味的主张，李鸿章却在奏折中明确表示不适宜于中国海军。甲午战争前后，马汉的制海权理论已风靡欧美及日本，成为海洋强国海军战略的最重要指导理论，而清朝统治者却不知马汉为何人、海权论为何物。因中国海军建设长期缺乏先进军事理论的指导，海军战略始终缺少坚实理论基础的支撑，其海军战略战术的保守过时也就不足为怪了。

日本早期海上战争理论的萌芽和海军军事理论的与时俱进，奠定了其海军战略理论的基础并保证了海军战略的先进。早在幕府末期，日本海防理论的先驱林子平就将海洋为国家天然屏障的传统观点变为海洋也容易成为敌方进攻之便利的观点，探讨了日本的发展与海军建设之间的关系，主张建立欧洲模式的海军。随后，日本又出现了一些关于海军战略、战术的译著及专著，例如本木正荣翻译的《海岸炮术备要》、天文方译局人员翻译的《海上炮术全书》、铃木春山翻译的《海上攻守略说》、藤井三郎著的《舶炮新编》等。明治维新后，在三大国策之一的"文明开化"引导下，日本在大力发展海军的同时，注重学习和借鉴西方尤其是英美的海战理论。特别是美国海军战略理论家马汉的名著《海权对历史的影响》于1890年出版后很快被日本译出，对甲午战前日本海军战略思想的形成产生了极大影响。日本以马汉的海权学说为指导，结合日本的国情军情和海战实践，形成了具有本国特色的制海权理论及海军战略：日本及世界的未来取决于海洋；夺取和控制制海权是赢得战争胜利的关键；制海权的关键在于海军的强大；海军战略的关键是通过舰队决战击溃敌方。从此，日本开始以海军扩张为依托，以追求海权强国为目标，并将中国作为实践制海权理论的首个试验对象，发动了甲午战争。从这个意义上讲，甲午战争的北洋海军之败，首先是败在海战理论准备不足；日本之胜，首先是海战理论上的胜利。

六、海军战略发展的现实启示

甲午一战，虽以中国的失败而告终，却成为近代中国民族觉醒的重要转折点。前人的努力亦非白费，传统犹存，经验宝贵，可资借鉴。

第一，必须坚持不懈地建设一支强大的海军，根据国家利益发展需求和使命任务拓展要求，不断提高海军以"打赢"能力为核心的遂行多样化军事任务能力。中国海军发展的曲折历史告诉我们，建设一支强大的人民海军，是中华民族的百年夙愿，是党的几代中央领导集体的一致目标，是近现代历史发展的必然要求。首先，富国强兵，强兵国安，是已被各国历史所证明的规律。实现富国与强军的统一，反映了历史发展的必然性。其次，"走向海洋而富裕，凭借海权而强大"，是世界各国发展的历史经验。中国国家利益的拓展，特别是国家海洋和海外利益的保护拓展，为中国海军全面履行使命、任务提出现实要求。再次，中国综合国力的增强、国家权益的拓展、国际地位的提升和国际义务（包括海洋义务）的增加，使中国完全有必要、有可能、有理由、有义务建设一支与其国际地位相称，与履行历史使命相适应的强大海军。

第二，必须建设一支积极防御的海军，根据海军使命、任务和军事能力的发展，适时调整海军战略。人民海军应汲取甲午海战中消极防御的教训。随着我国海上力量的增强和海军任务的扩展，海上力量必然"逐步前伸"，"不断加大防卫纵深"，这正是党的几代中央领导集体海军战略构想的基本点。沿着这一思路，为了适应国际战略形势和我国安全环境的新变化，必须大力推动海军由近海防御战略向近海防御与远海防卫战略转变。海军战略转变不是一个口号，实现转变必须有实实在在的"硬件"和"软件"支撑，关键在于怎样实现好这一转变，并且应该对下一步海军发展战略提前作出充分的理论研究和物质准备。

第三，必须建设一支"创新型"海军，根据建设信息化海军、打赢信息化海战的目标，加快推进自主创新能力建设。甲午战争的教训说明，国家战略统率军事战略及海军战略。胡锦涛同志曾代表党和政府提出了"建设创新型国家"的重大国家发展战略，并指出："特别是在关系国民经济命脉和国家安全的关键领域，真正的核心技术、关键技术是买不来的，必须依靠自主创新。"[23]党的十八大报告和习近平同志的讲话中也多次强调"创新驱动战略"。这就启示我们，必须提高自主创新能力，建设"创新型"海军。这是应对新一轮世界新军事变革挑战的客观要求，是适应建设创新型国家战略决策的必然选择，也是建设信息化海军、打赢信息化海战的迫切需要。建设创新型海军，就是把提高自主创新能力作为基本战略，贯穿到海军建设各个方面。其核心是提高武器装备研制的自主创新能力和质量效益，打什么仗就发展什么装备；关键是依靠科技进步和创新，加快转变战斗力生成模式；重点是建立适应信息化战争变化的新型体制编制，增强一体化联合作战、机动作战和执行多样化任务的能力；思路是学人而不受制于人，学人而高于人，在学习借鉴中善于自主创新，在自主创新中谋求跨越式发展。

第四，必须建设一支以先进理论武装的海军，根据时代要求，紧贴历史使命，大力推进海军战略理论创新发展。甲午战争的教训说明，理论上的成熟是战略上正确的基础，理论上的与时俱进是行动上锐意进取的前提，军事战略先进是赢得战争的重要保证。在新的历史条件下，提高海军战略科学化水平，必须坚持科学理论武装，提高海军理论水平。首先，要用中国特色社会主义理论体系（特别是其中的军事篇）武装头脑，因为它是海军战略制定和海军建设实践的科学指南。其次，要纵览古今中外军事历史，因为军事历史是战争理论的百科全书，是军事理论的基础，是理论创新的宝库，是战略决策的镜子。再次，要准确把握世界新军事革命的大势，紧盯国际军事理论前沿的动态，拓宽观察思考问题的国际视野和战略视野，因为这是保持海军战略与时代同行、与世界同步的需要。最后，还要深入研究海军建设发展的实践，及时总结广大指战员创造的新鲜经验,及时以新的理论概括、回答实践提出的新课题,因为掌握理论的目的是指导实践。

最后,必须建设一支时刻准备打仗的海军,根据周边环境和海上安全形势的变化,不断深化军事斗争准备。北洋海军训练不实、管理不严、备战不足的教训警示我们,海军是一个"养兵千日,用兵千日"的特殊军种,时刻准备打仗是海军的天职。为此,除抓好装备、战法、人才、后勤保障等准备之外,必须狠抓战斗精神培树,进一步增强部队敢打必胜的决心和信心。一要紧贴当前形势,深化战备形势教育,强化当兵打仗、带兵打仗、练兵打仗的使命意识,强化敢斗强敌、敢打硬仗、敢于牺牲的作风意志,强化立足现有、敢打必胜的坚定信心;二要紧贴官兵思想实际,大力培育当代革命军人核心价值观,发扬光大"海上猛虎""水下先锋""海空雄鹰"等战斗精神;三要紧贴实战要求,围绕提高核心军事能力,构建训练体系,创新训练模式,完善训练机制,特别要以创新思路和举措,大力加强适应现代战争新要求的信息化训练,在近似实战环境下摔打部队,立足于最复杂最困难的情况,聚精会神,真抓实备,以军事斗争准备的拓展深化,推动海军建设在世纪远航中破浪前进。

参考文献:

1. 戚其章:《晚清海军兴衰史》,北京:人民出版社1998年版。
2. [日] 外山三郎:《日本海军史》,北京:解放军出版社1988年版。
3. 王家俭:《李鸿章与北洋舰队》,北京:生活·读书·新知三联书店2008年版。
4. 海军军事学术研究所:《中国海防思想史》,北京:海潮出版社1995年版。

注释：

[1]《李文忠公全集·朋僚函稿》，卷12，第3页，上海：上海古籍出版社1995年版。

[2]《李文忠公全集·奏稿》，卷19，第45页，上海：上海古籍出版社1995年版。

[3] 中国史学会：《中国近代史资料丛刊·洋务运动》第1册，第43页，上海：上海人民出版社1961年版。

[4]［日］《明治文化集》，第2卷，第33-34页，东京：日本评论社1928年版。

[5]［日］外山三郎：《日本海军史》，第19页，北京：解放军出版社1988年版。

[6]［日］内阁制度百年史编纂委员会编集：《历代内阁总理大臣演说集》，第9页，东京，大藏省印刷局1986年版。

[7]［日］大久保利谦：《近代史史料》，第304页，东京：吉川弘文馆1965年版。

[8]《北洋海军章程》，《北洋海军资料汇编》（下），第746-747页，北京：中华全国图书馆文献缩微复制中心，1994年版。

[9] 戚其章：《晚清海军兴衰史》，第332页，北京：人民出版社1998年版。

[10]［日］外山三郎：《日本海军史》，第20页。

[11] 王家俭：《李鸿章与北洋舰队》，第434-435页，北京：生活·读书·新知三联书店2008年版。

[12]《直隶总督李鸿章奏军事紧急情形折》，光绪二十年八月二十日，《清光绪朝中日交涉史料》，卷20，第26页，北京：故宫博物院1932年版。

[13]《袁世凯等致李鸿藻禀牍》，中国史学会：《中国近代史资料丛刊·中日战争》第5册，第218页，上海：新知识出版社1956年版。

[14] 李鸿章：《筹议制造轮船未可裁撤折》，同治十一年五月十五日，《李文忠公全集·奏稿》，卷19，第47-48页。

[15] 李鸿章：《寄丁提督》，光绪二十年六月二十四日申刻，《李文忠公全集·电稿》，卷16，第31页。

[16]《直隶总督李鸿章复奏海军提督确难更易缘由折》，光绪二十年七月二十九日，

《清光绪朝中日交涉史料》（1512），卷18，第28页。

[17] 李鸿章：《复丁提督》，光绪二十年六月初二日申刻，《李文忠公全集·电稿》，卷16，第2页。

[18] 李鸿章：《条议海防》，光绪五年九月十一日，《李文忠公全集·译署函稿》，卷10，第24页，上海：上海古籍出版社1995年版。

[19] ［日］桥本海关：《日清战争实记》卷7，第245页，东京：博文馆1895年版。

[20] ［日］《山本权兵卫笔记》，见《海事》第9卷，第6期，第50-51页。转引戚其章：《晚清海军兴衰史》，第464页。

[21] ［日］藤村道生：《日清战争》，第78页，上海：上海译文出版社1981年版。

[22] 蒋方震：《中国五十年来军事变迁史》，载于上海申报馆：《最近之五十季》，第129页，上海：民国12年4月。

[23] 胡锦涛：《坚持走中国特色自主创新道路 为建设创新型国家而努力奋斗》，《人民日报》，2006年1月10日。

甲午战争使
中日关系易位的启示

徐焰

徐 焰

国防大学教授、博士生导师,专业技术少将军衔。校军事思想和军事历史学科带头人,中国军事科学学会历史分会副秘书长,"全军优秀教师""全军杰出科技人才奖"获得者。

120年前发生的甲午战争,是新兴的日本同腐朽衰败的清末中国的一场决定两国命运之搏。此前被"天朝"视为"蕞尔小邦"的原中华文明的师从者,竟然把文化母国打得一败涂地,这不仅改变了中日两国的发展轨迹,也深刻地影响了此后双方往来的相互观感。鉴古警今,温故知新。今天的人们回顾那场仅历时8个多月的甲午战争,应力戒狭隘单向的思维方式和简单的悲情意识,不能仅限于追念北洋水师的黄海之憾和旅顺古墓的血债,而应将其放在中国和日本近现代历史的进程中来审视。这一仗之后,中国又长期以日本为自身崛起的坐标,激发起革命、建设和改革的大潮,并在抗战和经济竞赛中实现战胜和超越,其长远意义一直影响到今天的中日关系。

1889年前的旅顺市街景

一、日本对华由仰视到俯视——荣辱靠实力

唯物主义的基本原理说明，社会存在决定社会意识。各个民族国家生存的环境和经济条件，决定了自身的历史传统和思维习惯。中华民族几千年间以基本固定的农耕土地和部分牧业区为生息地，并形成了热爱和平、崇尚礼义又相对保守的传统。日本列岛内虽然也以农耕为主，岛国生存环境却容易滋生奋争和向外扩张的习性。

中国自汉代起同日本接触，至唐代以后倭国才对华形成了密切往来。从那时起至第二次世界大战结束，日本人对华态度可以用三阶段概括——从唐朝至宋朝是"仰视"，以学习中国文化走出蒙昧落后时代；从元代到甲午战争前是"平视"，这是因为日本在1274年特别是1281年借台风即所谓"神风"击败了忽必烈的舰队，不过明朝的军队又在朝鲜打败日军使其收敛了野心和傲气。甲午战争的结果是日本将清朝统治的中国打得一败涂地，从那时起直至抗战结束，日本人傲慢自居于中国之上，采取"俯视"的态度。

值得人们注意的是，中日两国最早的密切交往，是靠中国对日的军事胜利才得以建立的。公元663年，刚建立的倭国出动舟师数百，进攻朝鲜半岛白村江口，唐朝军队与之交锋时"四战捷，焚其舟四百艘，烟焰涨天，海水皆赤，贼众大溃"。1200多年后甲午战争双方出兵方式又与此役相似，只是胜败者调换了位置。

中国对日打胜第一仗，使倭国看清了自己的经济、文化和社会制度落后，心悦诚服地向唐朝全面学习。日本在7世纪至8世纪大量派出遣唐使、留学生和留学僧赴中国，学习制造工艺、建筑美术、典章制度等等，完成"大化革新"。日本在唐代对中国的尊重，反映出这个民族善于学习的优点，同时也显露了崇拜强权的特性。

虽然日本在立国之后努力实行"唐化"，其社会条件的差异却导致两国特色不同。中国重农轻商，日本农商并重；中国重陆轻海，日本海陆并重。日本学习中国文化和典章制度时又有三点不学——日本不实行中国的科举制度，其上层和知识分子不深陷古籍而比较务实；日本不学中国的太监制度，宫廷中内耗少；日本不学中国的家中子弟均分财产制而实行"长子继承"，无财产可袭承的上层子弟们奋斗精神较强。

中国的宋朝被元朝灭亡后，一批日本人便认为神州的文化精粹只保留在自己国内。元世祖忽必烈两次东征失败，虽说有台风的气象原因，但日本武士也显示出自身的凶悍，由此便滋生出傲视中国的观念。16世纪日本人在长崎购买和仿制西洋火枪，对中国又拥有了火器优势。当时日本流浪武士组成的武装团体即明朝人所称的"倭寇"窜扰中国东南沿海，为祸百年，使中原王朝首次有了海防危机。丰臣秀吉统一日本后，于 1592 年派 15 万大军入侵朝鲜"假道"伐明，还扬言要将都城从京都迁到北京。这说明日本向大陆扩张思想的始作俑者又非近代军部，此时便已经形成。

明末的中国虽已衰败，在 1592 年至 1599 年还能派出 10 万大军跨过鸭绿江，联合朝鲜取得抗倭援朝的胜利。这一胜利遏制了日本的对华侵略野心，赢得中国东邻半岛近 300 年的稳定。不过由神道支撑的唯我独尊的日本"国学"思想根基犹在，一旦同西方殖民扩张观念相结合又会变得更为狂妄。

17 世纪至 19 世纪中期，幕府时期的日本因感受到外来威胁实行锁国，却不禁止西洋武器输入和讲西方兵法的"兰学"（荷兰军事学），开放程度还是大大高于闭目塞听的清王朝。早在明治维新前的 19 世纪前期，在长崎学过"兰学"的佐藤信渊便写出一本《宇内混同秘策》，随后被维新的要人西乡隆盛、大久保利通等奉为至宝。后来在一次次侵华战争中，军部对该书一版再版，成为军官士兵的必读教材。这本充满杀气的小册子里公开鼓吹："我国而欲制他邦，必先以并吞支那为始。""支那既入版图，他如西域、暹罗、印度诸国必渐慕德畏威，稽颡匍匐求隶臣仆。故皇国而混同世界万国，决非难事。"

好一个"并吞支那"！好一个"皇国而混同世界万国"！后来日本发动甲午战争，以及提出征服"满蒙""支那"乃至世界这三段计划，不正是从这本《宇内混同秘策》中派生出来的吗？

有扩张主义基因的日本，若是仅有野心没有实力，仍不能对中国构成威胁。明治维新后的日本实行西化增强了经济军事科技实力，"征韩""征清"便迅速付诸实施，1894 年即甲午年间中国所遭遇的那场战祸便势不可免。

二、"脱亚入欧"与"中体西用"——变革须彻底

1840年鸦片战争后，中国沦为半殖民地半封建社会，日本在此后的十几年里也面临着同样的命运威胁。令人叹息的是，日本是以牺牲中国改变了自己的命运。

1853年7月，刚刚跻身于强国之列的美国派出由东印度舰队司令佩里率领的4艘全副武装的黑色军舰，闯入了日本横须贺港。此时的日本仍是一个落后的农业国，看到抵抗必败，便于1854年同美国签订了《神奈川条约》。接着，俄国、英国也接踵而至，日本又相继签订了不平等条约，丧失了关税自主权，在横滨等港口让西方开租界（"居留地"）并给予领事裁判权。明治初年的日本，看着外国军队驻在租界横行同样无可奈何。直至日本进行甲午战争及随后打赢日俄战争后，才以国威军威为后盾废除或修改了不平等条约。

面对西方入侵，日本采取了与中国完全不同的办法，那便是挤进西方的行列，1868年开始的明治维新所走的正是这样一条道路。如今还印在1万日元钞票上的人头像，便是被称为"近代东洋启蒙之父"的福泽谕吉。明治维新之前此人便访问了美国，回国后大力宣传"脱亚入欧"，积极主张日本应该放弃过去学习的中华文明和儒教精神，吸收西洋文明优胜劣汰的思想，加入西方行列而与东亚邻国绝交。这位日本近代思想的引领者，从西方并未学到人道主义等文明成果，而是引进了弱肉强食的殖民观念。这种舶来品再同传统的野蛮武士道精神结合，又被改造成为一种狂热邪教式的侵略观念。

福泽谕吉的理念，可以说从明治时代一直影响至今，日本虽地处亚洲却长期标榜自己是西方国家。当年日本口喊"同文同种""大东亚共存共荣"，心中却以高于亚洲人之上的西方白种人自居，只是那

张黄皮肤无法改变,由此被人斥责为黄皮白心的"香蕉帝国主义"。

日本开始明治维新时,中国也搞了洋务运动,却因指导思想不同出现了巨大的差异。日本虽保留天皇制和封建武士的传统,却在政治、经济和军事体制上全面学习西方(不过着重学习了普鲁士军国主义制度),而清王朝在"中体西用"的口号下只引进了一些西方"器物"而拒不作体制改革。从近代化速度看,中国因守旧观念的包袱太重远远落在了日本后面。1872年日本首都便开通了火车,较中国首都通火车早了25年;1873年日本建立了第一所近代综合性大学,比中国也早了25年。在下达剪发令和使用阳历方面,日本比中国早41年。

一个国家的社会变革,必须在政治、经济和军事领域全面配套实施才能成功。日本明治维新提出的三个口号是"文明开化""殖产兴业"和"富国强兵",清王朝则只提"富国强兵"又甚不得力。在甲午战争之前,日本青壮年男性已基本完成了扫盲,几乎全部男童和半数女童也已接受义务教育,中国占人口总数九成的下层民众包括兵卒差不多都目不识丁。一个有文化的国家和军队同一个文盲充斥的国家和军队较量,其结果在战前便已经注定。

当年日本的发展模式,也决定其必然要侵略中国。同美国、英国那种"商业资本主义"的营利道路不同,日本这种经济基础不足的后起者想迅速谋利便要走"领土掠夺资本主义"之路。从1885年起,日本以纺织业为中心的产业革命迅速展开,却缺乏资金和市场。当时的日本人口为4000万,只及中国的1/10;其国内的财政收入在1890年相当于白银4000万两,只相当于中国的一半。由于内外市场狭小,日本主要的出口纺织品又因技术水平不高缺少竞争力,1891年便发生了第一次经济危机。许多政客和军阀便叫嚷,需要以武力控制朝鲜并打败中国,为本国夺取资源并打开市场。日本挑起甲午战争后,果然成功地走上了以武力掠夺邻国为主的强国之路，当然也埋下50年后彻底战败投降的种子。

明治维新后的日本与近代中国的命运不同，还有重要的外部原因：一是当年的西方列强盯住中国土地广阔、资源丰富，认为日本地少民刁没多少油水而重华轻日。二是英国、美国想利用日本抗衡俄国，多年间采取扶日抗俄政策。普法战争后崛起的德国最担心俄国援法，也以帮助日本建立新式陆军的方式在远东牵制沙俄。当新兴的东洋陆海军的刀锋首先指向朝鲜和中国满洲时，英、美、德等国仍认为这是对俄国的重要潜在牵制手段。

1894年7月，当日本已经出兵朝鲜同清军剑拔弩张时，英国表面愿意"中立调停"，却在7月16日宣布废除同日本的不平等条约而订立平等新约，这明显是偏袒日本。战争期间，清政府多次请英国、美国调停，得到的回答又都是要考虑接受日本的条件。日本能发动甲午战争以及随后发动日俄战争，其实都与英、美的扶日压华抗俄的政策密不可分。

俄国从自身的东方政策出发，倒是一直把日本视为宿敌，何况末代沙皇尼古拉二世身为皇太子访日时，还遇到暴徒行刺，在头上留下刀疤，曾大骂东洋三岛上都是"野蛮的猕猴"。甲午战争前后，俄国一再秘密表示愿帮助中国，清政府也将其视为救星。战争期间，狡猾的沙皇尼古拉二世却坐山观虎斗，想等到中日两败俱伤，再以援华之名出兵控制满洲并打垮日本，以达到"一石二鸟"的目的。沙皇感到意外的是日军竟轻易获胜，于是在《马关条约》签订后以开战威胁迫使日本向中国"归还辽东"，3年后却把这块虎口中掏出的肥肉吞进自己肚里。

历史证明，利用列强的矛盾，"以夷制夷"的办法并非不对，不过中国如不能自强而一味乞求外援,"援助"者又会以索要"酬谢"之名趁火打劫。甲午战争及战后实行的"联俄制日"政策,反而促使列强加紧在华划分势力范围,中国的东北随后还成为日俄战争的战场,落得个"人为刀俎,我为鱼肉"的可悲结局。

三、总体较量全方位失败——落后必挨打

过去国人提到甲午战争时往往为北洋水师的奋战和覆没所叹息,其实这支中国近代化程度最高的军队尚能与日本海军在同一水平上交战,清朝陆军却几乎无战不溃。甲午陆战的惨状,更说明当时清朝陆军在编制和战术上尚停留在古代,已落后于日本陆军一个历史时代,这种旧式军队与近代化军队根本无法对等作战。

清朝原有的军队八旗、绿营在太平天国起事时便已腐朽不堪了,依靠湘军、淮军才将国内各派造反势力削平。此后为数25万人的八旗兵和46万绿营兵长期虚耗饷银,清廷为照顾利益集团又不能裁撤,只有依靠湘淮勇营编练成的35万防军为国家军队的主力。陆军虽然购买了西方枪炮(因各自为政无规划导致型号杂乱),却只从洋人那里学了点枪炮施放技术和操场上的演练方式,战术还停留在冷兵器时代以密集队形攻防时的水平。这些部队的编制又沿用戚继光和湘军成法,实行单一营制,营以上无确定建制,平时星散各地,互不相属,战时凑合一处,没有组成以步兵为主,骑兵、炮兵、工程兵为辅的合成军队,在战斗中也难以容纳近代各种火器并有效地组织兵种间的协同,可称之为一支拿着新式枪炮的古老旧式军队。

甲午陆战证明,清朝陆军同日军交锋时,基本上沿用对付太平军的一套旧战法。其进攻时只是以密集队形猛冲敌火网,死伤惨重又没有什么战果;防御时清军只是株守阵地,呆板地受敌炮火杀伤,时间不长便混乱败退。加上清朝没有预备役、后备役制度和健全的战争动员体制，平时养兵不少而战时又不够用，只好临时招募了几十万勇丁。这些应募者多是兵痞流氓，几无训练，形同乌合，开到前线望风即溃。

相比之下，甲午战前的日本陆军已按德国军制完成了近代的步、炮、骑、工兵的建设，建立了师团、旅团、联队（团）、大队（营）这样的合同军，战术也按近代战争的散兵战样式并注重各兵种协同。日本又有良好的动员机制，开战后迅速将军队由6个师团7万人增至20万人，其中17万人开到战场。在各次战斗中，日本陆军一般只需一次攻击便能轻易击溃当面清军，而且平均每个战斗兵在整个战争中只发射子弹20发。开战前日本军部只担心海军作战的成败，对清朝陆军几乎视若无物，作战的结果也确实如此。

甲午战争时的中国海军是一个新兴军种，而且同日本一样学习英国制度和战术。由于中国传统的木帆船水师的章法无法应用于使用机械铁甲舰只的新型海军，北洋海军全面依照西方条令训练和编组，是中国第一支几乎全盘西化的军队，共有舰艇25艘共4.5万吨位。从黄海海战的技术水平看，北洋海军炮兵的命中率和日军相比差得不多，却因多购买劣质弹药导致半数炮弹不炸。封建官僚式的管理和衙门习气，同样充斥于北洋海军这支近代化军种之中，加上军事的保守，将军舰当成沿海浮动炮台使用，不通晓近代海战尤其是争夺制海权的理论，最终舰队困守威海卫军港内被日本的陆军从背后消灭。

甲午战争的惨败，还暴露了清王朝的奴化统治导致了民族精神和国家观念的严重缺失。日本宣布"日清战争"开始后举国民众摇旗呐喊欢送"出征军人"，军队和普通民众在扩张主义的煽动下有着作战狂热。多数清军的表现却是怯战畏敌，民众也不了解战争意义。据当年就在军营中的我国著名将领冯玉祥回忆，部队奉命调往大沽口防御日军时的出发情景是："男女老幼奇哭怪号声震云霄"，"不明底蕴的人以为谁家大出殡，惊动了这么多人哭送，绝对想不到这是军队开拔去抵御敌人。为民族争生存、为国家争荣耀，所谓国家观念、民族意识在他们是淡薄到等于没有的"。

过去国内不少作品总是大力歌颂北洋海军的抗敌如何英勇，并称最后投降是"一小撮败类"所为。若认真研究这段历史，可看出黄海海战时北洋海军一些官兵确曾英勇奋战，却也有2艘军舰临阵脱逃。在威海被围的危急关头，大批官兵竟向丁汝昌"乞生路"即要求完整地向日军献出军舰和武器，以换得对方释放。此刻不屈的殉国者，倒真是寥寥无几的"一小撮"，这一不应回避的耻辱，恰恰也说明了当时清军士气颓丧，海军也不可能例外。

此时令各国军队惊愕和耻笑的一件事，是北洋舰队舰只被围在威海卫港中向日军投降后，一艘1000吨级的鱼雷巡洋舰"广丙"号竟然提出，本舰属于广东水师，只是去年秋天海军会操时来到威海卫，此时应予放行南返。在这些海军将领的心目中，好像不是自己的国家而只是北洋水师同日本进入了战争状态。在日本联合舰队同北洋海军激战时，南洋和福建、广东海军都以没有铁甲舰为借口不肯来援，也不肯派舰只袭扰一下日本沿海。在中日决定两国命运的这场生死搏斗中，许多拥兵自重、据地自私的实力派站在事不关己的立场上。广大民众则多处于麻木状态，看不到什么有组织的抗敌斗争和支前力量。

甲午战争的结果，也检验了中日两国在近代的发展道路。日本实行了比较全面的社会经济改革，有力地促进了封建制度向资本主义转化。它虽然保留了一些封建传统包括天皇专制主义，却在军事制度、战术和技术上全面学习西方，与清王朝保留腐朽的文武制度而只引进技术的"中体西用"有着本质区别。中国在洋务运动中虽然也聘请西

日军"西京丸"舰被北洋海军炮火击毁的甲板

方顾问,建立了新式海军并为陆军配备了新武器,对西方军事学却只学到了皮毛,封建性的军事思想仍全面保留,这等于在枯树上嫁接新枝,这样建立起来的军队在近代化战争中必败无疑。

如果再从更深层次的思想文化渊源来考察,中国传统封建主义的思想统治,只能导致国民只知朝廷不知国家,只知天下不知世界,只知家族不知民族。没有树立近代民族国家观念,自然无法有效进行保卫国家的战争。后人若全面地回顾甲午战争中清军的惨败,不仅不能简单地归咎于慈禧太后挪用海军经费修颐和园,也不能单纯从武器性能和军队数量来解释,而应看到此次战争是中日两国的经济、军事水平、政治体制乃至思想文化观念的总体较量,当年中国的失败是全方位的失败。

四、助长日本辱华风潮——弱国无尊严

1894年7月开始至翌年4月结束的中日甲午战争,是两国千年间关系的一个重大转折点。日本成为靠战争获利的暴发户,轻易获胜又滋长了蔑华、辱华心理,从此便傲慢地俯视中国,这种心态又促使其在此后几十年间不断扩大侵略。

日本在"日清战争"获胜,使西方列强对这个新兴的岛国刮目相看,从此奠定了军事强国的地位。日本的经济通过此战勒索到的赔款、割地和战时掠夺,也获得了起飞的资金。

过去国内一些书籍称,日本通过甲午战争从中国掠夺了2.3亿两白银,这只计算了《马关条约》规定的赔款2亿两白银,以及随后"还辽"又索要的3000万两。如果按实际情况计算,日本的掠夺远不止此数。

在《马关条约》中,日本索要2亿两白银是一次性付款的数额,拖延便要付利息,"赎辽款"也是如此。此时年收入仅8000万两白银的清王朝财政已入不敷出,只好向英、俄、法、德借款,3年后才交付完赔款,又损失了3000万两利息。此外,日本战时还缴获和掠走大批中国军械和民用物资,估算价值为7000万两,这样总计在甲午战争中从中国掠夺了3亿两。

日本在这场战争中的花费,据当时政府宣布为2.2亿日元(折合白银1.5亿两),其中包括了发展军工产业的投入,真正作战费用是1.3亿日元(折合9300万两白银)。这样,日本在战争中扣除耗费净赚了2.4亿两白银,相当于战前日本政府4年多的财政收入。战争结束后,外相陆奥宗光便向明治天皇上奏说:"官民上下都感到无比的富裕。"

勒索到这笔巨款后,日本一面兴办教育,一面发展产业,并从英国采购世界上吨位最大的铁甲舰——1.5万吨的"三笠"舰等新型舰只,

用于下一次扩张战争。日本通过《马关条约》还从中国割去台湾这个富饶的宝岛，还规定开放长江流域供其轻纺织业商品倾销，这又大大便利了发展经济。毫不夸张地说，日本崛起的"第一桶金"，正是通过甲午战争掠夺而来。

具有尊强凌弱心态的日本轻易打败中国，从此又改变了对华心态，"大和民族"的自傲变成不可一世，对自己的文化母国居高临下视若草芥，种种辱华之称陆续出笼。

清末时日本对华称"清国"，甲午战后东洋三岛上却以"猪尾巴"作为称呼中国人的绰号。华侨男子或中国留学生上街，日本小孩往往放肆地在后面用手扯辫子，口中还喊："清国奴！豚尾奴！"穿黑制服的警察看到后一般都不加制止，还放声大笑。

1912年中华民国成立，中国男人都剪去辫子，日本人不再称"清国"，却不呼正式国号而只用"支那"一词。若进行纯学术考证，有人认为"支那"是"秦"的谐音，或是英文China的音译。这一词语原无恶意，不过在中国有正式国名时却称别号，本身就是轻侮。当年在日本社会上，"支那叭嘎"，又成为通行的骂人话。曾留学日本的我国著名作家郁达夫记述说："原来日本人轻视中国人，同我们轻视猪狗一样。日本人都叫中国人作'支那人'，这'支那人'三字，在日本，比我们骂'贱贼'还难听。"笔者小时候曾听郭沫若的日本夫人郭安娜讲述本人经历，这位原名佐藤富子的女护士爱上中国留学生郭沫若时，素称开明的父亲却马上发怒——"你怎么能和一个支那猪结婚？"

民国成立后18年间，日本政府向北京政府、南京政府递送外交照会都无视起码的国际礼仪，只称"支那共和国"。对这一侮辱性称呼，北洋军阀政府期间和南京国民政府成立头3年居然忍受了下来。直至

1930年，国民政府忍无可忍，拒绝接受有这一称呼的外交文书。日本政府对华公文中才称呼"中华民国"的国名，在其他场合却仍一律称呼"支那"。

民国年间的日本军队踏上中国土地驻军，也都冠以"支那"这一辱华称呼，如驻扎于华北的日军定名为"北支那驻屯军"，卢沟桥事变后扩大为"北支那方面军"。进攻华中的日军命名为"中支那派遣军"，直至1945年侵华日军头目冈村宁次率军投降时的头衔还是"支那派遣军总司令官"。战后有些中国人愤于此词的国耻标记，在中文书籍中改译为"华北方面军""中国派遣军"。其实保留"支那"原词不要改译，反而更有益于人们记住国耻。

日本社会上以贬斥"支那人"为重要标志的侮华、蔑华风潮，在1937年全面侵华战争开始后发展到顶点。当时日本政府并不宣战，只称这是一次"膺惩暴支"的"事变"，不承认也不遵守任何国际战争法规。受这种情绪煽动的日本军人，自然会放手对中国和平居民实行骇人听闻的大屠杀。1950年代在抚顺战犯管理所悔过的日本战犯通过反省，追思为什么犯罪的原因时都说："那时我们根本没有把中国人当成人，感到如同屠宰猪羊一样……"

促成这些暴行的思潮，追溯其源头恰恰始自甲午战争，旅顺大屠杀正是南京大屠杀的前奏。日本的"大陆政策"也是从甲午一战奠定基础，此后侵略中国乃至整个东亚的野心愈来愈膨胀，直至其1945年输光老本才破灭。

五、学日抗日赶超对手——国人当自强

中国在甲午战争中的失败，成为中国近代史上的一个转折点。梁启超曾总结说："吾国四千余年大梦之唤醒，实自甲午战败割台湾偿

长崎港，日本海军的重要基地，建有大型船坞

二百兆以后始也。"(《戊戌政变记》)这一仗给中国带来了巨大灾祸，却也如惊雷般让国人猛醒。进步的中国人在政治上看清了封建专制的腐朽，变法、革命的大潮也从此开始。

近代中国人的对日观，一直充满了复杂矛盾——既是老师，又是学生；既憎恶，又羡慕；既排斥，又最接近。日本对中国造成了最大的伤害，也带来了最大的觉醒。看到原来是自己文化的学习者通过学西方而迅速强盛，过去轻视日本的国人马上转而向日本学习。

1895年4月，空前屈辱的《马关条约》签订的消息传到北京，马上引发起近代中国知识分子的第一次大请愿——"公车上书"。康有为起草上书并得到1300名举人签名,他提出的核心要求便是"变法",变法学习的楷模恰恰又是刚打败中国的敌手日本!

甲午战败后,想变法图强的中国人大都认为"远效西人,不若近法日本"。败于日本的第二年即1896年,中国便向日本派出第一批13名留学人员,随后留学东洋热潮席卷中国,至1905年突破万名,规模为当时世界仅见。至中日全面战争爆发,留学过日本的中国知识分子不下10万,若加上短期考察参观者还要翻上一二倍。

打开20世纪上半叶的中国名人录,可看到国民党前期的主要干部多是留日学生,包括黄兴、宋教仁、廖仲恺、汪精卫、胡汉民……那个上过日本士官学校预校,并在高田野炮联队担任过伍长的蒋介石,也在东洋生活学习过4年。

中国共产党的创始人"南陈北李"即陈独秀、李大钊,以及董必武、李达、周恩来和最早的农运领导人彭湃等同样也曾留日,并从日本早期社会主义运动创始人河上肇等人那里了解到共产主义原理。著名文学家鲁迅、郭沫若、郁达夫、成仿吾等,同样也曾长期留学和生活在日本。

毛泽东在青少年时代,也曾对日本充满了憧憬。1917年他走出家乡外出求学时给父亲留下一首诗,也改写自日本的西乡隆盛。毛泽东在陕北向斯诺讲述自己的人生经历时,便说过在东山小学有一位留学日本归国的老师教唱《黄海之战》那首歌曲,"我当时从这首歌里了解并且感觉到日本的美,也感觉到一些日本的骄傲和自大。我没有想到还有一个野蛮的日本——我们今天所知道的日本"。

从中日两国的文化交流史来看,古代是日本学中国,甲午战争后是中国学日本。近代中国进步青年和学者大量东渡,将日语中"当用汉字"词汇带回中国使用。在现代汉语外来语中,日语是最大的引进来源之一,其数量上千,包括政治词汇如"共产党""共产主义""社会主义""干部""科学""民主",军事词汇如"军事""军国主义""警察""宣战""制海""制空"等,以及现代人常用的"经济""投资""广告""破产""法人"……

甲午战争后,先进的中国人心悦诚服地努力学习日本,然而这个师傅却不停地欺负学生。那些留学日本的中国学生,总是受到"支那马鹿"一类的轻蔑嘲讽,这种民族歧视更激起他们反抗侵略和振兴中华的决心。近代对中国留学状态曾有一种形容——"留美亲美,留日抗日"。前一句不一定准确,后一句倒大致不差。20世纪上半叶中国出国留学的青年虽大多数去了日本,回国后却有众多人成了宣传革命和组织抗日的先锋。

中国通过抗日战争取得了伟大的民族进步,这里面其实也包含着向敌国日本学习的成果。觉醒起来的中国人学习世界各民族的一切长处,包括自己对手的长处,才能走上强国之路。当年的事实便证明,正确的抗日,与义和团式的蒙昧主义的排外截然不同,要"师夷之长技"为我所用,中日关系的正确历史走向也是如此。

历史辩证法说明,坏事往往能变成好事。从甲午战争起,日本侵略者在半个世纪内一直想征服中国,结果却唤醒了一个沉睡的巨人,最终使自己深陷不能自拔的战争泥潭之中。中国取得了抗战的胜利,战后才出现了中日之间的平等关系。

回顾甲午战争以来120年的中日关系,可以说经历了极为漫长的"日强中弱"局面,后来又有了在亚洲"双强并立"的状态。自2010年以后,中国的经济总量100年来终于超过了日本,军事上更是因拥有"两弹"早就具备绝对优势,这一关系的新变化使日本一些人尤其是右翼感到恐慌，依靠美国打压中国又成为他们的选择。在这种新形势下，人们再回顾一下当年甲午战争的历史，以及中日关系的历史走向，便可看出，只有中国越来越强大，才能使日方逐步端正心态，中日关系的发展才能走向正常的轨道。

还北洋海军将领公正评价

丁一平

"以成败论英雄"向来是有些人看待历史人物的态度，我认为这种历史观是偏颇的，有其势利的一面。对失败者而言，只记住他们犯下的错误和失败，忘记了他们曾有过的英勇和牺牲，只看到他们失败的责任，看不见他们对国家、民族的忠诚，这是不够的。对于甲午战争的失败，至今仍有人将主要责任归结于以丁汝昌为首的北洋海军将领，甚至指责他们是造成失败的祸首，因此北洋海军主要将领身上几乎都背负有不公正的评价，这不能不说是历史的遗憾。

一、谁应负甲午战败的主要责任？

评价北洋舰队将领首先应当分清战败的主次责任。甲午战争所处的年代正值清朝末年，统治阶级腐朽没落，农民起义席卷大地，西方列强纷至沓来，国家内忧外患，社会动荡不安。面对严峻形势，清王朝统治者对世界已完成工业革命的大势浑然不知，已陷入政治腐败、军备虚弱、财政拮据、社会动荡的全面危机，却仍冥顽不化。政治统治的腐朽没落，官僚阶层的苟且偷安，战略决策的主观盲目，派系党阀的明争暗斗，战略指导的消极保守，战役指挥的失当混乱，封建军队的腐败涣散……这些才是导致甲午战败的主要原因。

北洋舰队的建设过程极其艰难。成军之后，朝廷大员指手画脚

北洋海军提督丁汝昌　　　　被日军鱼雷艇偷袭击沉的"威远"舰

者多，真正帮助扶持者少；前来校阅观摩者多，积极解决问题者少。北洋舰队既是一支最受各方关注的新式舰队，也是一支备受多方非议掣肘的舰队。战争即将爆发时，北洋舰队的火力和机动力已明显不及日本联合舰队，战争准备存在诸多困难和问题。如：战备物资供应不足，质量低下；舰船维修保障跟不上，性能下降；部队管理不严，军纪松懈；训练指导上"练为看"，出现了"操练炮靶、雷靶，惟船动而炮不动"，打靶时"预量码数，设置浮标，遵标行驶，码数已知，放固易中"等严重问题。毫无疑问，北洋舰队将领对这些问题负有不可推卸的责任，但实事求是地分析，许多关键问题确实不是他们能够解决的。

　　事实之一：1888年北洋海军成军之日即是停止发展之时。1891年，清廷直接降旨停购外洋船炮两年，丁汝昌十分着急。这一年，丁汝昌率舰队访问日本，亲眼目睹了日本海军日新月异的发展。回国后上奏说：" 海军规模粗具，亟宜逐渐扩充……从前所购船舰，经历多年，已成旧式，机器渐滞，运用不灵，比较外洋新式快船，速率悬异，且快炮未备，难资战守，一旦有事，恐难支拄，请及时增购船炮，以备防御。"但是他的多次建议均未被采纳。大战在即，为应对日本舰队的威胁，丁汝昌提出了添置新式快炮所需61万银两的最低要求，清廷仍旧拖而不办。然而，大战之前清廷却大兴土木修园林，大战之中慈禧奢侈浪费过生日，所花银两再建两支北洋舰队也绰绰有余。更有甚者，大战之后割地赔款所赔银两更是令人瞠目结舌。我们不禁要问，连添置几门快炮都办不成的舰队将领，何以承担战败的主要责任？如果北洋舰队将领承担了主要责任，那么以慈禧为首的腐朽统治集团又该承担什么责任？

事实之二：消极防御的战略指导贯穿了北洋舰队作战的全过程。甲午海战中，"保船制敌""以战为守"方针束缚着北洋舰队，但北洋舰队将领充其量只是这一消极作战方针的执行者，而不是决策者，只有建议权，没有决定权。仅举一例：丰岛海战前，丁汝昌对日军舰队来袭就预有判断，制定了亲率北洋舰队主力8艘战舰护航的计划，这个计划开始也得到李鸿章的认同，并授权"相机酌办"，丁汝昌据此提出了"大队到彼，倭必开仗"，"倘倭船来势凶猛，即行痛击"的应对之策，但却被李鸿章无端训斥为"七分怕鬼"，后取消了大队护航计划。丁汝昌无奈，曾在信中写道："海军进止，帅意日一变迁，殊令在下莫计所从也。昨者之电，意在令昌亲带大队赴牙（山），今日之电，复又径庭。"结果丰岛海战中清军舰艇在明显优势的情况下惨败。

事实之三：甲午战争，并非只是海战，陆上作战也是其重要组成部分，陆海相辅相成，陆岸是北洋海军的依托。陆上作战，尽管广大清军官兵也有英勇作战之举，但总体上是败得快、败得惨。朝鲜战场一败成欢之战，二败平壤大战，主将叶志超带头逃跑，使日军完全占领并控制了朝鲜；辽东战场，鸭绿江防线被突破，花园口日军登陆，金州失守，大连弃城，旅顺陷落，辽河会战惨败，清军或一战即败，或未战即逃，日军顺利占领辽东半岛，使北洋舰队失去了最重要的海军基地；山东战场，日军荣成湾登陆如入无人之境，朝廷重京畿轻山东，将山东驻军调往直隶，威海港南岸各炮台一日之内全部失守，北岸炮台和卫城守军不战而弃守，北洋舰队成为孤军，苦苦等待的陆上援军却始终未见。

事实之四：刘公岛被包围后，清廷内外臣工、将领意见纷纭。有的主张舰队出击，断敌后路；有的主张拼死一战，退往烟台；有的主张水陆相依，协同作战；有的主张固守威海，陆上增援。最后哪一种决心也没定下来。结果是，港口被日军联合舰队绝对优势兵力死死封住，舰队出击"出不去"；陆岸被日军两路进攻全部占领，协同相依"依不上"；陆上增援清军无影无踪，坚持固守"守不住"。北洋舰队在日军重兵的水陆夹击之下，最终只能走向覆灭。

此类事实还能列举不少，对于一场失败战争，找出其失败的原因教训固然是重要的，分清失败原因教训的主次则更为重要，否则不足以真正吸取教训。

二、丁汝昌罪责大多不实

丁汝昌生前经历坎坷，甲午战争中忍辱负重抗击日军，最后自杀，以身殉职。甲午战后，丁汝昌长期背负罪责，家族遭到株连。此案历经百年，至今仍争议不断，有很多不实之辞，应当予以澄清。指责丁汝昌的不实之辞主要有三个方面：

黄海海战实况画

一说丁汝昌能力不强、指挥无方。这主要是指他不懂海军专业，指挥作战失误，领导能力不强，造成舰队管理不善，军纪松弛。还有人认为丁汝昌担任北洋舰队提督，完全是李鸿章"任人唯亲"的结果。

诚然，丁汝昌本是淮军将领，并非海军科班出身，海军专业知识不及经过留洋培训的将领。李鸿章对丁汝昌知根知底，北洋舰队的重要性决定了提督一职在他心中的分量，他不可能不用自己人，但也不可能不用"能人"，不用自己人不足以控制这支舰队，不用"能人"不足以驾驭这支舰队。

我们应正视这样的事实，与北洋舰队科班出身将领相比，丁汝昌一生从戎，有明显的实战经历优势，是资历最深、作战经验最丰富、战功最多的将领。行内人都知道，创建一支新的军队与接手一支老部队完全不是一回事，组建一支装备高度复杂的海军舰队更是如此，其组织领导、作战指挥、装备建设、人才培养、军事训练、法规制度、后勤保障，凡此种种无一不影响舰队成军，缺一不能形成作战能力，作为统领舰队的提督，能够在较短的时间里使舰队成军，并投入作战，其责任、压力和工作量是可想而知的。

实际上，丁汝昌在负责北洋舰队工作后，就全身心地投入到舰队组建工作之中，他亲自率队赴欧洲接舰，亲率军舰远涉大洋回国，亲自领导了舰队创建的各项工作。舰队成军他正式担任提督后，几乎参加了舰队所有的重大任务和重要活动。他很早就认识到自己的不足，一直在努力学习、掌握和运用近代海军知识。从他留下的文稿、电报手迹和大量亲笔书信文件中可以看出，他对海军专业术语是熟练的，表达是准确的，相当熟悉舰队的战备、训练、人事、装备、修理、后勤保障及日常管理等各个方面的业务，甚至事无巨细，亲力亲为，具体到上午操炮、下午操枪、逐日轮流打靶的训练安排，连舰船修理旧洞的数量他都亲自抓落实。一次，运抵军中的煤炭短少10吨，丁汝昌硬是5次追讨，直至补齐，从中可以看出丁汝昌对舰队建设付出了常人难以想象的努力。

需要特别指出的是，当时清廷上下既无海军传统，又无海军文化，更无人才培养的历史积淀，选用既懂海军专业又有实战经验的将领谈何容易？说李鸿章用人完全是"任人唯亲"，也有失公允。

二说丁汝昌"怯战"，消极保船，贻误战机。这一指责实际上是朝廷大员推卸责任、寻找战败替罪羊之举。甲午战争中，丁汝昌几乎参加了北洋舰队除丰岛海战外所有的战斗和重大行动，黄海海战中，战场迎敌决战的决心和命令是丁汝昌所下，"定远"舰在前冲向敌舰的阵形是丁汝昌所定，"定远"中弹身负重伤后不肯进舱仍坐在甲板上激励将士抗敌，并坚持到最后的是丁汝昌所为；威海卫保卫战也是在丁汝昌的亲自指挥下，多次打退日军联合舰队的进攻。而在抗敌的过程中，丁汝昌时常遭受无端指责及处分，曾经革职、革衔、摘顶戴，甚至反复多次动议拿交刑部治罪。可以说，丁汝昌有许多机会可以推诿卸责脱离战场，但他从未这样做，有些甚至是明知不可为而为之，明知不可胜而战之，顶着来自朝廷的问罪、处分和言官们如潮的声讨、谩骂，他抱定必死决心，忍辱负重坚守指挥岗位，直至自杀殉国，这样的人会"怯战"吗？完全不合逻辑。

实事求是讲，丁汝昌在指挥上深受李鸿章"保船制敌"消极防御方针的束缚。黄海海战后，丁汝昌5次率舰队巡弋行威慑"制敌"之效，同时努力执行着一定要保全铁甲舰等"保船"的指令而不正面接敌，包括最后在威海卫选择株守军港，但他仅是这一方针的执行者。将"怯战"、消极保船和贻误战机的帽子扣在他头上，显然有失公正。

三说丁汝昌是主要的投降派，是失败的祸首。这也是当时光绪皇帝和一些朝臣为推卸战败责任对丁汝昌的指责。什么丁汝昌"一贯畏怯避战"，"旅顺危急，率兵舰望风先逃"，"因仓皇夜遁，致'镇远'舰触礁损坏"，什么丁汝昌"里通外敌"，倘若日军进攻威海卫，"难保丁汝昌非逃即降"等，不一而足。现代甚至还有人提出"先降后死"说，认为丁汝昌死于北洋舰队投降之后，称他自杀不是"以死报国"，而是自知罪责重大，以死卸责，以免家族遭到诛罚，因此丁汝昌根本不是"爱国将领"，而是甲午海战失败的祸首。

这样评价一个英勇抗敌、誓死不降，最后杀身成仁的将领是很残忍冷酷的。试想，在北洋舰队被海陆两翼包围，已陷入绝境之际，日军将劝降书送至丁汝昌手中，威逼利诱他投降，丁汝昌斩钉截铁表示"予决不弃报国大义，今惟一死以尽臣职"之时，是一种怎样的心境？在威海卫保卫战中，当日军对北洋舰队发起最后攻击之时，丁汝昌自始至终指挥了抗战，以北洋舰队残余兵力多次击退优势日军的猛烈进攻。"定远"遭袭时，他正在舰上与诸将彻夜议事；"靖远"中弹时，丁汝昌正在舰上督战，并意欲随舰俱沉。像他这样一个坚持抗敌、抱定"船没人尽"必死决心的人，为何要先投降再自杀呢？仅用"以死卸责，以免家族遭到诛罚"来解释，是完全站不住脚的。

丁汝昌这种以国家、民族大义为重，忍辱负重，最后时刻尽节以终的崇高品格和爱国精神难能可贵。这一切不应否定，也不容否定。历史应当还丁汝昌这个甲午战争最大的悲剧人物以公正。

三、刘步蟾没有"怯战自保"

刘步蟾，北洋海军右翼总兵，兼旗舰"定远"舰管带。黄海海战中，在丁汝昌受伤后代为督战指挥，鏖战至日军舰队撤退。1895年，在威海卫保卫战中，他英勇抗敌，最后在日军压境、不得不引爆"定远"后，拒绝投降而服毒自杀。

甲午战争后，对于刘步蟾这样为国捐躯的重要海军将领，国人的评价一直是正面的。随着时间的推移，他的事迹也逐渐被人们所淡忘。但至20世纪中叶，刘步蟾突然又成为史学界关注的焦点，在一些学术书籍和影视作品中，其形象变得相当负面。无论是在蒋廷黻1938年所著的《中国近代史大纲》、范文澜1947年所著的《中国近代史》等书中，还是在《甲午风云》《走向共和》等电影电视作品中，都有所反映。

据查，刘步蟾的这些恶名主要来自英国人戴乐尔（又译泰莱）之手。戴乐尔是北洋舰队高薪聘用的洋员，海战时曾担任"定远"舰副管驾，在其晚年所著回忆录《中国事记》中，刘步蟾被描述成为中

北洋海军右翼总兵、"定远"舰管带刘步蟾

国近代海军将领中的一个反面典型。由于戴乐尔是海战的亲历者，他的话具有一定的权威性，再加上他在书中对海战的情况描述得颇为具体，因此该书译本受到国内史学界的关注，被视为研究甲午海战和北洋海军重要的第一手资料。

评价历史人物，实践是最好的检验。戴乐尔攻讦刘步蟾的要害问题，是指责他在黄海海战中擅自改变北洋舰队的既定阵形，怯战自保。那么，北洋舰队将双纵阵改变为雁行阵，是不是刘步蟾擅改呢？答案是否定的。首先，丁汝昌在战后报告中明确指出曾下令变阵，刘步蟾代表提督发出变阵旗号，完全是职责所在。其次，变阵后"定远"舰的位置居于舰队正中的最前方，距离日军联合舰队本队最近，自然受敌火力威胁最大，处在这样的位置怎么可以咎其"自保"呢？再次，

北洋海军"定远"舰

海战中"定远"舰一直冲锋在前,从第一个开火到最后一个撤离,焚"比睿",遁"赤城",伤"西京丸"。海上作战与陆上作战不同,军舰就是一个作战单位,全舰官兵同舟共济,军舰进退全凭管带一人指挥,如果作为管带的刘步蟾怕死,"定远"舰怎么可能会有如此勇敢的行动?

戴乐尔为什么要诬陷刘步蟾?戴乐尔是经海关总税务司英国人赫德介绍进入北洋海军的,自恃有此背景,对北洋海军事务多有干预,刘步蟾对其越权举动多次予以制止,戴乐尔对刘步蟾积愤已久,这恐怕就是他诋毁刘步蟾的原因所在。戴乐尔与多数洋员一样,在海战中的表现是好的,但在威海卫保卫战的后期,他的表现却很负面,他不仅散播失败情绪,还参与了洋员郝威和牛昶昞等人主谋的假借丁汝昌之名投降的活动。虽然洋员与北洋舰队官兵对投降的理念认识不同,但这对任何一个国家的军队来讲,都不会是一件光彩的事。至于刘步蟾"吸大烟"的说法，更是无据可查。有据可证的倒是刘步蟾抵制恶习、严诫家人"永远不许吸鸦片"，这与"大烟鬼"的形象相去甚远。

评价刘步蟾，还有两个著名的争议事件。

第一个事件是著名的"撤旗事件"。1890年，北洋舰队南下操巡停泊香港期间，提督丁汝昌因事离舰上岸，刘步蟾按规定下令降提督旗。此举惹怒了总教习、英国人琅威理，他认为自己这个副提督还在，为何要撤提督旗？为此他与刘步蟾发生争执，并致电李鸿章。由于李鸿章回电支持了刘步蟾，导致琅威理愤然辞职。琅威理是英国皇家海军学校毕业、从候补生一直干到上校舰长的职业海军军官，他专业技术好，职业精神强，治军训练严格，在他的整肃之下，北洋舰队的训练和管理水平提高很快，正规化建设也初见成效。对此李鸿章、丁汝昌都有很高的评价，清政府破例赏他提督官阶，以示崇优。但琅威理也因此骄矜日甚，每每以"舰队副提督"自居。琅威理离去后，北洋海军的训练和军纪日渐松懈，操练尽弛，聚众赌博、嫖娼事件时有发生。此事件还促使中英之间的海军合作关系进入低潮。应该说，对北洋海军的正规化建设产生了较大的负面影响。有论者将此事件简单地归结为刘步蟾故意排挤琅威理，以达到控制北洋舰队的目的。但实际上，"撤旗事件"的发生有其深刻的历史背景与原因。

北洋海军创建初期，面临一系列的矛盾，最主要的是一个没有任何工业化基础的封建国家，要驾驭一支代表着西方工业、科技最高水平的蒸汽铁甲舰队，无论是观念认识、组织领导、体制机制、政策制度，还是指挥管理、教育训练、战术技术、支援保障等各个方面，都面临技术和人才严重不足的困境。在此情况下，聘请洋员是正确和不得已的选择。但是，洋员也是西方国家企图控制北洋舰队以捞取政治利益的重要手段。如何一方面努力汲取西方的先进技术、训练方法和管理经验，一方面又牢牢掌握海军的指挥权、管理权，进行反控制斗争，始终是北洋舰队一个既重要又没有解决好的问题。《北洋海军章程》明确规定，舰队仅设一名提督、两名总兵，琅威理所谓"副提督"的官位更多的是一种荣誉和待遇。"撤旗事件"实质上就是一场北洋舰队的控制权之争，只要是主权国家，谁都不会将自己的军队交给外国人来指挥，古今中外，概莫能外。在这一重大是非问题上，刘步蟾是清醒的。当然，"撤旗事件"的处理也不同程度地反映了刘步蟾与琅威理平时积累的矛盾，客观上迎合了部分官兵对严格训练、管理的抵触、厌烦情绪。

第二个事件是黄海海战中刘步蟾是否冒认了击伤日军旗舰"松岛"号的战功。海战中，在日舰本队5舰围攻"定远""镇远"的危急时刻，日军旗舰"松岛"下甲板被火炮击中引起爆炸，几乎丧失了作战和指挥能力。战后，此功劳记在了"定远"舰和刘步蟾身上。在后来的《东方兵事纪略》一书及日本联合舰队司令伊东祐亨的报告中均称是"定远"击中了"松岛"。也有一些后来的考证说明，击中"松岛"的不是"定远"，而是"镇远"。针对以上情况，有人对刘步蟾的人品提出了质疑。

在炮火纷飞的激烈海战中，要分清那一命中弹是哪艘舰、哪门炮所射，是很困难的，更何况是集中精力亲自督战的管带。海战后，对是谁发炮命中"松岛"产生不同说法，实属正常。事实上，海战后刘步蟾和林泰曾都没有刻意去争这一炮是谁打的。同时，"定远"是整个北洋舰队的旗舰，也是海战的指挥舰，胜有其功，败有其过，它与姊妹舰"镇远"在海战中始终相互支援，配合默契，英勇顽强，并肩作战，两舰都曾命中过日军旗舰"松岛"，也命中过其他日舰。洋员马吉芬曾回忆："我目睹之两铁甲舰，虽常为敌弹所掠，但两舰水兵迄未屈挠，奋斗到底。"可以说，重创"松岛"的功劳应当属于英勇奋战的两铁甲舰官兵。

总之，刘步蟾为中国近代海军特别是北洋舰队的创建和发展做出了重要贡献：赴欧洲督带铁甲舰回国；协助制定海军军制、营规；海战前勇于条陈利害；海战时英勇顽强御敌；战败后宁死不屈。虽然"生不逢时"，在近代中国腐朽社会的大环境下，他只能空怀爱国壮志，无力改变失败的命运，但还是以自杀这样一种悲剧性方式表达了他高尚的爱国精神和坚贞的民族气节，其崇高精神值得后人敬仰。

四、林泰曾不是"胆小鬼"

林泰曾，北洋海军左翼总兵，兼"镇远"号铁甲舰管带，1889年加提督衔。1894年中日黄海海战后，"镇远"舰入港时触礁受损，林泰曾自认失职后自杀。

林泰曾与北洋海军许多将领一样，身后也受到不公的指责，除了被指责为"能力不强"外，最重的指责就是"畏日胆小"。提出这一观点的主要依据是：李鸿章在丰岛海战后给丁汝昌的电报里写道"林泰曾于仁川畏日遁逃……"，林泰曾自杀时丁汝昌说过"林泰曾向来胆小……"的话。以这些说法为依据推断林泰曾是"胆小鬼"，似乎成了史学界的流行看法。为了客观公正地看待这一问题，有必要进行具体分析。

首先来看"畏日遁逃"是不是事实。1894年6月，朝鲜"东学党"起义，日本发兵入朝，林泰曾受命统带3舰驶往朝鲜仁川。23日，林泰曾一到达仁川就立即派人打探日军兵力部署情况。24日，林泰曾会见日本领事，提出交涉，并于同日给国内发回电报报告情况。紧接着25日，林泰曾又发回电报，报告了风闻有5000日军即将到达仁川的情况，提出了请后路速备海军大队，并请调南洋军舰来北洋的建议。26日，林泰曾发回第三封电报，称军舰在仁川战守均不宜，拟留一二舰在仁川探信，余舰转赴牙山备战守，并请速派3艘鱼雷艇来牙山防护。30日，林泰曾根据命令，在察看了驻守仁川和牙山两地的北洋海军4船的粮饷煤水，规定两地舰船要常通音信后，率"镇远"舰与"济远""广丙""康济"一起开回整备。从这一过程中可以看出，此阶段中日两国并未开战，林泰曾却正确判断了形势，连续3次发报报告了情况，并提出了备战的积极建议，只是未被采纳。其中根本不存在"畏日遁逃"的问题。从这一过程中还可以看出，林泰曾完全是依令行事，在当时的装备和保障能力条件下，一个编队在海上连续执行8天任务，返回"整备"很正常，否则就难有再次出动的能力。实际上，指责林泰曾"畏日遁逃"，不过是李鸿章推卸决策失误责任的一个借口，况且林泰曾开回整备是在6月30日，而日军发动突然袭击是7月25日，丰岛海战失利的责任怎么也不应与林泰曾返回牵连在一起。相反，大战在即，李鸿章却错误判断形势，电令丁汝昌取消了北洋舰队7月22日前往牙山护航的计划，结果造成了中国运兵船遭袭的严重后果。丰岛海战失利后，丁汝昌都成了替罪羊，更何况林泰曾？

其次再看"向来胆小"是否成立。林泰曾"向来胆小"是在林自杀后才有的说法，我们所能见到的对林生前各方面的评价都比较高，从未有"胆小"之说。他自投身海军后，几乎参与并指挥了北洋海军执行的所有任务，一贯表现积极，并多次受到奖赏。特别是日本发动侵华战争后，林泰曾坚决主张采取攻势战略，"举全舰遏制仁川港"，与日本联合舰队"一决胜负于海上"。他为人"性沉毅"，而"待下仁恕，故临事恒得人之死力"，在黄海海战中率领"镇远"始终冲在

"镇远"舰管带林泰曾

前面,战至最后,并连续击伤日舰,特别是在海战最关键的时刻以305毫米主炮击中日军旗舰"松岛",使其丧失了作战和指挥能力,迫使伊东祐亨不得不挂起"不管旗"。在这一系列英勇顽强的作战表现中,完全看不到任何林泰曾胆小的影子,更谈不上"向来胆小"。战后李鸿章上"海战请奖折",其中奏请"头品顶戴提督衔左翼总兵果勇巴图鲁林泰曾,整队迎功,坚忍不拔,拟请赏换清字勇号"就已经说明了一切。

再看林泰曾的自杀。将林泰曾自杀看作是胆小卸责是偏颇的。林泰曾早就立下了"舰亡与亡"的决心,而且在当时清廷"重舰轻人"、一味保船的巨大压力下,立此决心的北洋海军将领不在少数。在他们心目中,战舰的存亡是比天还大的事情,自杀实际上成了这种决心的实践。姑且不论这种做法是否妥当,对北洋海军将领来说,这实在是一种值得敬佩的英勇表现,需要有极大的勇气,决不应该将这种行为视为"向来胆小"。从丁汝昌在林泰曾自杀后的心情看,包括"向来胆小"的说法,可以认为并非说其作战"胆小",而是其性格担当方面有"胆小"的成分,即此"胆小"非彼"胆小"也。丁汝昌在林泰曾自杀后给李鸿章的电报中说:"左翼总兵林泰曾以时棘船损,痛不欲生,卯刻服毒,辰刻身故。"并没有任何有关"胆小"的指责,更多的还是一种惋惜。

林泰曾是北洋海军高级将领中的杰出代表。他为人忠谨,待人宽厚,且为北洋海军建设做出了突出贡献。他抱定必死决心,英勇无畏作战,直至壮烈殉国,体现了崇高的爱国主义精神!

五、邓世昌绝非虚假典型

邓世昌,1849年10月4日出生于广东东莞怀德乡。1868年,他以各门课程皆优的成绩考入福州船政学堂,成为该学堂驾驶班第一届学生;1871年毕业后历任"琛航"运船管带、"海东云"炮舰管带,1874年日本侵台时奉命扼守澎湖、基隆等要塞,后又调任"震威""扬武"等舰管带;1880年调入北洋海军,先后担任"飞霆""镇南"等炮船管带和"扬威""致远"舰管带。1894年9月17日在甲午黄海海战中壮烈牺牲。

邓世昌是北洋海军诸多将领中最为著名的民族英雄。但就是对这样一位在最后一刻决然率"致远"舰冲撞日军"吉野"舰以求同归于尽的杰出爱国将领,时下也有少数人提出质疑,认为邓世昌是后人

北洋海军"镇远"舰

出于政治需要,搞"爱国主义"虚假宣传的产物。其主要质疑有四:

一是对邓世昌治军严格、训练有素提出质疑。有文章认为邓世昌对下属十分苛刻、严酷,大战在即"鞭打士兵致死";还有人说邓世昌在北洋舰队中是事故率最高的一名管带,不配做"民族英雄"。

应该承认,邓世昌不是完人,他有缺点。在封建旧军队中打骂士兵是普遍现象,在当时环境下,邓世昌鞭打违纪士兵正是他治军严格的表现。如果身临其境分析,舰队就要开仗,面对存在的纪律松弛、斗志涣散、战斗力下降问题,邓世昌心中肯定是很急的,他深知没有严格纪律就没有战斗力的道理,在战前采取非常手段以整肃军纪实属正常,我们不能用今天的标准去苛责。

对于事故率高的问题也应客观分析。北洋海军成军仅6年,驾驭的又是代表当时科技水平的新式铁甲战舰,在官兵专业素质、训练水平尚不高的情况下,事故隐患在所难免。邓世昌自投身北洋舰队后

北洋海军副将、"致远"舰管带邓世昌

事事争先,频繁执行各种任务,而执行任务多、干事多的,事故概率自然会高。对此,不应以偏概全。

二是对邓世昌在海战中驾舰撞击"吉野"提出质疑。有人认为,"致远"舰速度不及"吉野",以慢撞快非常盲目;还有人强调,在蒸汽动力、铁甲战舰及火炮为主要武器的时代,使用撞击战术很不科学。从专业的角度分析,其一,当时日舰正以优势兵力和火力形成了对北洋舰队旗舰"定远"的围攻,形势非常危急,邓世昌此举达成了吸引敌舰减轻旗舰压力的目的;其二,撞击战术在那个时代仍有一定的适用性,"致远"舰舰首下方就有为实施这一战术而设计的冲角,当时"吉野"在纵队队列之中不便机动,又正好处于"致远"舰首正横位置,"致远"是以截击态势冲向日舰,一旦撞上可收重创敌舰之功效;其三,"吉野"具有侧舷速射炮的火力优势,正横正是其发扬火力的最佳方位,"致远"撞击"吉野",迫使其转向,可直接降低其火力效果,有利于改变北洋舰队的不利作战态势。由此可见,撞击"吉野",并不是邓世昌的盲目之举,而是试图以自己的重伤之舰、血肉之躯为险象环生的战局作出最后一搏的英勇选择。

三是对"致远"舰的作战准备提出质疑。这一质疑主要分析了导致"致远"爆炸沉没的原因,认为有资料显示,"致远"并不是被日舰鱼雷击沉,而是因自己鱼雷引爆被炸沉。这一分析是根据日舰炮弹命中"致远",引爆发射管内鱼雷的可能性最大而做出的。基于此,有人进一步推论,北洋舰队接战之前,统一要求各舰将鱼雷弃投海中,以免中弹引爆,造成自损,而"致远"舰由于故障无法将鱼雷投出,恰恰就是这枚鱼雷,最终造成了"致远"的沉没,由此推论邓世昌对作战准备要求不严、不细。这一指责毫无道理,也不专业,说北洋舰队接战前统一要求弃投鱼雷是杜撰的,没有事实依据。常识告诉我们,舰载武器不仅有鱼雷,也有炮弹,如果怕鱼雷引爆就将鱼雷卸掉,怕炸弹引爆就将炸弹卸掉,岂不可笑?

四是对邓世昌的英勇牺牲提出质疑。首先是质疑邓世昌"阖舰俱尽,义不独生"的真实性,依据是有"致远"舰幸存官兵回忆说,"致远"沉没后,不会游泳的邓世昌抓住一块船板,不料其平时在舰上所养并一同落水之犬游来将其攀倒,与船板脱离,溺水而亡,因而流传的"爱犬救主,望海浩叹,扼犬竟逝"的情节不存在。其次是质疑邓世昌究竟是坠海还是跳海,认为以"致远"2300多吨庞大舰身,只要邓世昌坚守岗位就不会坠落海中,如果他真不怕死,完全可以与舰共存亡,由此推断邓世昌是在战舰沉没之前为求生而跳海的,其"英雄"称号名不副实。其实,要分析清楚这些问题并不困难:其一,"致远"舰幸存官兵都是随"致远"舰沉没一起落水的,他们可以目睹"致远"沉没前的情况,但他们坠海后不可能看清海面细节,最有发言权的是赶来救援的"左队一"鱼雷艇上的官兵,如果邓世昌确实想求生,那他完全有机会接受鱼雷艇的救援。其二,亲历海战的人多方证实,"致远"是在中弹发生大爆炸的情况下迅速沉没的,这不仅被在"镇远"舰上目睹此情形的美籍洋员马吉芬所记载,也被日方目击者所证实,在这种情况下"致远"舰官兵纷纷坠海,在舰桥上指挥的邓世昌为什么会例外呢?其三,邓世昌从军,早就下定了以死报国的决心,其英勇行为是一贯的,不是心血来潮,更不是一时冲动。邓世昌早就对人表示:"人谁不死?但愿死得其所耳!"丰岛海战后,他激励全舰官兵:"设有不测,誓与日舰同沉!"黄海海战中,邓世昌见"定远"危急,高呼:"吾辈从军卫国,早置生死于度外,今日之事,有死而已!"遂率舰冲向敌舰,直至壮烈牺牲。邓世昌作为爱国海军将领和民族英雄的历史地位是真实、可信的,主观臆测地把他说成是"出于政治需要的虚假典型",是极不严肃的。

  历史就是历史,事实就是事实。北洋海军官兵是中国近代史上一批优秀的军人,他们绝大多数治军勤勉,刻苦学习西方海军建设经验,努力钻研海军技战术。他们在甲午海战中视死如归、英勇杀敌的壮举和宁死不屈、自杀殉国的崇高民族气节,都是更改不了的历史事实。120年过去,逝者已去矣,生者当自省。今天,以历史唯物主义的立场来客观评价北洋海军官兵,还他们以公平,还历史以公平,这是中华民族的民族大义。

以坚强的国家意志应对新挑战
——甲午战争120周年祭

彭光谦

彭光谦

中国政策科学研究会国家安全政策委员会副秘书长,博士生导师,专业技术少将军衔。中国空军军事理论顾问委员会委员,第二炮兵学术咨询委员会委员。著有《中国军事战略问题研究》《国际战略格局与当代战争》等论著。

120年前的中日甲午战争,是近代史上对中日两国历史命运,乃至亚太地区战略格局产生深远影响的战争。

在打上门来的"蛮夷小邦"的日本侵略军面前,以"天朝大国"自居的大清陆海军竟不堪一击,大清政府引以为傲的北洋舰队全军覆没,清廷被迫签订丧权辱国的《马关条约》,不仅赔款2.3亿两白银,而且割让台湾、澎湖。

甲午战争是中国近代史上最为耻辱的一页。这场战争使鸦片战争以来中国社会殖民地化程度进一步加深,中国迭遭帝国主义列强瓜分,民族危机与灾难空前深重。

对日本而言,甲午战争是明治维新后的日本大举向外军事扩张的第一步,是日本成为近代军事封建帝国的重要标志。因扩军备战几乎破产的日本,一下子掠得2.3亿两白

马关议和情景：桌对面右起，内阁总理伊藤博文、外务大臣陆奥宗光、内阁书记官伊东巳代治；背向左起，参赞马建忠、参赞李经方、钦差大臣李鸿章、参赞罗丰禄、参赞伍廷芳

银，相当于 4 亿多日元的战争暴利，是战争投入（1350 万两）的 25 倍，这还不包括它从中国掠走的 1 亿日元的战利品。这笔钱是日本军事封建帝国对外武装劫掠试刀的第一桶金。日本举国为之陶醉与癫狂。当时的外务大臣兴奋地说："一想到现在有 3.8 亿日元滚滚而来，无论政府或私人都顿觉无比地富裕。"这笔钱替日本迅速完成了资本主义的原始积累，使日本有了跻身世界列强，与西方平起平坐的资本。信夫清三郎在《日本政治史》中写道："日清战争的赔款成为确立（日本）金本位制的资金，提高了日本资本主义在国际经济中的地位。日清战争与日露战争推动日本由一个潜在殖民危机的国家，转变为领有殖民地的国家。"

然而，历史发展规律是不可抗拒的。120 年前的甲午战争既空前刺激了日本军国主义侵吞亚太的兽欲，也埋下了日本军国主义最终自绝于世、走向毁灭的种子。甲午战争在使中国陷入空前深重的民族危机的同时，也促使中华民族空前觉醒，奋起图存，在血与火的洗礼中涅槃重生。

今天，痛定思痛，认真总结甲午战争的历史教训，避免历史悲剧的重演，无疑具有十分重要的意义。

一、历史教训：甲午之败败于"精神贫弱"

120 年前爆发甲午战争的时候，对比中日力量，中国国力、军力并不逊于日本，多项有形指标还远在日本之上。当时中国人口一般估计约 4 亿，而日本人口不足 4000 万，国土面积日本也不到中国 1/10。经济体量上，中国也超过日本。资料表明，甲午战前日本共有工业资本 7000 万日元，银行资本 9000 万日元，年进口额 1.7 亿日元，年出口额 9000 万日元，年财政收入 8000 万日元。其中，日本除进口量与中国相当,其他均低于中国。钢铁、煤、铜、煤油、机器制造的产量,日本也都在中国之下。

军事实力上,从19世纪60年代到90年代,经过近30年的洋务运动,以曾国藩、李鸿章、左宗棠、张之洞等人为代表的洋务派,"师夷长技",创立了江南制造局、金陵制造局、福建船政局、天津机器局4大兵工厂,仿制各种近代枪炮,并大量从西方进口武器,军事装备有了明显改善。到甲午战前初步建成北洋、南洋、福建、广东4支舰队,共计大小军舰78艘,鱼雷艇24艘,总排水量8万余吨。其中以北洋海军的实力最为雄厚,有大小战舰近50艘,总吨位约5万吨,号称亚洲第一。日本加紧扩军备战,到1893年,海军拥有军舰31艘,鱼雷艇24艘,总排水量6.1万吨。中国仍有优势。

陆军方面,甲午战争前夕,清军有禁卫军11.1万人,八旗兵14万多,绿营兵40多万,淮军2.1万多人,加上防军、练军和勇营,数量近百万人。日本陆军拥有6个野战师团,1个近卫师团,现役兵力12.3万人,战时总动员兵力可达23万人。数量上远不及中国。

清军北洋舰队的"定远""镇远""济远""经远""来远"舰购自德国,"致远""靖远"舰产自英国。其中主力舰"定远号"和"镇远号"1885年抵华,满载排水量7335吨,全舰钢面铁甲,最厚处为炮台与炮塔达356毫米,舷侧为305毫米,甲板为76毫米,舰桥为203毫米,装甲共重1461吨,水密隔舱多达200多个。装备4门305毫米25倍径主炮(装在两座双联装炮塔内,水压动力),2门150毫米副炮,3具380毫米鱼雷发射管(携带21条鱼雷)。无论装甲、吨位、火炮口径都是当时世界领先、远东一流,号称"东亚第一巨舰",仅战舰的装甲就相当于日军的一艘巡洋舰的重量。其余舰艇,"济远"有双联210毫米炮2门,150毫米炮1门;"经远""来远"有210

毫米炮2门，150毫米炮2门；"致远""靖远"有210毫米炮3门，150毫米炮2门；"平远"有254毫米炮1门，150毫米炮2门。

相比之下，日本主力舰队最高吨位的舰艇"松岛""严岛""桥立"都是5000吨级，各设120毫米速射炮12门，320毫米固定炮1门。"比睿""赤城""扶桑"为150毫米速射炮6门，"西京丸"120毫米速射炮8门。第一游击队"吉野"150毫米速射炮4门、120毫米速射炮8门，"浪速"150毫米速射炮6门，"高千穗"150毫米速射炮6门，"秋津洲"150毫米速射炮4门、120毫米速射炮6门，"千代田"120毫米速射炮10门。日军炮虽多，但是威力普遍小，北洋水师的炮少，但是威力大。日本舰队的速射炮对铁甲舰基本没有效果，不存在清军对日火力差距。

1894年9月17日，在具有决定性影响的中日大东沟海战中，中方投入海战的军舰14艘，鱼雷艇4艘，铁甲舰6艘，重炮21门；日方投入海战的军舰12艘，铁甲舰2艘，重炮11门。北洋舰队的优势是铁甲舰和重炮较多，日本舰队的优势是军舰航速较快、机动性强。单纯从军力上看，中国舰队还略占优势，

1891年6月26日丁汝昌率北洋舰队"定远""镇远""致远""靖远""经远""来远"6舰从威海卫起程访问日本。7000吨级的"定远""镇远"舰铁甲之厚、炮火之强大震慑了日本。福泽谕吉在《时事新报》撰文慨叹中国舰体巨大、机器完备。曾登上"定远"舰参观的日法制局长宫尾崎三郎记述道：参观者议论纷纷，谓中国毕竟已成大国，竟已装备如此优势之舰队，定将雄飞东洋海面。反观我国，仅有三四艘三四千吨级之巡洋舰，无法与彼相比，同行观舰者皆卷舌而惊恐不安。

从表面看，大清国力、军力均超过日本。法国评论家甚至称："亚洲现在是在三大强国的手中——俄国、英国和中国。"甲午战争之前，

甲午战争前，李鸿章校阅旅顺驻军

西方普遍认为，日本是在给自己找麻烦。一家德国报纸甚至说："日本的举动，不亚于以卵击石……中华帝国有庞大的陆军，强大的海军，坚固的海岸堡垒。"绝大多数的中外人士都认为庞大的中国能够战胜小国日本。

只有英国驻华公使欧格纳向本国政府汇报时说："中国军队虽然在数量上较日本有相当的优势，但训练方面尤其是管理方面远不及日本。无远见和缺乏军事知识的中国当局，将面临着海军舰队被彻底摧毁的危险。"

可以说，国家意志萎靡是中国在甲午战争中精神缺失的集中表现。

甲午之战，号称"亚洲第一"的北洋舰队顷刻间灰飞烟灭。清军一败涂地，显然不是器不如人。我们通常讲，鸦片战争以来，中国积贫积弱。这个"贫"和"弱"主要还不是物质力量上的"贫"和"弱",更加致命的是精神上的"贫困"和"衰弱"。甲午之败是整个社会精神颓废、政权腐败、军队庸劣、国家意志萎靡的必然反映。

1. 内耗不已,国无统一意志。

范文澜在总结甲午战争的历史教训时指出:"中日战争与帝后党争有密切关系。帝党主战,要在战争中削弱后党,后党主和,要保住自己的实力,两党借和战争夺权利,随着军事的惨败,后党在政争上取得胜利。"这段话深刻揭示了甲午战争中清朝军事与政治、内政与外交之间的内在联系。

清朝后期,虽然仍旧维持着一个庞大的王朝,但内部争权夺利,早已四分五裂。特别是最高统治集团权斗不止,公开分裂为所谓的"帝党"和"后党"两大政治势力。形式上是年轻的光绪皇帝前台执政,但实权却在"阴主朝政"的慈禧太后手里。光绪主战,慈禧主和。无论是主战还是主和,都不是着眼于民族大义和国家最高利益,而是作为牵制对手巩固自己权力的手段。即使国难当头,也仍在窝里斗。掌握实权的慈禧,出于一己之私,内战内行,外战外行,为了削弱光绪,求胜不如求败。受此政局支配,甲午未战先败的结局其实早已注定。

作为政治统治核心中的"帝后之争"的一部分是"帝后"两党权臣之间的争斗。如光绪帝师、户部尚书、军机大臣兼总理各国事务衙门大臣翁同龢与封疆大吏李鸿章之间长达二十几年的"翁李之争"。翁、李两股势力在处理日益迫近的日本武力进犯的一系列重大问题上,互相对立,互相掣肘,严重损害国家利益。当时就有"宰相合肥天下瘦,司农常熟世间荒"之说(李鸿章生于合肥,官至大学士;翁同龢生于常熟,时任户部尚书)。这与日本朝野同心,上下一致,亢奋于对外军事扩张,形成巨大反差。

在兴办洋务过程中形成的洋务集团,更是具有浓厚的封建割据性。他们把各自的军队和军事工业作为本集团的私产,拥兵自重,各霸一方。各派系之间畛域分明,不仅相互倾轧,互争短长,而且凭借实力与朝廷分庭抗礼。李鸿章就公开向朝廷叫板:"金陵机器局、江南制造局乃是淮军命脉关系所在,诚不敢轻以托付。"黄海海战之前,光绪皇帝一度要求北洋舰队出战,但李鸿章在慈禧太后和恭亲王等的支持下,拒不执行主动出战的上谕,坚持"北洋千里,全资屏蔽",电令北洋舰队"不得出大洋浪战,致有损失","保船勿失,只在渤海湾游弋","惟须相机进退,能保全坚船为妥"。兵部左侍郎黄体芳曾参奏李鸿章的北洋水师"并非中国沿海之水师,乃直隶天津之水师;非海军衙门之水师,乃李鸿章之水师。再阅数年,兵权益盛,恐用之于御敌则不足,挟之于自重则有余"。特别是,鸦片战争以来,列强大肆渗透,在中国培植各自的代理人,使派系之争更带有复杂的国际背景。平时争权夺利,战时借敌削弱异己,怎能指望他们以国事为重,互相配合?日军在荣成登陆时,李鸿章认为那是山东巡抚李秉衡的防地而无动于衷;荣成失守,威海危在旦夕,李秉衡又以那是李鸿章的领地而见死不救。从而使日军得以各个击破。整个甲午海战,日本举全国之力,与中国拼死一搏;而中国方面仅北洋水师被迫与日军周旋,其余水师均隔岸观火,按兵不动。梁启超曾尖锐质问:甲午战争中"各省大吏,徒知画疆自守,视此事专为直隶、满洲之私事者然,其有筹一饷、出一旅以相急难者乎"?

没有坚强的政治领导核心,军队、地方势力各怀鬼胎,自成体系,国家再大,也只能是一盘散沙,不可能集中国家意志,不可能制定连贯的作战方针,不可能统一调配资源,不可能协调各方面的力量,万众一心,并力一向,要指导战争走向胜利无异于缘木求鱼。

1895年9月底，日军海陆军组成南进军，加速占领台湾

2. 苟且偷安，不以倭人为意。

日本军国主义的兴起，以及疯狂发动对中国的侵略战争，不是偶然的，是必然的。日本的武力扩张有着深刻的政治、经济和文化根源，有着天然的驱动力。对此，清廷竟昏昏然茫茫然一无所知。

侵吞与霸占地大物博的中国，是近代日本念兹在兹的梦想和基本国策。这首先是因为日本是一个战略空间狭小、战略资源奇缺的岛国，自然灾害频发，时时刻刻存在着挥之不去的生存危机感。摆脱岛国地位，成为一个大陆国家的"大陆梦"贯穿了日本500年来的近代史。其次，日本有着根深蒂固的封建军事传统。从1192年"征夷大将军"建立日本第一个封建军事政权镰仓幕府开始，直至后来的室町幕府和江户幕府，近700年间日本一直处在以将军为首的武士政权即封建军事贵族专政统治之下。武力扩张与征战杀伐，浸透了日本政治生活的每一个细胞，是日本700年封建军事贵族专政统治的基本生存方式。

再次，从镰仓幕府开始形成的武士道是日本的精神支柱。武士道作为封建幕府政治的产物，与日本民族固有的神道教相结合，在人格上形成典型的两重性文化特征：自狂而又自卑；信佛而又嗜杀；注重礼仪而又野蛮残暴；追求科学而又坚持迷信；欺压弱者而又顺从强者；等等。

1590年大军阀丰臣秀吉在日本近代史上第一次以武力初步统一日本。1592年，丰臣秀吉即率兵20万征伐朝鲜，妄言"定都北京，三国为一"，建立一个包括日本、中国、印度、朝鲜在内的亚洲大帝国，这是此后数百年日本征服亚洲思想之滥觞。1823年，佐藤信渊出版《宇内混同秘策》，继承与发挥了丰臣秀吉的大陆扩张思想，宣称日本"乃天地间最初成立之国，为世界万国之根本，故若能经纬其根本，则全世界悉课为其郡县，万国之君皆可为其臣仆"，叫嚣从攻略满洲入手，先征服中国，再图东南亚、印度。"以此神州（日本）之雄威征彼蠢尔蛮夷，混同世界，统一万国。"1855年，吉田松阴更加急切地叫嚣："一旦军舰大炮稍微充实，便当开拓虾夷，晓谕琉球，使之会同朝觐；责难朝鲜，使之纳币进贡；割南满之地，收台湾、吕宋之岛，占领整个中国，君临印度。"19世纪60年代，经过"王政复古""明治维新"，日本迅速走上资本主义道路，并确立了明治天皇作为日本帝国唯一的政治核心的地位。日本资本主义的快速发展不但没有转变其军事封建的扩张基因，反而因资本的贪婪本性，与日本封建武士道精神一拍即合，产生更加具有扩张性和掠夺性的军国主义怪胎。1868年，明治天皇登基伊始，便立即颁行诏书，立志"拓万里之波涛，布国威于四方"，迫不及待地将征服中国与亚洲的战争计划付诸实施。1887年日本政府制定《清国征讨策案》，决定用5年时间，即在1892年前完成对华作战准备。为此前后实施8次《扩充军备案》，平均年度军费开支高达总收入的31%。1887年天皇还决定每年从皇室经费中捐出30万元作为海军补助费，文武官员也纷纷解囊，从薪金中抽出1/10作为造舰费缴纳国库。与此同时，日本派出大批间谍化装成华人，以乞丐、塾师、苦力等身份潜入中国山东、东北等地，搜集情报，绘制包括朝鲜和我国辽东半岛、山东半岛和渤海沿线的每一座小丘，每一条道路的详图，为即将到来的战事进行扎扎实实的准备。

日本倾全国之力，煽动对华战争狂热，试图以"国运相搏"，战争危机迫在眉睫。然而清廷却依旧沉醉于"天朝大国"的迷梦之中，既对日本军国主义必然扩张的本质缺乏清醒认识，也对日本疯狂扩军备战的动向毫无警惕。虽然个别有识之士，如两江总督沈葆桢、台湾巡抚刘铭传等曾提醒"倭人不可轻视"，但清廷大部分政要仍然轻蔑地认为日本不过是"蕞尔小邦"，完全"不以倭人为意"。朝臣们认为"倭寇"的威胁无非是"外夷犯边"的海上版，充其量是几个日本浪人的骚扰。手握重兵的李鸿章断言"倭人为远患而非近忧"。对于进军朝鲜，日本外相陆奥宗光坦承："发动战争的决心，在帝国政府派遣军队于朝鲜时，业已决定。日本假借这个好题目，是为了索性借此时机促成中日关系的破裂。"然而，李鸿章却依然坚决主张"羁縻为上，力保和局"，指示在朝陆军"彼断不能无故开战，切勿自我先开衅"，指令北洋海军"日虽添军，并未与我开衅，何必请战，应令静守"。李鸿章自以为是地认为："两国交涉全论理之曲直，非恃强所能了事。日虽竭力预备战守，我不先与开仗，彼谅不动手。谁先开仗谁先理诎，此万国公例。"

与日本举国上下磨刀霍霍，全力打造战争机器，准备甲午一搏形成尖锐对照的是，甲午年，慈禧太后一门心思想的是如何风风光光地办好这一年她个人的六十寿辰庆典。1894年11月7日，大连海军基地失陷，接着日本兽兵占领旅顺，血腥屠城，此时的慈禧太后和她的

日本明治天皇在广岛的大本营

朝臣们正沉醉于"老佛爷"的"万寿大典",颐和园里觥筹交错,鼓乐齐鸣,一派升平景象。与日本皇室为扩充海军而带头捐款形成鲜明反差的是,慈禧为一己之私,大兴土木,修北海、中海、南海三海,花费白银600万两,其中挪用海军经费437万两;修建颐和园,耗资1000万两,挪用海军军费750万两。御史上奏请求停止园林建设以省点钱作军费,慈禧申斥那个令她扫兴的御史说:"今日令吾不欢者,吾亦将令彼终生不欢。"在战争危险日益迫近的紧要关头,清政府不但不加紧强军,反以财政紧张为由,削减军费。1891年,慈禧转发户部奏疏:"南北洋购买外洋枪炮、船只、机器暂停二年,解部充饷。"台湾巡抚刘铭传不禁顿足叹道:"人方甚我,我乃自决其藩,亡无日矣!"

3. 崇洋媚外,幻想列强调停。

鸦片战争打开中国大门以后，西方列强像狼群一样，一齐扑向中国。尽管他们之间常常为分噬猎物而相互厮杀，但他们在扩大对中国的侵略，加深中国殖民地化程度以攫取更大利益方面是一致的。只要不危及各自的既得利益，他们宁愿看到有人打头阵，其他列强可以跟着"利益均沾"，多分一杯羹，绝不可能为了中国的利益而拔刀相助。鬼迷心窍的清廷竟然连这个浅显的道理都不懂。

当战争危机到来的时候，清廷手足无措，首先想到的不是怎么自强自卫，而是乞求列强"主持公理"，幻想利用列强之间的利益矛盾制止日本。李鸿章拍着胸脯保证"列强必有区处，必有收场"，命令部下"静守勿动"，"保舰勿失"，把国家的命运和前途完全寄托在洋人的调停上。

然而，当李鸿章急匆匆分别乞求英、俄、德、法、美出面调停的时候，没有一个国家愿意出手相助。在华利益最多的英国和日本早已在背后达成了交易，日本政府承诺英国在长江流域的权益不受影响，英国则与日本签订《日英通商航海条约》，以示支持。英国外交大臣金伯利说："这个条约的性质对日本来说，比打败中国的大军还远为有利。"俄罗斯势力范围在东北，虽与日本有利益冲突，但这时俄国在远东的实力还不够。美国表面虚伪地声称"美国抱严正的中立态度，只能用友谊的方式影响日本"，在背后却给日本提供军事贷款，派遣军事顾问，运送军用物资，包庇日本间谍，甚至让日本军舰挂美国国旗掩护其军事行动。美国驻华公使田贝公然说："战争是中国坚持在朝鲜的宗主国地位引起的，过在中国。"美国驻华代办田夏礼说："应该让战争顺着自己的道路走下去，如果干涉带来和平，那种和平是不能持久的。唯有使用武力才能使这个国家和世界融洽共处，只要清王朝不致受到威胁，中国的战败倒是一个有益的经验。"正如列宁在甲午战前所分

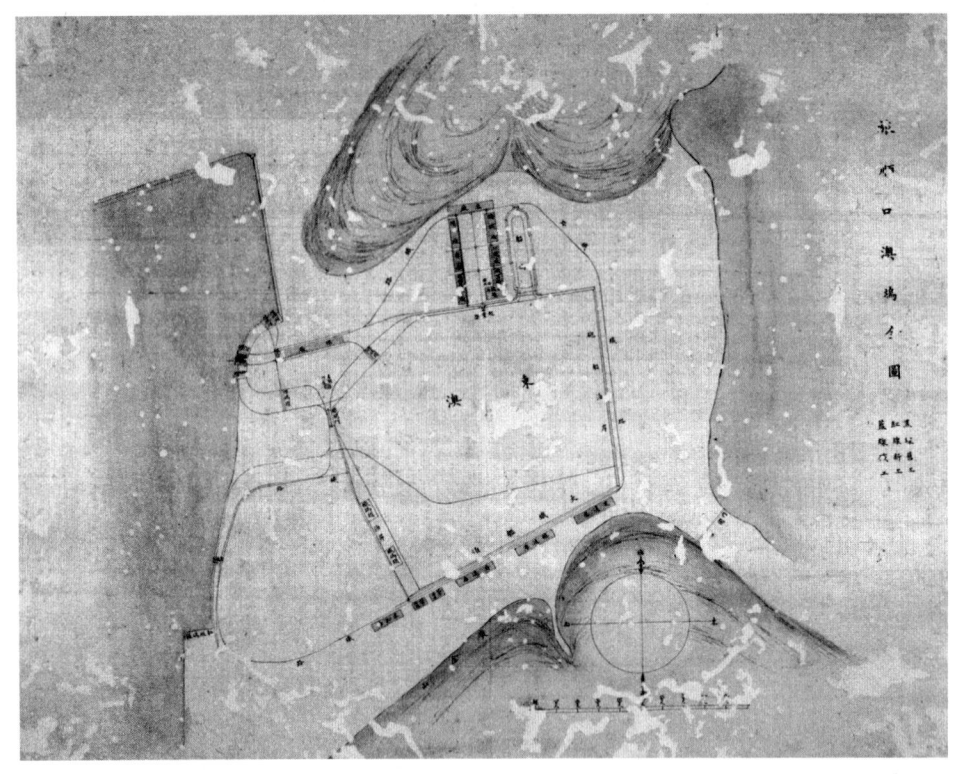

经慈禧审定的旅顺口澳坞全图

析的:"日本有可能掠夺东方的亚细亚国家,但是没有其他国家的帮助,它就不可能有任何独立的财政及军事力量。"

对于李鸿章乞灵列强干预的"以夷制夷"之策,日本外相陆奥宗光揶揄地说:"清政府自始即采取求欧洲列强干涉,速行中止中日战争之政策,李鸿章屡求各国代表援助,且电训其驻欧洲各国之使臣,使直接哀求各驻在国之政府,中国政府不顾污辱自国之体面,一味向强国乞哀求怜,自开门户,以迎豺狼。"

李鸿章把精力完全放在乞求洋人调停上,丧失了一次又一次反击日军的有利战机，连光绪皇帝都看不下去了，下谕旨说："他国劝阻，亦徒托之空言，应预筹战守之计。"朝臣也纷纷指责李鸿章："观望迁延，寸筹莫展，一味因循玩误，险要之地，拱手让于外人。"改良派思想家梁启超说："李鸿章之手段，专以联某国以制某国为主。夫天下未有徒恃人而可以自存者，必有我可自立之道，然后可以致人而不致于人。"可谓一语中的。

4. 政权买办化，与敌暗通款曲。

清廷在甲午战争中表现出惊人的妥协性和软弱性，不是一般封建统治的腐朽性所能完全解释的。更深层次的原因在于它的买办性。

马克思和恩格斯曾经深刻指出："与外界完全隔绝曾是保存旧中国的首要条件，而当这种隔绝状态通过英国而为暴力所打破的时候，接踵而来的必然是解体的过程，正如小心保存在密闭棺材里的木乃伊一接触新鲜空气便必然要解体一样。"（《马克思恩格斯选集》第1卷，人民出版社1995年版，第692页）这种封建木乃伊解体的必然结果就是它的买办化。

鸦片战争后，西方列强大举入侵，通过不平等条约，侵占中国领土，划分势力范围，勒索巨额赔款，操纵中国的经济命脉，中国迅速变成外国资本主义的商品市场和原料供应地，成为西方的政治、经济附庸。甲午战争前进行了30多年的洋务运动虽然客观上促进了中国近代工业的发展，但它始终是依附于外国资本主义的。中国政治经济结构的半殖民地化，使中国封建政权和统治集团迅速买办化，形成一批为外国侵略势力服务，以洋务派为代表的买办化官僚集团。著名历史学家翦伯赞指出："洋务派地方上以湘、淮军阀为首，以主持北洋集团的李鸿章为代表；在朝廷里以军机大臣恭亲王奕䜣为代表，而他们的总后台是慈禧太后。他们在一定程度上，成为外国侵略者在中国的代理

直隶总督兼北洋大臣李鸿章

人。"郭沫若也认为:"买办阶级在政治上越来越有影响,经济上有雄厚的实力,形成一种重要的反动社会力量。李鸿章为首的洋务派大官僚集团日益明显地成为买办势力在政治上的代表。"这种现象是过去历朝历代,包括清朝初期都不曾有过的新的社会变异。就反对外来侵略而言,买办性比封建性更加腐朽、更加无耻。

从秦汉以来，历经唐宋元明，历代封建统治者为维护"祖宗基业"，有时还能全力投入反对外来侵略的战争，但近代买办化的封建政权与帝国主义列强形成了千丝万缕的联系，他们早已沦为帝国主义在中国的代言人、代理人。他们与洋人勾勾搭搭，暗通款曲，内外呼应，不惜出卖国家利益，以换取洋大人庇护其小朝廷的生存。慈禧太后不知羞耻地声言"量中华之物力，结与国之欢心"，"宁赠友邦，勿与家奴"，其卖国求荣的丑恶嘴脸暴露得淋漓尽致。梁启超揭露李鸿章在"招商局、电报局、开平煤矿、中国通商银行，其股份皆不少；或言南京、上海各地之当铺、银号，多属其业"。这些商号与洋人多有说不清道不明的关系。李鸿章办洋务的主要助手盛宣怀、唐廷枢、徐润等也无一不是与外国资本主义绑在一起的大买办。一向"挟诈渔利，为利孳孳"的盛宣怀给李鸿章写密信说："师如需附股若干，乞密示。"

甲午战争前日本曾向中国订购大米和煤炭。大米和煤炭在任何国家都是战略物资，煤炭更是军舰必需的燃料，平时尚不可轻易外流，战时尤应从严控制。对日本这个穷凶极恶且资源奇缺的敌人，更应坚决切断其供应链。然而，当日军打上门来，部下建议停止供货时，李鸿章竟以"订货在失和之先"为由，命令继续供货，"以示信用"，将3万吨煤炭和3000石大米照常运送日本，毫不掩饰以"米、煤资敌"的行径，为日军打杀中国人紧急输血。毛泽东同志深刻指出："在经济落后的半殖民地的中国，地主阶级和买办阶级完全是国际资本主义的附庸，其生存和发展是附庸于帝国主义的。"怎么能指望这样一群蜷缩在洋人卵翼下的民族败类去领导一场反侵略战争呢？

5. 军队腐败，怯懦避战纵寇。

腐败政权治下的军队必然是一支腐败的军队。多而杂的清军虽有百万之众，每年军费支出高达3000多万两白银，却无一支以捍卫国家利益为己任，忠于国家、忠于民族的铁血之师。八旗军进关后骄奢淫逸，腐化堕落，连出操训练都花钱雇人代替，早已失去当年骁勇善战的锐气，成为醉生梦死的纨绔子弟的代名词。绿营兵专以对内镇压民众反抗为职事。而在镇压太平军中投机起家的淮军、湘军等更是"兵为将有"，只效忠主子，而不知何为国家。花了大把银子，用国外大型先进战舰武装起来的北洋海军，本应成为抵御海上外来入侵的骨干力量，但就这样一个光鲜亮丽的宠儿，却金玉其外，败絮其中，与其他军队相比，其道德败坏、操练废弛、贪污腐化、精神萎靡，有过之而无不及。

资料记载，当年北洋水师基地刘公岛上"妓馆烟馆林立，军士往往逡巡其间"。"自左右总兵以下，争挈眷陆居，军士去船以嬉。每北洋封冻，海军岁例巡南洋，率淫赌于香港、上海。"1886年，北洋舰队应邀访问日本长崎，官兵上岸后在妓馆滋事，李鸿章不以为意，说"武人好淫，自古而然，只要彼等追求功名，自可就我绳尺"。

北洋海军提督、陆军出身的丁汝昌不熟悉海军业务，还以内行自居。他私自在刘公岛修建大批商铺出租，收取租金。有的舰艇部队公开用军舰载客运货挣外快，有的从朝鲜走私人参牟利。北洋舰队中，正直为国的军人，如黄海之战中英勇牺牲的"致远"舰管带邓世昌、"经远"舰管带林永升，毕竟凤毛麟角。在当时那样污浊环境下，他们"不饮赌，不观剧，非时未尝登岸，众以其立异，皆嫉视之"，不愿同流合污，竟然不被同僚相容。

这样一支队伍，不可能把心思放在军队建设上。军事训练只是虚应故事。平时"操练尽弛"，为了应付上级，打靶时"预量码数，设置浮标，遵标行驶。码数已知，放固易中"。完全是自欺欺人。打起仗来，必然不战自败。在黄海海战中，北洋舰队的一艘鱼雷快艇在距离敌舰"西京丸"号仅40米处发射鱼雷，竟然未能命中，使敌舰逃逸，当时日本海军部长桦山资纪正在船上督战，如能击中，战局或许不会那样难看。据统计，黄海海战中日舰平均中弹11.17发，而北洋各舰平均中弹107.71发。日舰火炮命中率竟在北洋舰队9倍以上。清军将领叶志超负责陆路作战，1894年在牙山之役，不仅望风而逃，还谎报战功，饰败为胜，吹嘘牙山"大捷"，清政府予以褒奖，并委派他为驻平壤诸军总统领。平壤保卫战，叶志超故伎重演，率领溃军狂奔500里，"渡鸭绿江，入边始止焉"。清廷为之震怒，"先行革职，以肃军纪"，接着"械送京师，下刑部鞫实"。鸭绿江防线清军4万余人，兵力多于日军，但不到3天就全线溃败。大连守将赵怀业是李鸿章同乡亲信，人称"赵不打"，金州危急时，他拒不驰援，日军进攻大连湾，他竟一枪不放，高竖降旗逃跑，其私产提前装船运走，大批军械，计有大炮130多门，步枪600余支，炮弹、子弹240万发，以及各种军用物资全部被敌缴获。旅顺守将龚照玙，"贪鄙庸劣"，闻风丧胆，乘小船逃往烟台。黄金山炮台总兵黄仕林，未等日军来攻，率先换上便服由崂峙嘴海岸炮台乘船逃走。整个甲午战争中海、陆几十次战役，中国军队溃不成军，竟没有打过一个胜仗，没有击沉过一艘敌舰。"来远"舰帮带大副张哲溁在甲午战争后曾经痛陈："我军无事之秋，多尚虚文，未尝讲求战事。在防操练，不过故事虚行。故一旦军兴，同无把握。虽职事所司，未谙款窍，临敌贻误自多。"梁启超评论平壤之役说："是役也，李鸿章20多年所练之兵以劲旅自夸者，略尽矣。中国军纪之弛，广为外国所熟知。"连光绪也按捺不住，训斥李鸿章"怯懦规避，偷生纵寇"。

甲午战争后，有日本海军军官回忆说，原来对中国海军还不摸底，担心日本打不赢中国海军，但看到刘公岛上，北洋海军兵勇在铁甲巨炮上晾晒衣服，炮筒中一摸一把黑灰，便断定"这种舰队，吨位再大也是没用的"。

二、现实启迪：警惕日本重做"军国残梦"

120年过去了，穷凶极恶的日本军国主义在第二次世界大战中早已被钉在了历史耻辱柱上，新中国如钢铁巨人般早已巍然屹立于世界东方，但是日本军国主义如百足之虫，死而不僵，如今回光返照，并把矛头直指中国，疯狂叫嚣要开启"夺回强大日本的战斗"。日本军国主义的蠢动再次给世人敲响了警钟。

1. 认清日本军国主义的顽固性与反动本质。

日本军国主义从甲午战争开始的军事扩张在第二次世界大战中到达顶点，并遭到彻底失败。但是滋生日本军国主义的要素和土壤并没有得到根除。本来，日本战败后，根据《开罗宣言》《波茨坦公告》等一系列国际法文件，应彻底摧毁日本军国主义的国家机器，公开审判战犯，彻底剥夺日本战争权，严格界定其主权管辖范围。然而，在急于开展东西方冷战的美国的庇护下，对日战后处理半途而废，不了了之。战后日本军国主义没有得到应有的清算，军国主义社会思潮与社会基础始终存在。

今天，趁美国战略东移之机，日本军国主义找到了借尸还魂的突破口。在右翼势力的鼓动下，蛰伏了半个多世纪的日本军国主义死灰复燃。今天的日本与甲午战争前夕，特别是第二次世界大战前夕的日本惊人地相似。面对经济低迷、政治动荡、社会焦虑、人心浮动的困局，右翼势力本能地做起了邪恶的军国梦，驱使日本沿着政治极右化、外交军事化、内阁战争化的道路"暴走"狂奔，其复活军国主义的野心表现得淋漓尽致。对日本军国主义的疯狂性、冒险性、野蛮性，我们必须有足够的估计和充分的准备，切不可重犯当年以为"蕞尔小邦"，而"不以倭人为意"的战略性错误。

2. 日本军国主义已成为中国国家安全不可回避的现实挑战。

日本军国主义的武力扩张历来都是以中国为其主要对象，以所谓"中国威胁"为借口的。这是由其地缘政治与地缘经济的基本战略诉求决定的。今天的右翼势力也演不出什么新戏码。美国战略东移，剑指中国，日本首相安倍晋三立刻抓住了机会。他策划建立"国家安全保障会议"，组成首相、外相、防相、内阁官房长官"四人会议"为核心的战时内阁，特设针对中国的"安保"部门，重点加强针对中国的战争筹划；他处心积虑，强行出台《特定秘密保护法案》，效法战前"军部"，为隐匿、篡改、捏造事实真相和重大军事情报，秘密进行战争决策，提供法律掩护；他紧锣密鼓接连推出《国家安全保障战略》、新《防卫计划大纲》、《中期防卫力量整备计划》等安保法案，明确把中国列为主要威胁和作战对象；他大幅增加军费，加紧组建针对中国钓鱼岛及其附属岛屿的夺岛部队，推进陆海空作战一体化，决心以武力霸占中国岛屿；他增兵西南诸岛，加紧进行针对中国的作战部署，扬言要迫降中国正常巡航执法的军机……走向军国主义的日本将是亚太地区的麻烦制造者、现状改变者、和平破坏者、战争策划者，是当前亚太地区战争危机的主要策源地，也是当前和今后一个时期中国国家安全不能不正视的严峻的现实威胁。不可等闲视之。

3. 排除利益集团干扰，凝聚党心、军心、民心。

面对日本右翼势力的挑衅，我们绝不能学宋襄公，不要让那些所谓"要换位思考""日本诉求可以理解""不要揪住日本历史问题不放""让现在的日本受制于战后体制不公平""正常化的日本也可以成为国际社会的正能量""不要影响经济建设大局"等自欺欺人的说辞，扰乱我们的视线。要认真总结近代历史上社会分裂、汉奸作乱、内耗不已、一盘散沙、渔翁得利的惨痛教训；要大力弘扬爱国主义，振奋民族精神，增强民族凝聚力；要纯洁队伍，修明政治，统一全民意志；要增强全民忧患意识和危机意识，砥砺战斗意志，养我浩然正气。只要我们万众一心，同仇敌忾，以现有国力军力，足以从容应对任何复杂局面，永远立于不败之地。

4. 建立维护国际正义、制止日本再军国化的国际统一战线。

日本复活军国主义不仅是对中国的挑衅，也是对亚洲国家的挑衅，是对世界反法西斯阵营的挑衅，是对世界一切正义力量的挑衅，是对建立在《开罗宣言》《波茨坦公告》等国际法文件上的战后秩序的挑衅，是对一切曾经遭受日本军国主义荼毒的和平人民的挑衅。我们要向全世界彻底揭露日本军国主义在二战中反人类的法西斯战争罪行，唤起人们对日本军国主义残暴行径的记忆。要开展积极的外交活动，与俄罗斯、韩国、朝鲜，以及南亚、东南亚、欧洲各国结成广泛的制止日本军国主义复活的国际统一战线。以各国民众听得懂的语言，介绍历史真相，揭露日本军国主义的本来面目，形成唾弃日本军国主义的国际舆论氛围，构筑维护国际正义的思想基础。

要积极推动联合国安理会成立重新审理对日战后处理事务的特别工作小组，就贯彻落实《开罗宣言》《波茨坦公告》等确立的对日战后处理原则未竟事宜进行审议。把图谋翻案的日本再次送到被告席上。"不忏悔，无宽恕。"坚决维护国际法尊严，维护建立在《开罗宣言》《波茨坦公告》等国际法文件基础上的战后国际秩序。彻底剥夺至今不思悔改的日本企图混入联合国安理会的幻想。

在建构中美不冲突、不对抗、相互尊重、合作共赢的新型大国关系的框架下，中美相互尊重彼此的核心利益。要让美国明白中国不怕鬼、不信邪，明白中国维护国家主权与民族尊严的坚定意志与坚强决心；要让美国清醒地认识到对日姑息养奸、战略纵容，最终将祸及自身。日本国内那些心怀仇恨、人格分裂、工于心计、善于隐忍的邪恶势力对美国的原子弹之仇是不会忘记的。事实上，一些日本政要已经公开提及美国对日核袭击和全面轰炸的"罪行"。一旦时机成熟，被农夫救活的蛇首先要咬死的对象不是别人，就是那个农夫。

5. 以积极的作为，有效维护国家发展的战略机遇期。

要全面调整对日政策思路，以坚定的国家意志，统筹战略全局，统领各种战略力量，统一调动一切战略资源，采取一切必要措施，随时准备以雷霆之势，坚决粉碎日本邪恶势力的猖狂挑衅。

切实做好应对战争偷袭和不测事件的思想准备和物质准备。统筹四海，突出东海，建立对日压倒性的战略优势。我们千万不要以为日本战略空间狭小，战略资源奇缺，经济结构脆弱，就不会飞蛾扑火，就不会轻举妄动。恰恰相反，一切邪恶势力都毫无理性可言，总是高估自己，低估别人。否则就难以理解为什么一个弹丸之地的日本竟自不量力，要主动发动日俄战争和太平洋战争，挑战比自己大得多的俄罗斯和美国。

特别值得高度警惕的是，进行战争偷袭是日本军国主义的惯用伎俩。历史上，日本突袭北洋水师战舰，制造"高升"号事件，发动甲午战争；突袭旅顺俄舰，发动日俄战争；自导自演柳条湖事件，突袭沈阳北大营，发动"九一八"事变；突袭宛平城，制造卢沟桥事变，发动全面侵华战争；偷袭珍珠港，重创美军太平洋舰队，发动太平洋战争……无不机关算尽，耍尽阴谋诡计。历史的经验必须认真吸取！

马克思曾经说过："世界历史形式的最后一个阶段，就是它的喜剧。"在历史上，日本先后发动甲午战争和全面侵华战争，曾两次冲击中华民族发展的机遇期。今天,中华民族的伟大复兴是任何势力都阻挡不了的。日本如果不识时务,幻想再演历史故事,那么等待它的只能是军国主义余孽的彻底铲除。日本军国残梦的最后破灭,将是自立、自尊、自强、自信的中华民族凯歌行进,在本世纪实现伟大复兴的奠基礼。

日本在甲午海战中粗暴践踏国际法

李安民

李安民

海军指挥学院战略系主任、教授、硕士生导师,海军法律战专家组成员,海军大校军衔。主要从事海上安全战略、海洋法海战法教学与研究工作。参加过亚丁湾护航等重大活动。

19世纪中叶,欧美的近代国际法随着中国人民抵抗西方侵略扩张势力的斗争开始传入中国。

1839年春,林则徐任钦差大臣赴广州,为禁绝鸦片,他对西方国家的一些法律制度进行了分析研究。在林则徐的主持下,1839年7月,他的翻译袁德辉和当时在广州行医的美国传教士帕克(Peter Parker)一起将瑞士学者瓦特尔所著《万国公法》中关于战争、敌对措施(如封锁、禁运)等章节翻译成中文,并经林则徐本人修改定稿,以供处理"夷务"之需。1847年,魏源受林则徐的委托,将林则徐的文稿整理出版,定名《海国图志》百卷本,其中瓦特尔《万国公法》节译,以《各国律例》为题编入第53卷中。

19世纪60年代,当时的中国兴起了介绍西学的运动。1864年,美国传教士丁韪良(W. A. P. Martin)在北京同文馆任总教习时,将1836年美国学者惠顿出版的《国际法原理》一书，全部译成中文，取名《万国律例》，并呈送4册给总理衙门。因为当时清政府总理衙门的大臣们对国际法一无所知，每每在与西方国家的交涉中无律例援引而无可奈何，见此译稿，正所谓求之不得。后经清政府总理衙门资助，刊刻成书，易名为《万国公法》，总理衙门留300部，所有通商口岸各发1部。此书的出版，使当时的清政府开始全面地接触到国际法，但是在当时的中国，近代国际法并没有因此获得充分适用的机会。主要原因是1840年鸦片战争之后西方国家通过战争和武力威胁，强迫中国签署了一系列不平等条约，中国已经沦为半封建半殖民地的国家，西方国家只愿在中外关系中适用那些有利于他们侵略扩张的规则，而不愿全面适用国际法的原则、规则和制度。正如日本明治时代著名启蒙思想家福泽谕吉所言："今日之世界尚非道理之世界，是武力之世界。数千万言的万国公法，可以用一声枪炮抹杀之。"甲午战争的历史充分表明，在"强权即公理"的近代殖民主义时代，国际法只不过是维护帝国主义利益的工具而已。

当前，日本在东海划界、钓鱼岛主权归属等问题上，故意淡化历史，掩盖事实真相，无视国际法的存在，屡屡挑起事端。回顾往事，日本有着践踏国际法、奉行强权政治的过去，正如明治天皇时期参议大臣木户孝允所说："万国公法者，侵夺弱者之一种工具也。""万国公法的效用决定于强权政治。"日本正是按照这种逻辑一手策划了中日甲午战争。战后，日本曾两度掀起甲午战争国际法问题研究高潮，企图通过偷换国际法概念、聘请国际法专家著书立说等形式为日本军国主义发动甲午侵华战争寻找法理上的依据，为甲午海战中践踏国际法的行径进行辩解。本文从历史事实出发，结合相关国际法规定，揭露日本军队在甲午海战中践踏国际法的行径。

一、密谋筹划——蓄意挑起侵华战争

为了便于分析日本在甲午海战中粗暴践踏国际法的行径，我们首先简要回顾一下日本是如何一步一步挑起甲午战争的。

19世纪90年代，日本国内面临第一次经济危机的威胁，国内阶级矛盾日益尖锐。为摆脱经济困境，掠夺原料，寻找海外市场，转移国内人民的视线，日本帝国主义加快了侵略战争准备的步伐。

在舆论上大力为侵略战争"造势"。1889年，山县有朋组阁上台伊始便疯狂鼓吹侵略扩张。在第一届日本国会会议上，山县有朋发表施政演说，抛出了臭名昭著的"利益线"侵略理论，公然将朝鲜和中国纳入日本"主权线的安全紧密相关之区域"。随后，在这种理论影响下，日本国内形形色色的侵略理论纷纷出台，典型代表是板垣退助的《殖民论》，叫嚣日本人口过剩，鉴于世界各国都向海外扩张殖民地，日本也绝不能落后。日本政府在上述侵略理论的鼓噪下，疯狂从事侵略战争准备。

明治政府建立以后，大力发展军事工业。通过不断输入国外先进机器设备、聘请外国技师强化经营管理、抢占农民土地等手段大力扶持和发展军事工业，使得军事工业远远超过商业、金融业、运输业及其他工农业部门的发展，尤其在武器制造方面已接近国际领先水平。

在大力发展军工企业的同时，日本政府一面抓紧进行扩军备战，一面积极调整战时军事机构。为扩充兵员，日本政府实行全民皆兵，其兵役法规定"全国男子年龄达二十岁者，均应编入兵籍，以备缓急"。截至1890年，日本已拥有陆军7个师团，兵力达7万多人。日本要进行大陆侵略战争，海军必不可少。所以，明治天皇登基不久即发布"海军为当今第一急务，务必从速建立基础"的诏令。此后，日本一

方面向英法两国定造新式大型军舰，一面设法提高自身的造舰能力和水平，至甲午战争前夕，日本已拥有一支各种舰船33艘、总吨位达6万余吨的近代化的海军。为适应侵略战争的需要，1893年5月，制定和颁布《海军军令条例》，成立海军军令部，军令部长直隶天皇，参与帷幄，执掌训练、作战、舰队编制等事项；制定《战时大本营条例》，规定战争时期设置由天皇直接领导的最高统帅部——大本营，作为统一领导战时陆海两军的最高军令机关，筹划战争事宜。

在作战准备上，一方面，为提高军队的战斗力和未来实战能力，日本陆海军频繁举行以中国为假想敌的军事演习，并从思想意识上向士兵和国民灌输"武士道精神"，推广军国主义思想；一方面，不断向中国派出大量间谍，千方百计地搜集中国的军事、政治、经济、文化、地理形势、风俗人情等各方面的情报，为发动侵华战争做好情报准备工作。一名欧洲评论人看过日本绘制的中国军用地图后说过这样一句话："这份地图本身，就是日本人久已蓄谋侵略中国的证据，它驳斥了日本当时是被迫作战的说法。相反地，那是一次有意图的、精心策划的侵略行动。"

早在1878年日本参谋本部成立后，即明确提出大陆政策，将中国作为其主要的侵略目标。1879年秋，参谋本部派遣10多名将校军官到中国，多方调查清军军制、军备和地理等情况。返回日本后，这些军官将侦察到的情报进行分析整理，制定了近代日本第一份"征清方策"——《对清作战策》；1880年，日本参谋本部再次派遣人员到中国进行秘密调查，归国后编撰了《邻邦兵备志》作为制订"征清"方策的依据和参考；1886年，参谋本部再次派员赴华进行更加广泛和周密的调查，于1887年春编写了著名的《清国征讨策案》。这份文件表明，早在甲午战争前七八年，日本已就发动大规模侵华战争进行了周密的策划。

接下来，日本粗暴干涉朝鲜内政，以"擒王劫政"点燃甲午战争的导火索。1894年5月，朝鲜爆发了东学党领导的大规模农民起义，日本认为发动侵略战争的绝好时机已经到来。一方面，日本政府极力怂恿清朝政府派兵赴朝"代为戡乱"，并信誓旦旦地表白"我政府必无他意"。对此，以李鸿章为代表的清政府官员深信不疑，在6月3日收到朝鲜政府的求援书后，即令北洋水师派"济远""扬威"2舰赴仁川、汉城保护侨商；北洋提督叶志超和太原镇总兵聂士成率2000余人东渡援朝，此举正好陷入日本精心设置的陷阱。另一方面，在中国出兵之前，日本内阁已在6月2日通过了以保护公使馆和侨民为借口的出兵提案，6月5日成立战时大本营，在援朝清军到达牙山的同一天，日军先遣队亦在仁川登陆，至6月16日，日本一个混成旅团约7000兵力在朝鲜登陆完毕。

对于日本的进犯行为，朝鲜政府向日本发出外交照会，要求日本撤军，但日方置若罔闻，其时，日本内阁临时会议已通过一项无论在任何情况下日军也不能撤退的决议。但为了摆脱外交上的困境和舆论上的谴责，日本内阁又抛出中日双方成立常设委员会共同监督朝鲜政府进行内政改革的提案，随即遭到中国和朝鲜的拒绝。此后，日本单方面采取行动，由驻朝公使向朝鲜提出改革内政书面照会，其中包括对中央政治制度、地方制度，以及财政、法律、警察、教育等制度进行改革的纲领共26项，并赤裸裸地将干涉朝鲜内政的侵略行径说成帮助朝鲜改革"成法""广开眼界"和"富强实政"。在再次遭到朝鲜政府的拒绝后，日本悍然发出最后通牒，公然违反"领域主权"的国际法基本原则，于7月23日派兵进入汉城，攻入王宫，劫持朝鲜国王，扶持傀儡政权，宣布废除与清朝政府缔结的一切条约，并授权日军驱逐中国军队。

1880年《公法会通》规定："邦国之自主者，他国不得假托公法，以干预其内政，即遭内变，亦不得过问。"日本派兵入朝不仅不符合朝日《济物浦条约》的规定，而且是不请自来，完全是违背国际法之举。更有甚者，它先是凭借强权干涉朝鲜内政，继而以武力攻占朝鲜王宫，擒王劫政，予取予求，从而制造对中国开战的借口。

19世纪90年代以前的国际法规定，任何国家都不应无端挑起对别国的战争。如1864年出版的《万国公法》（美国传教士丁韪良翻译）强调"师出有名"，反对"黩武"，并要求只有在抵抗他国的侵略凌侮的情况下才可以使用武力进行报复；1880年出版的《公法会通》（丁韪良翻译自德国法学家布伦的《国际法》）将"无故征伐邻邦"列为"犯公法之案"，并专门规定"邦国不得专为图利而开战"。《公法会通》还规定："两国遇有争端，应慎用武力，以留调处之地步。"

综上所述，从日本甲午战争之前所从事的一系列对外侵略扩张准备活动，出兵朝鲜干涉其内政以及擒王劫政到蓄意挑起甲午战争，无一不是违反国际法的。

二、不宣而战——突袭"济远"号

由于朝鲜和清政府未能有效地阻止日军增兵朝鲜，俄、英、德等国又从民族利己主义出发，默许和怂恿日本在朝鲜的行动，日本在朝军队逐渐取得明显的优势。在此严峻形势下，7月中旬，清政府命"济远""广乙""操江"等舰运兵渡海，增援驻扎牙山的清军。在获取清军增援消息后，日本立即派联合舰队从佐世保军港出发，游弋于朝鲜领海，控制朝鲜西海岸，准备截击中国舰只。1894年7月25日凌晨，北洋水师"济远""广乙"两舰奉命由朝鲜牙山返航回国，7时30分左右，两舰航行至丰岛附近海面时与日本"吉野""浪速""秋津洲"3艘快速巡洋舰相遇。7时45分，双方军舰相距3000米时，预有准备的日本军舰突然向"济远"舰开火，"济远""广乙"猝不及防，仓促应战。两舰与日舰激战数十分钟后，因伤相继退出，其中"广乙"舰撤退至朝鲜西海岸搁浅自焚。而就在双方激战之时，对战事毫不知情的"高升"号和"操江"号也先后驶入作战海域，立即遭到日本舰队的围攻。结果"高升"号被击沉，780多名清军官兵殉难，"操江"号受伤，被日军俘获。这就是史上著名的由日本海军突然袭击引发的丰岛海战。

关于引发丰岛海战的责任问题，日本历史学家田保桥洁指出"开战的责任在于日本舰队"。对此，日本"浪速"舰舰长东乡平八郎在7月25日的日记中清楚写道："午前7时20分，在丰岛海上远远望见清国军舰'济远'号和'广乙'号，及时下达战斗命令，7点55分开战。5分多钟后，因被炮烟掩盖，只能间断看见敌舰，加以炮击而已。"

日本未经宣战，突然挑起战事，违反了当时国际法关于宣战的规定。关于战争何时开始，1864年出版的《万国公法》就已规定："国家与国家间非先有明白的警告不得开始战斗行为，此项警告或出以宣战之形式，或依一最后通牒而附条件的宣战。"交战双方开战之前，彼此通报对方的军事行动，实为平衡军事需求与人道需求所必需。在战争爆发之前，中日之间通商贸易、外交使节依然保持正常往来，日本在未经宣战的情况下，发动有预谋、有准备的突然袭击，是国际习惯法所禁止的。

日本在朝鲜领海首开战端，也是违反中立法规定、侵犯朝鲜主权的行为。根据《万国公法》第2卷第4章第6节之规定："沿海各处，离岸十里之遥，依常例亦归其管辖也。盖炮弹所及之处，国权亦及焉，凡此全属其管辖而他国不与也。""各国舰船以去岸3英里（约5千米）才可以自由航行，不归他国管辖。"据此规定，日本在朝鲜领海内突然挑起战事，违反了国际法关于沿海国领海主权的相关规定。另外，根据战时中立法之规定，交战方不得在中立国领海从事包括临检、拿捕在内的任何交战行为，否则便是对中立法的破坏。袭击"济远"号事发海域位于朝鲜领海，在非交战国的领海从事交战行为是对朝鲜主权的侵犯。

三、违反中立——击沉"高升"号

上文提及的"高升"号是属于英商怡和轮船公司的一艘英国籍商船，7月17日被清政府租用。该船7月23日从天津塘沽出发运载1000多名清兵赴朝鲜牙山，7月25日上午8时许在丰岛附近海面与日舰"浪速"号相遇，在拒绝随其航行的命令后，遭到"浪速"舰猛烈炮击后爆炸沉没，780多名官兵遇难，56名船员葬身海底。在击沉"高升"号事件中，日本明显违反战时中立法的规定。

"高升"号被日本军舰击沉的消息传出后，世界为之震惊。清政府总理衙门照会各国，揭露日本破坏国际公法的行径："何意该国忽逞阴谋，竟于本月二十五日，在牙山海面，突遣兵轮多只，先行开炮，伤我运船，并击沉挂英旗英国商船高升轮船一只，此则衅由彼启，公理难容。"消息传到英国，英国上下群情激奋，舆论一片哗然，一致谴责日本的行为粗暴践踏国际公法。英国驻华公使在得知消息后，致电英外交大臣，认为日本在中日双方仍就划区占领问题进行谈判期间，公然击沉"高升"号商船，其行为是非法和无耻的。英国驻日公使也向日本外务省提出了严重抗议。英国远东舰队司令、海军中将弗里曼特尔得知此消息，感到特别气愤，一面致信日本联合舰队司令，向其责问:"'高升'号是在船长未获得宣战消息,且未接到不得从事此项任务的任何命令的情况下,于法律上正常地从事运送清国官兵的英国轮船,'浪速'舰的行为是否奉司令官之命,还是征得司令官之同意?"一面去电责问日本海军省:"中日倘有战争之事,则当预先照会各国,然后各国按照万国公法,不使轮船载运中国兵马,今日本并无照会英国,则英国之高升轮船自应载运中国兵马,并无一毫背理之处。日兵无端燃炮轰击,以致全船覆没,船中司事均遭惨毙,是何理耶?明明见有英国旗号,而肆无忌惮一至如此!将于中国为难耶?抑于英国为难耶?请明以告我。"与此同时,弗里曼特尔致电英国海军部建议:"我方应要求立即罢免并拘捕'浪速'号舰长和那些在两国政府谈判期间指挥军舰卷入事件的高级官员,若不遵从,我应被授权实行报复。最重要的是,应当做些事情以弥补大英旗帜所遭受的侮辱。考虑到此种野蛮屠杀,还应督促交战国在战争中信守人道。"

但事后日本却强词夺理发表声明,称日本军舰击沉"高升"号事件系发生在丰岛海战之后,"高升"号被"清国军队非法占据",日舰对之实行正式临检,但该船不服从命令,故予以击沉。

根据《万国公法》关于战时中立的规定,如果该船的船主、租船人或船长并不知道战争爆发,或者虽然知道战争爆发,但船长没有机会卸下旅客,则不被认为从事"非中立役务",交战国不得拿捕或攻击该船,可允许其返回出发港。"高升"号出发之前与中方所签订的运输合同中已注明:"如中日之间发生战争,双方一致完全同意该船立即驶往上海,并在上海终止合同。"当日方临检"高升"号时,船长转达了船上中国官兵"拒绝'高升'号当俘虏,坚持退回大沽口"的要求,并表示:"'高升'号出发时两国并未宣战,尚在和平时期,而且在航行过程中也无法获知日本不宣而战,日方应该同意该船回到原出发的港口。但是，日军却完全无视这一合乎国际公法的正当合理要求，反而蛮横地命令"高升"号船长舍弃船体，"高升"号还未来得及回答，即遭攻击。

根据1856年《巴黎海战宣言》中保护中立国财产利益的原则，"高升"号应免遭拿捕和攻击。清军雇用的英国"高升"号是一艘商船，其所用旗帜、牌照均系英国，日方"临检"后也确认为英国船只。根据"船因船户得名"的规定，该商船拥有局外之权，"凡自主之国遇他国交战，若无盟约限制，即可置身局外，不与其事，此所谓局外之全权也。自主之国本有此权，无可疑议，否则不为自主矣"。

击沉"高升"号事件发生在丰岛西南方向，距离朝鲜一个名叫"蔚岛"的小岛以南约1海里的海面上，即使按照当时国际通行的3海里领海制度，此海域也属于朝鲜领海。按《万国公法》之规定，"航行海者，即从牌照、旗号得名，自当与该国船只一例看待，无论其船户系局外与否，必就牌照而定其名焉"。海上的行船即为本国"浮动的土地"，归各国所管辖。"各国之属物所在，即为其土地。所谓土地者，不仅指陆地而言，凡可行权之处皆是也。故船只行于大海者，亦为本国之土地也"，"各国之船只无论公私，在大海与在各国之疆外者，均归其本国管辖"。因此，日本在中立国朝鲜的领海范围内临检、攻击英国商船，既是对朝鲜主权的侵犯，也是一种破坏国际中立的行为，同时也是违反1856年《巴黎海战宣言》关于保护中立国船货的行为。

关于他国商船"以地得护，不得拿捕"的规定，可从下面案例得到证明。1864年春，在普鲁士与丹麦因领土之争爆发战争期间，普鲁士派遣的驻华公使乘坐的军舰在天津大沽口海面拿捕了3艘丹麦商船，史称"大沽口事件"。事件发生后，清总理衙门向普鲁士提出抗议，并指出，"此次扣留丹国货船处所，乃系中国专辖之内洋"，该处所"实

正在沉没的"高升"号和被日军俘获的"操江"号

系中国洋面,并非各国公共海洋"。总理衙门在致普鲁士公使的照会中声称,任何外国在中国内洋扣留其他国家的船舶是明显对中国权利的侵犯。照会强调指出,在中国海洋内任何国家在与任何其他国家的敌对中扣押船舶是"轻视中国,所以本王大臣等不能不向大臣理论者,非为丹国任其责,实为中国保其权"。在以国际法原则为依据和清廷将不接待普鲁士公使的威胁下,普鲁士释放了丹麦商船,并对丹麦商船所遭受的损失进行了赔偿,"大沽口事件"得到和平解决。

四、惨无人道——射杀虐待战俘

按照国际法,在战争进行过程中,交战国的军队并非可以为所欲为，肆行无忌，恰恰相反，它应当受到相当的限制，遵守相关的战争法规。《公法会通》指出："古时敌人无权利之说，为今之公法所耻，盖与天理人情有所不合也。"又谓："古人谓遇战而筹制敌之策，无不可为之事。此说亦为有化之国所耻，盖邦国虽暂失和，仍不失其为人也，故非例之战为公法所严禁。"

进入近代以后，国际间所订立的一些战争法规都体现了上述原则。例如，1864年在日内瓦订立的《改善战地武装部队伤者境遇的公约》第6条规定："伤病的军人应该受到接待和照顾，不论他们属于哪个国家。"该公约批准后不久，各国一般均承认有将其原则适用于海战的必要。1866年在瑞士召开的国际会议上，曾草拟了一个包括15条规则的国际公约，拟将上述1864年日内瓦公约适用于海战，虽然该公约未获批准，但作为1864年公约的签字国，日本方面应该明白上述规定应该适用于海战。1868年《圣彼得堡宣言》规定："战争应服从人道的需要。"1785年普鲁士和美国订立的友好条约第一次规定了对战俘应当给予正当待遇。到了19世纪，俘获国对战俘的待遇应和本国军队的待遇相类似的原则得到了普遍承认。1899年海牙《陆战法规惯例章程》更是明确规定了战俘必须得到人道待遇，其附件第1条规定军队要"在作战中遵守战争法规和惯例"，第4条规定"战俘是处在敌国政府的权力之下，而不是在俘获他们的个人或军队的权力之下，他们必须得到人道的待遇"等。违反战争法规的犯罪行为，便构成了战争罪。日本军队在甲午海战中的诸多行为，与上述国际法的规定相去甚远。

第一，射杀遇船难人员。在"高升"号被击中沉没后，许多清军官兵落入海中，此时日本军舰不但不施以援手，反而向已失去抵抗能力在水中挣扎的人们瞄准射击，这完全违背国际人道主义法关于救援遇船难者的规定。搭乘"高升"号的德国退役军官汉纳根事后回忆称："我看见一只日本小船，满载武装士兵，我以为他们是要来拯救我们的，但悲伤得很，我是想错了，他们向垂沉的人们开火。"被营救的"高升"号大副同样说道："我被救上小船后，船上的日军向海面上的中国人乘坐的小船打过两次排射。对此，日本军官解释说，他奉命要击沉那些小船。"

第二，虐待战俘。在丰岛海战中，北洋水师所属"操江"号被日军追击途中搁浅，船上83人被日军俘获。1894年7月28日由日本联合舰队"八重山"舰押送至日本佐世保军港。据同时被俘的丹麦人弥伦斯回忆说："午后2点钟，上岸之时备受凌辱，……船近码头即放汽钟摇铃，吹号筒，使该处居民尽来观看。其监即在码头相近地方，将所拘之人分作二排并行，使之游行各街，游毕方收入监，以示凌辱。"在作战过程中，日军不收留俘虏，而采取就地消灭的办法，以免增加安置的麻烦和负担。据目击者称："1895年1月30日威海南岸炮台之战，清军战败溃逃，有10余人被日兵捉住，一个不留地全部杀掉。"

在整个甲午战争的过程中，日本军队不仅在海战中违反战争法规，在陆战中违反国际法的行为更是罄竹难书。对于日军违反战争法规的犯罪行为，日本军事当局乃至日本政府不是毫无所知，而是一清二楚，但为不压抑军队士气的战略意图所驱使，一方面尽力封锁消息，使之不致造成舆论影响；一方面大做表面文章，进行掩饰和正面宣传，以给西方国家造成一种印象，似乎日本军队在战争中是完全遵守国际公法的。日本的这种颠倒黑白、混淆是非的做法，确曾奏效于一时，蒙蔽了不少西方人士和记者，但纸究竟包不住火，铁证如山的"旅顺大屠杀"事件剥掉了日本的"文明人皮"，日本军队粗暴践踏国际法的行为在世人面前暴露无遗！

五、以史为鉴——理势兼长

甲午战争过去 120 年了，这场改变了中国近代史的战争，无论是在军事上还是在政治、外交上都留下太多需要总结和思考的历史教训。以史为鉴，总结历史教训可以为未来军事斗争准备提供有益的参考。

一方面，充分重视舆论宣传的作用。甲午战争是日本帝国主义蓄谋已久而发动的一场侵略战争，其非法性已是毫无疑问。但我们需要注意这样一个事实，即当时西方主流媒体对甲午战争的报道，几乎没有谴责日本发动侵略战争以及同情中国的文章，更多的是对甲午战争的美化，认为这是一场文明对野蛮的胜利，进步对保守的胜利。究其原因，日本在甲午战争中的胜利，舆论宣传的作用功不可没。

第一，在战前通过舆论宣传改变西方民众对中日两国的认识。日本在策划入侵朝鲜征服中国之前，秘密聘请熟悉西方媒体运作方式的美国《纽约论坛报》记者豪斯为国家宣传总指挥。在豪斯的组织策划下，西方媒体逐渐形成了一种共识：日本代表文明，中国代表着野蛮。如美国纽约《先驱报》载文说，日本在朝鲜的作为将有利于整个世界，一旦日本失败，朝鲜将重回中国的野蛮统治。亚特兰大《先进报》刊文称，美国公众毫无疑问地同情日本，认为日本代表着亚洲的光荣与进步。

第二，在战争中大力宣扬日本军队文明之师形象。甲午战争爆发后，许多西方媒体向中日两国政府提出申请要求随军采访，清政府拒绝了媒体的采访申请，而日本则同意了 100 多名西方媒体记者的随军采访。在甲午战争的进程中，日本军队策划导演了许多诸如"优待俘虏、体恤照顾当地百姓"的场面，通过西方记者的报道传回欧美各地，这些第三方的报道，对美化宣传日军"文明之师形象"起到了推波助澜的作用。"旅顺大屠杀"事件曝光后,日本首先指责记者报道失实,然后动员西方媒体记者为大屠杀事件正名,大力将日军描绘成仁义之师,同时宣传清军是如何残暴,日军处决的不是俘虏、平民而是罪犯。

第三,操纵西方媒体掌控舆论导向。7月25日击沉"高升"号事件发生后,英国舆论纷纷谴责日本不宣而战的强盗行为,要求日本赔偿损失、惩办肇事军官的声音不绝于耳。但到8月初以后,英国的舆论突然都改变了腔调。为何会出现这种状况?原来,日本政府担心日英之间或将因此意外事件而引起一场重大纷争。为了避免英国出面干涉,日本一方面安抚英国政府并保证"若万一日本军舰错打了英国船,日本将赔偿全部损失";一方面积极开展舆论宣传攻势,通过收买报纸作为舆论阵地,再聘请英国著名国际法学家撰文,为击沉"高升"号事件进行辩护,将舆论导向对日本有利的方向。媒体的宣传作用加上两位著名国际法学家公开表态,击沉"高升"号的违法事件竟然转变为"合法攻击"。

另一方面,加强国际法研究,正确认识国际法的作用。国际法是调整国家之间相互关系的重要工具,加强国际法研究,正确认识国际法作用对维护国家利益具有重要意义。当然,对于国际法的地位与作用,我们必须辩证地看待。国际社会离不开国际法,但在纷繁复杂的国际关系中,国际法只能发挥必要条件的作用,具体到解决某一问题,单纯依靠国际法也不一定奏效,合法的程序也未必产生理想的效果。

第一,不要过分倚重其作用,认为只要有了国际法,世界和平就可以维护,国家安全就可以保障,弱小国家就可以不受侵略和欺负,导致放松自身力量的建设。近代国际法传入中国之初,清政府官员对国际法的认识是:"西洋有《万国公法》一书,乃其地儒者所撰,各国君长奉为经典,和战交接之事,据此以定曲直,无敢违者。"甚至

日军攻入旅顺后,大肆屠杀俘虏和无辜平民,
杀戮一直持续了4天3夜,约2万人遇难

在日本不断发起挑衅,战争一触即发之时,负责清政府军事指挥的李鸿章仍痴迷日本方面会遵守"万国公例",认为"日虽竭力备战,我不先与开战,彼谅不动手,此万国公例,谁先开战即谁理诎"。以至于"高升"号事件发生后,清政府仍认为公理在中国方面,指望英美列强能够干预日本蔑视国际公法的行径。在这种认识的指导下,清政府放松战争准备,再加上另外一些因素的共同作用,最终导致清政府在甲午战争中战败。

第二,在处理国际关系问题上,"理"与"势"是相辅相成的,仅仅长于"理"而诎于"势",在外交上是要吃大亏的,必须"理、势"

兼长才行。这里说的"理"就是指国际公法,"势"是指国家实力。换句话说,在处理国际问题上,国际法能否为我所用,需要以国家实力为基础,实力不济,对国际法研究再深入也没有用。甲午战争爆发之前,英国政府曾派人对中国的政治、军事、经济实力等与战争有关的情况进行了详细的调查,再与日本的情况相比较,最后得出的结论是,中日开战,中国必败。所以,在"高升"号事件发生后,英国政府从利用日本牵制沙俄维护其自身利益的目的出发,不愿为区区一艘商船得罪日本这个强国,不顾公理在中国一方的事实,在日本外交和舆论的积极"攻势"下,最后竟然将击沉"高升"号的责任完全推给中国。这就是所谓的"理"长"势"不长的结果。

第三,要加强国际法的学习与研究,海军舰艇部队尤其要加强海洋法、海战法等国际法知识学习,以便在处理海上涉法问题特别是在涉外军事行动中掌握主动。甲午海战中曾发生过这样一件事:黄海大战爆发前,日本联合舰队主力首先发现了北洋舰队主力,但为了迷惑北洋水师,日本舰队在接敌过程中悬挂了美国国旗,在接近到其有效射程时,突然扯下星条旗换上日本的太阳旗,紧接着向北洋舰队发动了攻击。事后,清政府方面认为日本的行为是违反战争法规的背信弃义的行为。殊不知,海战中悬挂假船旗航行是一项传统的国际法惯例:即商船为了逃避临检、军舰为躲避敌方追击或为了迷惑敌人均可悬挂假船旗航行,但攻击敌方时必须悬挂真正的国旗。时至今日,这个古老的海战惯例仍然得到世界各国的普遍认可。另外,我们对国际法研究的目的也决不应仅仅局限于被动的适应和遵守,重要的是能够娴熟掌握在平时与战时运用国际法的艺术,把它变成实施人道主义保护、维护世界和平、维护国家安全与战略利益的有力武器。

最后,我们引用清末著名启蒙思想家郑观应在他的旷世名著《盛世危言》中的一句话作为本文的结束语:"公法仍凭虚理,强者执其法以绳人,弱者亦不免隐忍受屈也。是故,有国者唯有发奋图强方可得公法之益,倘积弱不振,虽有公法何补哉?"

参考文献:
1. 戚其章:《国际法视角下的甲午战争》,北京:人民出版社,2001年版。
2. [英]劳特派特:《奥本海国际法》下卷第一分册,北京:商务印书馆,1981年版。
3. [英]劳特派特:《奥本海国际法》下卷第二分册,北京:商务印书馆,1981年版。
4. 孙克复、关捷:《甲午中日海战史》,哈尔滨:黑龙江人民出版社,1981年版。
5. 邢广梅:《国际海上武装冲突法的历史演进》,北京:法律出版社,2011年版。

甲午战争：
清廷同样输在国际法运用上

邢广梅

邢广梅

海军军事学术研究所法律研究室主任、研究员、博士、博士后，海军大校军衔。全军常备外宣专家、全军法律战咨询专家、海军新闻发言人，北京法学会军事法学研究会理事，海军多样化军事任务法律专家，北京大学国际和平与战略研究中心学术委员。著有《国际海上武装冲突法的历史演进》等。

对一个人、一个民族和一个国家而言，犯错误不太可怕，可怕的是重复犯错误。曾经成为近代中日两国命运转折点的甲午战争重新摆在我们面前，促我们深刻解剖、反思与自省，不仅仅是因为120周年这个特殊的年份，更因为中日两国又分别站在了各自前行的十字路口。如何对待历史、反思自我，成为影响两国未来走向、相互关系以及亚太地区稳定与繁荣的关键。

一、反思历史，有助我们深化改革

当前，中国正处于社会发展的关键期、各项改革的深水区。各种问题盘根错节，矛盾集中凸显，人民福祉和社会稳定受到前所未有的挑战与威胁。找出问题症结，通过深化改革来理顺各种关系，释放社会潜能与活力，成为国家可持续发展的关键。在这个关键期，在处理对外关系这个大局上，东海方向应以钓鱼岛问题为立足点，通过反思甲午战争中日本的所作所为，找出自身差距，完善现有体制，提升应对中日冲突的能力。这既是检验我们能否深化改革的试金石，也是我们为国内深化改革营造稳定周边安全环境的重要保证。

日本对国际法的重视及运用。凭借国际法，日本获得了"文明"国家的认可，最终成为它们中的一员；使用"国际社会"听得懂的语言，日本把侵略扩张的自己说成是"正义""文明"的捍卫者，把受到侵犯的中国说成是"野蛮""未开化"的"支那"。而近代以欧洲为中心的"国际社会"，制定国家间交往的游戏规则，自诩为"文明共同体"，把"圈子外"国家视为"未开化"民族。这种"欧洲中心论"的心理优势使近代的欧美国家不可能体恤"圈子外"弱势国家的疾苦，对善用其语言体系"讲故事"的日本颇具好感，对被日本抹黑且反应迟缓的中国却抱有偏见和歧视。这种状况于二战后有了根本改观，许多"圈子外"国家通过民族独立运动，摆脱了殖民统治，建立起独立主权国家，在广泛参与国际事务中，通过斗争为自己赢得了权益。今天，因为这些国家的参与，国际社会具有了前所未有的广泛性，强权政治得到了有效抑制，国际社会成员议定的国际法较以前也更具有普遍代表性，和平发展成为当今世界发展的主题。

然而，由于战后众所周知的原因，日本的历史责任没有得到彻底清算，在其社会中隐埋了军国主义还魂的祸根，一旦时机成熟会卷土重来。日本对中国做一套、对国际社会说一套的"两面派"做法，肇始于日本明治维新后的甲午战争，延续于第二次世界大战期间日本对中国发动的全面侵华战争，重现于今天日本对钓鱼岛问题的处理上。对此，我们需要有个基本认识。

明治维新以后，日本奉行的是海外扩张战略，当时已被日本侵吞的是曾经属于独立国家的琉球，之后侵吞的有朝鲜，中国的东北地区、台湾、西沙群岛、南沙群岛，太平洋上的一些岛屿等。1945年第二次世界大战结束后，国际社会终结了日本的扩张，剥夺了日本占领的别国领土。台湾、西沙群岛、南沙群岛等就是在这样的背景下，根据当时的两份国际法律文件——《开罗宣言》和《波茨坦公告》归还中国的，而钓鱼岛及其附属岛屿作为台湾的附属岛屿也当然在交还中国的领土之列。然而，日本不仅不履行国际义务，将钓鱼岛及其附属岛屿归还中国，而且还将其"据为己有"，辩称1895年1月29日，即在1895年4月17日中日《马关条约》签署前的3个月，日本内阁会议就作出决议，认定钓鱼岛及其附属岛屿为"无主地"，并将其纳入日本版图。至今，绝大部分日本民众以及国际社会不知道：1895年1月29日前，钓鱼岛及其附属岛屿已属于中国领土；日本内阁做出的决议违反了取得无主地领土主权的日本国内法及近代国际法规定——内阁决议须经日本天皇批准并须向国际社会公示。日本民众鲜有人知道国际社会公告过对日本战后秩序做出安排的这两个国际法律文件。

  100多年后的今天，在日本国内，曾经促进日本和平发展的和平主义逐渐衰减，曾经将日本拖入战争深渊的军国主义还魂，曾经奉行一个多世纪的日本扩张战略被重续。除了钓鱼岛及其附属岛屿以外，南千岛群岛、独岛以及东海油气开采等，也成为当下日本扩张战略实施的新着力点。

  然而，对这样一个曾经侵略扩张成性、让亚太人民深受其苦的国家，西方一些国家却往往采取宽容态度，认为日本是亚洲国家的"文明典范"。而对奉行防御性国防政策、历史上曾多次遭日本侵犯的中国，却抱有一定偏见，认为中国需要在诸多方面进行"文明化进程"。其根本原因就是欧美国家认为日本是"自己人"，中国是"外人"，

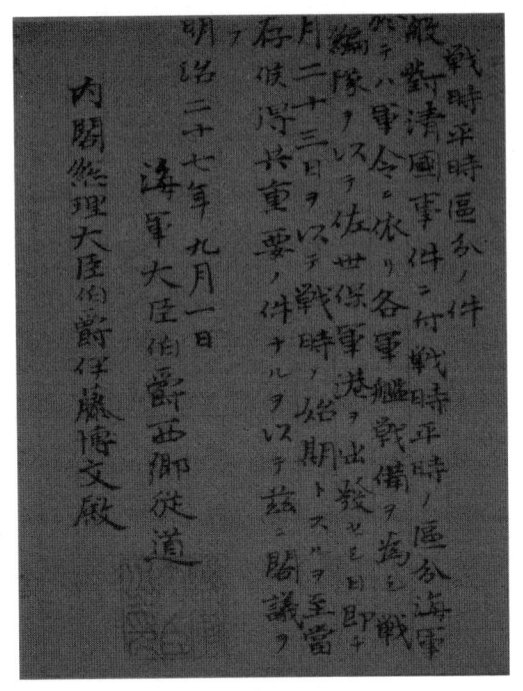

日本海军大臣西乡从道1894年9月1日
向首相伊藤博文提请海军进入战时状态的函件

日本使用西方价值观和国际法语言体系包装自己，中国用自己构建的东亚传统语言体系表达自己，或者干脆不予回应。于西方看来，日本的做法更容易被接受。

同为东亚国家的中日，在西方人眼里如此不同，追根溯源还要从甲午战争前夕说起。当时，日本封闭的国门被西方舰炮轰开，首次接触到西方工业革命的先进成果。出于对欧美国家坚船利炮、富国强兵和工商繁荣的仰慕，对东方国家封建主义相继没落的鄙弃，为尽早摆脱西方列强施加于其身的领事裁判权等不平等要求，成为西方社会的一分子，日本选择用西方价值观体系改造自己，用近代国际法体系包装自己，从而获得了西方国家的承认与接纳，成功实现"脱亚入欧"。在战争爆发以及结束之后的相当长时间里，日本借用国际法话语体系，通过"讲故事"标榜美化自己、抹黑诋毁清军，给自己贴上"文明"的标识，给中国贴上"野蛮"的标签。可以说，甲午战争中，清廷本质上输于制度建设，直接输于军事方面，同时也输在对国际法的理解、运用及话语权争夺上。

而今，日本在钓鱼岛等问题上重复着同样的故事，而我们却仍对此重视不足。了解日本在甲午战争中对国际法的重视与运用，将有助于丰富我们对中日近现代史的认识，深化对国内国际法律制度的改革。

二、借助国际法，日本登上"文明"客船

甲午战争爆发前后，以欧洲为中心、主要由欧美国家组成的"国际社会"形成一套体现西方价值观、有约束力的近代国际法体系。受这套规则体系调整的"国际社会"又被称为"国际法共同体"或"文明共同体"。在"文明共同体"之外的国家又被划分成"半开化"（波斯、暹罗、中国、日本等）和"野蛮"（其他国家）两类，这些国家不享有国际法人格，只能与"文明共同体"国家签署不平等条约，被施加最惠国待遇、租界、领事裁判权等苛刻条件；而要摆脱这种束缚，只有经历"文明开化"进程，由"半开化"或"野蛮"升级为"文明"。其"文明"标准有4个：有效的政府体制；能够保护其管辖下的生命、自由、财产（主要是外国人的）；国内法律体系健全；积极参与国际会议、加入国际公约，遵守包括战争法在内的国际法。

为早日成为西方社会的一分子，日本明治政府确立了"文明开化"国策，派出大量政要学者去欧美考察和学习国际法，并努力学习和运用国际法的"工具性"特点，学会争取和保护自己的"权益"。鸦片

战争爆发后，为捍卫自己的权益，曾经作为亚洲第一个引入西方国际法著述的中国，在对待和理解国际法问题上走上了与日本截然不同的道路。在中国传教的美国人丁韪良（M.A.P. Martin）"出于使中国人更顺利地接受西方国际法，以及更有效地传播西方基督教文明的目的"，把美国人亨利·惠顿（Henry Wheaton）所著的、体现工具性特点的《国际法原理》，翻译成体现公平正义的中文译本《万国公法》供清政府使用。这样一部被理想化、颇具影响力的国际法著述，与中国重"天理""王道"的传统思想相结合，形成一幅理想主义的国际关系规则蓝图，导致数代中国知识分子在这样一种知识误导下，过分倚重国际法处理对外关系，在多次碰壁后又走向另一个极端，彻底放弃对国际法的期望与借重，将其束之高阁。

而从中国引入《万国公法》等西方国际法著述的日本，却如获至宝，在与其"脱亚入欧"政策以及南下扩张战略相结合后，成为日本包装自我、丑化中国、荣登西方"文明"客船的有效工具。

1894年8月1日，日本天皇在对华宣战的诏书中，便高举起"日军将遵守国际法"的旗号；战争中，日本发行《万国战时公法》《陆战公法》《海上万国公法》等手册指导日军作战，并配备随军法律顾问；其后，又出版《媾和类例》指导日本与清朝政府谈判媾和，发行《干涉及仲裁、战使、降伏》应对三国干涉还辽等。

甲午战争后，日本又组织学者著书立说，极力宣传其"遵守国际法"。如陆军第二军随军法律顾问有贺长雄在欧洲出版法语著作《日清战役国际法论》及相关文章，海军随军法律顾问高桥作卫在英国出版英文著述《中日战争中的国际法案例》及德语版评论集，并将该书提交给国际法协会使用。这些著述采取实证方法记述了如下"事实"：滞留在日本的清国臣民及财产受到日本政府的保护；日本军队对战争中误伤的中国居民予以救护并提供饮食照料，对中国居民财产秋毫无犯，人道地处理中国军人的尸体，救护受伤俘虏，保护民用设施，以合理的补偿征用占领地财产，对中立国的国民与财产予以保护，极为关注占领地公众卫生，努力杜绝霍乱、天花等传染病的暴发；日本红十字会不偏不倚救助中日两国士兵等。

作者甚至在著述中夸耀说：日本帝国如同法、英、德那样恪守战争法规则，以至于"这场战争中，日方经验将成为日后欧美诸国交战时的有益先例"，"战争中守法的精神，是日本古已有之的特性"，因此，"日本能够顺利接受来自欧洲的最'文明'战争惯例的约束"。

然而，日本在甲午战争中违反和践踏国际法的事例却不在少数，尤其是制造了旅顺口大屠杀惨案，成为日本"文明守法"的重大反证。惨案发生后，尽管日军重重封锁消息，但还是有记者报道此事，并在欧美国家引起轩然大波。当时的日本驻欧洲各国公使意识到问题的严重性，纷纷致电国内征询应对之策。于是，日本政府一边收买媒体以减少报道量，一边公开辩解，并利用外交渠道做工作，百般掩饰其罪行。

高桥作卫和有贺长雄等日本随军法律顾问也充当了政府的"御用工具"。他们以所谓"纪实"手法讲述以往报道中提到的"日军在旅顺口袭击10艘载满难民船舶"的消息失实，说战斗中只有少数平民因流弹或炮火误伤而死。有贺长雄承认在旅顺口街上看到了2000具尸体，但辩称其中只有500多个死者是战争法禁止攻击的非战斗人员，并且大多数是壮年男子，妇女儿童的尸体极少，从而暗示这些人被杀是因为日军将他们错当成了可以"合法"攻击的战斗员。此外，他还讲述了日本军队在登陆后是如何"正确"区分战俘与平民、如何保护平民生命安全的，如在平民身上悬挂"不杀此人"的标识等，将日军不分皂白连杀4天3夜，造成满城只剩36个活人的惨案，描绘成"合法"战斗中的"附带损害"。

　　日本随军法律顾问的上述言论，极大地影响了西方主流社会对甲午战争的看法。牛津大学的霍兰德教授就是其中的一位，他说："日本，除了在亚瑟港（旅顺港）那次令人惋惜的野性爆发外，已经符合战争法的要求，不论是在对待敌人方面，还是在与中立国关系方面，其表现都可与西欧最文明国家的习惯相媲美。"日本就是这样通过说一套、做一套的做法，逐渐得到西方国家的信任和承认，最终登上"文明"国家客船的。其得到的回报是——1899年，西方国家废除了在日本的领事裁判权；1902年，英国与日本缔结盟约，日本正式成为西方社会的一分子。

　　之后，日本更加积极地参与国际社会，直到第二次世界大战，日本参与策动战争爆发，被军国主义拖入深渊，成为对亚洲人民犯下滔天罪行、为世人所不齿的侵略者。

三、应对迟缓，清廷被贴"野蛮"标签

　　与中国作战的日本，在宣扬自己是"文明"之师的同时，忘不了抹黑中国，而中国对此几乎没有回应。

　　首先，日本清楚"文明共同体"倡导具有国际法人格的国家是民主、独立的国家，因此，在阐述发动战争的动机时，刻意渲染是为了帮助朝鲜实现"独立"，阻止清政府武力干涉，被迫开战。但其真实的意图是垂涎于朝鲜丰富的资源，寻机武力吞并朝鲜。日本明治维新后，资本主义逐渐发展，对资源的需求迅速上升，其中"价格低廉而又好吃的朝鲜大米，便成为日本争夺的对象"。1889、1893年朝鲜先后两次颁布防谷令，禁止粮食出口，引起日本的恐慌，日本资产阶级代言人田口卯吉宣称："日韩关系已经无法挽回，应该发动战争消除

多年郁结，清政府如果援助敌人，就攻击它。"1894年7月，日本挑起蓄谋已久的侵略朝鲜和中国的甲午战争。就这样，日本将一场蓄谋已久的掠夺性战争粉饰成"文明对野蛮的战争"，给清廷贴上了"野蛮"的标签。

其次，在记述与清军的作战细节时，日方极力渲染和抹黑清军。高桥作卫称：中国政府命令击沉所有日本船舶（但却举不出任何击沉民船的例子）；中国不仅杀害战斗人员，还杀害战争爆发后滞留在华的非战斗人员（实际清军杀的是为日军提供情报的奸细）。有贺长雄则说：中国是一个"文明未开化"的国家，其士兵虐待、虐杀甚至肢解日军伤病俘虏，且保持着割取敌军尸首的野蛮习俗（事实上，日军在丰岛海战和旅顺大屠杀中虐杀、肢解的中国人又何止成百上千）。所以，日本面临的是一个"不承认战争法，不对敌国国民的私有财产制定规则，不试图对其军队的抢劫和纵火暴行采取任何限制措施的国家"。日方塑造了"中国人在战争中不遵守国际法，其举动不符合'文明'标准"的"野蛮"形象。

面对日本的抹黑，未见有中国人士针锋相对予以回应。同一时期没有任何一个中国人利用国际法资源和英语，向欧洲人展示说明中国的遭遇和看法。那时中国驻欧洲的公使们正忙于为清廷购买军火，根本没有意识到日本人垄断国际法话语权的危害性。如果说甲午战争中中日军事实力相差不大，那么，国际法运用方面却实力悬殊：当时中国没有高等教育机构，没有法学院，没有国际法教授，没有国际法专著，甚至没有像样的国际法论文，只能任由日本美化自己、抹黑中国。

那个曾给日本做出高度评价的霍兰德，对中国做了这样的评价：中国只接受了最初步的国际法观念，在使节礼仪和外交事务上展现出精通。但在战争法领域，还未掌握要领。甲午战争中，引进过许多国际法著作的"中国没有显示出试图接受文明战争惯例的迹象"。就这样，中国被"文明"国家拒之门外。

国际法意识的淡薄，也使中国在权利遭到侵害时，不善于拿起武器保护自己。德国著名公法学家耶利内克（Georg Jellinek）在《德意志法学家报》发表的《中国与国际法》一文指出："中国从来没有抱怨过它遭遇了不公正的待遇，尽管这种不公正待遇经常发生"，"中国从来没有在国际法基础上捍卫过自己遭侵犯的权利"。甲午丰岛海战中，"高升"号事件就是一起鲜活的例子。

1894年7月25日，清政府租用英国籍商船"高升"号运载1000多名清兵赴朝鲜牙山，在丰岛附近海面遭日舰"浪速"号炮击沉没，780多名官兵遇难。其间，日本对落水遇难人员进行了射杀，并虐杀了从"操江"轮上俘获的清兵，违反了当时有关给予遇船难者及俘虏人道待遇的国际法规定。而同样是对待"高升"号事件，在确定战争责任时，日本外相亲自组织人员展开调查，一方面收买媒体及学者，公开为日本撰文辩护；另一方面甩开中国做单方调查，并利用英国海事审判听证会，成功地将英国提出的赔偿责任转嫁给了清政府。由于清政府维权意识淡薄，本应由日方承担的射杀、虐待清军俘虏的责任，最终也不了了之。

四、赢得公平，需要加强法制建设

中华民族屈辱悲惨的景象置于国际法运用层面上会被进一步放大，然而导致这一景象发生的诸多因素今天尚未消除：曾经误导西方主流认识的日本随军法律顾问的著述依然安静地躺在世界各大图书馆，影响着新一代的年轻学者，对它的谬误至今未有中国学者予以纠偏；曾经掌握东亚国际法话语权的日本浸染于西方意识形态一个多世纪，对国际法运用的娴熟程度远胜于当年，其对钓鱼岛主权归属的狡辩，对子虚乌有的火控雷达照射事件的炒作，对中国舰机合法通过第一岛链海峡水道的虚张声势，都需要中国去认真对待。

然而，或是出于善良的本性，或是由于对现代国际法知识的缺失，在今天国际交往和利益博弈中，仍有一些国人对国际法的重要性重视不足，更谈不上熟练运用国际法捍卫国家利益。各大院校国际公法归属法学院而非国际关系学院的现状，加重了人们对其国际道义和国际公理功能的期待，模糊了两种制度、两种价值观体系对立较量中所具有的政治属性。"国家利益是国家一切外交活动的出发点和落脚点"，这就再清楚不过地告诉我们，国际法于本质上是维护国家利益的手段。由于认识不到位，我国对这个学科的扶持和投入力度不够，就使国际法变成了冷门，更多的人选择了职业经济效益前景好的学科，造成目前国际法专业人才匮乏的现状，国家公法事务磋商中往往出现中外专家"一对多"的被动局面。在诸如岛屿和海洋权益等与国家利益息息相关的国际争端中，我们经常是"有理没人说"，"说了没人听"。

而我军的法律保障现状也不容乐观，120年前日本就实行的随军法律顾问制度至今仍未在中国军队中确立起来。为军事行动服务的法律顾问没有定额定编，使部分原本就稀缺的国际法专业人才还面临转行的局面，这与我国军队走出去的客观需求不相适应。

所幸，今天的国际社会已不是120年前的国际社会，不再为少数强权国家把持，具有了广泛的参与性。一般性国际法也变成了国际社会广泛参与和接受、任何缔约国都可用来维护自身正当权益的有效工具。因此，我们更必须善于运用这一武器捍卫国家领土完整、主权独立和各种发展利益。

今天的中国也已经不再是120年前的中国。中国的综合国力增强，国际地位及影响力极大提升，人民的物质文化生活水平得到改善。中国已成为国际大家庭中举足轻重的一员。参与制定国际规则成为常态化事务，塑造公平合理的国际新秩序也成为己任。历经磨难、曾经沧海的中华民族在民族复兴的关键时刻，需要凝神聚气，为了自己，也为了这个赖以生存的世界，应以更加广阔的国际视野、更加宽广的胸襟、更加自信的战略定力，继续积极参与构建公平合理国际法话语体系的进程，充分利用国际法这一武器，为世界赢得更多的公平、公正和公道。

参考文献：

1. 林学忠：《从万国公法到公法外交——晚清国际法的传人、诠释与应用》，上海：上海古籍出版社 2009 年版。
2. 赖骏楠：《〈万国公法〉与晚清国际法话语》，清华大学硕士学位论文，2010 年。
3. [日] 佐藤慎一：《近代中国的知识分子与文明》，刘岳兵译，南京：江苏人民出版社 2006 年版。
4. [日] 福泽谕吉：《文明论概略》，北京编译社译，北京：九州出版社 2008 年版。

大时代需要清晰完整的大战略
——甲午战争的历史启示

舒 健

舒 健

国防大学战略教研部副教授,军事学博士,大校军衔。长期从事军事历史、战争战略理论的研究与教学。著有《晚清军事变革》《新四军》《华南抗日纵队》《战争召唤》等。

甲午战争给中国带来了沉重的灾难,对中日两国历史命运、对东亚战略格局都产生了深远的影响。今天,站在新的甲午坐标上回望过去,是为了让历史的智慧之灯照亮未来,让我们对未来看得更远、看得更准,以便更好地争取和平、美好的明天。

一、大时代呼唤全面系统、步履坚定的大战略

甲午战争的失败,首先是清王朝维护其生存与发展需要的安全战略的失败。

19世纪是人类历史上少有的大调整、大洗牌的时代。西方列强以工业文明为核心、以殖民主义为先锋,依靠近代化的军事力量,正掀起掠夺、瓜分世界的战争狂潮。甲午战争前几十年,西方列强平均每年扩张约100万平方公里的领土或殖民地,其中英国的殖

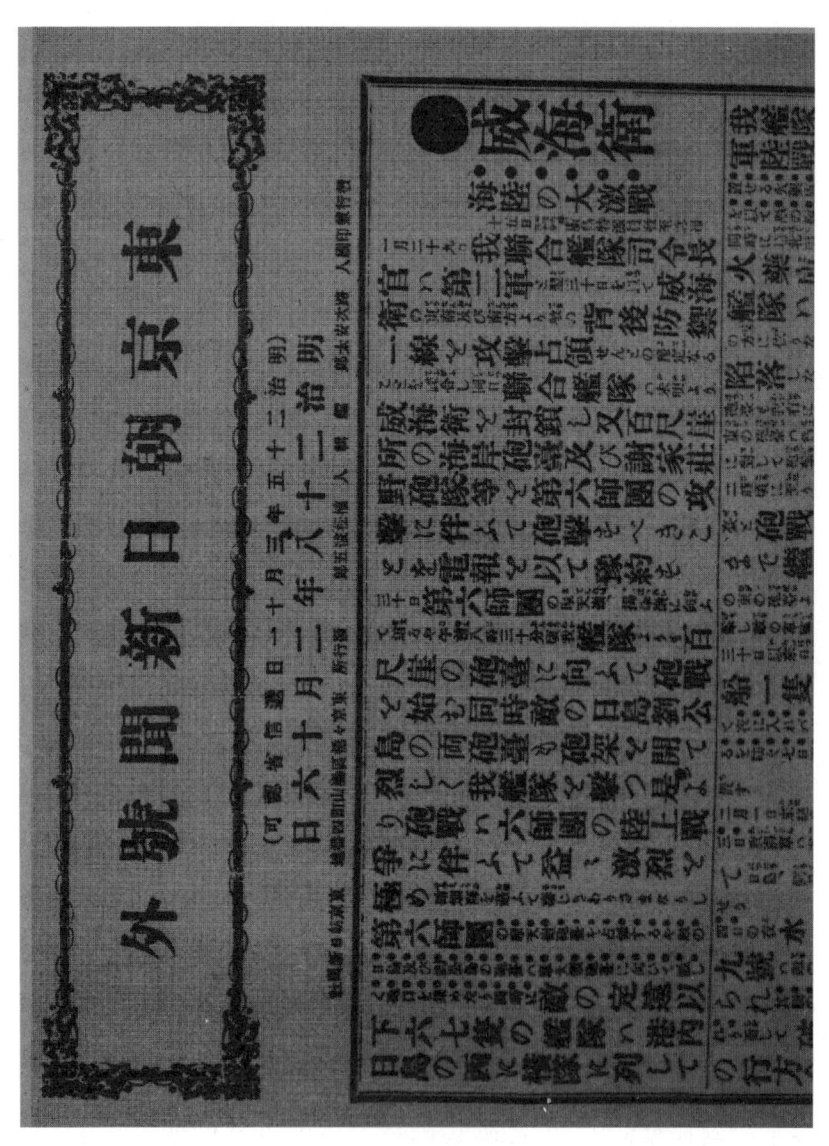

《东京朝日新闻》关于威海卫战斗的报道

民地面积正向全球陆地面积的1/4逼近。

在这股殖民主义扩张浪潮中，中国早已被来自欧洲的一把巨大钳子夹住：在中国以南，葡萄牙、西班牙、荷兰、英国、法国等西欧殖民主义者跨海踏浪而来，不断冲击中国濒海门户；在中国以北，俄罗斯的哥萨克越过乌拉尔山，穿过辽阔的西伯利亚，从陆地逐渐向太平洋挺进。同时，美国也展开咄咄逼人的西进运动，通过赎买、武装颠覆和入侵，已逐渐扩张至太平洋西岸。如何驾驭这样复杂的战略环境，维护并发展自身的利益，是对清王朝战略能力的巨大考验。

面对强寇四逼的险恶形势，特别是经过两次鸦片战争惨败之后，清政府产生了极大震撼。李鸿章有一个著名的战略判断：现在的中国处于"数千年未有之变局"，遇到了"数千年来未有之强敌"，高度概括了清王朝外部威胁的空前严峻性。"夷人之变，为旷古所未有"，"古今之创事，天地之变局"，成为当时人的共识。如何应对变局？如何应对强敌？很多有识人士都在孜孜以求。

基于无可怀疑的强大威胁，为重振摇摇欲坠的清王朝，清政府提出了"自强御侮"的战略目标。其战略途径是"内须变法""外须和戎"。即希望通过"大兴洋务"，"徐图自强"，恢复天朝帝国的尊严与荣耀。但鉴于中外实力悬殊，为了保障自强运动的顺利进行，在中外冲突与争端的交涉中，用"和戎"手段"保全和局"，为自强运动创造一个"中外相安"的和平战略环境。

但是，李鸿章等人也认识到"洋人论势不论理"，"和局"必须以军事实力为基础。因此，清政府在国防建设上采取"明守和局，阴为战备"的战略，积极筹建近代化的海陆军。在此期间，曾掀起著名的"海防"与"塞防"之争、"撤藩"与"护藩"之争的大辩论，详细论证和规划了有关清王朝面临的安全形势、国防战略重点、国防及军队建设等重大问题。

但是，清王朝驾驭复杂环境的战略能力极为薄弱。

首先，在2000多年专制思想的禁锢之下，中国人的活跃思想在"大一统"的格局下被牢牢桎梏、扼杀，每一名社会成员，都如同戴着沉重思想镣铐的囚徒，已经完全缺乏时代迫切需要的战略创新能力。

其次，清王朝长期以天朝大国自居，闭关锁国，昧于历史浩浩潮流，对于世界大势的战略预测能力十分薄弱，很晚才认识到外来威胁是来自海上，很晚才认识到海上威胁绝非海盗行为，而是对整个王朝和制度的挑战。

第三，当中国由古代向近代社会转型的关键时期，最需要一个雄才大略、胸怀天下的领袖及其团队的筹划和决断时，运转200多年的大清王朝正走向没落。整个权力核心昏庸无能，缺少必需的战略统筹能力，无力调节、积聚具有庞大战争潜力的中国在国际舞台上自立、争锋，眼睁睁看着具有明显人力、物力、资源优势的中国一步步落后、一次次挨打。

第四，政治体制僵化落后，官场上下人人各怀鬼胎、尔虞我诈，早已失去战略执行能力。正如曾出使中国的日本政治家副岛种臣所谓："中国往往有可行之法，而绝无行法之人；有绝妙之言，而无践言之事。"因此，虽然清王朝对于自身生存与发展重大问题上有一定战略思路，但对于"如何保全和局？如何徐图自强？如何阴为战备？"等核心问题，始终缺乏统一认识，没有总体设计，战略步骤、措施不明确、不系统、不坚决，从而极大影响了清王朝的军队建设、战争准备、威胁判断、外交战略、战争指导、战争动员等诸多方面的认识、决断和行动。

当中国遭受西方列强大入侵的时候，同在东亚的日本也被卷入历

旅顺居民在天后宫看戏

史的漩涡之中。

1853年7月8日,4艘周身黑漆的美国军舰闯入日本江户湾,打开了日本国门。此后直至明治维新的15年里,日本被迫同列强签订了20多个不同种类的不平等条约。然而,在不安、好奇与警惕之中,日本却多了一丝兴奋、渴望和急不可耐。面对如此一个既充满大挑战、又蕴藏大机遇的历史时代,日本把羡慕的目光投向了地球另一端的英国——英国与日本同为岛国,分处欧亚大陆两翼,面积、人口两国不相上下,而英国却在地球上建立了一个庞大的日不落帝国。英国,成为近代日本学习的榜样。

尽管与清王朝面对同样的局势,日本却采取了不同的战略,那就是"武力崛起"——与其如中国一样沦落为被侵略的对象,不如加紧富国强兵，成为列强欺侮弱国的同伙。1868年，日本明治天皇睦仁一登基，即确定"内须维新，外须扩张"的总方针。在《御笔信》中，睦仁宣称"日本乃万国之本"，要"继承列祖列宗大伟业"，"拓万里之波涛，布国威于四方"。在众多军国主义思想家的鼓吹下，这些观念最后汇聚为以侵略中国为核心目标的"大陆政策"：攻占台湾—吞并朝鲜—收取满蒙—征服中国—称霸亚洲乃至世界。日本认为，要改变中日之间的角色，必须通过一场武力决战。为服务于武力扩张的战略目标，大力推进政治、经济、教育改革，为对外侵略奠定坚实的制度、物质、人才保障。

在战争准备方面，日本相关工作内容之详细、行动之坚决，令今人也不寒而栗：1871年，向中国派遣留学生，为培养谍报人员做准备；1872年，第一次正式向中国派出间谍；1878年，设置参谋本部，负责对外用兵作战；1880年，参谋本部长山县有朋主张以中国为目标扩军备战；1885年，日本政府制订针对中国的10年扩军计划；1886年，日本间谍在汉口以乐善堂经商为掩护，建立起以汉口、北京为中心，在长沙、重庆、福州等地建立支部，遍布中国各地的情报网；1887年，日本政府人士提出《清国征讨策案》，海军制定至少5套针对性极强的作战方案；1888年，陆军废除卫戍性质的镇台制，实行以亚洲大陆为作战对象的师团制；1892年，日本宣布针对中国的扩军备战计划提前完成；1893年春，掌握军队实权的日本参谋本部次长川上操六，亲率大批参谋军官前来中国实地考察3个月，获得大量详细的第一手情报；1893年，日本天皇批准《战时大本营条例》，最终确立发动战争的领导体制。

同时，日本积极对外进行战略布势，灵活运用军事和外交两种手段，压缩清王朝外部战略空间：1874年，入侵台湾，试探清王朝对待主权和战争问题的战略反应；1875年，入侵朝鲜，次年迫使朝鲜政府签订《江华条约》，间接否定中朝之间的藩属关系，迈开向大陆扩张的第一步；1879年，入侵琉球，割断中国与琉球的传统关系，次年将琉球改名为冲绳县；1882年，朝鲜发生"壬午兵变"，日本以保护公使馆为名，取得在朝鲜驻兵的权利；1884年，朝鲜发生"甲申政变"。事后，日本通过条约获得随时向朝鲜派兵的特权，为以后发动战争埋下重要伏笔。虽然日本执迷不悟走上武力扩张的道路不可取，但其目标明确、步骤清晰、步伐坚定的大战略运筹，既让后人高度警惕，也有许多值得借鉴之处。

因此，与日本清晰、全面、志在必得的扩张战略相比，清朝政府全然没有一套应付日本进攻的国防战略，更没有制定出应付各种可能情况的作战预案，尤其低估了日本的"扩张意志，战争准备，军事冒险，战争能力，战略运筹"。甲午战争失败的重要原因之一，就是清王朝在大战略上目标模糊、大而化之、摇摆不定，致使中国这艘破旧的大船，在波涛汹涌的近代历史大海航行中险象环生，直至触礁沉没。

当今时代，全球各种力量相互影响日益紧密，世界安全形势不确定性日趋明显，快速崛起的中国将与周边国家处于战略摩擦的高发期。构建一个顺应历史潮流、拥有全球视野以及目标清晰、系统完整、一以贯之的大战略，是维护国家主权、安全和发展利益，在扑朔迷离的国际斗争中保持战略定力，积极主动，进退有据，夺取胜利的重要保证。

二、先完成军事体系和战略指导重塑者，收取超额战略红利

中华文明是世界最古老的文明之一，长期以来一直走在世界的前列。在军事领域，无论是军事理论还是战争实践，都曾经取得辉煌灿烂的成就。但是，在近代世界大变革的激烈震荡中，中国一次又一次

早年的旅顺水师营营地大门

错过追赶世界潮流的机会。

对于世界大变革的浪潮，清王朝看不见，也看不起。

1793 年，英国特使马戛尔尼率领庞大的使团来到中国，前后送给乾隆皇帝蒸汽机、天体运行仪、地球仪、榴弹炮、迫击炮、卡宾枪、步枪、连发手枪、赫歇尔望远镜、秒表、帕克透镜、热气球等几百件礼物。当时，中国在国防和军队建设上与西方相差 200 年左右，但经济上比较繁荣、政治上相对稳定，正是接纳西方先进文明进行变革的历史时期。令人遗憾的是，清廷对这些礼物不屑一顾，或者仅仅作为珍品、玩具收藏，根本没有想到其中的科技含义及军事价值。在乾隆交给马戛尔尼一封致英国乔治三世的信中，集中表现了中华帝国藐视一切的高傲态度：我对你谦恭有礼、倾心接受教化的态度深为嘉许，对你们岛国被茫茫大海与世界隔离开来的孤独偏远之感深表同情。但天朝物产丰盈、无所不有，我们不需要野蛮人的产品。

几千年的华夏文明，是建立在小农经济基础之上的农业文明。农业经济的特点是春夏秋冬、周而复始。人们觉得世间不会有什么大的变化，或如山岳般屹立不变，或如日月般循环不已。"从政府官员到普通民众，根本不信任甚或厌恶任何外国东西和任何形式大变革，他们唯一关心的是把儒教传统修饰得漂漂亮亮。"正如马克思所言："一个人口占世界三分之一的幅员辽阔的帝国，不顾时势，仍然安于现状……极力以天朝尽善尽美的幻想来欺骗自己。"这种情形自马戛尔尼来华后又持续了半个多世纪。

鸦片战争的炮声惊醒了少数中国人。为了警醒国人放眼世界，魏源呕心沥血编纂了长达一百卷的《海国图志》。但是，《海国图志》出版后在中国几乎无人问津。自认为还是身处世界中心的天朝子民，对外面的世界并不感兴趣。与此不同，几年后在日本刊印的《海国图志》，却已经有20余种版本。孤岛上的人们，迫不及待地了解着海洋外面的世界。一本书在两个国家的不同境遇，某种程度上也折射出两个国家不同的发展命运。

第二次鸦片战争期间，英法联军攻陷北京，将圆明园劫掠一空；沙俄趁火打劫，侵占中国100多万平方公里领土，清政府真正感到了西方文明的优越性和国家安全的严峻性，开始了以军事近代化为核心的洋务运动，造枪炮、建工厂、设海军，开矿山、办电报、筑铁路，表现出惊人的活力。不幸，这种情形是暂时的、表面的，变革主张从未被清政府提升到王朝大战略问题层面予以重视。所谓洋务，在宫廷满汉全席上还算不上主菜。

对于世界大变革的浪潮，清王朝看不懂，也看不透。

1863年，李鸿章在致总理衙门函中写道："中国文武制度，事事远出于西人之上，独火器万不能及。"当李鸿章说这番话时，一群"偷渡"到英国留学的日本年轻人，正在大英博物馆如饥似渴地读亚当·斯密的《国富论》、赫胥黎的《天演论》、卢梭的《社会契约论》，领悟欧洲文明先进的真谛。这群年轻人中，有一个人后来成了日本首相，他就是伊藤博文。梁启超后来比较李鸿章与伊藤博文时说，伊藤博文曾游学欧洲，知道政治之本在于法制；李鸿章只有拆东补西，画虎效颦。"日本之学如伊藤者，其同辈中不下百数，中国之才如鸿章者，其同辈中不得一人。"洋务派领袖李鸿章的认识尚且如此，其他人可想而知。

因此，甲午战争前搞了30年的洋务运动，几乎是军事变革单骑独进；在军事变革领域中，不过围绕着军事装备和军事技术打圈圈。莫说社会制度，就是军事上的编制体制、战略战术，也是不能轻易改变的。

甲午战争结束后，日军如此这般回忆战场上的情景：清军发动进攻时，总是打着10平方米大旗帜，挂在长10米的大竿上；一边吹着2米长的喇叭，一边堂堂正正地向日军发动冲锋。战斗中，清军常弃山地而据守村落，就像鸵鸟把头埋在沙子里一样，以为这样就安全了。清军从不用跪射、卧射，一律站着射击；射击时基本不瞄准，子弹多从日军头上飞过，达到很远的距离，并习惯于当敌人接近时，迅速将全部子弹打光，然后随着官长迅速后退。清军的兵号褂补子适居中心，成为日军枪靶子，无不中。后来，接仗时清军不得不将号褂反穿。当日军在"战时大本营——参谋本部"近代化指挥体制下胜利进军时，清王朝还在沿袭2000年前的"统帅＋幕僚"的指挥模式。可以看出，

日本首相伊藤博文

清军武器装备建设虽然取得不小成就,但其战术、训练、指挥是何等落后!

即使如清王朝最为自豪的北洋水师,不过是"一支山寨版的海军"。铁甲舰是一座座守卫要塞的移动炮台,海军不过是皇家大陆军中的海岸警备队,海防建设不过是在海岸线"修长城"。没有充分利用海军的主动性、机动性、进攻性,在战争中夺取制海权。也没有考虑海军战略上的远洋进攻性、海军舰队与国际战略之间的协同、海军建设与本土产业发展良性互动等种种战略问题。

甲午战争中清军方方面面的落后,不是将士在战场上拼命作战和流血牺牲能够弥补的,也不能简单归结为少数顽固派的破坏。事实上,落后保守的政治体制、经济体制和文化心理,是阻碍中国军事变革强大的社会基础。一些所谓的反动派，不过是这一社会基础的产物和代表。如果没有盘根错节的社会基础，顽固派不可能发挥强大的破坏作用。

1883年，日本著名思想家福泽谕吉提出"中国历史停滞论"，认为中国"将二千余年前尚处于未开蒙昧时代之古圣人语录，定为管束人间言行之万世不易之规则"，"亿兆民将二千余年间之劳力，都消耗在几百遍周而复始之同一长途中"。《马关条约》签订期间，伊藤博文对李鸿章说："十年前，我在天津时曾同大人谈过改革问题，为什么直到现在还没有一件事情得到改变或改进呢？为此我深感遗憾。"日本对国家强弱的根本，对中国存在的要害问题，竟然比我们自己看得清楚得多，不能不让今人也汗颜！

明治维新前的日本与清王朝具有极为相似的背景：位于亚洲东部，具有悠久历史，处于封建社会晚期，长期闭关锁国，面临殖民化危险，国内矛盾异常尖锐，等等。但是，日本人在西方的冲击中反应迅速。1853年著名的"黑船事件"引起了全日本大震动。执政的幕府即刻废止了禁止建造大型船舶的命令，并向荷兰订造军舰，开办海军传习所、造船所和制铁所。幕府末期的日本总体上依旧一潭死水，但已经积聚了变革的新能量，决心冲破那些保守和死板的制度。

日本幕府统治被推翻后，与清王朝洋务运动几乎同时起步的明治维新，一开始就显示出蓬勃的朝气。当时，一个日本人向一个德国医生说起日本历史问题时宣称："我们没有历史。我们的历史自今日始！"这个回答大概是对明治早期国民心态的最佳陈述，它标志着一个迅速改革和西方化时代的到来。

日本通过中国的凄惨经历看到，在腐朽的封建体制下，生产力不可能突破牢笼，迅速向前发展。社会要步入近代化，不仅必须采纳西方技术，而且不能脱离整个国家全面的工业化，也不能脱离西方国家伴随工业化进程制定的各种规章制度。"所有西方制度和惯例,甚至文化方面的细节如服装和饮食,都被看成力量之源泉。"

当文化自豪感让中国人看不到这些真理时,日本维新变革的思想早已深入人心。追赶西方列强的三大改革政策——"富国强兵""殖产兴业""文明开化"齐头并进,推动着日本急速向近代化国家迈进。日本不但在军事装备、航运、铁路、电信等方面取得了成绩,而且在军制、法制、教育、政治、思想领域也厉行改革、除旧布新。1872年,日本文部省颁布的第一个教育改革法令《学制》,确立了近代化的教育体制,要求做到"邑无不学之户,家无不学之人",希望通过普及国民教育,改变日本国民的文明素养,塑造大和民族的近代国家意识。1878年设立参谋本部,进行军制改革。1885年制定新官制,设立内阁。1889年,《大日本帝国宪法》正式颁布,标志日本近代天皇制国家意识最终形成。尽管日本的改革并不彻底,具有军国主义的色彩,但毕竟在近代化道路上迈开了坚定的步伐。

在近代军事变革和社会变革浪潮中,中日两国都在历史命运的陡坡上疾行。然而,日本在上坡,中国在下坡。近代中日之间的竞争,实际上是改革的赛跑。日本拼命改革,上气不接下气地奔跑,很快就会把它的前辈和过去的老师远远抛在后面。甲午战争正是对两国30年军事改革和社会改革的总检验。面对19世纪瞬息万变的形势,清政府没有紧紧把握好机遇,以积极主动的姿态跟上世界军事变革的步伐,失败只是早晚的事。

历史如大江大河奔流不息,绝不等待任何一个民族。当前,中国国防和军队现代化建设正处于关键时期。今日反思甲午战争之败,与其简单地指责清政府战时处置不当,不如研究近代中国在国防和军队建设上如何落后于时代的发展,总结其历史教训,为当前深入推进中国特色军事变革，努力构建中国特色现代军事力量体系，与时俱进加强军事战略指导提供历史借鉴。

三、战争既是物质力量的较量，更是对国家精神和意志的全面考验

甲午战争爆发之时，西方列强普遍认为中国力量强于日本，获胜的概率"中国七，日本三"。中国国民轻视日本之心更是达到极点。1894 年 7 月 28 日《申报》的评论是国内舆情的典型表现："以我堂堂天朝，幅员之广大，人民之多，财赋之厚，兵卒之精，十倍于尔，尔乃不自量力，轻启兵端是不明乎大小之势矣。"

这些言论虽体现国人盲目轻敌自大的心态，但也说出了中国具有雄厚战争潜力这个事实。尤其是经过 30 年洋务运动以后，清王朝近代化成绩相当可观。在一些具有代表性的近代化经济指标中，如铁路、轮船航运、棉纺业方面清王朝虽不如日本，但在煤产量、钢铁、进出口值、军事工业等方面却超过日本。

在军事领域，无论舰队、要塞，还是大炮、枪支，都让日本甚至世界列强刮目相看。据日军统计，仅战争中就缴获清军加农炮 100 多门，山炮、野炮、攻城炮近 400 门；而日军陆军只装备山炮和野炮，7 个师团加在一起才 267 门。日军缴获清军枪支弹药无数，仅毛瑟枪枪弹一种就多达 1400 多万发；而派往海外的日军士兵，每人约放步枪子弹 8 发，总共才消耗枪弹 120 多万发。

但是，战争绝不仅仅是物质力量的较量。

战争中，日军后勤补给困难，常常缺粮少弹。平壤战役中，日军只有够吃 2 天的干饭团和少量弹药，如果连续作战 2 天以上，日军只好放弃进攻。尽管清军和日军人数、装备不相上下，但交战仅一天，

主帅叶志超竟率队逃跑，狂奔500里退回鸭绿江边，将堆积如山的枪弹物资留给日军。缴获的粮草如雪中送炭，弥补了日军军需短缺的现状，成为日军扩大战争规模的强心剂。其中仅军粮一项，足够进攻平壤的日军14000人一个多月的分量。

金州、大连、旅顺一带号称远东第一要塞，清王朝经过10多年苦心经营，固若金汤，日军望而生畏。日军进攻其中的和尚岛炮台时，有的将行李托付给战友作为遗物，有的把烟卷分得一支不剩，也不带午饭和干粮，悲壮凛然无一人望生还。然而，日军花费近8个小时，屏息潜行攻进炮台时，清军早已踪迹全无，唯有一门门巨炮指向寂静的天空。一些大炮甚至炮衣都未褪去，犹如蛟龙般沉睡。日军指挥官叹息说：若此炮台为我军把守，一个中队可阻挡百万之敌。

早在日军进攻前，大连湾守将赵怀业就派人到烟台，大肆出售其贪墨的军粮。当金州战火正酣，友军苦等赵怀业援军不得。原来赵怀业正在大连湾码头，亲自监督兵士运行李准备渡海逃跑。日军发动进攻时，大连湾各个炮台基本空无一人，只留下大批枪炮、弹药、物资。日本国小民贫且跨海远征，若非清军大量装备资敌，日军根本无法坚持作战。

甲午一战，清军中不乏英勇如左宝贵、邓世昌这样的将士，但更多的是"养兵千日，用时一逃"的景象。清军士兵大多不知道为谁而战，为什么去战。清军在战场上的种种怯懦表现，实为当时中国政治、社会生态的一个缩影。

甲午之后120年来，无数人都为清政府息事宁人、妥协退让、屈辱求和而痛心疾首。战争中，尽管中国幅员辽阔、人口众多，但面对日本的挑衅和进攻，清政府不敢也不善于运用军事力量捍卫国家利益，不惜付出巨额赔款和大片江山。这种现象表面上可以归结为清政府缺

被日军占领后的旅顺椅子山炮台

乏"有原则、有底线、有血性"的大国意志,但从根本上讲,清王朝经过200多年的运转,早已失去开国初期的雄浑进取气象,已经从一个生机勃勃、开疆拓土的政治集团,变成丧失努力方向的老朽利益群体。

1894年,在中国混迹多年的日本间谍宗方小太郎,在《中国大势之倾向》报告中,描绘了中国浮华背后的真实景象:庸官俗吏献媚当道,清廉高洁之士多不容于时流。上至庙堂大臣,下至地方小吏,皆以利己营私为事,朝野滔滔,相习成风,非区区制法所能禁遏。以今日之势占卜中国之前途,早则10年,迟则30年,必将支离破碎。

战争爆发后,清廷上下不顾前线激战、牺牲,仍然穷尽奢华为慈禧太后庆贺六十大寿。但在日本,明治天皇亲临广岛大本营指导战争,亲自谱写或主持监修军歌。著名军歌如《黄海大捷》《平壤大捷》等在前线被争相传唱。日本皇后一条美子连续巡视医院慰问伤兵。天皇、皇后的行为，激发了全国军民为天皇、为国家而战的热情。

社会发展是不可能停止的，停止的只可能是人的进取与奋斗。清王朝沉醉于过去的辉煌，陶醉于眼前的繁荣假象，仅知道抱残守缺、苟延残喘。统治者在战争中表现出来的腐败、软弱、怯战等一系列问题，不过是失去远大理想、进取精神的派生物。

甲午之败，也败于整个国民精神的消极与颓废。

一些外国记者、作家记录了他们战争期间看到的情景：在日本军舰附近，经常见中国乞丐乘着小舟前来讨饭。日军将残羹冷炙悉数投向那些乞丐，他们则笑嘻嘻地将扔下来的剩饭收起来。有时日本宪兵认为他们有流行病，拿着棒子追上来管制。乞丐们就用尽浑身的气力划桨离开。一边划桨，还一边回头笑。在日军占领后的城镇、村落，各种规模的集市很快恢复了往日的热闹景象，一些商贩还很快学会用日语叫卖。在日军驻扎的营地附近，往往云集来自各地的民工。有的赶着骡马大车，有的拿着扁担或赤手，等待为日军运送物资、弹药、伤员，以便在贫寒之中讨口饭吃，一点也没有亡国之恨的样子。

上述描绘虽然不乏片面、夸大之处，并抱有狭隘的民族主义情绪，但也确实反映了当时中国国民的一些状况。长期处于封建专制下的中国民众，所谓国家观念、民族意识淡薄到等于没有。数千年来，一个个王朝如走马灯似的更替，普通民众只需缴纳赋税，无需对"国家"有任何责任。民众在酷吏压榨下逆来顺受，长期处于贫困之中，一盘散沙。他们不懂关心国家的命运，他们只懂自己的生存、眼前的生意，何谈为民族求生存、为国家争荣耀？

反观日本，国民在军国主义的鼓动下形成空前的参战热情。侵华日军出征所经之处，到处挂满军旗国旗，站满鼓掌祝贺的民众；即使雨夜路经穷乡僻壤之处，也有村童群集，竖起大旗高举灯笼，冒着倾盆大雨高唱军歌；生活贫困的农民将口中省下的几个钱捐出来，娼妓纷纷将多年积攒的卖身钱自愿奉献……战争爆发前，日本迅速筹集军费1亿多两银子。而清政府煞费苦心，仅筹集到1200万两左右。无奈之际，只好先后向英国借款2900万两，才算把战争维持下来。其中差距，既有融资手段的差距，也有思想意识的差距。

甲午之后，人们对战败的反思逐渐集中到三点：一曰变法，二曰革命，三曰改造国民性——即制度落后、政权腐朽、国民颓废。这是甲午战争失败深层次的原因。对于国民性，如梁启超所言："然则苟有新民，何患无新制度？无新政府？无新国家？"虽然梁启超过于强调国民启蒙、改造问题，但制度、政府、国民其实相互深深影响。不能"立人"，何谈"立国"？甲午以后中国尚武主义的流行，不能简单理解为崇尚武力，实为希望打造一个远离保守暮气、充满阳刚之气、生机勃勃的中国；其后提倡民族意识和国家观念，实为希望建设一个脱离一盘散沙、充满凝聚力、团结协作的中国；再后民主与科学成为社会主题，实为希望缔造一个摒弃奴性迷信，具有国际视野、现代意识的中国。

历史反复证明：国家的强弱在于经济状况和国防实力，也在于国家意志和民族精神。积极进取的国家意志和奋发向上的民族精神，是实现经济繁荣和国防强盛的原因而非结果，也是维系一个国家由弱变强、长盛不衰的永久动力。

四、伟大的战略需要强大的军队

甲午一战，日本事前未料到赢得如此彻底，获得权益如此巨大，全国上下喜出望外如中巨额彩券。福泽谕吉发表充满激情的文字："我感到不可思议的幸福。思前想后，恍如梦中，我惟有感激而自泣。"当日本沉浸在狂欢之中时，辽阔中国大地处处充满凄凉悲痛。梁启超作诗："千金剑，万言策，两蹉跎！醉中呵壁自语，醒后一滂沱！"谭嗣同写诗："世间无物抵春愁，合向苍冥一哭休。四万万人齐下泪，天涯何处是神州？"

甲午惨败对中国的震撼，超过近代以来任何一场对外战争的失败。

1840年鸦片战争爆发以来，中国因外患而遭受的每一次失败，都产生过提前醒悟的先觉者，但大多数人依然在昏昏沉睡，大有雨过忘雷之意，没有社会意义的群体跟进。赫德有过生动形象的比喻："这个硕大无比的巨人，有时忽然跳起，呵欠伸腰，我们以为他醒了，准备看他做一番伟大事业。但是过了一阵，却看见他又坐了下来，喝一口茶，燃起烟袋，打个呵欠，又朦胧地睡着了。"但是，连一个小小的日本都逼得中国割地赔款之际，一种亡国灭种的危机顿然弥漫整个华夏大地。"敌无日不可以来，国无日不可以亡。数年之后，乡井不知谁氏之藩，眷属不知谁氏之奴，血肉不知谁氏之俎，魂魄不知谁氏之鬼。"梁启超这些忧国忧民的文字，代表了国人面对民族危亡的真实感受，中华民族具有群体意义的觉醒因此开始！大家从天朝的幻梦中醒过来，真正重新观察周围的环境与世界，重新评估自己的地位与能力，重新选择该走什么样的道路。

因此，甲午战争对于中华民族是一个大灾难，但是它具有积极意义：促使了中华民族的伟大觉醒，开启了中华民族复兴的历史进程！

1894年11月24日，孙中山在美国檀香山兴中会成立宣言中明确指出，设立本会目的"专为振兴中华"——该口号成了中华民族复兴观念的先声。历史惊人地巧合，同一天，日军正在旅顺大屠杀。"救亡"这个口号，是严复在1895年《救亡决论》里提出来的，当时甲午战争刚刚结束1个月左右。"振兴中华"和"救亡图存"口号喊出了当时所有中国人的共同心声，从此成为推动近代中国社会发展的主旋律。

近代以来中华民族发展的历程，就是为实现民族复兴这一最伟大梦想而不断奋斗的历程。

"醒过来，挽救中国，振兴中华"——这是近代以来第一个甲子中国人民的历史状况与任务。中华民族因惨败而震撼，在震撼中觉醒，在觉醒中奋起。维新变法、辛亥革命、"五四"运动……一个浪潮接一个浪潮。在共产党的带领下，经过半个甲子艰苦卓绝的斗争，中国人民赢得了民族独立和解放，不可逆转地结束了中华民族"挨打"的悲惨历史，为民族复兴奠定了制度基础。

"站起来，保卫中国，建设中国"——这是近代以来第二个甲子中国人民的历史状况和任务。面对国内外反动势力的包围遏制，面对一穷二白的烂摊子，站起来的中国人民在共产党带领下，朝气蓬勃投入保卫新中国、建设新中国的大潮中。经过一个甲子的社会主义探索和建设，在第三个甲午年到来之前，中国综合国力发生了翻天覆地的变化，中国人民完全解决了"挨饿"的社会状况，为民族复兴奠定了物质基础。

"富起来，发展中国，复兴中华"——这是近代以来第三个甲子中国人民的历史状况和任务。历史发展到今天，中国人民经过两个甲子的苦苦求索与艰辛努力，比历史上任何时期都更接近中华民族伟大复兴的目标。

何谓中华民族伟大复兴？回顾近代以来中华民族遭受的百般屈

辱，遥想四大发明、丝绸之路、唐诗宋词、各国遣使赴唐之景象，复兴之于"国"，实为复兴其繁荣、先进与胸怀；于"民"，实为复兴其自尊、自信与自强；于"世界"，实为复兴其贡献、楷模，成为人们向往的地方。但是，一些别有用心的国家却刻意歪曲，认为中国是试图复兴历史上的武功、版图抑或"不可一世"，并炮制出内容更荒诞离奇、耸人听闻的"中国威胁论"。

这与120年前何等相似！

1882年，日本维新元老山县有朋上奏明治天皇，认为欧洲各国距日本较远，痛痒之处并不急迫，近邻大清帝国的威胁才是具体的。针对清政府在洋务运动中加强军备的努力，山县有朋编造出中国将在数年后"称霸于世界"的神话。很快，在其他军国主义分子鼓噪声中，日本掀起"清国威胁论"热潮，并以中国为假想敌大肆扩军备战。

日本军国主义分子不仅把中国的进步视作威胁，甚至把统一的中国也视作威胁。1887年，日本在《清国征讨策案》提出："若欲维护我帝国独立，伸张国威，进而巍立于万国之间，保持安宁，则不可不分割清国，使其成为数个小邦国。清国虽老衰腐朽，仍乃一世界大国，应乘彼尚幼稚，断其四肢，伤其身体，使之不能活动，我国始能保持安宁，亚洲大势始得以维持。"

正是打着"消除清国威胁""文明对野蛮的战争"的幌子，日本悍然发动了甲午战争。甲午惨败，清王朝"和平保国""洋务救国"的梦想成为泡影，中国初具规模的近代化进程被打断。在生存与发展两个问题上，中国人民不得不先选择"求生存"，被迫投入"救亡图存"的历史洪流中。此后100多年里，各种"中国威胁论"特别是"中国军事威胁论"一直伴随着中国的进步与发展。

当中国社会和军队现代化进程进入关键时期，在中国人民为强国梦、强军梦努力奋斗之际，"中国威胁论"又甚嚣尘上。透过历史我们早已明白，某些国家渲染所谓"中国威胁论"，不过是为其扩军备战求得借口和理由，不过是为其联合遏制中国寻找依据，不过是为其迟滞中国国防和军队现代化进程施放烟雾。其最终目的，不过是为了让我们把生存和发展的希望交给他们掌握，甚至在中国大地再次上演"甲午悲剧"。

近代以来，不是中国威胁了别人，而是别人在屡屡威胁中国、侵略中国。历数那些极力渲染"中国威胁论"的国家，有几个没有在历史上给中国人民、世界人民带来深重灾难？当他们对中国的强国梦、强军梦说三道四的时候，应该请他们在其国家历史的罪恶一面中去寻找答案。

近代以来，因为没有一个强大的国家和强大的军队，中国人民受尽苦难；正是建立一支强大的人民军队，中华民族才赢得独立与解放；正是因为有了一支强大的人民军队的保卫，中国人民才拥有一个甲子的和平与安宁。随着人类社会的发展和进步，现在没有任何一个国家能像历史上一样，可以凭借弓马长刀或者军舰大炮，就能随便掠夺其他民族创造的财富。但是，"国家安全取决于社会繁荣发展和是否有能力保卫社会繁荣发展"的现实，在可以预见的历史时期内不可能改变。"强国梦""强军梦"不可能在"中国威胁论"中却步。"建设一支强大的人民军队，为中华民族伟大复兴提供坚强的力量保障！"这是近代以来中国人民从惨痛教训中得出的结论，是人民军队必须肩负的伟大历史使命！

不断提升打赢战争的战略能力
——甲午战争的战略警示

姜春良

姜春良

军事科学院军事战略研究部研究员、博士生导师，专业技术少将军衔，政府特殊津贴获得者。著有《战争的焦点》《军事地理学》《战争理论和战略研究50年》等十几部著作。

甲午战争是1894—1895年中国军民抗击日本入侵中国的反侵略战争。战争以中国失败，日本从中国夺取台湾、澎湖，获得相当日本4年财政收入的2.3亿两白银战争赔款而告结束。甲午战争的失败，使中国的民族危机愈益深重，而日本则走上了扩军侵略的道路。甲午战争的影响深远而又持久。今天，从战略全局上分析甲午战争中国失败的历史教训，从中得出有益的战略警示，对于我们总结历史经验、增长战略智慧、防止历史悲剧的重演、提高警惕、捍卫国家利益仍具有重要的意义。

一、对日本军国主义缺乏警惕

腐败专制的清朝政府对日本凶残扩张的侵略本性及灭亡中国的战争野心缺乏深刻的认识，寄希望于列强的外交调停。战争爆发

日军对手无寸铁的旅顺居民进行血腥大屠杀

后指挥混乱,不敢主动出击、消灭入侵之敌是其失败的主要原因。

日本企图发动对中国的侵略战争蓄谋已久。早在1868年,明治天皇登基伊始便极力鼓吹军国主义,以实行对外扩张为基本国策,并将侵略矛头首先指向中国,积极扩军备战。1879年日本强行吞并奉中国为宗主国的琉球,改为冲绳县,清政府也没有采取实际行动。甲午战争爆发前,日本陆军建成7个师,兵力约12万人,战争中实际动员兵力24万人。日本海军有军舰32艘,鱼雷艇24艘,排水量共达6.2万吨。日方还派遣大批特务到中国搜集军事情报,绘制详细的军事地图。

清政府对日本的侵略野心有所察觉。1874年日本侵略台湾事件及1883—1885年中法战争，促使清政府加强海防建设，以北京为防御重点，主要防御对象是日本。1888年北洋海军正式编练成军，威海卫和旅顺基地也相继建成。清政府陆海军总兵力达80多万人。但清军指挥体制不顺、管理混乱、训练废弛、战斗力低下，没有进行有针对性的战略部署和战争准备。

1894年7月25日，日本联合舰队在朝鲜牙山湾口丰岛海域突然袭击中国海军护航舰艇和运兵船，揭开了甲午战争的序幕。日本战时大本营在挑起这场战争之前，制定了海陆军统筹兼顾的作战大方针，其战略目标是在中国河北平原与清军进行主力决战，打败清军，压迫清政府屈服。日军认为能否达此目标关键在于海军作战之胜负，为此提出了两期作战计划：首先派陆军一部进入朝鲜以牵制清军，海军则寻机与中国海军主力决战，迅速夺取黄海制海权。战争第一阶段，清军与日军黄海海战，北洋舰队5舰沉毁，日军舰伤5艘，最后日军夺取了黄海制海权。第二阶段，日军突破清军鸭绿江防线，在旅顺口登陆。第三阶段，清军在山东半岛和辽东半岛全面溃败，威海卫基地陷落，北洋舰队覆灭。1895年4月17日甲午战争以中国失败而告终。

日军在甲午战争中采取极为凶残的屠杀手段。1894年11月21日，日军攻陷旅顺，一连4天烧杀淫掠、滥杀手无寸铁的无辜民众，致使整个旅顺街道尸积成山，海面浮尸无数。这就是震惊中外的旅顺大屠杀惨案。当时在旅顺的一些外国武官亲眼目睹了惨案的发生经过，并发报告给本国政府。1898年伦敦出版的《在龙旗下》一书作者艾伦是一名水手，他在旅顺目睹了日军的屠杀。他在书中写道：日本军队进入旅顺后，兽性大发，对中国和平居民进行了4天的大屠杀。幸免于死难者仅36人。旅顺街头到处尸体横陈，许多难民被绑在一起枪杀，日军聚集在一起进行祝捷。据国际媒体报道，日军在甲午战争期间不仅在旅顺实施了大屠杀，在平壤、金州、营口、海城、凤城、荣成、烟台、威海和台湾等地也杀害了众多中国和朝鲜军民。

1895年4月17日，中日签订《马关条约》，甲午战争结束。日本占领了台湾、澎湖，又获取了2.3亿两白银的战争赔款。以此为契机，日本迅速发展起来并进一步扩军备战，开始成为亚太地区的主要战争策源地。

甲午战争后日本侵略的野心更大，把中国视为宰割的重点目标。1900年义和团运动严重打击了帝国主义的侵华利益。当年6月10日，英国、美国、日本、俄国、法国、德国、意大利、奥地利等组成八国联军侵华，从天津大沽口入侵北京，兵力共33500人，其中日军13000人，是入侵的主力。日军攻入北京烧杀抢掠、无恶不作，仅从户部掠走的白银便有300万两。1901年12月24日，清政府被迫签订了丧权辱国的《辛丑条约》，条约规定中国支付战争赔款4.5亿两白银。日本与俄国为了侵略中国东北，于1904年2月在中国东北发动了日俄战争。当年5月，日本占领大连。次年3月，日军在辽阳战胜俄军，5月在对马海峡战胜俄海军，取得日俄战争的胜利。战争发生在中国的土地上，成千上万的中国人民遭到日俄无辜的杀害。仅海城、盖县就有300多个村庄、8000多户受害。1914年7月，第一次世界大战爆发。9月3日，日军3万余人从山东龙口登陆侵略中国。1915年，日本提出了灭亡中国的《二十一条》，此后日本对山东、东北南部、内蒙东部进行了实际占领，扩大了对福建和长江流域的侵略。

1931年9月18日，日本发动了侵略中国的战争，一夜之间占领了沈阳。到9月末，日军占领了辽宁全省以及长春、吉林等战略要地。自此中国人民开始了长达14年的抗日战争。日军在这14年的侵略战争中对中国人民进行了系统的屠杀、掠夺、破坏和摧残，犯下了大量

签订《马关条约》的春帆楼

的骇人听闻的反人类罪行。

1937年7月7日，日军发动了全面的侵华战争。1937年12月13日，日军攻占中华民国首都南京。在接下来的6周时间里，日军将30多万中国军人、俘虏、平民屠杀。南京大屠杀是第二次世界大战太平洋战场中规模最大的针对平民和非战斗人员的屠杀。

在战争中日军对中国实施大规模细菌战是其重要的杀人手段。1939年至1945年，日军对中国20多个省进行了大规模细菌战攻击，造成237万人感染鼠疫、霍乱、伤寒、炭疽、结核等50多种细菌，其中死亡65万人，造成了难以想象的人间灾难。

1932年至1945年间，日军在哈尔滨平房地区设立细菌战试验部队总部，代号"731"部队，其任务是试验和生产化学及生物武器。731部队强制使用大批中国人、苏联人、朝鲜人进行活体细菌试验、活体解剖、放射性试验等。被试验者在极度痛苦中被折磨至死。

　　日本从1931年开始在中国进行的14年侵略战争，造成了3500万中国军民伤亡。著名的抗日英雄杨靖宇、赵尚志、赵一曼、左权、张自忠等都牺牲在日本的屠刀下。日军在中国实施杀光、烧光和抢光政策，屠杀平民，奴役劳工，疯狂掠夺资源，摧毁城市乡村，对中国人民实行肉体和精神的双重折磨。中国人永远忘不了日本在中国犯下的滔天罪行。战后，中国政府为了中日友好，放弃了战争赔款，但一些企图复活日本军国主义的政客却恩将仇报，不断冲击战后国际秩序。有的日本政客还狂妄叫嚣要重来一次甲午战争给中国以教训。事实证明，日本军国主义者的侵略本性永远不会改变，对此中国人民决不可掉以轻心。

　　日本首相安倍晋三2012年12月上台以来采取了一系列措施恶化中日关系，挑起钓鱼岛争端，加快修宪，解禁集体自卫权，拉拢北约和中国周边国家围堵中国，参拜靖国神社，反对我国设立的东海航空识别区等。2013年5月12日，安倍晋三精心策划在松岛市航空自卫队基地编号"731"的教练机座舱上弄姿作秀，为731部队招魂。他崇拜其外祖父——岸信介。岸信介在麦克阿瑟的包庇下战后没有受到审判，还当上了日本首相。安倍晋三上台后与其外祖父一脉相承，扩军备战，借助于《日美安保条约》对中国进行威慑，挑战中国的核心利益。对于企图恢复日本军国主义的日本右翼言行，我们一定要保持高度的警惕，必须时刻做好战争准备，防止敌人突然打响针对中国的第一枪。国家虽大，忘战必危，中国绝不能允许甲午战争的历史耻辱重现。

二、一味采取消极防御战略

战争是国家与国家、阶级与阶级、集团与集团、民族与民族之间为了一定的政治经济目的而进行的暴力对抗。战争是实现政治目的的特殊手段。战争从政治上可划分为正义战争（反侵略战争）和非正义战争（侵略战争）。从规模上可划分为大规模战争和中小规模战争。从空间上可划分为世界大战、地区战争、国家间战争和国内战争。甲午战争是一场清政府举国迎敌的反侵略正义战争，从当时中日两国的力量对比来看差别并不大。从军事力量上看，中国的陆军兵力多于日本，海军舰艇吨位相当。从地理条件上看，中国处于有利的防守地位，可以利用海岸地形进行防御。从政治上看，中国进行的是一场反对外敌入侵的正义战争。然而，战争却以清朝帝国败于岛国日本而告终，这种结局的出现，与清政府腐败专制、得不到人民的支持、不能正确判断战争形势、一味采取消极防御的战略方针有着直接关系。

战前清朝的实际最高统治者慈禧太后准备庆祝六十大寿，毫不考虑国家民族利益，对日本的侵略行径力主忍让，免得耽误做寿。光绪皇帝不敢公开反对，虽然主战但没有实际指挥权。战争爆发之前清政府是和是战方针动摇不定，直接影响战争准备、战争进程和战争结局。实际上总揽朝廷军政、外交大权的李鸿章与慈禧沆瀣一气，缺乏积极抗战的战略思想，战前一直坚持息事宁人和以敌制敌的消极防御方针，对日本侵略者的野心和当时的战争形势做出了完全错误的战略分析与判断。没有判断出日本要发动全面侵华战争，军事上没有做全面的战争准备，而将祝寿作为重点，对迫在眉睫的战争没有引起警惕。当日军大举侵入朝鲜、战云密布之时，李鸿章一面消极应战，一面还心存在列强干涉下使日本退兵的幻想。死守消极防御的战略方针，不敢主动出击迎敌，使得平壤之战没能积极夺取先机和战略要地，以致首战失利，从而造成敌人步步占先、中国招招落后的被动态势，将战争的主动权拱手让人。战争进程中，清朝陆军海军不能协同而是各自为战，一再坐失良机。在辽东半岛和山东半岛的抗登陆作战中，清军仍实施单纯守点、分兵把口的消极防御方针。日军在庄河县花园口登陆并向金州前进，严重威胁旅顺后侧时，李鸿章仍令守军各守营盘。徐邦道等建议向皮子窝方向主动出击，也遭到反对。威海卫之战，陆上守军建议积极战法，李鸿章也不予采纳，坚持消极防御，以致造成被动挨打的局面。加上守卫要塞的将领大多没有与阵地共存亡的决心，因而要塞也无法守住。1895年2月17日，日军占领刘公岛，威海卫海军基地陷落，北洋舰队全军覆灭。此后，清政府不但没有集中全国力量进行反攻，而是不惜割地赔款、乞和求降。慈禧、李鸿章等如此昏聩无能却操控战争指挥大权，坚持消极防御的战略方针，要想取得战争胜利自然是不可能的。

中国和日本在当时实力差距不大，如果清政府能够制定积极防御的战略方针，战略上坚持持久战，战役战术上采取集中优势兵力实施攻势作战，加强陆海兵力协同，在山东半岛、辽东半岛加强守备和积极进行抗登陆作战，日军就不能轻易登陆，威海卫的北洋舰队也就不会全军覆灭。但是由于清政府的腐败专制，采用消极防御的战略方针指导战争，不敢主动出击消灭敌人，只能被敌人消灭，导致中国割地赔款的结局。当时，作战双方各有优势，中国的优势是潜在的，只有在继续坚持的情况下才有可能逐步显现出来，而要将潜在优势转换成现实优势的决定条件就是决心打一场持久的战争。如刘坤一提出："'持久'二字，实为现在制倭要著。"还有人提出"坚持战局，以十年为期"。对日持久战争思想是当时将领根据对日战争的实践经验提出的，这在当时是很了不起的真知灼见，但没有得到采纳。

甲午战争的失败警示我们：当今世界仍是一个不平等的世界，霸权主义、强权政治仍是战争的根源。战争的本质是消灭敌人、保存自己，战争是流血的政治。李鸿章不知道清军只有主动消灭更多的敌人清朝才能安全，一味地乞求敌人而不努力杀敌，只能导致失败。如果采取积极防御的方针，动员广大军民参战，做好战争准备，甲午战争中国并非一定失败。清政府因为战略方针的错误，在战争指导上处处被动，才导致战争的失败。兵者，国之大事，对于战争的准备和战略方针的决策要高度重视。甲午战争警示我们，中国任何时候都要做好战争准备。只有拥有强大的战斗力，做好战争准备，才能威慑敌人，遏制危机，控制战局，战胜敌人。中国未来面临的主要战争威胁仍是强权政治和军国主义的侵略。我们要准备的应该是正义的反侵略战争，我们应该采取的是积极防御的战略方针，仍然要坚持战略上的持久战、战役战术上的集中优势兵力、火力攻势作战。今天的中国已不是120年前的中国，今天的中国是世界第二大经济体和13亿人口的世界大国，任何敢于侵略中国的国家都将付出惨重的代价，都将尝到中国人民的铁拳。

三、缺乏战略指挥与保障能力

战争是物质的较量，也是指挥艺术的较量。指挥正确与否对战争的成败关系极大。高超的指挥艺术，可以变劣势为优势，化被动为主动，指导战争走向胜利。错误的指挥，却可以将战争引向失败。甲午战争中清政府没有真正的战略指挥机关，名义上的最高统帅是光绪皇帝，而实际的最高统帅却是慈禧。她厌战主和，将实际的战争指挥大权赋予李鸿章一人之手。李鸿章在慈禧太后的支持和庇护下，对主战派的

战后旅顺市街景（日人浅井忠绘）

意见和光绪皇帝的作战谕旨或者阳奉阴违，或者置若罔闻、迁延不办。因此光绪帝无法统帅战争全局、制定战略方针，也不能实施集中统一指挥，因为他没有实权，更没有战略指挥机关为其提供指挥保障。在这场涉及国家命运的反侵略战争中，李鸿章成了战略指挥的统帅。他在慈禧的支持下，握有清政府的外交和军事实权。他经营的淮军和北洋海军成为战争的主力。

战略指挥是指挥活动的最高层次，其基本任务是统筹战争全局，制定战争行动的方针，运用国家和军队的力量及有效的斗争形式，战胜敌人，实现战争的政治和军事目的。李鸿章在甲午战争的指挥中，没有认识到敢战方能言和，一味向列强乞求调停。不敢主动使用军事力量，被动迎敌，是导致战争失败的主要原因之一。

统帅缺乏权威性和有效的指挥控制。李鸿章难以协调陆海军之间的行动，不能实施不间断的集中统一指挥，军事力量不能发挥整体威力。清军前敌各军各不隶属，往往各行其是，一盘散沙。有将无帅，诸将并立，在海军和陆军之间、陆军各部之间特别明显。金州的部队受沈阳指挥，大连的部队由天津指挥，大连和金州地理上连在一起，军事上却不能及时配合。山东防务由巡抚李秉衡指挥，不受李鸿章节制，威海卫的北洋水师也不接受李秉衡的指挥。当日军登陆荣成向威海进攻，由陆路抄袭威海卫之背时，陆军与北洋水师各自为战，缺乏协同，消极防御，处处被动，导致北洋舰队困在港内全军覆没。

清政府对日军的战略进攻方向一再判断错误。清政府将辽东半岛作为主要防御的战略方向，重兵部署在辽东鸭绿江，而日军进攻的主要方向先是辽东半岛后是山东半岛，使清军陷入战略被动。李鸿章没能及时果断地进行抗登陆作战准备，两次大的抗登陆作战都没有事先在敌人可能登陆的地方布置防御力量，也没有在旅大和威海的侧后部署坚守防御的得力力量。两次日军登陆，清军都没有在滩头痛击敌人，使敌人没有付出代价就轻易登陆成功，这与战略指挥不力有直接关系。

海军的指挥运用有误。北洋海军是清军的精华，全部是新式装备，1888年正式成军，但仅仅6年后就被日军所败，实在痛心。黄海海战损失5舰与指挥不力、战术不当有关。威海卫之战失败与李鸿章、丁汝昌未能指挥舰船主动出击歼敌、被动消极防御有关。此外清政府未能将当时的北洋、南洋、福建、广东4支海军集中使用。如果这4支海军能在正确的战略方针指导下，密切协同，集中力量对敌，与日本联合舰队争夺黄海制海权也是有可能的。但由于指挥失误，导致战争的失败。

忽视战略情报侦察，致使指挥保障不力。日军利用各种手段获取大量情报，而清军则战争准备不足，对敌人的情况和战略意图缺乏了解，对敌人的主攻方向一再判断错误，造成被动和极大损失。

正确的战略指挥要从实际情况出发,要照顾好战争的各个方面,抓住对战争全局有决定意义的关节,推动战争全局的发展。正确判断战争形势,是正确实施战略指挥的前提,战略决策是战略指挥的首要责任。应对战争的基本问题,如打或不打,在什么空间和时间打,打的目的,使用的力量和基本打法等作出明确的规定。正确的决策是主观认识符合客观实际的产物。其基本规律是:多算胜少算,关照全局,果断及时。李鸿章的指挥一再脱离战场实际,贻误时机是其战略指挥失败的主要原因。

四、清军腐败无能战力低下

战争的伟力之最深厚的根源,存在于民众之中。封建统治阶级与人民群众处于完全对立的地位,自然不可能动员和依靠人民群众进行战争。甲午战争中,日本侵略者所到之处,人民群众纷纷以非常简陋的武器,以各种形式与入侵之敌进行斗争。清政府有时也利用群众的抗日热情,如奖励辽阳民团等。但在李鸿章妥协投降路线的指导下,清政府不支持群众抗日,而且进行阻挠破坏,更不许兴办抗日群众武装。

军队是反击侵略者的主力。甲午战争前清政府对军队进行了一些改革,但由于积习太深,上层钻营舞弊,士兵纪律废弛。陆军中湘军和淮军争斗,海军分为4支舰队。北洋舰队装备虽然先进,但在战争中没有发挥出应有的作用。战争过程中虽然涌现出诸如邓世昌、左宝贵、聂士成、刘永福、陈金奎、林永升、王国成等勇敢善战的人物,还有众多的将领如北洋水师右翼总兵刘步蟾、左翼总兵林泰曾以死报国,但也有临阵脱逃的败将,如叶志超、龚照玙、赵怀业、刘超佩、黄仕林等。

由于军队腐败，多数清军纪律败坏。如鸭绿江防线失守后，逃兵溃卒势如潮涌。有的更是沿途肆掠，所过之处，鸡犬骚然。海城、盖平一带，居民逃避几空。这样的军队，战斗力十分低下。徐庆璋曾痛切地指出："所失各城，非失于贼之殊能，实失于我之不守。且前敌各军，尔虞我诈，我前尔却，胜固不让，败亦不救。甚至败则退，胜亦退，步步退让，贼焉得不步步前进。"

军事技术装备方面，清军在洋务运动中有所改善，但与日军相较仍存在不少差距。据估计，清军在战争中有近40%的士兵使用大刀、土枪等落后的武器作战。就是装备近代武器的部队，武器也是品种繁多规格杂乱。不但各省军队武器不同，一营之中也往往类型不一，大大增加了战时弹药供应的困难。清军缺乏训练，特别是缺少掌握近代武器的军官。有的士兵常常使用自己没有受过训练或不熟悉的武器，与训练有素的敌人对阵，尽管不少人具有勇敢坚毅的良好品质，也难免为敌所败。

甲午战争中国失败的原因是多方面的，但军队腐败，没有战胜敌人的意志和保卫国家的战斗力是主要原因。战争中常胜不败的因素主要有：拥有比对手先进的武器装备；纪律优势，没有纪律，军队就不是军队，就不可能保持凝聚力；持续而有节制地消灭敌人的手段；善于接受军事创新；保护金钱不被贪污和滥用；具有战胜敌人和完成任务的坚强意志；相信战争随时可能降临而做好战争准备。而清军却不具备这些，所以战争以失败告终。

甲午战争警示我们，要想打赢未来的反侵略战争，避免甲午战争的历史悲剧重演，中国必须做好战争准备。把中国人民解放军这支人民的军队建设好，根据党、国家和人民的需要，不断提升打赢战争和完成多样化军事任务的战略能力，为保卫国家的核心利益，实现伟大的中国梦做出应有的贡献。

李鸿章海防战略思想与北洋海军兴亡

张 炜

近代中国，从国家全局理性地认识、统筹海防并付诸实践，李鸿章是首创者。李鸿章的海防战略思想深刻影响和引领了中国第一支近代化的北洋海军的成军。

然而，纵观中国近代海防战略的理论和北洋海军兴亡的实践，可谓"成也李鸿章，败也李鸿章"，得失参半，既有可贵的经验，也有惨痛的教训，值得认真总结。

一、创建轮船水师——三洋布局，海口防御

海防是国防的一部分，主要防卫来自海洋方向的外部敌人，海军是国家海防的主要力量。海防与传统的陆上防卫有着不同的形式、内容、规律及理论，作为国家海防主要力量的海军亦然。

由于历史的原因，中国历代统治者无不视海洋为天然"长城"，形成了根深蒂固重陆轻海的国防观念。明代在沿海设防，却又为"禁海"的闭关政策服务。直至鸦片战争败于西方的坚船利炮，清廷方才将防卫视角移向海疆。1860年，中国惨败于第二次鸦片战争，清政府内发起了以自强为核心的洋务运动。李鸿章作为洋务派代表人物，极力推动近代化海防和海军建设，促成中国国防观念的重大转变。

1862年3月，李鸿章率淮军入沪"援剿"太平军，不久擢任江

日军在仁川登陆时的场景。登陆部队为大岛混成旅团，约 7000 人

苏巡抚。他亲眼看到了外国兵舰"大炮之精纯、子药之细巧、器械之鲜明、队伍之雄整"，"深以中国军器远逊外国为耻"[1]。他参与了阿斯本舰队的购买与遣散等一系列对外交涉活动，亲身感受到列强"内则狎处辇毂之下，外则布满江海之间"，[2] 恃利器强兵，"动辄胁制""藐视中国"的屈辱，以为"中国但有开花大炮和轮船两样，西人便会敛手。"[3] 与当时所有先进的中国人一样，李鸿章是从外国船坚炮利打败中国的事实中直观地认识到中国的积弱所在，产生"学习外国利器""觅制器之器与制器之人"[4]，发展船炮以"自强"的思想。海防与陆防一个重要的不同之处在于，首选武器装备是舰船。1865 年，李鸿章引进外国机器设备，创立了江南制造局，迈出了自造船炮、筹建海防的重要一步。

1867 年，担任湖广总督的李鸿章在上呈清廷的奏折中附呈了《丁日昌创建轮船水师条款》，在兵力建设上，首次提出创建一支轮船水师，制造三十号"中等根驳轮船（Gunboat，炮艇），分驻内洋港口"，"以一提臣督之，分为三路：一曰北洋提督，驻扎大沽，直隶、盛京、山东各海口属之；一曰中洋提督，驻扎吴淞江口，江苏、浙江各海口属之；一曰南洋提督，驻扎厦门，福建、广东各海口属之"[5]。在兵力运用上，也提出"无事则出洋巡梭，以习劳苦，以娴港汊，以捕海盗；有事则一路为正兵，两路为奇兵，飞驰援应，如常山蛇首尾交至"[6]。这是最早的近代化海军建设和运用的设想，也是最早的"三洋布局"国家海防战略设想。

1870年，李鸿章调任直隶总督，不久兼北洋三口通商大臣，此后连续承办了天津教案，与日本修约，日本侵略台湾、占领琉球以及中英马嘉理事件等对外交涉活动，广泛接触了英、法、美、日、德等各国使臣，他不但成为清廷的疆臣之首，全权主持京畿重地对内对外经济、政治、军事活动，而且在一定意义上成为清廷的首席洋务代理和首席外交代表。李鸿章取得了朝廷重臣的权力和地位，开始以一个政治家的视角，"统天下全局，通盘合筹"[7]，重新审视和筹划海防问题，把海防作为关系国家生死存亡的大事。他说，"中国不亟图强兵经武，徒纷纷遇事张皇，事后苟且粉饰，必至失国而后已"[8]。他在斥宋晋等人轮船靡费论调时指出："士大夫囿于章句之学而昧于数千年来一大变局，狃于目前苟安而遂忘前二三十年之何以创巨痛深，后千百年之何以安内而制外，此停止轮船之议所由起也。"他坚持"国家诸费皆可省，唯养兵设防、练习枪炮、制造兵轮船之费万不可省"，否则，"国无与立，终不得强矣"。[9] 他从中国沿海的地理情况出发，逐渐形成了"三洋布局，海口防御"的海防战略思想。其标志是1874年清廷第一次海防大讨论时的《筹议海防折》：

1. 对战略形势的判断——中国的主要威胁来自海上。李鸿章说："历代备边多在西北……今则东南海疆万余里通商传教来往自如，麇集京师及各省腹地，阳托和好之名，阴怀吞噬之计。一国生事，诸国构煽，实为数千年来未有之局。轮船电报之速，瞬息千里。军器机事之精，工力百倍。炮弹所到，无坚不摧。水陆关隘，不足限制，又为数千年来未有之强敌。"[10]他坚决主张将战略重点从西北塞防转移至东南海防。

2. 海防战略——三洋布局，海口防御。李鸿章认为，中国兵船少，只有"分别缓急，择尤为紧要之处"自守。直隶之大沽、北塘、山海关一带的京畿门户"是为最要"；江苏吴淞至江阴一带系长江门户"是为次要"；"其余各省海口略为布置，即有挫失，于大局尚无甚碍"。同时进一步提出：北洋在烟台、旅顺口一带，东洋在长江口外，南洋在厦门、虎门，购舰设防，实施海口防御。[11]

3. 海防力量建设——外海水师与沿海炮台相为表里。设定外海水师共48艘战船分守三洋海口，其中每洋外购2艘铁甲舰，配以炮艇等其他战船，逐步成军，可御敌于海上。同时，在沿海重要口岸建立坚固炮台，购置大威力火炮，购买巨炮铁船，形成"水炮台"，并附设水雷，加上精练的陆军配合，形成第二层次的口岸防御兵力。[12]

4. 海防力量使用——"守定不动"和"挪移泛应"两法。前者是依傍水陆炮台和水雷进行防守，后者是用兵船配合陆军"随时游击"，"防敌兵沿海登岸"[13]。在这些主张中，已有建立外海水师，运用海上兵力进行机动防御作战的思想成分。

李鸿章的海防战略思想不仅提出了上述各点，而且还从购舰、造船、经费筹措、人才培养等方面提出了构想。1875年初，他还直接向慈禧太后进言，将海防建设延伸至开煤矿和铁矿、架电线、修铁路、办学校等方面。这说明他已经初步认识到海防建设的系统性规律，其海防战略思想基本形成体系。

那么，此时李鸿章的海防战略思想是否摆脱了"斤斤自守"的窠臼呢？没有。他说："我之造船本无驰骋域外之意，不过以守疆土、保和局而已。"[14]这当视为李鸿章的具有中国传统军事特色的海防战略思想的基调,尤其是 19 世纪 70 年代中期的思想基调。李鸿章认为中国尚不具备以攻为守的物质条件,更为重要的是,他认为"百战百胜,未若不战而胜"[15],即使"将来器精防固,亦不宜自我开衅。彼族或以万分无礼相加,不得已而一应之耳"[16]。显然,李鸿章海防战略思想从一开始便崇尚中国自孙子以来的兵学,追求 "不战而屈人之兵"的"驭外良谟"和最佳的制胜之道。而且,当他在政治、外交舞台上周旋愈久,就愈认为这一追求不但必要而且可能。他看到,各国经济利益不同,政治战略不同,可以利用矛盾,以夷制夷。特别是通过对日本侵台和马嘉理事件的处理,李鸿章形成了"外交之道与自固之谋相为表里"[17]的思想。在这里,作为"自固之谋"的海防战略,显然不是单纯的军事上的运筹。如果说,"自强"是李鸿章所追求的国家战略目标的话,那么海防与外交则是他的"两只手",以海防"守疆土",显示国家自强实力,以外交"保和局",赢得国家自强的安全环境。两手相互依存和制约,铸就了李鸿章海防战略思想定势和逻辑,从而也规定了其海防战略思想的发展走向。

二、精练北洋海军——前伸布势,海上威慑

1875 年,清廷任命沈葆桢、李鸿章为南、北洋大臣,并以年经费 400 万两白银的许诺,支持李鸿章倡导的海防战略。至 70 年代末,李鸿章先后为南、北洋订购了 8 艘蚊炮船,福州船政局、江南制造局也先后制成了 1000 吨以上的木质、铁胁兵船 6 艘,但总体来说,海防建设进展不快,特别是购铁甲之议仍为画饼。

1879 年,清廷在对外交涉上遇到两件大事:一是东南海疆为日本占领中国藩属国琉球展开中日交涉;一是因《中俄伊犁条约》议定在西北边疆割地赔款而引发朝内反对,主战与主和之争论激烈。

直隶总督、北洋大臣李鸿章

先看中日琉球案。1870年,李鸿章初涉日本通商修约之事,曾试图与日益强盛的日本"推诚相待",联东洋而制西洋。但很快便感到日本"强邻日逼",在朝鲜和台湾两个方向上对中国构成威胁,认识到其"志不在小","后必为中国肘腋之患"[18]。1873年,日本兵至琉球,1874年又侵犯台湾。1875年6月,日本再次驻兵琉球,阻贡中国,并宣布奉行明治年号,实行日本法律制度。同年,又在另一个方向上出击,制造江华岛事件,向朝鲜取得开二口通商等利权。1879年3月,正式占领琉球。对于日本一系列的侵略活动,李鸿章一意主和。何以如此？1879年10月19日，李鸿章在复曾纪泽的信中说："日本废琉球为县，各国讥评，佥以中国于台湾之役办法太怯，致有今日之事……今其意固不专在琉球，应付之法，诚如尊旨，用刚用柔，须决一定计。目前兵船未备，饷源尤绌，刚尚难用，只有以柔制之，而力图自强为后日张本。"[19] 显然，李鸿章认为中国现在尚未自强，只能决计用柔，以退为进，如能暂以"远离中土"的"黑水弹丸之地"琉球为代价，稳住日本，限制事态进一步向台湾，特别是向朝鲜方向发展，为中国赢得自强的安全环境是值得的。

再看中俄伊犁案。1879年10月，在沙俄的胁迫下，崇厚擅自签订了丧失西北一隅国土，并赔款500万卢布的《交收伊犁条约》。消息传来，京城大哗，一片主战之议。在这场廷议中，李鸿章再次主和，其战略意图更清楚地表现为保全朝鲜，进而保全远东和局。他清醒地看到，觊觎朝鲜者不仅来自日本一方，还来自更为强大的俄国一方。自江华岛事件起，俄国就有插足朝鲜事务的动作，此次中俄于西北边陲龃龉，俄国便借机构衅于东北亚海域。1880年7月，一支由20余艘装甲、巡洋、驱逐、运输等舰船组成的庞大舰队，出现在远东海面，"佥称攻夺高丽海口内窥奉吉"[20]，并扬言将封锁渤海、黄海海区。面对中俄伊犁案引起的远东危机，李鸿章忧心忡忡。他认为："朝鲜三面环海，其形势实当东北洋之冲，而为盛京、吉林、直隶、山东数省之屏蔽……倘为俄人占据，与吉林、黑龙江俄境势若连鸡，形如拊背，则我东三省及京畿重地，皆岌岌不能自安，关系甚重。"[21] 在他看来，"俄在西国为最强，其与中土沿海沿边交界三万余里，更非英美德法可比"，[22] 因此，与俄国利益冲突的处置，尤须瞻前顾后，慎之又慎。他在《复张幼樵》函中说："自去秋议俄事后，鄙人不敢轻言战伐，非为津沽自全计，乃为大局之安危计。"[23] 因此，无论"京朝官"怎样"群吠力争"，李鸿章决意主张接受《交收伊犁条约》，放弃西北部分利权，取欢俄国，以联西洋而制东洋，保东北亚地区的安全。

这期间，李鸿章在外交上极力主和，但在海防和海军建设上则显得相当激进，这种强烈的角色反差，反映了李鸿章企图以空间换时间、尽快实现军事自强的思想，其"外须和戎，内须变法"的内外政策表现得非常极端。1879年，他请赫德订购了2艘新型巡洋舰，即后来的"超勇"和"扬威"。同年又指使李凤苞在国外寻访购买更大级别的铁甲巨舰。1880年初，当他得知英国同意向中国转售土耳其2艘铁甲舰"柏尔来""奥列恩"号时，立即奏请购买，并颇为冲动地声称"机会一失，中国永无购铁甲之日，即永无自强之日"[24]。他说，"中外人人谈兵，皆不知有兵无器与无兵同"[25]，"中国海防非创办铁甲快船数只不能成军"[26]。在李鸿章的全力推动下，中国的海防事业终于迈出了向大舰巨炮发展的关键一步，李鸿章的海防战略思想也有了新的发展，其标志是1881年1月《议复梅启照条陈折》。

1. 在战略形势的判断上，梅启照说"防东洋尤甚于防西洋"[27]。李鸿章说，"今之所以谋创水师不遗余力者，大半为制驭日本起见。至朝鲜为东三省屏蔽，关系尤巨"[28]，从而确定了"远交近攻"，以日本为主要敌手，以朝鲜为战略重点的国家对外战略。

2. 在海防战略上，提出海上威慑思想。提出"滨海万余里，必宜练得得力水师，为建威销萌之策"。认为水师可"化呆着为活着"，扩大防御纵深，"渐拓远岛为藩篱，化门户为堂奥"，"布势之远"强于陆军。[29]70年代，李鸿章购买的蚊炮船多命名为"镇～"（如"镇东""镇西""镇中""镇边"等），而80年代所购铁甲、巡洋舰等，则多命名为"～远"（如"定远""镇远""靖远""致远"等），也可见其从海口防御向海上威慑战略思想的转变。

3. 在海防力量建设上，突出强调发展铁甲舰和新式快船。李鸿章明确提出，"海上如有水军一支，胜于陆勇万人"，因而应"汰经制之绿营而立经制之海军"，裁撤沿海七省各种旧式笨船，速购铁甲船，[30] 遂成就了"定远"和"镇远"的购置。同时，李鸿章继续选送大批船政学生去英法深造，建立天津水师学堂，进一步选聘洋员，加强实战性的海军训练。

4. 海防力量运用上，开始前伸布势，展开海上威慑。1881年10月，中国向英国订购的轻型巡洋舰"超勇""扬威"抵北洋后，李鸿章便开始在日本、朝鲜实施海上威慑。1882年3月至5月，丁汝昌奉命数次率舰艇编队赴朝鲜，"协助"朝鲜与美、德、英订立通商条约。7月朝鲜发生"壬午之变"，派丁汝昌、马建忠率"威远""超勇""扬威"编队赴朝，后又调广东水师战船运兵赴朝，与日本兵船对峙，平息了事变。同年11月，他又进一步提出："海上如练成大枝水军，益以铁舰快船数艘，南略西贡、印度，东临日本、朝鲜，声威及远，自然觊觎潜消。"[31] 这时，李鸿章海上威慑战略思想，已考虑前伸至中国沿海周边国家。

1884年中法战争后，清廷展开第二次海防大讨论，决计"大治水师"，从北洋开始"精练海军"。李鸿章作为北洋海军的掌门人，一时间权、钱在握，不失时机地将中国近代海防和海军建设推向了顶峰。这一时期，李鸿章海防思想还有一个重大发展，就是重申中法战前的主张，请设"海部"或"海防衙门"，以解决中国沿海七省辽阔海疆的统一筹划、统一指挥的问题。尽管后来成立的海军衙门也并没有发挥出应有的作用，但这一思想符合海防和海军的发展规律，说明李鸿章的海防战略思想已达到了一个新的更高的境界。

当然，李鸿章的海防战略思想并没有、也不可能摆脱"斤斤自守"[32]

的传统窠臼，其远东海上威慑战略思想也是很有限的。特别是这一思想以"练成大枝水军"，有足以"伐谋制敌"的海上威慑力量——铁甲舰的发展为前提，以海上力量显示为基本形式，这就大大局限了"威慑"使用的几率。1882年"壬午之变"平息后，有人提出乘势进图日本责问琉球之案，李鸿章不同意，认为北洋海军想置日本于死地，未敢谓确有把握。应先练水师，一旦"中国战舰足用，统驭得人，则日本自服"。[33]中法战争前，越南战事愈演愈烈，清廷要李鸿章赴广东指挥，并调南北洋水师前往支援，李鸿章却认为北洋海军只有2条大舰，力量不足，应寻求外交解决。1884年，福建马尾船厂危如累卵，在清廷的屡屡催促下，李鸿章不得不派超、扬2舰与南洋5舰一起援台。此后，为避免南北两条战线作战，1885年李鸿章力主就中法战争乘胜议和。从全局上看，李鸿章以日本为对手的海上威慑获得了一些成功，但在中法战争海战战场上却无所作为，尽管其"北重南轻"和"以南慑北"的战略考虑不无道理，但中法战争清廷在南方失之甚多，也从另一个方面证明了李鸿章远东海上威慑战略实施的有限性。尤其是涉及西方国家时，这种威慑就更为有限。

三、北洋海军覆没——自强一梦，功败垂成

1888年秋，随着《北洋海军章程》正式颁布，北洋海军成军。北洋海军是李鸿章海防思想的物化，这一重大成就表现在三个方面：

其一，规模。北洋海军由25艘新型军舰组成，其近代化的程度及其战斗力已堪称远东之首，并以"拱卫京畿"为目标，建设了旅顺、威海2个近代化海军基地。在封建经济制度下，没有近代大工业，经费来源靠税赋、厘金以及洋税，建这样一支海军实属不易。当时清廷年财政收入8000万两，1875年决定南北洋海军并举时，决定年拨款

北洋海军"超勇"舰

400万两，占财政5%，决心可见，但没有实现。根据史料统计，北洋20年获海防经费共2130万两，建设和维持这样一支舰队根本不够。有专家说北洋海军20年建设实际用了3500万两，多出部分大半靠李鸿章利用权力自筹（比如购买"定远""镇远""经远""致远""济远""来远"等铁甲舰、巡洋舰的800万两）。[34]

其二，制度。《北洋海军章程》全面建立了近代化海军制度。以"定远""镇远"和"致远"铁甲舰、巡洋舰为旗舰，组成左、右、中三个编队；正式任命了82名海军中级以上军官，建立了海军军服、军衔、军旗以及薪饷、奖惩等制度；建立了教育训练制度，除学校培养和留学外，聘请德、英、美、法等国洋员（先后共164人）担任教习、管轮、管驾、工程师、军医等，随船教习；建立了后勤保障制度等。[35]

其三，运用。北洋海军成军后，"每夏秋之间，则驻防操演，巡弋辽东、高丽一带；或率两三舰，往日本各口岸，冬春则巡察南洋群岛"[36]，在北至朝鲜、日本东海岸及海参崴海域，南至香港、新加坡、越南及马尼拉等周边海域进行远洋训练、舰队出访等活动，威慑地域已从东北亚前伸至东南亚地区，甚至考虑到南亚印度。

北洋海军成军并开始实施远东海上威慑，可以看作是李鸿章海防战略思想成功运用的峰巅。它得之于其思想中顺应时势、把握规律的合理内核，也一度掩盖了其中存在着的致命缺陷。而个中缺陷，又恰是导致甲申以后10年中，李鸿章海防战略思想停滞和无可遏止地走向反面的主观因素。为寻其思想脉络，应从李鸿章处理巨文岛事件谈起。

1885年4月，英国占据了朝鲜巨文岛。李鸿章得报后致函总署，指出英占巨文岛矛头所向是俄国，与中朝利益无损，且可牵制日俄，因而始取漠然态度。1886年初，俄国派兵船来华示威，日本也频派军舰在朝鲜各港口巡弋，李鸿章决定派丁汝昌率"超勇""扬威"两舰携朝鲜参事抵巨文岛，质问英国舰长，后又赴长崎与英国水师提督交涉，做出姿态。7月，北洋倾当时所有6艘主力战舰"定远""镇远""济远""威远""超勇""扬威"赴朝鲜釜山、元山，由永兴湾操巡至海参崴，返回时"定远""镇远""济远""威远"4舰以修舰名义去日本长崎，向各方实行海上威慑之意历历可见。8月朝鲜再起波澜，李鸿章深感问题复杂。他不想马上派兵，担心得罪俄国，又会引起他国猜疑，因此决定"小心防维，勿伤各国"[37]。他奔走于英俄之间，极力利用矛盾，联俄制日，并造成英俄互制。巨文岛事件的最终解决，主要是外交努力的结果。可以看出，在李鸿章的"两手"中，外交手段分量极重，亦不可谓不漂亮。而在军事上不但未见跃出窠臼的影子，反而显现出力不能及的兆头。

一叶知秋。从李鸿章对巨文岛事件的处理，已经可以看到李鸿章作用于甲午战争的思想模式。因而李鸿章在整个甲午战争中战略指导错误主要有两点：第一，外交上主和；第二，军事上避战。

甲午战前，李鸿章想采用处理1874年日本侵台50万两白银退兵的老办法，用二三百万两白银消弭战端，并请西洋各国从中调停。1894年初，朝鲜发生东学党起义，应朝鲜朝廷要求，清政府决定出兵镇压。日本遂援引1885年《天津条约》为依据抢先出兵朝鲜。主战的光绪帝一再下诏要李鸿章备战，丁汝昌也曾请战，欲率北洋舰队全部主力赴朝，李鸿章执意于外交调停，斥丁"并未与我开衅，何必请战"[38]；丰岛海战吃了亏，但平壤有兵2万，"定远""镇远"2艘铁甲舰和北洋舰队还在，日本并未完全取得制海权，仍有扭转形势的可能。但李鸿章却自始至终没有准备真正的对日作战，他说，"北洋千里全资屏蔽，未敢轻于一掷"，于是定下了"保船制敌"[39]方针。所谓"保船"，就是保住铁甲舰，保住北洋舰队。他认为，只要北洋舰队存在，就可以"吓日"。所谓"制敌"，就是舰队在渤海海口一带巡弋，作"猛虎在山之势"，使日本不敢轻易进犯。他仍把希望寄托在争取西方列强调停的外交努力上。黄海海战，双方都有损失，但形势还未失控，李鸿章一再催促北洋海军出海巡弋，但仍没有认真的战争准备。辽东战役后，北洋舰队退守威海，李鸿章要求水陆相依，进行防守，但陆海又没有很好的配合。结果日军在荣成湾登陆后，北洋海军腹背受敌，孤立无援，株守军港，以致全军覆灭。而直至战败，李鸿章所希冀的英、俄、美等国调停遏战的情景始终没有出现。

李鸿章外交与军事两手并用处理中外战端，本是值得称道之举，问题在于他过分倚重外交手段，没有强有力的军事手段作后盾。并且，就海上军事手段的运用而言，李鸿章又过分依赖海上威慑的非战争手段，基本没有兵戎相见的实战作后盾。因此，无论是在军事与外交的关系方面，还是在威慑与实战的关系方面，李鸿章都失之偏颇。这种理论上的跛足,在实战中是危险的。尤其是在敌我双方兵力对比相差无几时,仍固持这种理论,并实践之,不啻进行战争赌博。李鸿章数十年的海防努力一朝覆亡,抛开复杂的客观原因,究其海防战略思想本身之所失,当在于此。

事实上,自19世纪90年代起,日本以中国为假想敌大力扩充海军,以举国之力进行战争准备。随着对日本海军实力迅速增长的认识,李鸿章对自己的北洋海军能否实施有效威慑的信心日渐不足。1891年,丁汝昌、刘步蟾率北洋舰队访日归来后,详报了北洋海军已不如日本海军,添舰换炮刻不容缓的情况,给李鸿章以很大的刺激。是年8月,他一反两个月前大阅海军时对北洋海军"自守有余"、渤海门户"已有深固不摇之势"[40]的津津乐道,而忧心忡忡地奏请"添布威海、大连湾两处雷营之设,实今日刻不容缓之图"。[41]由于户部停止了海军添购舰只炮弹等经费,北洋海军成军后6年未有任何发展。尤其是在国家危如累卵之时,清廷挪用大量海军经费兴建三海工程、为慈禧祝寿,还有帝后党争、决策掣肘等重要因素,使李鸿章的海防努力愈加不可能成其所想。1894年5月,李鸿章在校阅海军后上奏道:"西洋各国,以舟师纵横海上,船式日异月新",日本"亦能节省经费,岁添巨舰。中国自十四年北洋海军开办以后,迄今未添一船,仅能就现有大小二十余艘勤加训练,窃虑后难为继"。[42]如前所述,李鸿章海防战略思想的基调是"守疆土""保和局",是以"练成大枝水军",有足以"伐谋制敌"的海上威慑力量为基础的。此时,李鸿章既然感到中国已不具备足以对日本实施威慑的海军实力,其海防战略思想便不可能再向前发展,相反,在兵力运用方面变得日趋保守。因此,甲午开战前,李鸿章一如既往竭尽全力进行外交斡旋,对于实战的指导十分消极,正如主战派对他的抨击:"狃于和议,著著落后,坐失事机。"

直至威海卫之战，当是时，即使李鸿章认识到自己战略决策和战争指导的错误，也已经是大局已定，无力回天了。

北洋海军全军覆没标志着李鸿章海防战略思想的功败垂成，自强一梦彻底破灭。纵观这一思想发展的全过程而论其得失，我们似可以做如下的总结：

李鸿章海防战略思想是在对西方先进国家，特别是德国的海防实践和海防理论学习、借鉴的基础上而确立的海防战略思想，具有鲜明的国家战略意识。它使中国人对国防战略，特别是海防战略的认识，对海防兵力建设规律和兵力运用达到了一个新的高度。在李鸿章海防战略思想指导下，中国建成了一支当时远东首屈一指的近代化北洋海军，一度制衡着远东的战略态势。同时，这一海防近代化实践，是作为中国近代化的突破口出现在历史舞台上的，它必然引起中国经济、政治、外交近代化的连锁反应，从而大大加速了中国近代化的步伐。它无愧为中国近代军事史上的里程碑。

但是，李鸿章的海防战略思想本身存在着致命的缺陷，尤其是清廷经济落后、政治腐败等客观环境的制约，使之不可能向更高层次发展，以至于最后兵败甲午，前功尽弃。从根本上说，作为一个封建官僚，李鸿章的海防战略思想既不可能超越他的阶级和时代，也难以战胜明治维新后的日本走向全盘西化的军事思想，更难以与西方资本主义国家的海权思想进行战略博弈。

梁启超当年对李鸿章的外交行为曾有过这样一段评论："李鸿章之外交术，在中国诚为第一流矣，而置之世界，则瞠乎其后也。"借此评价李鸿章的海防战略思想，亦恰如其分。它说明，步入近代以后，当世界经济、政治乃至军事都无可分割地连为一体的时候，考察国家奉行的战略思想，不仅要看它在国家发展的纵向上比较前人的高明之处，更要将其置身世界进行横向比较。从这一视角去看李鸿章海防战略思想的成与败、得与失，给我们今天海防建设的启示无疑是深刻的。

今天回首甲午，展望未来，为实现党的十八大提出的"建设海洋强国"的历史性任务，中华民族应当补上海洋、海权和海军对国家兴衰影响的这一课，在新的历史条件下，建立起中国特色的海洋战略、海军战略，为实现强国梦、强军梦，为维护国家安全和发展、为维护世界和平做出应有的贡献。

注释：
[1] 李鸿章：《上曾相》（同治元年十二月十五日），《李文忠公全书·朋僚函稿》，卷2，第45-47页，上海：上海古籍出版社1995年版。
[2] 李鸿章：《复陈筱舫侍御》（同治三年九月十一日），《李文忠公全书·朋僚函稿》，卷5，第34页，上海：上海古籍出版社1995年版。
[3] 李鸿章：《上曾相》（同治二年四月初四日），《李文忠公全书·朋僚函稿》卷3，第19页，上海：上海古籍出版社1995年版。
[4] 《奕訢等奏请派京营弁兵往江苏学制火器折》附录《李鸿章函 答制火器》（同治三年四月二十八日），《筹办夷务始末（同治朝）》，第3册，第1089页，北京：中华书局2008年版。
[5] 《湖广总督李鸿章附呈藩司丁日昌创建轮船水师条款》,（同治六年十二月初六日）《筹办夷务始末（同治朝）》，第6册，第2366页，北京：中华书局2008年版。
[6] 《湖广总督李鸿章附呈藩司丁日昌创建轮船水师条款》,（同治六年十二月初六日）《筹办夷务始末（同治朝）》，第6册，第2366页，北京：中华书局2008年版。
[7] 李鸿章：《筹议海防折》（同治十三年十一月初二日），《李文忠公全书·奏稿》卷24，第18页，上海：上海古籍出版社1995年版。
[8] 李鸿章：《复杨礼南学士》（同治九年九月二十七日），《李文忠公全书·朋僚函稿》，卷10，第25页，上海：上海古籍出版社1995年版。
[9] 李鸿章：《筹议制造轮船未可裁撤折》（同治十一年五月十五日），《李文忠公全书·奏稿》卷19，第45页，上海：上海古籍出版社1995年版。

[10] 李鸿章：《筹议海防折》（同治十三年十一月初二日），《李文忠公全书·奏稿》卷24，第10页，上海：上海古籍出版社1995年版。

[11] 李鸿章：《筹议海防折》（同治十三年十一月初二日），《李文忠公全书·奏稿》卷24，第16页，上海：上海古籍出版社1995年版。

[12] 李鸿章：《筹议海防折》（同治十三年十一月初二日），《李文忠公全书·奏稿》卷24，第17-18页，上海：上海古籍出版社1995年版。

[13] 李鸿章：《筹议海防折》（同治十三年十一月初二日），《李文忠公全书·奏稿》卷24，第17页，上海：上海古籍出版社1995年版。

[14] 李鸿章：《筹议制造轮船未可裁撤折》（同治十一年五月十五日），《李文忠公全书·奏稿》卷19，第47-49页，上海：上海古籍出版社1995年版。

[15] 李鸿章：《复苏赓堂河帅》（同治十年五月二十七日），《李文忠公全书·朋僚函稿》卷11，第10页，上海：上海古籍出版社1995年版。

[16] 李鸿章：《筹议海防折》（同治十三年十一月初二日），《李文忠公全书·奏稿》卷24，第12页，上海：上海古籍出版社1995年版。

[17] 李鸿章：《卞长胜等赴德国学习片》（光绪二年三月二十六日），《李文忠公全书·奏稿》卷27，第4页，上海：上海古籍出版社1995年版。

[18] 李鸿章：《复黄子寿太史》（同治十一年四月初八日），《李文忠公全书·朋僚函稿》卷12，第14页，上海：上海古籍出版社1995年版。

[19] 李鸿章：《复曾劼刚星使》（光绪五年九月初五日），《李文忠公全书·朋僚函稿》，卷19，第1-2页，上海：上海古籍出版社1995年版。

[20]《李文忠公全书·朋僚函稿》卷19，第43页，上海：上海古籍出版社1995年版。

[21] 李鸿章：《朝鲜通商西国片》，（光绪六年九月二十七日），《李文忠公全书·奏稿》，卷38，第46页，上海：上海古籍出版社1995年版。

[22] 李鸿章：《复刘省三军门》（光绪六年九月十八日），《李文忠公全书·朋僚函稿》卷19，第33页，上海：上海古籍出版社1995年版。

[23] 李鸿章：《复张幼樵侍讲》（光绪六年九月初二日），《李文忠公全书·朋僚函稿》卷19，第33页，上海：上海古籍出版社1995年版。

[24] 李鸿章：《议请订购铁甲》（光绪六年二月十一日），《李文忠公全书·译署函稿》卷10，第25页，上海：上海古籍出版社1995年版。

[25] 李鸿章：《复张幼樵侍讲》（光绪六年八月初六日），《李文忠公全书·朋僚函稿》卷19，第30页，上海：上海古籍出版社1995年版。

[26] 李鸿章：《复丁稚璜宫保》（光绪七年正月十九日），《李文忠公全书·朋僚函稿》卷20，第2页，上海：上海古籍出版社1995年版。

[27] 《内阁学士梅启照奏筹议海防折》（光绪六年十一月二日），《清末海军史料》，第19页。

[28] 李鸿章：《议复梅启照条陈折》（光绪六年十二月十一日），《李文忠公全书·奏稿》卷39，第33页，上海：上海古籍出版社1995年版。

[29] 李鸿章：《议复梅启照条陈折》（光绪六年十二月十一日），《李文忠公全书·奏稿》卷39，第34页，上海：上海古籍出版社1995年版。

[30] 李鸿章：《议复梅启照条陈折》（光绪六年十二月十一日），《李文忠公全书·奏稿》卷39，第33页，上海：上海古籍出版社1995年版。

[31] 李鸿章：《复黎召民京卿》（光绪八年九月二十八日）《李文忠公全书·朋僚函稿》，卷20，第34-35页，上海：上海古籍出版社1995年版。

[32] 张侠等：《清末海军史料》，北京：海洋出版社1982年版。

[33] 《李文忠公全书·朋僚函稿》卷44，上海：上海古籍出版社1995年版。

[34] 参见姜鸣：《龙旗飘扬的舰队》，第108-116页，上海：上海交通大学出版社1991年版。

[35] 参见王家俭：《洋员与北洋海军建设》，第171、181～187夜。天津：天津古籍出版社2004年版。

[36] 《陈兆锵所记中日战役情形》，《清末海军史料》，第349页。

[37] 李鸿章：《筹朝鲜私叛》（光绪十二年七月十五日），《李文忠公全书·海军函稿》卷2，第4页。

[38] 李鸿章：《复刘公岛丁军门》（光绪二十年五月二十二日戌刻），《李鸿章全集·电稿》，第2册，第727页。上海：上海人民出版社1986年版。

[39] 《直隶总督李鸿章复奏海军提督确难更易缘由折》（光绪二十年七月二十九日），《清光绪朝中日交涉史料》卷18，第27-28页。北京：故宫博物院1932年版。

[40] 李鸿章：《巡阅海军竣事折》（光绪十七年五月初五日），《李文忠公全书·奏稿》卷72，第4页。

[41] 李鸿章：《请添威海大连湾水雷折》（光绪十七年七月初二日），《李文忠公全书·奏稿》卷72，第9页。

[42] 李鸿章：《校阅海军竣事折》（光绪二十年四月二十五日），《李文忠公全书·奏稿》卷78，第17页。

甲午谍报战让日本占尽先机

尤永斌

尤永斌

海军潜艇学院政治教研室主任、副教授，海军上校军衔。曾获全军政治理论研究优秀成果奖、军队优秀教学成果奖、海军教学观摩奖。著有《郑和文化与中国海权》《国防生通识》等。

1894年爆发的中日甲午战争是中国近代史上具有转折意义的标志性事件，它不仅在经济上政治上使当时的清王朝进一步滑向半殖民地半封建社会的深渊，而且它还从信心上沉重打击了清王朝，昔日的"蕞尔小国"竟然取得战争的胜利，"天朝上国"的颜面荡然无存。这场战争对中日双方都有极其重要的影响，它深刻地改变了东亚战略格局，使中日双方的地位发生逆转，一个昔日的古老帝国全面衰退，而一个新兴的资本主义国家则全面崛起，野心极度膨胀，最后发展成世界大战的策源地，给中国人民和世界人民造成巨大的伤害。反思甲午战争，可以发现在惨烈战争场面的背后，隐藏着一群几乎无所不在的日本间谍，他们搜集的情报对战争的进程，甚至战争的结局起着至关重要的作用。

日军占领旅顺机器局并于此庆功

一、战前全方位搜集中国情报

19世纪60年代之后,东方的清朝和日本都处在一个重要的历史转折时期,面对西方坚船利炮的威胁,在第一个回合之后,东方两个国家都败下阵来。如何摆脱困境,实现国家的强盛?在紧迫的形势面前,清朝和日本都走上了同一条道路:变革。清朝的有识之士掀起洋务运动的高潮,日本在此时也开始进行明治维新,无论是清朝还是日本,两个东方国家都希望借此走上一条强盛的道路。但不同的是,清朝是希望通过以自强推进社会和国家的发展,靠的是自我改革与发展;而日本却走上了一条以扩张求发展的道路,靠的是侵略与掠夺。出发点一样,但方法、结局却迥然不同。

明治维新后，日本逐步走上对外扩张的军国主义道路。1868年，明治天皇甫一登基，就开始推行"武国"方针，把对外侵略扩张的大陆政策作为基本国策，他发表所谓《天皇御笔信》，在其中宣称"日本乃万国之本"，必须要"继承列祖列宗的伟业"，"拓万里之波涛，布国威于四方"。既然要"布国威"，那周边的邻国当然就成为日本侵略扩张的首选目标。由于中日两国一衣带水，地理距离相对较近，于是，近邻清朝就成为日本军国主义者虎视眈眈的对象。

为了推行其大陆政策，进行对华侵略扩张，除加强军事力量，不断扩军备战外，日本还在中国大肆开展间谍特务活动，搜集各种情报，以便为即将发动的侵华战争进行充分的情报上的准备。早在甲午战争爆发前，日本早已有组织、有计划地派遣大量间谍潜入中国，进行组织严密、内容丰富、形式多样的间谍活动。

第一，间谍组织名目繁多，机构无所不有。

早在甲午战争前，日本军部为做好对清朝发动侵略战争的情报工作，就不断向中国派遣大批特务间谍，组成庞大的间谍情报网，千方百计地搜集有关中国的政治、军事、经济、文化、地理山川、风俗人情等各方面情报。这些间谍特务，有的装扮成旅行家，有的以经商为幌子，暗中从事间谍活动。

"玄洋社"大约是最早在中国进行秘密间谍活动的组织，其"实绩"之一，是1884年在上海昆山路建起的东洋学馆。1886年，甲午战争前日本在华最庞大的间谍机构乐善堂在汉口成立。乐善堂以经营眼药水、书籍、杂货作为掩护，逐步将触角伸向中国各地，相继在北京、长沙、重庆、天津、福州等地建立了众多分支机构，组成了一个遍布中国主要城市的间谍网，并以这些城市为基地，把触角伸展到中国的广大农村。这个间谍网以北京为中心，北到蒙古、满洲、陕西，西南从两广至云贵、巴蜀，对风土、气候、人情风俗、农工商业、金融、运输、交通等内容，进行精心调查并作详细记录。日本在华另一个重要间谍机构是日清贸易研究所，设在上海英租界内，名为促进清朝和日本的贸易往来，实则是一个以培养"中日贸易人才"为名的间谍训练机构。

这些间谍机构组织严密，都有着合法的外衣，名义上打着经商或贸易的幌子，实则培养日本间谍。他们有的以外交官、商人、医生、学生等合法身份作掩护，有的剃发改装冒充中国人，四处搜集情报，为发动战争作了充分的准备。

第二，间谍范围涉猎甚广，情报无所不包。

为了给即将发动的战争提供充足的情报准备和进行精确的决策，当时在清朝的日本间谍搜集的情报内容涉猎十分广泛。

日本间谍根津一将汉口乐善堂成员在中国各地搜集的情报分门别类整理，编纂成3大册2000多页的《清国通商综览》，涉及政治、经济、文化、地理、交通等诸多方面，是一部有关中国的百科全书，这部书为日本军政当局侵华提供了大量第一手资料。在上海，根津一与日本驻沪领事派遣间谍化装成和尚，到浙江普陀山与隐匿在法雨寺的间谍会合，刺探福建水师的军情，并绘制地图。日本在中国的军事间谍当时已渗透到了各个地区，其在华北的总机关设在北京，总头目是青木宣纯。1884年，在日军参谋本部任职的青木奉命到中国进行谍报活动，他先在广东活动3年，后调到北京搜集情报，并绘制了精密的北京郊区地图，这是日本第一次得到北京郊区图。

在日本间谍中，日本陆军部的神尾光臣最为诡计多端。神尾光臣是著名"中国通"之一，1882年被派到中国搞情报，1892年担任日本驻北京使馆武官。他不断通过贿赂清政府军机处官员获得机要情报，然后，神尾将这些情报用暗语电告驻上海的联系人——以茶叶商人身份为掩护的日本间谍角田隆郎，由角田再改为新闻通讯文字电告大阪《每日新闻社》，转报日本参谋本部。1894年，神尾光臣奉命驻天津，专门监视李鸿章的行动。他通过收买李鸿章身边的人，对李的一举一动了如指掌。如李鸿章调船运送士兵和饷银，派北洋舰队护航等，神尾光臣都一清二楚。甲午战争前夕，日本战时大本营给神尾光臣一个特殊任务，除了搞绝密情报外，还要发回一些中国正积极备战的假消息，以便激起日本国民的战争情绪。神尾光臣心领神会，歪曲事实，不断发回中国准备对日开战的假情报，日本内阁借此大肆渲染中国威胁，为发起侵略战争营造舆论。

第三，间谍活动层出不穷，手段无所不用。

为了达到获取情报的目的，日本间谍采用了各种方式，甚至不择手段套取情报。

日本间谍石川伍一年轻时即来到中国，刻苦学习汉语，熟练掌握了汉语会话及应用。1887年，他加入汉口乐善堂，开始了专职间谍生涯。1891年，石川被派到天津，担任驻地武官的助手，他在山东、直隶及奉天等各地来回流窜，从事各方面的调查。1893年，他又乘船由烟台出发，游历渤海海口各海岛，并观看旅顺炮台，回程中又专门到旅顺后路及朝鲜大同江和仁川口等处侦察。同年，他再次随同神尾光臣等进入旅顺、大连、威海等地，窥探清军各海防要塞的布局、设防情况，从而掌握了清军的大量军事机密情报。

石川回到天津后，又以日本松昌洋行职员的身份为掩护，进行间谍活动。通过事先阴谋策划，加上金钱和美色的诱惑，石川结识了天津军械局书办刘棻。刘棻将清军各军械营枪炮、刀矛、火药、子弹数目清册，各军械所制造子药多少、现存多少等悉数告诉日本间谍，刘

旅顺馒头山炮台

则得到金钱酬谢。甲午战争爆发后，石川伍一在刘棻家中被捕，他对从事间谍活动、刺探军情供认不讳。石川在其供单中明确承认："我系神大人（即神尾光臣）差来坐探军情的。自光绪九年，即在中国北京、天津等处往来。现在住在军械所刘树棻（即刘棻）家中，或来或去……我认识刘树棻，系张士珩西沽炮药局委员李辅臣令王小波引荐的，已有三年了。刘树棻已将各军械营枪炮、刀矛、火药、子弹数目清册，又将军械所东局、海光寺各局制造弹药每天多少、现存多少底册，均于正月底照抄一份，交神大人带回我国。"

当时为了避免引起清朝方面注意，日本间谍机构还制定了一套周密的暗语系统，如"上等品"代表"旅顺口附近兵"；"中等品"指"大连湾附近之兵"；"谷类"代表"步兵练勇"；"杂货"指"炮兵"；"买卖不如意"意为"北洋舰队不出威海"；"草帽辫行市如何"指"北洋舰队出威海进行攻击";"近日返沪"指"威海舰队之防御移至旅顺";等等。

可以看出,早在甲午战争爆发前夕,日本已经通过多年来派遣的大量间谍得到了数量众多的情报,这些情报内容极其丰富,为日本即将发动的侵略战争做好了充分准备,这也说明中日甲午战争是日本有组织、有预谋策划的,完全是一场主动发起的侵略战争。

二、战时对清廷部署了如指掌

日本通过在战前派遣间谍获取了清王朝的大量情报,其中更有大量极其机密的军事情报,对日军来讲,这些情报的获得足以让他们提前准备,增强信心;而另一方面,尚蒙在鼓里的清军就这样仓促上阵,被动应对,战争的结局在战前就已显现。可以说,日本在华间谍活动对日军来说是如虎添翼,而对当时的北洋海军来说则是雪上加霜,严重削弱了北洋海军的战斗力。

首先,日本间谍的情报使日本政府进一步增强了侵华的信心,提前进行准备,主动作为,使北洋海军在战略上陷入被动。

甲午战争前,日本军国主义者虽然已经有了对中国作战的计划,但由于历史上长期以来在中日实力的对比中,一直都是中强日弱的局面,因而日本当政者虽然想发动对清战争,但还是信心不足,心存疑惑,他们迫切想通过近距离的观察来了解清朝的实力及备战情况。

1893年4月,日本谍报头目、参谋次长川上操六亲自到中国进行"实地考察",直接感受和了解清政府的意图及实力。川上操六首先到达朝鲜,在考察了朝鲜的釜山、仁川、汉城等地之后,乘船经烟台转赴天津。他在天津停留了一个月,参观了天津机器局,访问了武备学堂,观看了炮兵操演炮术和步兵操练步伐,并亲自登上了北塘炮台观看山炮演习。在日本驻华使馆武官神尾光臣的陪同下，川上还对天津周围的地形偷偷地进行了"考察"。通过这次中国之行，川上操六不仅了解到清政府并没有对日作战的全面准备，而且对清军战斗力及地形、风俗人情均作了详细考察，增强了发动战争的信心。

面对日本日益频繁的间谍活动，清政府不仅没有引起高度的警惕，一些官员还为日本间谍搜集情报活动提供了方便。日本间谍宗方小太郎1877年"周游"北方战略要地，名为"周游"，实为搜集情报。当时他的身份为"学生"，持有清政府总理衙门发放的通行证，实际上受到了清廷保护。1893年，川上操六来华"考察"，毫无戒备的清政府"殷勤接待"，李鸿章甚至视他为上宾，请他参观了军工厂、军事设施，并观看了军队操练。

于是，在战争爆发前夕，中日双方呈现出如下态势：清政府对战争完全缺乏必要的准备，没有统一的、明确的战略部署，掌握实际军政大权的慈禧太后和李鸿章都想避免战争。慈禧太后一心一意要欢度她的六十寿辰，不希望因战争而搅了庆寿的事。而李鸿章竭力避免对日作战，除了存有和平幻想、信心不足外，把淮军和北洋舰队视作自己的私产也是重要的考虑，为了保存自己的实力，他长期以来一直推行"避战自保"的方针。而日本却早已决意发动侵略战争，目标明确地进行着周密的战争准备。就两国军队而言，战争还未开始，北洋海军已经在战略上陷入被动。

其次，日本间谍的情报使日军了解到清军的用兵情况，从而使北洋海军在丰岛、黄海海战中完全陷入被动。

1894年，战争即将来临之际，潜伏在中国的日本间谍蠢蠢欲动，加大了搜集情报的力度。报告称："倭人在沪向设有日清研究所，约七八十人。五月以前，陆续散去，闻多改作华装及僧服者分赴北京、津、烟、江、浙、蜀、鄂、闽、台各处。"天津是李鸿章的驻地，外交交涉和军事指挥的中心，也是日本间谍活动最猖獗的地方。驻天津的日本领事每天"派奸细二三十，分赴各营各处侦探，并有改装剃发者"。一些要害部门，如电报局、军械所，都混进了日本间谍，李鸿章的一些往来机密文电和密码都落入日本间谍之手。因此，日本侵略者对清政府的意图和部署了如指掌。

7月下旬，由于朝鲜形势日益紧张，人数处于劣势的清军在朝鲜处于极为不利的局面。为了应对日本的压力，清政府派兵分两路前往朝鲜，主力部队渡鸭绿江，赴平壤。另外，清政府租用英国的"飞鲸""爱仁""高升"3艘商船，分别载运2500人，计划从天津大沽经海路到达朝鲜牙山。战舰"济远""广乙"以及教练船"威远"护航，运输船"操江"载运枪炮器械随行。当时，北洋水师提督丁汝昌请求出动全部北洋水师护航，但李鸿章为保存实力，严令丁汝昌静守勿动，"吾用汝不着，候日俄启衅，令汝观战以长胆识"。

中国军队分路援朝的消息及出发日期，很快被日本间谍探知。日本间谍石川伍一在其被捕后的供单中也承认："打电报叫日本打'高升'船官兵的信，是中堂衙里送出来的，电报是领事府打的。"德国商人满德在他的信中也记录下了日本间谍的情形。当时，满德从塘沽乘火车返回天津，在车厢里也坐着一个日本人。"及满德乘火车时，又有一倭人同载……则'爱仁''飞鲸''高升'载若干兵、若干饷，何人护送，赴何口岸，该倭人无不了彻于胸也。既能了彻，安见不电知上海，由上海电知伊国也？不然，'高升'船之罹灾，何以若是之速也？"

通过多个间谍渠道，日本确认了"高升"号等运兵船的出发日期，日本大本营立即调整了兵力部署，派军舰前往截击。7月23日，日本联合舰队从佐世保出发，驶向朝鲜的海岸，进入临战状态。7月25日，丰岛海面即发生了清军运兵船被日本联合舰队第一游击队"吉野""浪速""秋津洲"舰围攻的悲惨事件，清军780余人全部丧生，护送的北洋海军"广乙"舰被毁，"操江"舰被掳。

1894年8月1日，中日正式宣战。日本驻天津领事馆撤走后，日本间谍宗方小太郎并未随之撤退，而是继续潜伏，并且将自己伪装成中国老百姓，不断来往于威海、旅顺之间，伺机窥探北洋海军的情报。由于平壤战事紧急，清政府决定向朝鲜再派援兵，由招商局的5艘轮船运送总兵刘盛休的铭军入朝。为防止日本舰队袭击，李鸿章电令北洋海军主力护航。停泊于威海附近的"镇远"号等北洋海军军舰，接到命令投入出征准备。宗方小太郎在威海得知北洋海军的出发时间，立即将北洋海军军舰开赴朝鲜的具体日期电告日本谍报机关。得到报信后，日军大本营即派日本联合舰队出发前往攻击。9月17日，正当北洋舰队准备返航时，在大东沟以南的黄海海面遭到日本舰队的袭击，震惊世界的黄海海战爆发。在这场海战中，北洋舰队惨遭重创，损失"超勇""扬威""致远""经远""广甲"5舰，包括邓世昌、林永升在内，死伤800余人。从此北洋海军退回威海卫，畏缩不出，日本从而夺得制海权。不久，宗方小太郎被召回日本，接受天皇的召见，日军将领评价宗方说："日清战争之时，他密行威海卫军港，详细侦察敌情，对君国做出极大贡献。"

再次，日本间谍的情报摸清了清军在山东半岛的布防情况，使北洋海军在威海卫保卫战中受到陆海夹击，最终全军覆灭。

甲午战争爆发前，清政府有北洋、南洋、福建、广东4支海军，其中，最受重视的是北洋海军。因为1888年北洋海军成军时，拥有25艘新型主战舰艇，包括向德国订造的"定远""镇远""来远""经远"4舰，向英国订购的"济远""致远""靖远"等舰，并拥有天津大沽口、

1894年11月7日，日军向旅顺进犯

旅顺、威海3大基地。针对北洋海军，日本间谍长期以来展开了大量的军港情报搜集工作。

威海军港是北洋海军的重要基地之一，位于山东半岛的东北端，与辽东半岛的旅顺口隔海相望，遥相对峙，共同扼守渤海大门。威海卫是北洋海军提督衙门所在地，海防工程众多，有海军公所、制造局、水师学堂、兵营、靶场、弹药库、船坞、铁码头、医院等各种设施，港口的东航道、西航道上敷设有水雷和防材，陆上还有南岸和北岸的炮台群。

1887年，日本参谋本部拟定了多种征清方略，其中有一条就是打败北洋舰队，"以威海卫为根据地，侵入直隶湾，轰击沿岸炮台及其他要地，以援助陆军部队进攻北京"。但是，如何侵占威海卫，必须实地进行调查，于是，日本乃派间谍事先进行侦察。1887年，威海卫的海防工程全面展开时，一些日本间谍就潜伏在施工中的威海卫炮台以及威海卫通向荣成的道路、荣成湾附近，对威海、烟台、荣成等山东半岛一带进行详细的调查。1888年12月，日本参谋本部又密派间谍海军大尉关文炳赴威海等地暗里调查，寻找陆军大部队理想的登陆之处。关文炳赴威海卫侦察，归后写成一份《关于威海卫及荣成湾之意见书》，认为荣成湾是最理想的登陆地点，欲攻占威海卫，必先取此湾为基地。日本间谍认为日本对中国开战时，当从荣成湾登陆，对威海卫应采取背后进攻的战术。因为荣成湾面阔水深，沙底适于受锚，无论遇到何等强烈的西北风天气，都可安全锚泊，而且这里位于直隶海峡外侧的偏僻海隅，离威海卫较远，不大被人注意，正好袭威海之背。该建议得到采纳，为日军后来陆海夹击北洋海军起到了重要作用。但荣成湾范围广阔，湾口南北达到75公里，还必须从中选择最佳登陆地点。为解决这个问题，日本参谋本部不断派遣间谍前往详细侦察，最后海军大佐平山藤次郎提出报告称："在山东半岛成山角之南，有一突出的小半岛，即龙须岛……（其西侧）有一小湾，宽3000余米，长2500米，湾口水深5寻，愈近岸水愈浅，湾内可停泊大船几十艘。东、西、北三面都是大陆环绕，惟南面向海，故在此季节，几乎不必担心风浪……底系沙地，直至岸边，水深适宜，用舢板和汽艇可以靠岸。若事先准备栈桥材料，人马皆易于登陆……因此，此处实为难得的适宜的登陆地点。"

1893年，川上操六密令公使馆武官井上敏夫、泷川具和分头侦察渤海湾航道及山东半岛、辽东半岛、天津、塘沽等地的设防情况。井上敏夫从烟台出发，用了2个月的时间，"游历"了山东半岛、辽东半岛和朝鲜半岛西海岸。每到一处，他都非常仔细地观察炮台驻防情况，所走洋面每隔一定距离，便用千斤砣试水深浅，详细收集作战所需地理水文数据。与此同时，泷川具和也乘船从塘沽出发，沿渤海岸北行，他沿海岸线"游历"，历时1个月，对沿岸各海口的水深、有无沙滩、海底是泥沙还是岩石、民船数目、运输情况等，都作了详细的侦察和记录，为日军日后在北戴河附近登陆选择了合适的地点。

1894年夏季，日军派间谍宗方小太郎潜入烟台、威海，侦察北洋舰队的动向。宗方小太郎从上海到烟台后，第二天就化装成农民模样前往威海，在汉奸的帮助下四处搜寻情报，甚至登上了小船到刘公岛暗暗了解水师的布防情况。甲午战争爆发后不久，清军搜出日军俘虏进攻山东半岛时携带的一张地图，上面村、路、炮台、营房、山、河、井、树都画得十分清楚、详细，一目了然。由于战前日本间谍在中国大肆刺探和搜集情报，使日本军部不仅对中国的军事情形了如指掌，甚至"比中国人自己更清楚地知道每一省可以抽调多少人出来作战"。

在甲午战争中，日本间谍使用各种手段，源源不断地将北洋海军的作战消息传回国内，使日军在第一时间提前做好准备，充分赢得了战争的主动权，而北洋海军兵未动，行先露，直接导致在具体的作战行动中陷入被动。1895年1月20日，日本陆军在联合舰队的掩护下在荣成湾龙须岛成山头登陆时采取的就是"远势登陆，抄我炮台后路"的战术。10天后，日军占领了威海卫南岸炮台，随后，又占领北岸。日舰和占据炮台的日军以大炮水陆合击刘公岛及港内的北洋海军。2月12日，威海卫完全陷落，北洋海军全军覆没。

由上可见，中日甲午战争中，日本间谍成为军事行动的急先锋。根据间谍提供的情报，日军"尽知我军情，先发以制我，致倭人着着领先，而我则处处落后"。甲午战争中，北洋海军全军覆没，虽然有政治上、军事上等诸多因素的影响，但是日本在华间谍成功的谍报工作对战争的结局也起着不可替代的作用。

三、日在华间谍活动猖獗的原因

甲午战争前后，日本派遣大量间谍潜入中国，间谍机构无所不有，间谍情报无所不包，间谍手段无所不用，从而获得了大量关于清朝各方面的情报，这些情报的获得强化了日本发动侵略战争的野心，为日军赢得甲午战争的胜利起到了不可替代的作用。那么，为什么甲午战争前后日本在中国的间谍活动能够如此猖獗并且获得成功？

第一，清政府保密观念淡薄，没有自觉的防范意识。

甲午战争前，日本蓄意侵华，阴谋发动战争，派遣大量间谍在华开展搜集情报活动。对此，清政府没有引起足够的重视，保密观念淡薄，没有自觉的防范意识，以致日本间谍往往能轻而易举获得情报。

甲午战争期间，日本谍报工作一个成功的案例是破解了清朝的电报密码。1894年6月22日，日本外相陆奥宗光致送清朝驻日公使汪凤藻的一件照会，改变以往的惯例，事先将日文译成中文，长达387字。对于这样一反常态的做法，汪凤藻竟然丝毫未产生任何怀疑。由于当时还没有无线电报，密电都是各自译成密码后交所在地电报局拍发。第二天，汪凤藻派人将一份长篇密码电报送日本电报局发往总理衙门，果然就是陆奥宗光的照会。两相比对，日本外务省很快就掌握了这套密码的规律，并破译了汪凤藻与总理衙门之间的全部往返密电，秘密全部泄露，而清朝官员竟然丝毫不知情。日本人不动声色，从此不仅掌握了中国使馆与国内的全部通讯，而且还从中截获了大量军事情报。1895年，李鸿章赴日进行马关谈判，竟然还带着这套旧的密码，致使李在和谈期间与北京的往返密电内容，包括中方割地及赔款的底线等，全部为日方所了解。这样，马关条约的谈判实际上全部为日方所一手操控。

如果说电报被破译是日本主动设立陷阱，难于防范，那么，对于日本明目张胆地刺探军情、搜集情报熟视无睹，竟然还视其为座上宾，则实在是难以交代。1893年4月，对华谍报头目、日军参谋次长川上操六亲自到朝鲜和中国进行实地考察，为发动战争作最后的准备。应该说，此时已是中日甲午战争的前夜，日本蓄意侵华的图谋早已显露，川上此行的目的昭然若揭，但即便如此，李鸿章竟然还视川上为贵客，允许川上在天津停留了一个月之久，而且还让川上参观天津机器局，访问武备学堂，观看炮兵操演炮术和步兵操练步伐，并让其登上北塘炮台观看山炮演习。川上此次之行，对清军战斗力及地形、风俗人情均作了详细考察，获得了难得的情报。

甲午战争中，由于清政府各级官员保密观念淡薄，没有防范意识，清军的大量军事机密被日本间谍所侦知，这样的例子不胜枚举。

第二，清政府软弱无能，没有有效的防范间谍活动的措施。

对于日本间谍日益猖獗的活动，清朝的一些官员也洞识其害，向朝廷提出建议，要求严加防范，加大惩处力度，但软弱的清政府并没有实施多少有效的防范措施。

对于日本间谍的活动，张之洞等有识之士十分忧虑，纷纷上书，就反间谍问题提出了一些具体建议。主要有以下数条：一是反对西方国家尤其是美国保护日本间谍。甲午战争爆发后，一些日本间谍躲在租界内得到各国尤其是美国的袒护。据报，"有日奸在汉口租界处行走，营勇向前盘诘，正欲查拿。该倭人即持刀抗拒，避入租界。英美领事不肯交出，谓系日本安分人，即时护送其登轮往沪"。一些间谍被捕后，也有外国使节为其说情。针对这些情况，应严查间谍，美领事不得袒护。二是主张实行保甲，严惩汉奸。日本间谍往往通过汉奸为其搜集情报，清除汉奸是反间谍的根本所在。三是对百姓实行安抚。很多地方由于年年发生饥荒，再加上战乱，民不聊生，在日本间谍粮、钱的诱惑下有人为了生计当起了汉奸。四是禁止日本人剃发改华装。由于日本人与中国人眼睛、头发的颜色一样，相貌相似，只是发式、服装不同，日本间谍在中国往往剃发改装冒充中国人，很难识别。为此，建议日本人在中国改华装者应按间谍治罪。

　　清廷曾采纳了一些意见，采取过一些防间谍措施，破获了几起间谍案，对一些抓获的间谍也予以了惩处。石川伍一案破获后，美国驻华代理公使曾出面搭救，清廷派津海关道盛宣怀回复称："本道查《中日修好条规》载明，两国商民，均不准改换衣冠。是两国和好，尚然有此例。现在两国失和，忽然改装易服，潜匿民家，四处窥探，其意何居？况日本领事出口之后，日本人在中国口岸者，已由贵国兼理，该犯石川尽可安寓租界洋行，何以假冒华人，私至城内居住？……至该犯被获之时，形迹可疑之处，不一而足。其为奸细无疑！"最终石川伍一被处以死刑。

　　但是，总体来看，在甲午战争前后，对于日本在华间谍活动，清政府并没有采取切实有力的防范措施，更没有一套行之有效的防范制度。当日本在野心勃勃地做着一切侵略准备，派遣间谍肆意搜集情报时，腐朽的清王朝却由于长期的闭关锁国，对外界知之甚少，有关国家安全防务之事不甚了然，更没有单独成立一个防范间谍活动保护国家安全的机构。

　　第三，清政府吏治腐败，一些官员甚至为虎作伥。

　　中日甲午战争事关国家生死存亡、民族之发展，但即使是在如此紧要关头，一些清朝官员仍然置国家利益和民族大义于不顾，与日本间谍相互勾结，出卖情报，于中谋利。

　　日本间谍石川伍一被捕后，在其供述中即明确承认有多名清朝官员涉嫌为日本间谍谋利："代日本探官事的人，有中堂签押戴姓、刘姓、汪大人，还有中堂亲近的人……张士珩四大人与神大人（注：指日本间谍神尾光臣）最好，因此将中国各营枪炮子药并各局每日制造多少底细告知神大人……水师营务处罗丰禄大人的巡捕于子勤，还有北京人高顺，在烟台、威海、旅顺探听军情……神大人半夜在裕太饭馆请中堂亲随之人，并王小波、于子勤、戴京春、戴姓、刘姓、汪大人、刘树棻等商议密事，遇有紧要军情，即行飞电。"仅在石川的供述中，就可以看到若干名清朝官员赫然在列。其中张士珩是李鸿章的亲外甥，时任北洋海军军械局总办；罗丰禄时为李鸿章助手；李辅臣时为西沽炮药局委员。李鸿章身边如此众多的清朝官员与日本间谍密切来往，甚至为其提供情报，北洋海军的失利在所难免。

由于有自己的亲戚牵涉其中，故在处理石川伍一的间谍案中，对于如此证据确凿的案件，李鸿章也有袒护之意，故意拖延，只是后来在其他大臣的参劾下才上报情况，但还是隐瞒了其中的一些案情。

到甲午战争时，清政府吏治腐败，很多官员以权谋私，甚至有的官员不惜出卖国家和民族利益，即使在战争爆发后，也仍然为虎作伥，为日本间谍提供情报，充分体现了一个王朝必将没落的命运。

第四，日本政府蓄意侵华，有组织地加强间谍活动。

日本政府从明治维新开始，逐步走上穷兵黩武的扩张道路，始终将发展军事力量放在优先地位。1878年，日本设立参谋本部，大力推行大陆政策，将中国作为主要侵略目标。1887年，日本参谋本部自觉发动侵华战争的时机临近，曾发动所属人员拟制征讨清朝的作战方案。其中陆军大佐小川又次拟制的《清国征讨方略》明确提出："谋清国，须先详知彼我政略与实力，做与之相应之准备。养成忠勇果敢精神，经常取进取之术略，定巍然不动之国是，实乃维持和平之根本，伸张国威之基础。"从这份征讨方略中，可以明显看到日本图谋侵略中国的意图，为了侵略战争的成功，日本也意识到必须"详知彼我政略与实力"。

为了详细探知清朝实力，为侵华战争做准备，日本政府长期有组织地派出间谍到中国进行情报搜集工作。早在1872年，日本外务大臣西乡隆盛就曾派间谍秘密潜入中国，伪装成商人，调查中国东北地区的政治、经济、兵备、财政、风俗等。1884年，日本早期间谍机构东洋学馆在上海设立，从此，日本间谍机构和间谍活动的触角伸到了中国各地。在甲午战争中，无论是陆上战场的作战，还是海上战场的作战，到处都能看到日本间谍的身影。

内因是事物发生变化的主要因素。甲午战争中日本在华间谍活动猖獗的主要原因是清政府防范意识淡薄，措施不力。日本政府蓄谋侵华的狡诈作为也强化了这种间谍活动的猖獗性。

四、情报战全面败落，教训深刻

时间已经过去两个甲子，甲午战争的硝烟虽早已散去，但它留给后人的启示仍然很多，对于今天为实现民族复兴梦想而奋斗的国人来讲，总结历史教训，鉴往知来就显得更为重要。

启示一：必须提高警惕，毫不放松地做好防间保密工作。

甲午战争前后，日本在华间谍侦知了大量情报，这固然是因为日本间谍不择手段，但也与清政府保密意识淡薄，没有采取有效的防范措施有关。甲午战争期间，当"高升"号运兵船停在塘沽码头时，码头区竟然没有进行警戒，一般闲人都可以自由来往，甚至竟有日本人"来往不绝，凡我船开行，彼即细为查探，非但常在码头梭巡，竟有下船在旁手持铅笔、洋簿，将所载物件逐一记数，竟无委员、巡丁驱逐"。

李鸿章赴日谈判时，因日方破译了中方的电报密码，李与北京往返的密电内容及中方割地赔款的底线，全部为日方所了解，因而，整个和谈的进程都在日方掌控之下。

虽然和平与发展是当今时代的主题，但是针对我国的情报搜集工作一点也不比以前少，我们必须保持高度的警惕，毫不放松地做好防间保密工作，时刻牢记保密无小事，保密就是保胜利。

启示二：必须未雨绸缪，加大对竞争对手的研究。

甲午战争中，日本"遣间谍至我国者，或察政务之设施，或考江山之形胜，无不了如指掌"。由于日本间谍事先了解到北洋海军行动部署，日军预作安排，突然袭击，这是北洋海军作战失利的一个重要原因。而清政府在情报搜集方面全面被动。战争爆发前，清政府片面相信列强调停，害怕战争的到来，一味消极避战；战争爆发后，清政府也从来没有树立举全国之力与日决一死战的信心，对日本政府势在必得的侵略野心、咄咄逼人的侵略行径没有全面深入的认识，对日军的侵略行动没有做到事先详细周密的侦察了解。古语云："知己知彼，百战不殆。"战争的对手对自己的一举一动了如指掌，而自己却对对手知之甚少，失利在所难免。

当前，日本国内右翼势力抬头，否定侵略历史，推动钓鱼岛"国有化"，企图奉祖宗之衣钵，逆潮流而动，如果继续发展下去，很可能将再一次成为战争的策源地。从历史上看，日本历来有私下做足功课，突然不宣而战进行偷袭的传统。甲午战争中的平壤之战、丰岛海战，第二次世界大战中的珍珠港之战，日本都从偷袭中得到了好处，占足了便宜。往事历历在目。对此，我们必须未雨绸缪，加大对对方国内形势的研究，作好精确的预判，提前进行准备。

启示三：必须把握大势，做好信息搜集统计工作。

120年后，世界迈入了信息社会，网络把人们联在了一起，信息的范围更加扩大，已经远远超出甲午战争的谍报范围。在信息社会迅猛发展的今天，各国普遍重视信息搜集工作，一些西方大国为了达到自己的目的，甚至不惜侵犯个人隐私，把窥探的目光瞄向全世界。

　　我国一贯奉行独立自主的和平外交政策，高举和平、发展、合作、共赢的旗帜，坚定不移致力于维护世界和平、促进共同发展，推动建设持久和平、共同繁荣的和谐世界，反对各种形式的霸权主义和强权政治。但是，世界仍然很不安宁，霸权主义、强权政治和新干涉主义有所上升，局部动荡频繁发生，各种形式的恐怖主义增多。我们希望世界和平，但是持续和平的世界还远未到来；我们希望世界发展，但和谐发展的世界还远未实现。有备才能无患，能战方能言和。为了维护世界和平，保卫祖国和人民生命财产安全，我们应该高度重视信息的搜集与统计，在法律允许的范围内，全力做好信息搜集统计工作，为国家决策提供依据。

晚清国防转型与近代海防格局的形成

方 堃

方 堃

海军军事学术研究所研究员，海军大校军衔。曾任海军军事学术研究所战略研究室主任。专业研究方向为战略与战略理论、海洋安全问题、海疆史与海军史。主编《中国海疆通史》《中国"新东部"——海陆区划的统筹构想》，合著《中国战争发展史》等。

19世纪中叶，在经历了两次大规模对外战争后，清王朝的国防体制已经走向崩溃。调整、重建国防成为清政府亟待解决的重大问题。清廷先后两次对国防基本方针进行了重大调整，以此推动晚清国防实现转型，中国军事近代化的历史进程亦因此而发展。本文仅就同光之际的国防方略调整和建设海防的决策与实践做一简单梳理，借以探讨中国近代军事发展的一般规律。

一、"海防塞防并重"战略破产

晚清重建国防体制的关键是修订国防基本方针，其实质是对国防方略进行调整。其中，重新确定国防重心是先决条件，也是清政府必须首先做出的战略抉择。19世纪60年代中期，在第二次鸦片战争后中外关系出现暂时缓和的背景下，清廷开始关注国防重建问题。

经同治一朝十余年的踯躅，1874年由日本侵略台湾引发的东南海上危机，再次警示晚清统治者重构国防体系的紧迫性。清廷始以集合重臣疆吏会议国家防务、判断安全威胁的全新形式，开始对国防方略进行调整。

晚清统治集团关于国防问题展开的讨论共有两次，前后相隔10年。两次所议侧重不同。1875年的"国防议"是首次，也是最重要的一次。此次讨论的重点在于重新确定国防重心，并在此基础上调整国防方针。日本侵台事件，对晚清朝野产生了前所未有的震动。当朝者决定对时局进行全面审视，并认真筹划相应对策。1874年11月5日，在与日本签订《台事专条》的第5天，总理衙门奏上专折，针对海上方向威胁频现的形势，提出"练兵、简器、造船、筹饷、用人、持久"六项应对之策，请饬下各有关督抚筹议。第一次国防大讨论由此而起。

此次讨论是有清一代首次以群臣奏议的方式筹划国防问题，前后历经7个月时间。在此期间，清廷内外重臣分别就国家安全和国防建设等重大议题阐发观点、上奏对策。由于参加讨论者身份不同、观察角度不同，因此所发议论与建议多有差异。在各种观点中，分歧的焦点首先集中于国家战略防御重心的重新确定。围绕这个问题，奉旨复奏各督抚大臣至少提出4种主张。"江防派"代表是安徽巡抚裕禄和两广总督英翰，他们主张应以长江防御为重，提出："长江地亘五省"，以水路贯通沿海与腹地；其下游为国家主要经济中心所在；列强屡自东南入侵，而"海口有事"则苏、皖、鄂各省亦同受其患。所以应"合上下游之力，以固长江，则财力易集；合长江之力，以防海口"，以亟整江防为"久远之计"，以防止第一次鸦片战争时期英军逼订"城下之盟"之辱重演。时任山东巡抚丁宝桢是"边防派"代表。他认为应重点加强对北及东北方向的战略防御。他在复奏中详尽分析了来自北方俄罗斯的威胁和"俄拊我之背"的边防形势，强烈主张以"备俄"为国防重点，以固清王朝"根本重地"及关内京畿安全。以湖南巡抚王文韶为代表的"塞防派"和以直隶总督李鸿章为代表的"海防派"之间见解最为对立。"塞防论"者认为，在国防全面危机中，以西北方向最为关键。他们强调，东南"海疆之患不能无因而至，其视成败以为动静者，则惟西陲军务"，故重构国防应以西北为重，尤应首先"全力注重西征"，使达到"俄不能逞志于西北，则各国必不能构衅于东南"的战略防御目的。"海防派"的观点则与此相悖。李鸿章等人认为，中国所面对为"数千年未有之变局"，重建国防必须改变"历代备边，多在西北"的传统格局，将战略防御重心东移至沿海。他们提出，"塞防"虽重，但于国家"肢体之元气无伤"，应采取"严守边界，且屯且耕，不必急图进取"的策略，同时将塞防"停撤之饷匀济海防"，重点加强海防建设。

在第一次"国防议"前期，提出了上述四种判断，而论者所议都关系到重构国防体系的重大决策。在此当中，以"海防论"反响最大、呼声最高。十分明显，海防论者所倡与塞防论直接相诘。虽然双方都力图从国防全局统筹军务，其筹划基点一致，但对兴兵经年、于巩固塞防有重要意义的西北军务态度却大相径庭。对两者孰重孰轻的判断由此成为调整国防方略的关键。1875年3月10日，清廷密谕在讨论之初"不在饬议之列"的陕甘总督左宗棠，就有关问题提出决策咨询。左于4月13日遵旨复奏。在其奏折中，他提出了著名的"东则海防、西则塞防，二者并重"的主张。

左宗棠所提将西北与东南两个方向同时作为国防战略重心的方案，实际上是企图把分歧弥深的"海""塞"两种主张捏合在一起，以"互补"对方之不足。应当指出，这是左结合自己对国防全局的判断与体察清廷决策圈的意图折中提出的一种主张。事实上，在左宗棠参与讨论之前，清廷就已经确定了仍以西北军务为重的基调方针。这种决策倾向影响了左宗棠。早在1874年11月，领军西北的左宗棠就曾在答复总理衙门有关国防问题的征询中提出过自己的观点。他在复函中虽然对西北战局表示了忧虑，但也对筹办海防表示了赞同。此时的左并未明确将"海防"和"塞防"区分主次。但清廷在3月10日密谕中明确向其表示了西北塞防不可放弃的意图，左宗棠在4月13日的复奏中才明确提出"二者并重"之议。由此可见，左议与总理衙门态度实属"谋而合"。惟因如此，当左宗棠奏复一出，清廷马上采纳：先于5月3日任命左为钦差大臣督办新疆军务，明确宣示不放弃塞防的态度；继于30日明发上谕，以"海防既为当务之急，又属国家久远之图"，必须重点筹划；同时以"西北及防范俄人"事关重大，命左宗棠"通盘筹划，以固塞防"。这样，清廷明确决策以西北边塞与东南沿海共同作为国防方略的重点，从而使重构中的晚清国防体系呈现出"双战略重心"格局。

第一次国防大讨论的结果对光绪初年的晚清国防建设产生了重要影响。首先，对传统国防观念进行了重大修正。自古以来，历代王朝皆以防御北与西北的游牧民族南下袭侵中原作为"国防大计"，而将东、南两向的大海视为国防天然屏障。由此，形成了各朝皆重陆上方向防御的国防传统。明代以后虽因倭患而经营海防，但无论朝野官民，仍多持"有海防而无海战"的观念，海洋并未真正进入统治阶级和社会民众"保卫家国"的视野。鸦片战争使国防大势激变。曾托庇于海洋的东南半壁，成为列强踏海东来的首占之地。然而清廷并未随时局之变而调整国防。在延滞20余年后，当朝者终于承认了海防对国家安全的重要性，并将其纳入国防方略整体策划筹办，这是一个历史性

日本陆军第9旅团准备从广岛宇品港出发

的进步。近代国人的国防观念也由此而进入了新的发展阶段。

其次,明确判断时局与敌手,为国防方略的调整提供重要决策依据。集中一大批疆吏重臣,就国防大计进行讨论诘辩,对清廷最高决策层判断时局、判明对手,进而重建国防体系有着重要意义。重建晚清国防,最重要的是确定战略对手和重点防御方向。对此,朝中重臣文祥曾指出:"目前所难缓者,惟防日本为尤亟。"可以说,文祥代表了一大批可以影响清廷决策的晚清政治家的观点。其中尤以李鸿章"日本近在肘腋,永为中土之患"的奏论最具代表性。然而,清廷的判断显然更为全面:针对国防全局,总理衙门明确将"西洋各国"作为威胁大清的潜在敌手,而将近邻日本作为国家安全的现实敌手。这种判断对清廷决策将海防纳入国防方略整体筹划,起到了至关重要的推动作用。

再次，打破传统国防布局，使晚清国防开始向近代转型。清廷所做海防、塞防同为国防重点的决策，打破了"历代备边皆在西北"的传统国防布局；在调整后的国防方针中，加入了海防建设这一新的成分。虽然此时清廷仍将东南沿海与西北塞防共同作为国防重点，但几乎所有晚清统治集团的重要成员，都承认加强海防对确保国家安全的意义。而中国国防自此开始从传统向近代化转型。虽然这个转型进程缓慢，但它符合历史发展的趋势，并迟滞了列强灭亡中国的侵略脚步。

1875年清廷的国防决策是近代中国国防转型进程中的过渡性产物，它本身不可避免地存在严重缺失，这对晚清国防体系重建产生了严重的负面影响：虽然它正确判断了形势，承认了海防在晚清国防中的地位；但却极具倾向性地强调海、陆并重，并同时排出了两个战略重心。这个决策的出台，使得国防方略调整的实际成效大打折扣。它在实施伊始，即显现出其自身存在无法弥合的矛盾：受各种因素掣肘，海、陆关系在国防全局中无法妥善协调，塞防与海防因而无以"并重"。在东南，处于起步阶段的海防建设并未真正获得发展支持，国防建设其他领域亦受到制约。在西北，至1878年全疆战事基本结束，但塞防形势并未获得根本改观，沙俄仍觊觎新疆并侵占伊犁。面对趋紧的西北形势，此时清廷对塞防的支持却明显减弱，并开始专注于东南沿海防务建设，这使西北方向实际失去了国防重心的地位。在执行仅5年后，"海塞防并重"的战略决策已名存实亡。

形成上述局面的原因主要有两个：其一，清廷无力同时支撑海防与塞防所需军务费用，由此形成国防经费不敷分配的矛盾最为突出。19世纪70年代中期以后，列强在对华交涉中不断加大军事筹码，并动辄示威于海上。但清廷对西北塞防所做出的倾向性支持，导致了原本相对稳定的财政状况逐渐恶化。左宗棠部西征军费年需银800万两，在1876年即已积欠军饷2700万两；对此，连左本人都认为是因清廷"海、塞防并重"的决策所致。他曾指出，西北与东南都需大笔军费支持，两需之间已经形成对立，而"大抵财源只有此数"，即"洋防不减，塞防增无可增"。由于清廷无力持续筹拨充裕款项对西北军务给予倾斜性支持，左宗棠只能通过催办各省协饷等渠道自筹西征经费。值得注意的是，在各主要协饷省份中，几乎包括了山东、福建、浙江、广东和江苏等所有沿海重要省份。左宗棠在西北用兵15年，实收各地协饷银达8800余万两。而其筹措军费总额竟高达1.2亿余两。如此庞大的军费开支，固然保证了西征新疆的实施，但巨额开销导致清政府财政窘迫，也必然挤占海防建设经费。总理衙门当时就曾抱怨指出："开办海防以筹饷为第一要事，实以筹饷为第一难事。"可以说，全力支持西北军务的决策对晚清国防建设大局产生了十分明显的制约。

其二，东南沿海危机导致海上安全压力陡增。在清廷决策支持海防，但各项建设尚未真正起步之时，来自海上方向的列强威胁却在加大：日本犯台之后，又觊觎朝鲜、驻兵琉球；俄罗斯则在中俄伊犁交涉之际，以庞大舰队施压于沿海北线，并扬言要"攻夺高丽海口"、封锁辽海、攻击津门，直接威胁京畿地区，企图就此逼清廷做出外交让步。与新疆危机相比，清廷显然更为担心京畿安全。事实上，面对俄国势力东移南下，西北已非清王朝国防必须倚重之地；而失去"备俄"的意义，塞防的战略价值也必然大为降低。在内外条件都出现变化，安全环境更为危殆之际，清廷开始着手对1875年的国防决策进行调整。清廷亟盼加强对沿海政治和经济重地的防御，进一步达到维护统治、保证政权安全的战略目的。此次调整的主要内容是加强海防建设。它推动了晚清国防转型的进程，并使中国近代海防格局最终形成。

二、晚清海防格局正式定型

晚清国防转型与近代海防格局形成大体是同步的。1875年清廷的国防决策是晚清国防转型的开始，其主要标志是海防进入了国防统筹。此后，1879年清廷着手调整有关决策，国防建设转向以海防为重点，国防转型开始加速。1885年，清廷确立了"大治水师"的国防建设指导方针。至1888年，以北洋海军成军为标志，晚清国防转型初步完成。由此可见，中国近代国防转型经历了一个逐渐推进的过程，毋庸讳言，这个过程是伴随着晚清统治集团对近代海防认识的不断深化而完成的。

19世纪中叶以后，海洋已经成为联通中外和列强侵华的主要路径。因此晚清海防所面临的形势已完全不同于传统海防，它有着鲜明的时代特点：首先，海防对象发生了根本改变。此时国人面对的不再是散股海寇，而是已跨越了资本积累时期的成熟的西方殖民强国，其经济和军事发展程度已经远超中国。其次，列强踏海而来已不单纯是海上军事问题，它对中国社会形成了猛烈而全面的冲击，对中华民族的生存构成严重威胁，其后果不可逆转。基于上述两点，晚清海防不再是局部、暂时的问题，而是一个长期、全面的国防战略问题。解决这个问题的过程，实际上就是实现国防转型、重建国防体系的过程。近代中国海防格局的形成，就是这个转型最重要的内容。

海防格局是一种战略布局，体现了战略决策者对海防形势的判断及其应对之策。海防设施的规划与建设、海军的组建与运用无不与此有重要关联，也都是这个格局的重要构成。由于事关国防全局，对海防如何布局曾一度是晚清政治家反复争论的焦点。最先提出海防布局问题的是丁日昌。1867年底,他通过湖广总督李鸿章上奏"自强"八条,其中有"创建轮船水师,分为三阃"的建议。这是晚清海防规划分为三个方向、海军建设划分"三洋"布防的最早版本。其后在1875年第一次"国防议"中,丁日昌再次在其所上《海洋水师章程》内对海防布局做出规划,明确坚持海上分区防御的原则,提出建设三支海军,并以"三洋并重"的海防格局作为建设目标。对布局问题,在奉命复奏的14名封疆大吏中有8人言及。其中有人在丁议的基础上,进一步提出了要确立海防重点方向的建议。李鸿章则在其奏复中明确提出,在万里海疆建设海防,必须避免"处处宿以重兵,所费浩繁。力既不给,势必大溃"的局面出现。他认为,"唯有分别缓急,择尤为紧要之处,如直隶之北塘、大沽、山海关一带,系京畿门户是为最要;江苏吴淞之江阴一带,系长江门户是为次要。盖京畿为天下根本,长江为财赋奥区,但能守此最要、次要地方,其余各省海口略为布置,即有挫失,于大局尚无甚碍"。在此,他提出了"最要"与"次要"两个概念,强调海防建设须循此而规划实施。很明显,李鸿章在此将丁议"三洋并重"改为重守长江以北沿海,并提出以北洋为海防第一战略方向。按照他的设想,应以北线海防为重,尽快建成"以长江控东南,以大沽带直隶"的沿海重点防御体系。

　　李鸿章所提上述方案有两个突出的特点:其一是首先满足清廷卫护京畿安全的政治需求;其二是在纷繁复杂的国防事务中具有较强的可操作性。正因如此,李议在清廷内外获得了广泛赞同。总署于1875年5月3日上奏中,对海防建设核心问题提出总体方案,建议先就北洋创设水师一支,俟力渐充而就一化三、择要分布,期以最终形成"三洋布防"的海防格局。如这一方案获准实施,则将对尚属空白的晚清海防事业起到培植根基的重要作用。但可惜的是,这一"重点建设"

方案被清廷否决了。在总署上奏当天，清廷即明发上谕，在强调海塞防并重的同时，定南北洋分段督办、平行发展为建设海防决策。

清廷的决策确定了晚清第一个海防建设方略的基本框架，但这个决策并未采纳集中建设重点方向的正确建议。可以说，此时的清廷并未做出优先发展北洋海防的战略安排。这个决策本身只是一个无明确海防重点方向和缺乏可操作性的方案。特别是这种"全面铺开"的海军建设方式，超出了清政府的财政承受能力。如不变通，也不可能在较短时间内取得明显的建设成效。

1879年日本吞并了琉球，并派军舰游弋于台湾和朝鲜海域。日本的海上行动使清政府再次感受到来自海上邻国的威胁。清廷同时认识到沿海防务，特别是北方海防不可依靠，必须加快改变国防现状，切实将海防摆在国防体系中的头等位置，尽快建成可资护卫的海防体系。为此，清廷命南、北洋大臣沈葆桢和李鸿章，采取切实举措推动海防，特别是北方沿海各省海防的建设。尤特命"妥速筹饷购铁甲舰、水雷及一切有用军火"以加强海防战备。与此同时，围绕梅启照所上的"筹议海防折"，李鸿章等一些朝臣疆吏再次对国防全局问题进行讨论，进而引发了清廷开始对1875年确定的国防方略进行调整。

这次讨论的范围很小，但影响却很大。参与的李鸿章等人从地缘角度出发，将所议者皆集中于确定主要对手和重点方向等重大战略问题，从而把国防问题的讨论引向深入。关于主要战略对手的判断，李鸿章等认为日本将以地理之近而为主要威胁，故必须"严防东洋"。他判断日本扩张的下一个目标将是与中国唇齿相依的朝鲜。与此同时，李鸿章还在深入分析俄罗斯意图的基础上，进一步强调了北线国防必须"备俄"。李鸿章认为，俄海军舰队巡弋中国近海，其目标之一是占据朝鲜半岛。他指出："朝鲜三面环海，其形势当东北洋之冲"；

如朝鲜为俄所占，则"我东三省及京畿重地皆岌岌不能自安"，特别俄罗斯是中国最大近邻，"在西国为最强，其与中土沿海、沿边交界三万余里，更非英美德法可比"。因此，必须慎重处置对俄交涉，警惕俄自北方出兵南下。他同时判断，俄、日势力将在朝鲜半岛方向交汇，对中国共同形成重大威胁。基于这一判断，李鸿章明确提出了以北洋所辖区域为海上防御重点的战略构想，为清廷确立海防布局，并完善海防体系，提供了必要而明确的目标导向。至此，清廷才全面接受并采纳海防重点建设意见，开始对北线海防实行倾斜政策。1880年，光绪特谕李鸿章，将北洋海防现有兵力"认真整顿，备齐战舰于烟台、大连湾等处择要扼扎，以固北洋门户"。这是清廷首次就北洋海防重要性做出的表态，并明确指示将北洋防御的重点集中于环渤海一线。它表明此时清廷已将建设中的北洋海防力量，作为卫戍京畿的主要战略力量。也是在此之后，北洋海防建设开始显现其领先发展的优势：以"定远""镇远"2艘可在远东称雄的铁甲舰为代表，一批性能先进的引进军舰先后入列北洋水师；大沽、旅顺军港基地亦开始兴建。大约与此同时，南洋海防逐渐与闽、广分立，各自发展建设。至此，沿海防务完成了从"南重北轻"向"北重南轻"的过渡，一个以北洋为重心的海防格局初步形成。

1883年爆发的中法战争使重建中的晚清国防体系受到全面冲击。法国军队从西南陆上和东南海上两向发动了中等规模的军事行动。清军在中越边境的陆上作战中最终获胜，但沿海防御却在法海军舰队的攻击下损失惨重：福建海军一战而溃，沿海各口因遭法军舰队分割而危象立显，清军赖以进行南北机动与补给的海运线大部瘫痪。海防作战不利，令清廷无法实现其海陆统筹的作战指导，并不得不在陆路战场获胜的有利形势下仓促结束战争。这种"不败而败"的结局，暴露

日本运输船在大连湾

了清廷有关决策的失误及其对国防建设产生的严重影响。战后，清廷决心整顿国防，谕命内外臣工再次就有关问题进行讨论。由此，晚清第二次国防大讨论轰轰烈烈地展开了。

此次国防大讨论是一次名副其实的"海防议"。与前次"国防议"不同，参加讨论者的奏复内容已不再集中于对海防地位的争论，而是多就海防建设具体问题发表看法。这说明，经过10年国防建设实践，晚清统治集团对海防的认识明显深化。综观清廷内外大臣有关奏复，其所议论者主要集中于两个议题：成立海军统帅机构和海军分区设防事宜。前者讨论的结果是建立了海军衙门。这是近代中国军事史上的一件大事，对中国海军建设发展有着重要意义。海军衙门作为第一个全国性海军领导机构，握有统帅全国海军的军政军令之权。它的建立加强了海军建设统筹，使海军开始具有独立军种的性质，推动了海防尤其是北洋海军的发展建设。其次是对海军分区设防的讨论，奏复者则多有分歧。海军分区设防问题，涉及海军建设与运用的指导方针，其实质是确定海军建设的规模及部署原则。对此，各参议督抚的见解与建议莫衷一是。但议论虽多，却均未超出第一次"国防议"的水平。

而此次讨论前，清廷在李鸿章等人的影响下，已就海防格局有所定见，从1879年开始执行的重点支持北洋建设的政策，至此也已实施数年。而此次讨论的结果不过是将已经付诸实践的措施，以上谕形式予以确认而已。1885年10月12日，清廷发布谕旨，宣布"以精练海军"为海防建设"第一要务"，批准先自北洋精练海军一支的海防建设方针，并责成李鸿章专司北洋练兵。至此，近代中国"三洋设防，北洋为重"的海防格局正式定型，晚清海防建设进入了其发展的高峰时期。

三、国防转型呈现三大特征

近代中国国防转型和海防格局的形成，对近现代中国国防建设产生了极其重大且深远的影响。晚清政治家们经历了10年探索，终于在国防与军事近代化的历史进程向前跨进了一大步。在此期间，以群臣奏议形式进行的几次讨论，推动统治集团决策层对国防问题的认识逐渐统一并渐次深化；而清廷在各次讨论之后对国防建设方针与力量布局做出的调整，则推动了近代国防转型实践不断发展，使已经濒于崩溃的国防体系得以重建，国防力量部署完成了从陆防为主向海防为主的战略过渡，海防格局亦得以定型。对此，我们应予充分肯定。但晚清国防与军事近代化是在传统封建体制内展开的一种渐进的革新过程。在特殊的时代条件下，这个过程必然带有其自身的特点。综观晚清国防转型，有三个突出特征贯穿其中。

其一是被动性。在中国近代化的历史进程中，国防与军事近代化起步最早。但不可否认，它是一种对列强侵略的被动反应。而且其每一个重要进展，都是清政府在列强以军事方式武力侵略中国后的应对中取得的。应该强调，这种"被动性"对军事近代化所产生的作用是不容忽视的。众所周知，晚清社会的国防意识不是受敌国潜在、间接和久已存在的安全威胁而萌发产生的,相反,它是遭受外敌直接军事打击并产生剧烈"阵痛"后的结果,而清廷对国防方略的应对性调整也是"阵痛"效应刺激下的作为。晚清时期在甲午之前的历次国防决策,都典型地反映出上述特征。它在特定历史条件下对中国军事近代化的发生、发展产生了特殊作用。面对军事侵略的威胁,清政府被迫在起始阶段即从战略全局统筹国防方略。这使得中国近代军事变革的起点很高。清廷发动的国防问题讨论,为统治集团内一批有战略头脑、对时局有清醒判断的政治家提供了进行决策对话的政治空间,他们对国防问题阐发的观点,对晚清国防方略调整的影响是社会其他阶层无法比拟的。同时,由于最终决策具有绝对权威,因此在一定程度上为国防转型的起步清除了障碍。就海防建设而言,由于上述因素的存在,晚清海防在初创时期就成为国防全局中的主要战略方向,而海军建设也没有经历始于装备发展再形成战略指导的发展过程。相反,其起始即是全局性战略筹划的一部分。这是中国军事近代化过程中非常独特的现象。惟因如此,近代中国海防才得以在短短10余年间就取得了重要成果:不仅建起了海上方向战略防御体系,而且在一段时间内有效阻遏了战略对手的侵华野心。

其二是渐进性。19世纪后半期是中国社会处于剧烈变革的历史时期。在这一时期内,晚清统治集团所做出的各种决策都不可避免地带有转型期的时代痕迹。特别是国防转型,经历了从传统的以塞防为主向以海防为主的近代国防体制的过渡。这个过程典型地代表了清政府战略决策水平的变化。在这个渐进的发展过程中,清廷决策圈逐渐摆脱传统国防观念的束缚,从初步认识近代国防需求兼有内陆与沿海的双重特征,到承认海防重于陆防的现实;从决策西北与东南两个战略方向并重,到调整国防方略基本架构全力注重海防。这种变化正是国防转型逐渐深化渐进性特征的突出表现。而此起于判断再行于建设实践的方式，已完全不同于皇权体制下传统的决策过程，而是符合近代战略形成的一般规律。晚清海防战略更突出反映了这种过渡性。清廷从否定李鸿章所倡重点布防、分区建设的主张，决策南北并重、平行发展海军建设，到全面接受其"最要"与"次要"之说，调整决策优先发展北洋，并最终部署形成北重南轻的海防格局。这个过渡的完成标志着晚清国防近代化的实践进入了新阶段。

其三是"个人色彩"成为影响和制约发展的重要因素。晚清国防力量的建设与发展，是在封建传统体制之下展开并推进的，因此个人因素在很大程度上制约着发展进程。中国近代特殊的历史环境，使社会变革始终把军事摆在首位。而特殊的政治人物及其统率的军人集团，依靠特殊权力与社会地位，对整个社会运行机制的干预，往往决定着变革实践的成败。特别是在军事领域，人的因素对决策及其实施都曾产生过巨大影响。以海防建设为例。晚清海防先后遵循两大原则："区域设防"和"重点设防"。此两种原则的建设侧重完全不同。但由于主持者的原因，北线建设获得了重要成果，而长江以南沿海防御建设前后却形成重要反差。在海防建设起步时期，由于一批疆臣力主实施的"区域设防"原则，因获得认真贯彻而收获重要成效。其中，李鸿章主持的北线海防建设在较短时间内搞得有声有色，这一方面是得益于分区设防改变了旧式海防由各省分办的形式，另一方面则是因为李鸿章充分发挥个人的政治能力，清除了区域统筹的障碍。当数年后清廷决策实施沿海"重点设防"原则时，李在前贯彻"区域设防"所获成效的基础上，很快就使北洋海防初步形成体系，并成功牵引海防战略重点北移。与此同时，南线海防却收效不著，不仅未能完成建设计划，而且始终未能统筹其事。形成这种局面的因素固有多种，但主持者不

德国报刊刊登的北洋海军官兵照片

力是最重要的原因。主持南洋海防的沈葆桢去世后，南洋海防即显颓势。而对海防建设贡献颇大的丁日昌，也因沈的去世而不再受清廷重视。可以说，封建体制为个人因素在最大程度上影响社会变革进程提供了政治前提，晚清国防建设亦因此而表现出"得人而兴，亦因人而衰"的浓厚封建色彩。

胜败快慢之间
——对甲午战争的另一种观察

侯昂妤

侯昂妤

军事科学院军事战略研究部副研究员，上校军衔。著有《中国近代军事学的兴起》《中国近代军事学何以落后于日本》《民国时期孙子学研究》《当代军事变革断想》等论文20余篇。

即使用今天的标准衡量，中日甲午战争也可称得上是一场规模大、影响更大的局部战争。在这场非对称的较量中，日本以小博大却能完胜，很重要的一条就是达成了战术的速动，更实现了战略的速决。

日本战争决策速度、力量动员速度、部队机动速度都远远快于清朝，关键性的作战都是速战速决。1894年6月2日，日本做出入侵朝鲜、继而直接与清军开战的决定，3天后就成立了战时大本营。日军攻占平壤仅用2天时间，突破鸭绿江防线只用3天时间，著名的黄海海战持续近5个小时。从战略上看，作为一场改变两国命运的战争，战场从朝鲜半岛一直扩展到辽东半岛、山东半岛，还包括黄海、渤海广大海域在内，可是整个战事前后不过9个月的时间。据统计，战争持续的时间段一般为4或5年，1451—1930年期间的278

场战争，平均持续时间为 4.4 年。[1] 试想清军如果能跟日军打一场战略持久战，以当时日本的条件恐怕很难撑过三五年。其实早在1874年，日本驻华公使柳原就看到了这一点，他说，中日两国如果发生战争，"我求利在于速决，彼求利在于缓慢"。[2] 真可谓胜败快慢之间，日本靠快、靠速决赢得了甲午战争。

可为什么日本能快、能速决呢？透过甲午战争的历史，我们看到的是中日两国社会的散与聚、体制的重与轻、文化的闭与开，以及由此带来的两国战争动能的大小之差和两国转身近代的拙巧之别、拥抱变化的拒迎之异。

一、社会的散与聚：战争动能的大小之差

按照物理学原理，速度的快慢首先取决于动能的大小。战场上敌对双方的快慢，直接体现的是军队动能的强弱，从根本上讲则是社会动能的大小。军事的刀锋由社会各个层面融合锻造，战争检验着社会的凝聚力。

晚清以集权为目的，以分权为结果，无论在地理上，还是思想、组织和军事上，都处于离析松散状态。秦山楚水呈现的地理自然阻隔，因现代交通设施薄弱而更显遥远支离；只知有朝廷而不知有民族、国家，思想家与决策者难以契合，保守派与改革派争论不止；兵民相斥、海陆军分离、直隶和两湖的兵力分据、北洋水师与南洋水师隔海观火。鸦片战争时，英国海军和清军水师在镇江江面交战，中国老百姓聚集岸边围观，为英国人喝彩，上演了奇特的"国不知有民，民亦不知有国"的景象。在法军炮击福州时，其他水师并不救助。这些在甲午战争时都一一重演，甲午海战又是北洋水师的孤军奋战。甲午战争之后，日本人有一个十分尖刻但却是一针见血的评述：清国"兵民处于四分

五裂状态","海陆军队更是支离破碎之极,其利害隔绝而脉络不能贯通。直隶兵败而两湖之兵可以恬然不顾;北洋水师大败而南洋水师不仅坐视不救,反而暗自嘲笑"。[3] 在日本人看来,他们"不是与支那进行战争,而是与直隶省进行战争"。[4] 有一个典型事例:在北洋舰队投降交接时,"广丙"号舰长竟然向日本人表示,"我舰属于广东舰队,不属于北洋舰队",想以此为由拒绝交舰。[5] 真是可笑可悲。正如日本政论家所观察到的:"可以驱使东部之兵征伐西部,率领北部之民征服南部。支那今日之情势实际上就是如此。"[6] 分散的清朝可以说已经病入膏肓,"清国之病已不仅在腹心,已显于面目,溢于四体……若率兵一万骑而征彼,可以纵横清国"。[7] 以至于甲午战争时日本人高呼,虽然中国的人口和国土是日本的10倍以上,但是"征服的难易由统制的张弛可知,境域过大不易统制,支那正是因为大才容易被征服"。[8] 社会没有内聚能力,少数的觉醒者拯救不了国家,"倘若那一个社会里面,没有预备起改造的材料,没有养成一种改造的能力,单靠少数人做运动,决计不能成功"。[9] 缺乏民族、国家意识凝聚的中国,散于社会,困于财政,弱于军备,分崩离析得不堪一击。

与之截然不同的是,面对外部世界的巨变,日本以"神道"信仰为基轴,以天皇崇拜为核心,显示了独特、高效的"纵式结构"。这与日本的社会传统息息相关,在日本传统中舍"小我"求"大我"被视为美德,集体重于个人的品德为人们所推崇,同时也促使个人与集团追求共同的行动和利益,这样会减少集团内部个人之间的摩擦,进一步提高集团的效率。因此,日本每当大难临头,必是全民一致奋起对外。[10] 中国就非和亦非战,迟疑因循,事不能决,而日本一旦决战则不变其议。[11] 可以说是"万民齐心,举国一致"。[12] 明治天皇在民权与主权、南进与北进、文力派与武力派、国粹派与洋化派的争

日本外相陆奥宗光

论中，选定并统一了国家前进的方向。[13] 自从其出兵台湾以来，日本思想家、天皇、政府、军人、媒体在思想、政治、外交、军事、舆论等方面就积极、明确地进行准备，各种对清作战计划乃至"支那征讨敕命"就已经出现了。[14] 在思想上，"明治维新之父"福泽谕吉、外相陆奥宗光向国民灌输这是文明淘汰野蛮的战争；"国民思想家"德富苏峰宣称"文明"的日本对"野蛮"的中国和朝鲜动武，是传递"力"的福音；"近代陆军之父"山县有朋抛出"主权线"和"利益线"的扩张理论。在军备上，1887年天皇从皇室经费中挤出30万元用作造舰经费，一年全国富豪捐款100多万元，平均年度军费开支高达总收入的31%。特别是当战争来临之际，天皇、元老重臣、军部、外交大员、思想家、媒体、民众迅速凝聚成一台高效的战争机器[15]。正如日本学者中塚明所言："日本从政府到军队，预先就设想了和中国交战的时机并做了尽可能的准备，在这种情况下才断然出兵的，而且中日间的交战，至少从1887年开始，具体的作战计划就已经被构想出来了。"日本在甲午战前绘成了包括朝鲜和辽东半岛、山东半岛和渤海沿线的每一座山丘、每一条道路的详图。甲午战争期间，日本舆论起到了沟通上下、鼓舞士气的作用。日本政府强化新闻管制，通过报纸杂志、文学作品、歌曲漫画等形式，歌颂前线作战的日军所向披靡，同时极力丑化中国形象，向民众灌输敌视、蔑视中国的思想，以及必将战胜中国的信心。[16]确实如鼓吹战争的日本思想家们声称的，甲午战争日本是举国全民而战。"投入战斗的是海陆军队，但却是举国全民而战！战场不限于平壤、旅顺、威海卫、台湾，必须觉悟到所有国民发动的周边，都是战场！"[17]甲午战争的发动和结局，是日本上下一心的结果。

透过社会力量的散与聚，我们可以看到，甲午战争战端未开其实胜负已定，战局进程和结局具有必然性。在此，我们还联想到《马关条约》签定后台湾军民的抗日之战。在这场保卫家园的战斗中，数十万台湾军民的武器装备落后、保障条件很差，但同仇敌忾、众志成城，同数万日军激战4个多月，先后作战100多次，使日军付出死亡4800余人、伤病2.7万多人的重大代价，这充分显示出人心散聚对战争的重大影响，体现了社会内聚对于赢得战争胜利是何其重要！试想如果甲午战争能如此，结局恐怕会改写了，可是历史却不可能给我们假想的机会。

二、体制的重与轻：转身近代的拙巧之别

民国时期的著名军事家杨杰说："国防所需要的政治制度，是强有力的政治制度。""一种政治制度是不是强有力的制度，只有在战争的考验之下才能辨别出来，不合理的经济制度和政治制度是破坏国防组织的毒菌。"[18] 一个国家的政治军事体制，在战时直接关乎战争力的生成与释放，在平时则决定着战争力的积蓄。甲午战争作为中日军事近代化的一场大考，无疑清晰地辨别出两国政治、军事体制的功能强弱差别，更重要的是，它还揭示出两国传统政治军事体制所具有的轻与重的不同特质，正是这种特质决定了两国在转身面对近代化时采取了不同的姿态。

中国百代皆行秦政制，封建政治军事体制历经 2000 多年的周期性重复循环和简单固化。漫长的时间、广阔的空间、凝固的体制、传统的思维相加，"天不变，道亦不变"的哲学观深深地凝结在民族精神和社会结构中，形成了一个政治神经极不灵敏的古老大国。晚清时期既是封建社会末世，又遭遇大清王朝的末期，这种体制笨滞僵化的弱点便充分暴露出来。根据日本思想家福泽谕吉的观察，中国社会"政治的神经不会传达到十八省的各个角落，即便到达，其感触也无异于刺激鲸尾或牛臀……即便有外国人犯境，边地之事也难以传达到首都，就如同足踵上的一个蚊子一样"。[19] 据研究，晚清时期每一种比较先进的思想从提出到得到朝野人士的基本认可，大约都需要经历几十年的时间。[20] 曾纪泽在《中国先睡后醒论》中承认，中国自醒自救的过程非常缓慢。1885 年 11 月，清朝向德国订造的铁甲舰"定远""镇远"开回天津，在日本曾一度引起惊慌，但首相伊藤博文却十分淡定，因为他断定中国很快又会昏睡。不幸被他言中，晚清以海军为首的军

日本首相山县有朋

事技术改革走走停停,直至失败。像海军这种建立在近代机器大工业基础上的军事力量,确实需要体制、科技、人才等的全方位支撑。恩格斯说:"现代的军舰不仅是现代大工业的产物,而且同时还是现代大工业的缩影。"[21] 近代机器大工业是一个紧密相连的系统,需要材料加工技术、能源动力开发、制造、运输、管理制度、科学研究等方面相互促进、相互依托。如果体制没有创新,社会仍在沉睡,几艘铁甲舰确实难以力挽狂澜。虽然郭嵩焘、郑观应、张佩纶等对民用船只的海防价值和鼓励中国航海事业发展的方面思考深刻而丰富,但是,传统军工垄断生产制度的思想依然是主流,认为轮船制造事关国防安危和治安秩序,从历来的限制和禁止一下子过渡到鼓励和支持私人制造,无论如何是困难的。晚清历史上,沈葆桢与丁日昌可以说是最为关心海防建设的官员,李鸿章说"中国购办铁甲之举……幼丹以死谏,雨生以病争"，[22]但却很少得到政府实际的支持。清政府往往用其言而不议其行，行其议而不付诸权。中日两国造船技术水平在19世纪90年代相当，日本略占优势。从1890年开始，海军改革"始则忧其无成，继则议其多费，或更讥其失体"。[23]

在中国的传统体制中，军人处于底层的地位，也严重束缚了社会活力和学习军事技术的热情。中国军人阶层在先秦时期曾具有较高的社会地位，但自东汉以后，军人地位从社会的最高地位"士"下降到最底层"兵"。中国传统的社会价值取向，一直以科举入仕为正途而轻视军功战绩，重文轻武、以文制武的定势陈陈相因，积重难返。乾隆以后曾出现"总兵帐下无知县，知县随从有总兵"的奇怪现象，清朝虽开有武科，但"武生武举，人皆贱之。应试者少，甚至不能足额，乃以营卒及无赖子弟充之"。[24]以至于在20世纪30年代著名学者雷海宗先生一针见血地指出：中国文化是无兵的文化。[25]"无兵的文化"的影响在于，中国组成的官僚阶层由知识分子构成，这些知识分子专心于儒家经典著作，因而他们更强调的是伦理原则，而不是手工技艺或战争技术。[26]因此，在近代中西军事交锋中，文官体系的中国对军事敏锐度不高，回应缓慢消极。甲午战争时期，仍然有人顽固地认为学习西方的军事技术是根本错误的。到甲午战争时日本政论家终于发出了这样的感叹：英法联军火烧圆明园已经过去了35年，长夜之眠至今未醒，文明依然，心灵依然，迷信依然。[27]

即使在甲午大败之后，光绪皇帝和康有为等人想变法图强，慈禧太后也决不允许。她让光绪皇帝跪在面前，设竹杖于座前，杀气腾腾地训斥道："天下者，祖宗之天下也，汝何敢任意妄为！……康有为之法，能胜于祖宗所立之法？""道"不变，"器"也难变，万金之舰易得，百胜之策难求。[28]社会神经整体僵化，国家体制惰性十足，使中国在很长时间里失去了自我革新、快速前进的动力。

日本在中古武人执政时代，逐渐打破了旧有社会结构，使天皇的"至尊"和武人的"至强"两种思想取得平衡，并在这两种思想当中留下了思考的空间，为求变图新活动开辟了道路。相对于中国追求把专制神权传之万世，日本是在神权政府的基础上配合以武力的国家，日本这种双重因素的存在，使它在转身近代时要比中国轻松得多。[29] 在日本的传统体制中，武士属于特权阶层处在社会金字塔的顶端。"在日本，当封建制正式开始时，专职的武士阶层便自然地得势了。他们被称为'侍'（samurai），是特权阶级"。[30] 直到19世纪中叶，只有贵族和武士家族可以使用姓氏。[31] 这种独特的社会结构所衍生的武士道传统贯穿于日本的历史。"武士道从它最初产生的社会阶级，经过多种途径流传开来，在大众中间起到了酵母的作用，向全体人民提供了道德标准。武士道最初是作为优秀分子的光荣而起步的，随着时间的推移，成了国民全体的景仰和灵感。"[32] 军人的至强地位和全民尚武传统使得日本在学习西方军事技术时没有太大的思想阻碍，甚至还具有强大的社会推动力。19世纪中期鸦片战争以后，在日本从事兰学的主体已经由武士取代了医生。[33] 正如日本学者所指出的："对于十九世纪西方各国侵略东方一事反应最敏感的是日本……与文官统治的清朝政权不同，日本的统治者是武士阶级，为了他们的职业身份和国防上的需要，立即提出扩充军备和近代化。"[34] 明治维新时期，日本的军部成为主导日本社会发展方向的"股肱"势力[35]，日本军人处于社会的最高层，而不像中国军人那样居于社会的最底层和边缘，缺乏回应军事挑战的激情，这意味着日本拥有一个比中国的文人阶层更易受西方军事技术影响并对此迅速反应的统治阶层。[36] 当然，也正因为这样，衍生了日本狂热的军国主义。

就整个社会结构而言，明治维新前的日本与西欧封建末期极为相似，更具接受西方近代政治经济制度的环境条件。当日本打开国门与西欧接触之后，不像中国封建体制的惯性巨大，而是很快显现出符节相合、轻快转身的特点。正如郭沫若说的，"日本的负担没有中国那样重，所以便走得快"。[37]十九世纪七八十年代中日两国近代化程度相差不远，但是和洋务运动不同的是，日本新兴工业生产力提高很快。[38]日本政府大力支持民间集资制造轮船和武器，把官办造船厂廉价出售给私人，并且制订措施奖励民间造船业。日本敏捷地意识到：在西方军事优势的背后，存在着经过产业革命的产业技术优势；在产业技术优势的深处存在着近代科学思想；有必要培养本国的科技人才。[39]在中国的革新派正徘徊于创造"物"的阶段，日本却培养了"制造物的人"。[40]正是在这种情况下，日本在立宪、学制改革、设立新式大学、创办杂志、派遣留学生等方面都要快于中国20—35年。[41]在海军兵学校的700名毕业生中有400人以尉官的身份参加过甲午海战，可以说，甲午战争中日本海军的最大优势正是它的经过近代正规教育的一代新型军官。通过体制的轻盈转身近代，日本在"器"与"道"、"物"与"人"、"富"与"强"等方面，自然很快将清朝甩在了后面。

三、文化的闭与开：拥抱变化的拒迎之异

西方哲学家斯宾格勒说："战争的精华，却不是胜利，而是在于文化命运的展开。"这句话道出了战争与文化关系的实质。不过，斯宾格勒只说对了一半，在我们看来，战争也是判别文化品格优劣的试金石。中日两国在甲午战争中以快慢决胜负，其实是两国文化心态封闭与开放所带来的不同应变功效。

中华文化以其强大的吸附力成为东亚文明的中心，但在14-16世

纪却转向自我陶醉和自我封闭，清朝继承发展了明朝的闭关锁国，从顺治初年到康熙二十三年（1684）多次下达了禁海令，"不许片板下海"，"不许片帆入口"[42]，在西方角逐海上的时候却完全背向了海洋。清朝刚刚建立，很快就达到极盛状态，1793年，乾隆对英国特使马戛尔尼带来的先进武器不屑一顾，说出"天朝无所不有"的豪言壮语。50年后，面对纷至沓来的列强，道光不知道英国位于何方，中国仍然沉睡在自我想象的世界中心，迷惑于旧习，夸耀于历史，"夷夏之辨"是抗拒外来文化的心理壁垒，将西方列强当作夷狄蛮貊来贬低，而不懂得其科学技术，特别是军事航海等方面已经远在自己之上了。[43] 妄自尊大历来与因循苟且紧密相连。鸦片战争后，徐继畬因为撰写《瀛环志略》（1851年），被扣上崇洋媚外的帽子，还因此被罢官；郭嵩焘写《使西纪程》（1877年），介绍西方国家政治制度，竟被列为禁书，朝野上下无他容身之地；黄遵宪刻印《日本国志》（1887年），无人问津，直到甲午战后才被感叹价值《马关条约》赔款的2万万两银子。这些觉醒者的思想被认为是"学鬼蜮伎俩，有伤国体"[44]。先进的观念消耗在与守旧派的争论和拉锯中[45]，淹没在根深蒂固的长城式防御思想中[46]，禁锢在"中体西用"窄小的变革空间里。近代学习西方受到传统思维和保守力量的掣肘，改革仅限于技术，海权矮化为海防。"拒之于水不如拒之于陆"[47]、"以守为战"等观念从鸦片战争持续到甲午，直至今天影响犹在。"海军政略之要，在于占有制海权。而占有制海权，则在于能否采取攻势运动。清国舰队在作战伊始，就未能采取攻势运动，而采取绝对的守势运动，此乃清国之失算。"[48] 北洋海军被当作活动的炮垒，没有夺取制海权的愿望和能力，最后被消灭在威海军港之内。很显然，自闭自大的文化心理，带来的只能是行动迟滞和失败。

岛国日本和英国，被称为欧亚大陆的两只耳朵——消息灵通，善于学习。尤其是日本，一直处于人类文明边缘地带，没有自己的"轴心文明"时代，其生存哲学是以强者为师、以败者为鉴。自古以来，日本在接触外来文化时，基本上都经过从"顺从"到"吸收"这一过程。随时关注周围的变化，等待时机一到，立刻奋起直追，以求取他山之石攻己之玉。[49] 先以中国为师；16世纪"在国际方面弥漫着前所未有的开放气氛"[50]，转而学习葡萄牙、西班牙；17—18世纪后掀起"兰学热"。1838年著名兰学家方洪庵在大阪设私塾"适斋"传授兰学，他的学生中很多都成为维新著名活动家：福泽谕吉、桥本佐内、大村益次郎、吉田松阴、高杉晋作、木户孝允、伊藤博文。其中不少人成为甲午战争的思想、军事、政治核心人物。明治维新时期的日本，全力学习西方以"脱亚入欧"，不像清政府仅限于技术仿效，而是力求在制度上、文化上与西方相通相同。[51] 19世纪中期的鸦片战争没有惊醒中国却惊醒了日本，日本"以鸦片战争为契机转换了历史大方向"，"幕府终于不得不踏上开国之路，从而决定了以后日本的方向"[52]。日本著名的武士西乡隆盛说："有两种机会，一种是偶然碰上的，另一种是我们创造的。在非常艰难的时刻，一定要自己创造出机会。"日本仿效西方，推行维新，明治天皇提出"拓万里波涛，布国威于四方……求知识于世界"，一举成为东亚最早的近代化国家。正如福泽谕吉所说的，学习不应单纯仿效文明的外形，而必须首先具有文明的精神，以与外形相适应。[53] 1854—1856年的3年之内，日本的《海国图志》翻刻本多达22种，日本知识分子争读此书，称《海国图志》为"海防宝鉴"，"天下武夫必读之书"，一些人因此"思想起了革命"，[54] 这样热烈地学习吸收与此书在自己国土上沉寂20年的落寞情景形成鲜明对比。日本引入马汉的"海权论"，改造转化为"海主陆从""海洋主义""大海军主义"等理论，逐渐萌发了海洋国家意识，推行海上"南进"行动。甲午战争侵占台湾就是大海军主义和海上"南进"战略的重要体现。

中日文化心理的封闭与开放，最终导致亚洲文化师生角色对换，中心与边缘地位逆转。清朝认为日本在政治、经济、文化习俗上的西化是"轻佻躁进"，嘲笑日本是"模拟欧洲文明之皮相的一个小岛夷国"，而日本则污蔑中国是"顽迷愚昧的一大保守国"。[55]"两国虽仅有一海之隔，竟然出现一种奇异的现象：一方积极采取西欧文明，另一方却力图保守东方积习。"[56]没有经历打击的痛苦而开放进取的民族具有前瞻性的智慧，经历打击的痛苦而变革求新的民族具有适应性的能力，反复经历打击的痛苦才能艰难学习的民族将一次次与机遇失之交臂，付出沉重的历史代价。先行还是同行或者慢行于时代具有天壤之别。愿意的人，领着命运走；不愿意的人，命运拖着走。

结语

时间与空间一样，是战争的重要维度，是战争运动的基本依托，是体现战争效能的显著标志，是战争指导者能够利用的一种资源，也是战争实施者的一种追求。时间的问题，既包括快与慢的问题，也包括长与短的问题，并且主要是由快慢决定长短。甲午战争告诉我们，传统战争虽然经常被人们认为是"大吃小"，其实同样也是"快吃慢"。在战场上，以慢吞吞对应快捷之敌，显然是必败无疑。以快胜慢，可以说是战争制胜的通则之一。只不过随着进入信息时代，在高度机械化的基础上再加上信息化，战争的推进速度进一步显著提高。"快吃慢"还将成为信息化战争的耀眼标签。美国著名的政治学家昆西·赖特研究表明：战争的时间长度与和平年份之间的比例都在减小。虽然

16—19世纪期间的大规模战争常常持续10年以上，但也存在着许多持续时间短的小型战争。在3个世纪中，每场战争的平均持续时间大约为5年，而在19世纪的这一同比持续时间则为3年。20世纪头40年中，每场战争的平均持续时间是2.6年。[57]实际上，认识到传统战争的以快慢定胜负，更加有利于我们深刻地认识信息化战争"快吃慢"的实质。

或许有人会问，中国革命战争和抗日战争是靠持久战取胜的，持久战不是意味着战争漫长吗？事实上，持久战的漫长是敌强我弱条件下的被迫战略选择，是着眼最后胜利的积极应对，并且是与付出沉重代价联系在一起的。八年全面抗战的胜利，中华民族付出了惨重的牺牲。更重要的是，战略的持久又必须与战役战斗上的速决并重，慢中必须有快，快与慢结合体现了高超的战争艺术。如果一味慢，只有慢，那必然只有一种结果，就是完完全全的失败。毛泽东说："战略的持久战，战役和战斗的速决战，这是一件事的两个方面，这是国内战争的两个同时并重的原则，也可以适用于反对帝国主义的战争。"[58]对战争行动快慢问题的认知，结合战争力量的强弱对比，内容就更加丰富更加深刻，而这是甲午战争时期清朝政府和清军官兵的视野无法达到的。战争是国家综合能力的最直接的对抗和碰撞，快慢之间，是政府决策、经济实力、军事水平、民族性格等整体文明的体现，社会的散与聚、体制的重与轻、文化的闭与开，在快慢胜负之间表露得淋漓尽致。

需要注意的是，在快慢之间保持平衡尤为重要。日本民族具有"受迫害妄想症"的病态心理，误认为自己受到攻击非难。[59]这个心理会让国家没有节制，陷入"集团歇斯底里"，即一方面敏感地对周围的动向做出反应，一方面常常会不择手段地采取过激行动。[60]历史已经反复证明了这一点，从丰臣秀吉要快速征服朝鲜、中国、印度以至征服整个亚洲甚至世界的计划和行动，到19世纪末的甲午战争和20世纪上半叶的侵华战争，都是这种受迫害病态心理的体现，这会导致野心膨胀和行动急速，比如甲午战争和侵华战争中都是军部行动快于政府决策。而晚清中国又走到了另一个极端，整个民族体现出来的是盲目的安全和文化优越感，忧患意识全无，这就导致对外界的动向反应迟钝，行动极其迟缓，频繁错失机遇，国家长期停滞被动。老态龙钟的大国缓慢应对激进快速的邻近小国所付出的沉重历史代价就是：以漫长的持久拉锯和广阔国土沦陷、巨大军民伤亡来消耗日本的快速入侵。

约米尼的那句"战争与一千种因素相关！"道出了战争的丰富内涵。"战争曾经始终是所有过于内向、过于深沉的精神的伟大智慧。"[61]"战争发生在天堂，在存在的另一个星球上，在精神的深处……民族的斗争是精神力量的斗争、最高命运的斗争。"[62]国家之间的竞争，是力量的竞争，也是观念、战略视野的竞争。这检验着民族智慧。其贯通古今的道理是：只有平时磨砺快的兵锋，战时才能迅疾如风；只有大力改革创新，兵锋才会常锐不钝；要想战胜对手，首先必须不断战胜自己。

注释：
[1][美]昆西·赖特：《战争研究》（第二版），上册，北京：军事科学出版社2013年版，第185页。
[2][日]安冈昭男：《明治前期日中关系史研究》，福州：福建人民出版社2004年版，第9页。
[3][日]尾崎行雄：《支那处分案》，第116-117、119页。
[4][日]尾崎行雄：《支那处分案》，第116-117、119页。

[5][日]岛田三郎:《日清胜败之原因》,《立宪改进党党报》第40号。
[6][日]尾崎行雄:《支那处分案》,第116-117、119页。
[7]1862年,幕府派遣的"千岁丸"到上海研究中国,峰洁在其《清国上海见闻录》中所说。(参见冯天瑜:《"千岁丸"上海行——日本人一八六二年的中国观察》,北京:商务印书馆2001年版,第283页。)
[8][日]尾崎行雄:《支那处分案》,第119页。
[9]戴季陶:《日本论》,北京:光明日报出版社2011年版,第52页。
[10][日]土居健郎:《日本人的心理结构》,北京:商务印书馆2012年版,第100页。
[11]《福泽全集绪言》,见《福泽谕吉全集》第1卷,东京:岩波书店1958年版,第59页。
[12][日]中塚明:《日清战争前的日本对清战争准备》,《抗日战争研究》1997年第2期。
[13]戴季陶、蒋百里:《日本论日本人》,上海:上海古籍出版社2013年版,第119页。
[14]参见[日]安冈昭男:《明治前期日中关系史研究》,福州:福建人民出版社2007年版。
[15]戴季陶、蒋百里:《日本论日本人》,上海:上海古籍出版社2013年版,第43页。
[16]杨栋梁:《近代以来日本的中国观》,第1卷,南京:江苏人民出版社版,第75-76页。
[17][日]植手通有(编):《德富苏峰集》,第271页。
[18]杨杰:《军事与国防》,第三章《现代的国防》,《杨杰将军文集》一,第359页、369页。
[19]《扼紧喉管(漫言)》(1882年8月2日),《福泽谕吉全集》第8卷,第259页。
[20]王宏斌:《晚清海防:思想与制度研究》,北京:商务印书馆2005年版,第319页。
[21]恩格斯:《反杜林论》,北京:人民出版社1970年版,第170页。
[22]李鸿章:《议请定购铁甲》(光绪六年二月十一日),《李文忠公全书·译署函稿》卷10,第25页。
[23]左宗棠:《议筹机器雇洋匠在闽罗星塔设局试造轮船以重国防而利漕运折》,《海防档乙·福州船厂》第1号,第6页。
[24]陈登原:《国史旧闻》,北京:中华书局2001年版,第657页。

[25] 雷海宗：《中国文化与中国的兵》，北京：商务印书馆 2001 年版，第 101 页。

[26] [美] 斯塔夫里阿诺斯：《全球通史：从史前史到 21 世纪》，北京：北京大学出版社 2006 年版，第 445 页。

[27] [日] 竹越与三郎：《支那论》，第 90-92 页。

[28] 皮明勇：《中国近代军事改革》，北京：解放军出版社 2007 年版，第 320 页。

[29] [日] 福泽谕吉：《文明论概略》，北京：九州出版社 2008 年版，第 32 页。

[30] [日] 新渡户稻造：《武士道》，北京：商务印书馆 2006 年版，第 16 页。

[31] [美] 鲁思·本尼迪克特：《菊与刀——日本文化的类型》，北京：商务印书馆 2005 年版。

[32] [日] 新渡户稻造：《武士道》，北京：商务印书馆 2006 年版，第 13 页。

[33] [日] 杉本勋（编）：《日本科学史》，北京：商务印书馆 1999 年版，第 293-310 页。

[34] [日] 杉本勋（编）：《日本科学史》，北京：商务印书馆 1999 年版，第 329 页。

[35] 明治天皇颁布的《军人敕谕》称军人为"股肱"。

[36] [美] 斯塔夫里阿诺斯：《全球通史：从史前史到 21 世纪》，北京：北京大学出版社 2006 年版，第 445 页。

[37] 郭沫若：《沫若文集》第 11 卷，第 72 页。

[38] Thomas L.Kennedy:The Arms of Kiangnan:Modernization in the Chinese Ordnance Industry 1860-1895(Boulder,Colo:Westview Press,1978)。

[39] [日] 杉本勋（编）：《日本科学史》，北京：商务印书馆 1999 年版，第 293-330 页。

[40] [日] 杉本勋（编）：《日本科学史》，北京：商务印书馆 1999 年版，第 293-330 页。

[41] 根据 [日] 实藤惠秀的《中国人留学日本史》的统计图表所得。

[42]《大清会典事例·刑部》卷七七六。

[43]《就海防问题上藩主书》（1842 年 11 月 24 日），[日] 渡边华山、高野长英、佐久间象山、横井小楠、桥本左内：《日本思想大系》55，第 284 页。

[44] 潘思慎：《三上彭宫保（雪琴）书》，《近代中国史料丛刊》第 616 辑，台北：文海出版社影印本，第 10-11 页。

[45] 如 19 世纪 60 年代成立同文馆时守旧派倭仁、张盛藻、李慈铭与革新派奕䜣的辩论，结果算学馆"投考者寥寥"而名存实亡。

[46] 如盛京将军都兴阿重视岸防，认为水战只是一种辅助措施，湖南巡抚王文韶认

为海防的重点在陆地，两江总督李宗羲也强调海防应以岸防为主。

[47] 李湘棻：《江南善后事宜折》（道光二十三年正月二十五），《筹办夷务始末》（道光朝）卷 65，第 16 页。

[48] [日] 川崎三郎：《日清战史》第七篇（上）第 1 章，第 19 页。

[49] [日] 土居健郎：《日本人的心理结构》，北京：商务印书馆 2012 年版，第 28-29 页。

[50] [日] 家永三郎：《日本文化史》，北京：商务印书馆 1992 年版，第 131 页。

[51] [日] 福泽谕吉：《文明论概略》，北京：九州出版社 2008 年版，第 23 页。

[52] [日] 增田涉：《西学东渐与中国事情》，南京：江苏人民出版社 2010 年版，第 33 页。

[53] [日] 福泽谕吉：《文明论概略》，北京：九州出版社 2008 年版，第 23 页。

[54] [日] 井上清：《日本现代史》第一卷，北京：生活·读书·新知三联书店 1956 年版，第 214-215 页。

[55] [日] 陆奥宗光：《蹇蹇录》，东京：岩波书店 1977 年版，第 44-45 页。

[56] [日] 陆奥宗光：《蹇蹇录》，北京：商务印书馆 1963 年版，第 27-28 页。

[57] [美] 昆西·赖特：《战争研究》（第二版），上册，北京：军事科学出版社 2013 年版，第 190 页。

[58] 《毛泽东选集》第一卷，北京：人民出版社 1991 年版，第 233 页。

[59] [日] 土居健郎：《日本人的心理结构》，北京：商务印书馆 2012 年版，第 94 页。

[60] [日] 土居健郎：《日本人的心理结构》，北京：商务印书馆 2012 年版，第 101 页。

[61] [德] 尼采：《偶像的黄昏》，北京：商务印书馆 2013 年版，前言。

[62] [俄] 尼古拉·别尔嘉耶夫：《俄罗斯的命运》，南京：译林出版社第 150、170 页。

以甲午为鉴，全面提升打胜仗能力

丁伟杰

丁伟杰

山东省威海军分区司令员，大校军衔。2005年5月参加中俄联合军演，任综合保障组组长。荣立三等功2次，2012年12月被评为济南军区"兴武建功"先进个人。

在中华民族的历史篇章中，1894年7月25日定会永远让炎黄子孙铭刻在心。这一天，随着日本军国主义侵吞中国阴谋的炮声响起，中日甲午战争拉开了序幕。短短数月，清军在陆海两线节节溃败，我辽东、胶东大片国土被日军侵占。1895年2月17日，北洋海军全军覆没，甲午战争以中国失败宣告结束。

今年是农历甲午年。120年前的甲午一战，是决定中日两国命运、决定东亚历史格局的重要战争。经此一战，"天朝上国"加快沦落，清政府被迫签订了丧权辱国的《马关条约》，持续30年之久的洋务运动走向覆灭，随之而来的是列强争夺势力范围，掀起了瓜分中国的浪潮，国家和民族到了生死存亡的边缘，中国彻底沦为半殖民地半封建社会。而"蕞尔小国"日本却借机上位，帝国主义势力迅速膨胀，中国的巨额赔款使其增加了资本积累，工业快速发展，很快便脱亚入欧，挤进帝国主义列强的行列，从此兴祸为患，走上了侵略中国和亚洲的军国主义道路。有感于此，中国近代史研究的开山学者蒋廷黻得出的历史结论字字泣血："在近代的世界里，败仗是万万不能打的。"

正因为"败仗是万万不能打的"，所以我们必须要"能打仗、打胜仗"。军事手段作为保底手段，如果用起来没有底，我们的国家和人民就不能面对风浪挺起腰杆，就只能被迫吞下遭受欺压凌辱的苦果；军事斗争作为最后的选项，如果最后选项都没得选，甚至打了败仗，那么整个国家民族的前途命运都会搭上。

一、三大教训值得今天引以为戒

甲午战争的败因，可谓仁者见仁，智者见智，观点不一。从军事的角度来看，大致有以下几条教训当引以为戒：

教训之一：将领昏庸无德、贪生懦弱，注定带来军心涣散、自毁长城。

李鸿章创建北洋海军，注重武器装备，开设新式学校，把一些将领送到国外深造，甚至还聘请了164名洋员来华帮教训练水师，这些都是难能可贵的。但李鸿章对培育北洋官兵的德行操守却关心甚少。北洋海军正是因为缺少了基本的军人武德和操守培育，导致出现了一大批贪生怕死、懦弱无能之辈。甲午战争爆发时，本应是军人报国、建功立业的机会，但临阵脱逃者比比皆是。

在黄海海战中，中日双方舰队的实力不相上下。北洋舰队的优势是铁甲舰和重炮较多，其中"定远""镇远"两艘主力舰无论装甲、吨位、火炮口径都是当时世界领先、远东一流的。单纯从军力上看，中国舰队还略占优势，但海战的结局却是相反。反观其败因，北洋海军将领贪生怕死、临阵脱逃即是重要原因。激战中，"济远""广甲"2舰惊恐万状，仓皇逃窜，不但削弱了战斗力，还严重扰乱了军心。

陆军方面，战死的将领只有左宝贵、马玉崑等几位，逃跑的却大有人在。朝鲜牙山之役，提督叶志超不但仓皇逃窜，还谎报军情，"饰败为胜，欺君邀赏"。清廷不但不追究其领导责任，还令他统帅平壤诸军，诸将以其庸懦无能，皆轻视之。失败之命运，不需日军来攻，已可预知。果然，叶志超故伎重演，率部"一夕狂驰三百里"，退过鸭绿江，朝鲜战场彻底溃败。旅顺是清朝经营多年的远东第一大军港，是渤海的锁钥、北京的门户，从地理位置、防御体系来说，只要守城官兵士气旺盛，指挥得当，坚守数月不成问题。但守将龚照玙"贪鄙庸劣"，未见敌军就乘小船逃往烟台，守军土崩瓦解，日军只用了6天就攻占旅顺。

更为严重的是，在刘公岛之战中，北洋海军官兵竟发展到集体投降哗变的地步。洋员马格禄与部分军官牛昶昞、严道洪等请降，"各管带踵至，相对泣"，"刘公岛兵士聚党噪出，鸣枪过市，声言向提督觅生路"。管带王平竟带领10艘鱼雷艇结伙逃跑，结果被日军或击沉或俘获，一支完整无损的鱼雷艇支队，几乎没有发挥任何作用，就悉数毁灭了。北洋海军官兵如此贪生怕死，自乱阵脚，自毁军心，岂有不灭亡的道理！

不过甲午海战中清军将士亦不乏英勇作战者。刘公岛南2海里、岛岸线不足千米的日岛炮台上，管带萨镇冰带领30余名水兵，用仅有的8门火炮抵抗住了日本舰队25艘军舰数百门速射炮的轮番围攻，直至弹尽炮毁。激战坚守8天，击退日本海陆军多次进攻，大大迟滞了日军攻占刘公岛的脚步。以民族英雄邓世昌为代表的清军将士，表现出了宁死不屈的民族气节，英勇作战，以身殉国。但像这样的壮举毕竟屈指可数。倘若北洋海军官兵皆能英勇无畏，群起而战，恐怕战局就会另当别论。

教训之二：治军执法不严、管教不力，势必导致精神萎靡、军纪涣散。

甲午海战，北洋舰队屡战屡败，溃不成军，没有打过一个胜仗，没有击沉过一艘敌舰。这与当时的北洋海军军纪涣散、部队精神萎靡有着直接关系。

北洋海军诸将领统带部队，不能以身作则、严格治军，加上大气候的影响，造成北洋舰队管理混乱，军纪涣散。史料记载：1886年8月，北洋海军应邀到日本长崎访问，官兵上岸后在妓馆闹事，与日人殴斗引起事端，导致8人死亡、42人伤残的重大事件。事后李鸿章不但不处理，还以"武人好色，乃其本性。但能贪慕功名，自然就我绳尺"为其部属开脱，一味姑息迁就。丁汝昌在海军基地刘公岛建造店铺敛财，还在岛上开设赌馆、烟馆、妓院等多达70多家，因此还与部下发生龃龉。他自蓄优伶演戏，生活骄奢淫逸。

实际上，北洋海军成军之初曾仿效英、德海军制度，制定了内容详尽、规定严格的《北洋海军章程》，包括船制、官制、考校、军规等14章，共3万余字。同时，军事训练也很严格，曾聘请英国海军上校琅威理为总教习，全权负责训练。琅威理出身皇家海军，责任心极强，"日夜操练，士卒欲求离舰甚难，是琅精神所及，人无敢差错者"。不论操阵、研炮、营规，皆要求达到世界海军的水准，不久军容为之一肃。但琅氏任职后期，舰队的中高级将领对他的执法过严深为不满，矛盾日增，尤其是右翼总兵刘步蟾与琅氏矛盾积深，在集体诋毁下，最终琅氏愤然辞职离去。琅氏离职后，北洋舰队"操练尽弛，自左右总兵以下，争挈眷陆居，军士去船以嬉。每北洋封冻，海军岁例巡南洋，率淫赌于香港、上海"。北洋海军还发生过用军舰载货载客挣钱和从朝鲜走私人参牟利的事件。在威海之战的紧要关头，"来远""威远"二舰管带邱宝仁、林颖启还在岸上嫖妓未回，二舰无人指挥，都被日军击沉。许多管带还以权谋私，把军事训练、保养船械等款项侵吞，致使船械"应换不换""应油不油"，战斗技术性能严重受损。

可见，北洋海军对官兵的粗管疏问、放纵迁就，导致了贪腐之行滋长、骄奢之举蔓延、虚假之风盛行，注定了北洋海军倾覆的历史命运。

教训之三：军备松弛懈怠、追名逐利，必然造成战力软弱、能力缺失。

一支军队要战场制胜，有两个关键因素不可缺少：一是精兵，二是利器。具备二者，方可谈克敌制胜之能。

众多军事家、史学家皆认为，北洋海军在一定的历史阶段曾是一支精壮之师，一度被认为是位居亚洲第一、世界前列的先进海军。这是有一定历史依据的。从精兵的角度看，北洋海军创始人李鸿章，把创办水师学堂作为培养海军人才的根本来源。从1881年起，为了满足北洋海军专业人才的需求，李鸿章在大量吸收起用福州船政学堂毕业学生的基础上，在天津设立水师学堂，先后办学20年，毕业学生210名，为北洋海军输送了大批指挥管理骨干。此后，又设立昆明湖水师学堂，威海水师学堂、水雷学堂、枪炮学堂，旅顺口水雷学堂，山海关武备学堂等。这些学堂的设立，对北洋海军人才的知识化、专业化、年轻化起到了至关重要的作用，北洋海军大部分的舰长及高级军官，均出自各类海军学堂。李鸿章还把一些军官送到英美等国留学深造，从1877年起，先后派出4批留学生，学成归国76人，回国后大多被委以重任，分别担任了"致远""经远""镇远""济远"等

李鸿章，直隶总督兼北洋大臣，会办海军大臣。洋务运动的主要人物

十几艘战舰的管带、大副、二副等要职。在这些精通英文、熟悉近代海军先进训管理念的精英带领下，一大批欧美海军的先进技术和模式得到推广应用，北洋海军官兵的军事素质也提升很快。更难能可贵的是，在李鸿章的主导下，北洋海军还先后聘请了164名洋员来华帮教训练水师。这些"洋教头"大部分尽职尽责，为北洋海军的创立和发展贡献了积极力量。英国远东舰队司令弗里曼特尔曾这样评价北洋海军："其发号施令之旗，皆用英文，各舰皆能一目了然。是故就北洋舰队而论，诚非轻心以掉之者也。"

可以说，北洋海军成军初期的军事训练是严格高效的，但为什么后来走了下坡路？笔者认为，根本的原因在于封建腐败体制下的盲目乐观、邀功罔上、名利作祟。军队训练搞形式主义，练为看而不注重实战。有史料记载，由于北洋海军虚假之风盛行，各舰管带虚应敷衍，弄虚作假，致使后期军事训练形同虚设，打靶演习时"预量码数，设置浮标，遵标行驶。码数已知，放固易中"。"来远"舰大副张哲溁在战后反思："我军无事之秋，多尚虚文，未尝讲求战事。在防操练，不过故事虚行。故一旦兵兴，同无把握。虽职事所司，未谙款窍，临敌贻误自多。"也有将领指出："操练徒求其演放整齐，所练仍属皮毛，毫无裨益。"由此可见，在务虚当道、人浮于事的情况下，北洋海军官兵的实战观念淡薄，实战训练荒废，实战能力缺失。

从利器的角度看，1885年，为了早日建成一支具有相当实力的海军舰队，清政府开始采取由自己造船转向从西方发达国家购买的方针。北洋舰队先后购进新舰艇14艘，其中有7000吨级的铁甲舰2艘，2000吨级快船5艘和鱼雷艇5艘，这些西洋舰船构成了北洋海军的主力战舰。到1888年北洋海军正式成军时，共拥有铁甲、快船等大小舰艇25艘，计36708吨，其实力暂居亚洲第一。北洋海军的旅顺、威海军港堪称远东一流。旅顺、大连、威海、刘公岛、山海关、大沽口等地的海防炮台火炮数量之多、建筑和装备近代化程度之高，是中国其他沿海口岸无法比拟的。但令人痛惜的是，北洋海军从成军之后，武器装备发展便进入了停滞阶段。慈禧太后以庆祝六十大寿为名，举工修建颐和园，大肆侵吞、挪用海军军费。据不完全统计，迄于甲午战争，颐和园工程挪用海防经费约为库平银860万两，比北洋海军购买舰船花费的778万两还要多。由此，北洋海军未再添置一艘军舰，也未更新一门火炮。反观日本，虽然前期海军实力与北洋海军相去甚远，但为了发动侵略中国的战争，并一举取得胜利，从天皇到平民，可谓百万一心，节衣缩食筹建强大海军，以打败北洋海军"定远""镇远"2艘铁甲舰为目标，专门设计购买了3艘4000吨级的战舰。举全国之力，投入海军建设，平均每年购买添置2艘新式舰船。实际上，到甲午海战爆发前，日本海军的舰船数量虽不及北洋海军，但总体装备和质量已居其上。因此，北洋海军在战争一开始便处于不利地位。曾参加海战的德籍洋员、总教习汉纳根说："查中国海军，近八年未曾添购一新船，所有近来外洋新式炮船，一概乌有，而倭之炮船，皆系簇新，是以未能制胜。"

甲午海战中，北洋舰队战败还有一个重要的原因是战斗中弹药供应不足。由于大量军费被上层贪污，北洋海军各舰的备弹远不到正常基数的60%。大东沟海战后，参战的洋员和官兵曾公开抱怨弹药不足。美籍帮办、"镇远"帮带马吉芬说，到海战结束前半小时，"镇远"的6英寸炮已经发射了148枚炮弹，弹药告罄，仅余12英寸火炮穿甲弹约25发，而已无一发爆破弹。"定远"舰也处于同样困境，舰员描述说："我们仔细瞄准射击，但已无爆破弹，无法伤及敌舰。"英籍帮办、"定远"舰副管驾戴乐尔直指要害："当时中国舰队最严重的问题就是缺乏弹药。"从战后的耗弹统计看，北洋舰队2艘铁甲主力战舰的备弹基数尚不达标，何况其他各类次型战舰。同时，由天津军械局提供的炮弹质量也存在技术不过关，炮弹口径小、重量轻、存放时间过长等方面的问题，从一定程度上影响了战舰作战威力和效能的发挥，北洋官兵战后一片怨言。由此可见，弹药匮乏和弹药本身的质量问题，对北洋海军正常战力的发挥产生了很大的负面影响，是海战失败不可忽视的重要因素。

综上所述，战场制胜的两大关键因素，北洋海军均不具备，纵使海军将士浴血奋战，勇抗强虏，也终难挽回失败的命运。

中国从德国进口的克虏伯大炮正在装船起运

二、六大措施提高核心军事能力

时光流转两个甲子，站在新的历史起点上，回顾和反思甲午战败教训，一个道理其意自明：要想不被狼咬，就得有打狼的本领。只有建设起强大的军队做坚强后盾，才能有效维护国家和民族权益，捍卫领土和主权完整，才能不让历史的悲剧重演。

历史告诫我们：最大的危险是看不见危险，最大的问题是看不到问题。新形势下，我军长时间处于和平时期，缺少实战的锤炼和检验，部分官兵产生了"仗打不起来、打仗轮不上难作为"的思想，用"不打仗"的心态做着打仗的准备，一旦战争来临，势必要吃苦头。因此，要避免打败仗，必须要以历史为鉴，充分汲取甲午战败教训，清醒认识到我军战斗力建设存在的问题和不足，加紧纠正改进，扎实做好现实军事斗争准备。

当前，我军战斗力建设存在的问题，从根本上来说，就是习近平主席指出的"两个差距、两个不够"，具体表现为：

一是战斗力这个唯一的根本的标准亟须确立。部队打胜仗，提高战斗力是核心。习近平主席提出要牢固确立战斗力这个唯一的根本的标准，但目前，部分单位和官兵的思想认识和实际行动还不够统一，存在职能使命意识弱化、牺牲奉献精神淡化的问题。有的把唯一标准当成之一标准，以不出事为准则的"安全标准"、过日子图舒适的"生活标准"、练为看演为看的"形式主义标准"、偏离中心抓工作的"单纯业务标准"等不同程度存在，必须及时扫除这些思想障碍，切实在强化想打仗打胜仗意识上下功夫。

二是抓军事训练指导上存有偏差。按实战要求抓训练的意识不强，针对性不够，从严治训力度与能打仗打胜仗的目标要求还有不小差距，训练"队列化、操场化"的多，"真刀真枪"较量的少；与考场接轨的多，与战场对接的少；按程序套路的多，按实战演练的少；片面讲安全的多，综合求效益的少。这些现象影响和制约了部队实战能力的提升。

三是训练方法手段比较滞后。由于我军较长时间缺乏实战检验锤炼，军事训练模式受传统方法手段影响较深，近年来，虽然对训法战法进行了积极的改革创新，但方式老套、手段单一等问题仍迟滞了训练质量和效益的快速提升。基于信息系统的体系作战是未来作战的基本形式，提高能打仗打胜仗的核心军事能力，必须要加快推进战斗力生产模式转变，大力探索应用模拟化、网络化、基地化等现代训练手段，补机械化的课、赶信息化的路，最大限度地满足信息化条件下战斗力生成的需要。

习近平主席指出，要以国家核心安全需求为导向，按照"能打仗、打胜仗"的要求，真抓实备、常备不懈，扎实推进军事斗争准备各项工作。贯彻落实这一战略要求，就必须自觉强化打仗意识，提高打仗能力，做好打仗准备，加快推进军事斗争准备步伐，全面提高能打仗打胜仗的核心军事能力。

一要打牢能打仗打胜仗的思想根基。"不患无策，只怕无心。"思想上的松懈、认识上的弱化是最大的隐患，是提升部队战斗力的观念障碍。历史事实证明，如果当"和平官""和平兵"的思想不能从根子上剔除，认识到不了位，行动中紧不起来，"真打实备"只能是一纸空文，"能打胜仗"的目标只能是美好愿景、空中楼阁。实现强军目标，需要当代革命军人铸牢精忠报国之心志，自觉把个人的成长融入关乎国家安危的事业中，牢固确立职能使命和加紧备战的意识，以只争朝夕、脚踏实地的精神，做好军事斗争准备各项工作，以不负党和人民的重托。这是军人的光荣所在、辉煌所在。第一，铸牢军魂意识。要学习贯彻好党的十八大精神和习近平主席一系列决策指示，深入开展"坚定信念、铸牢军魂"主题教育活动，深扎党对军队绝对领导的思想根基，坚定听党指挥的政治立场，确保部队绝对忠诚、绝对纯洁、绝对可靠。第二，强化职能意识。针对少数官兵存在当"和平兵"、做"和平官"思想的实际，大力强化当兵打仗、带兵打仗、练兵打仗的意识，自觉把想打仗当作习惯来培养，把练打仗当作职能来强化，把打胜仗当作生命来看待，以等不起的紧迫感、慢不得的危机感和坐不住的责任感扎实抓好军事斗争各项准备。第三，保持忧患意识。要加强对我国周边局势的关注和研究，引导官兵充分认清战争风险，站在国家安全发展的战略高度，认识强军兴军的重要性、紧迫性，认清"战斗力建设关系国防安全"的道理，自觉做到脑子时刻想着任务，眼睛永远盯着对手，肩膀始终扛着责任，随时保持箭在弦上、引弓待发的戒备状态。

二要锤炼能打仗打胜仗的过硬本领。在战场制胜的诸要素中，军人的军事技能是看家本领，是职业素质的核心内容。邓小平同志曾指出："部队军事素质不好，本领不过硬，国门就会不牢，人民就会整天提心吊胆，怎么能专心致志地搞社会主义现代化？"进入21世纪后，随着我军现代化建设进程的加快，大量科技化、信息化武器装备相继列装部队，大大缩短了与世界发达国家军事力量对比的差距。利剑在手，剑道如何？这是摆在我军官兵面前一个现实而紧迫的课题。训练有名次，战场无亚军，打赢是硬道理。确保部队能打仗打胜仗，要坚持把各个层面、各级各类人员的军事技能练强练精，确保部队具备与实战要求相匹配的作战能力。第一，党委班子要重点增强领导军事斗争的本领。要始终聚焦能打仗打胜仗、学理论学军事、练谋略练指挥，努力成为作战准备的领头人。要统筹抓能力提升与抓安全稳定、抓主战力量与抓保障力量等方面的关系，确保军事斗争各项准备协调推进。第二，首长机关要重点增强筹划指挥打仗的本领。要扎实抓好首长机关学习训练，常态化开展比武竞赛活动，不断厚实参谋队伍履职尽责的素质根基。要利用大项演训活动的时机，把机关干部推到一线"加钢淬火"，提高岗位所需、打仗必需的过硬素质，真正使首长机关成为应急处突的指挥平台、运筹帷幄的智囊中枢。第三，基层主官要重点增强遂行战斗任务的本领。要始终把工作重心、主要精力放在抓训练上，着眼岗位必需、任务所需、打仗急需历练本领。党委机关要以提高带兵打仗能力为重点，常到基层帮带指导，着力把基层主官队伍抓过硬、搞坚强。

三要狠抓能打仗打胜仗的严实作风。军令重如山，纪律似铁坚。养成严明的纪律观念是军人的天职，是军队建设发展的命脉。新形势下，习近平主席指出："作风优良才能塑造英雄部队，作风松散可以搞垮常胜之师。"这一重要论断反映了古往今来军队建设的一条铁律。能打仗打胜仗彰显的是作风，必须要端正务实训练的根本态度，按照"仗怎么打，兵就怎么练，训练就怎么抓"的要求，从难从严从实战需要出发训练部队。第一，聚焦打赢转变训练作风。坚持把打胜仗作为部队一切工作的出发点和落脚点，推动作风向战斗力建设聚焦，坚持按纲施训、依法治训，细化标准、明确责任、加强监督，自觉摒弃"虚假工程""面子工程"，着力纠正训为看、演为看、以牺牲战斗力为代价消极保安全等不良现象，强化从严求实的训风考风。第二，以上率下转变领导作风。坚持一级做给一级看，一级带着一级干，切实形成以上率下、立言立行的良好导向。领导坚持从自身抓起、从自身严起，带头学军事、练技能、研战法，深入一线研究解决问题，争当训练排头兵、打仗第一班。第三，求真务实转变工作作风。树牢"求实、务实、落实"的思想，始终做到严格落实各项规章制度，严格执行上级指示要求。加强精细化管理，注重从细节抓起、从细节严起，细化目标、细化任务、细化责任、细化奖惩，把工作往前赶、往实里抓，确保有效落实。

四要提高能打仗打胜仗的标准要求。习近平主席指出，军队首先是一个战斗队，是为打仗而存在的。只有牢固确立战斗力这个唯一的根本的标准，才能使部队始终保持召之即来、来之能战、战之必胜的战备状态。"唯一的根本的标准"这几个字，字字千钧，意蕴深远。"唯一"，意味着战斗力标准具有专属性、排他性，除此标准之外没有任何其他的标准。"根本"，意味着战斗力标准具有本源性、基础性，表明战斗力是军队建设中最积极、最活跃的因素，是一支军队兴衰成败的最终决定力量。要坚持以此为牵引，探索和建立规范的有效机制，保证战斗力标准落到实处。第一，把"想打仗"的机制建起来。坚持军事训练的中心地位不动摇，把提高战斗力作为一切工作的出发点和落脚点，把针对性实战化训练作为一切训练的根本手段，建立激励、管理、奖惩、问责、保障等机制，筹划年度训练工作和大项训练活动，要看是不是紧贴实战需要、部队战斗力能不能得到提升，衡量训练成效要看打仗行不行、实战管不管用，严格执行训练法规、落实训练计划，从严控制训练过程、正规训练秩序，防止训练内容随意变、时间随意调、人员随意减、标准随意降。第二，把"钻打仗"的干部用起来。依据《训练大纲》建立严格的训练量化考核、监督检查机制，指导基层分队为每名官兵建立训练档案，及时掌握训练成绩和进步情况。把抓训练、练打赢的实绩与立功受奖、提升使用紧密挂钩，真正使想打仗、会练兵、精指挥、作风实的干部得到重用，形成抓实战化训练有功、练实战化精兵吃香的鲜明导向。要完善训练保障机制，各级领导干部要注重抓好部队训练场地和基础设施建设，满足不同层次、不同任务实战化训练需求。第三，把"打胜仗"的责任担起来。军人生来为战胜。在多样化任务面前，能不能打赢，能不能战胜，是每一名军人都要认真思考和实践解决的问题。要多用老一辈革命家抛头颅、洒热血的英雄壮举激励，多用新时期爱军精武的典型引导，多用身边的干部骨干帮带，多用军人的价值来衡量，使官兵在感悟中形成强烈的责任担当。制定刚性问责机制，本着"有错必究，无为即过"思想，对战斗精神淡化、准备动力不足、实战标准不高的单位和个人，对训练不实、演练不真、考评不严的作风和现象，加大惩戒力度，实行一票否决，坚决防止和克服训与不训一个样、训好训坏一个样的弊病。

五要构建能打仗打胜仗的人才群体。人是战斗力建设的根本，也是实现能打仗、打胜仗要求的关键。必须要扭住关键，把握重点，努力建设过硬的人才队伍群体。从当前情况看，部队人才建设与能打仗、打胜仗的需求还存在较大差距，突出表现为"五多五少"：事务型的多，谋略型的少；管理型的多，指挥型的少；业务型的多，作战型的少；经验型的多，学习型的少；单一型的多，复合型的少。迫切需要我们进一步加大高素质新型军事人才的培养力度。第一，在拓展渠道中培养人才。领导机关、干部骨干坚持学创新理论和科技知识并重，主要以办班轮训、岗位见学提高信息化素质。与军事院校、教导机构等建立协作关系，鼓励官兵参加函授学习、自学考试，不断缩短信息化素质上的差距。第二，在建设实践中催生人才。把人才培养与硬件设施建设结合起来，坚持在干中学、学中干。适时进行交叉任职、岗位互换，使人才在不同专业、不同岗位上得到锻炼。充分发挥尖子人才的辐射酵母作用，采取师傅带徒弟、互帮互学等方式，带动和促进人才生成。第三，在完善机制中激励人才。完善考评、选拔、保障机制，按照公平公正的原则，大力营造人才脱颖而出的良好氛围，加大对人才的推荐选拔使用力度。设立奖励基金，对在比武竞赛、技术攻关等方面成绩突出的人才给予表彰奖励，激发官兵立足本职、成长成才的积极性。

六要培育能打仗打胜仗的军人血性。曹刿论战时强调："夫战，勇气也。"拿破仑认为："世界上只有两种力量——剑和精神。从长远说，精神总能征服利剑。"能打仗打胜仗，既要靠硬本领，也要看软实力。这个软实力，其核心要素就是战斗精神、战斗意志，体现在官兵身上就是勇往直前、敢打必胜的虎狼之气和军人血性。亮剑精神，强调的就是军人要敢于同强敌过招，狭路相逢敢于亮剑。我军自建立以来，不畏强暴、气壮山河、与敌血战到底的英雄气概，延绵不断，彪炳史册。正是因为有了这种崇高的境界和不屈的精神，中华民族才能饱经沧桑而不亡，历尽磨难而新生。在新的历史条件下，我军要有效履行新的历史使命，必须继续保持和发扬不怕牺牲、百折不挠、一往无前的英雄气概，大力培育和激发战斗精神，并赋予其新的时代内涵，谱写革命英雄气概的新篇章。第一，靠教育引导来固本培元。要广泛学习党史军史，学习战斗精神丛书，持续培育当代革命军人核心价值观，大力弘扬勇猛顽强、敢打硬拼、英勇不屈的战斗精神，使忠诚、精武、实干、奋进真正为官兵所理解、所认同、所践行，切实内化为不怕苦累、不畏艰险、不惧生死的精气神。第二，靠任务实践来摔打磨砺。要用好各类演训活动，把训练的强度、难度和险度加高一个层级，使官兵在复杂环境、陌生地域中接受摔打磨砺，练就铮铮铁骨，锻造威武神勇。要把战斗精神培育融入部队日常训练管理和官兵学习生活中，通过严格按纲施训、严明训练纪律、严守操作规程，使战斗精神在练好一招一式、执行一章一法、规范一言一行中不断得到巩固和深化。第三，靠军营文化来熏陶感染。要扎实抓好营区政治环境建设，始终围绕培养和锻造军人血性来设置内容、优化布局，营造人人受教育熏陶、处处受感染激励的浓厚氛围。要结合演习、训练任务，着力打造战斗味浓、火药味足、硝烟味强的战地文化，不断强化临战意识，激发战斗意志。

扬帆起航凌云志，中流击水正当时。又值甲午年，深刻总结回顾甲午海战的悲壮史迹，于当代革命军人是一次心志的鼓舞、精神的激励、行为的鞭策。牢记甲午国耻，加紧备战兴军，在实现强军目标的伟大实践中，努力做到精忠报国之志永立，塑身律己之品端正，克敌制胜之能过硬，英勇不屈之气长存，为建设一支听党指挥、能打胜仗、作风优良的人民军队而不懈奋斗。

观甲午战场，议强军目标

杨建立

杨建立

沈阳军区65711部队政治委员，大校军衔。曾三次荣立三等功，2013年被评为"全军践行群众路线先锋人物"。

甲午战场的战事，大多发生在我部防区海域及周边地区。第一阶段的黄海海战，发生在海洋岛北部大鹿岛海域。1894年9月16日凌晨，北洋海军提督丁汝昌率"定远""镇远"等14艘主力战舰及"福龙""左队一"等4艘鱼雷艇从大连出发，护送总兵刘盛休所部铭军支援平壤清军作战，17日凌晨从丹东返回大连。日军侦知后，日军司令官伊东祐亨率联合舰队12艘军舰，从海洋岛出发，向西北方向搜索中国舰队。10时30分左右，双方在海洋岛西北、鸭绿江口大东沟以南的大鹿岛海域遭遇，由此爆发了世界近代海战史上第一场大规模铁甲蒸汽舰大战，结果北洋舰队战败。[1] 第二阶段的金旅之战，发生在我部驻地周边的大连金州、旅顺一带。10月24日至11月1日，日本陆军大将大山岩指挥第二军约2.5万人，经海洋岛、大长山

日军第一师团驻扎在三十里堡，准备进攻旅顺

岛海域，分别在庄河花园口和普兰店貔子窝登陆，11月6日占领大连金州，7日兵分三路攻占大连湾，22日攻陷"东亚第一要塞"旅顺口，并制造了"旅顺大屠杀"，4天之内2万余中国居民惨遭杀害。[2] 第三阶段的威海卫之战，发生在我部防区海域当面。1895年1月20日，日本海、陆军以旅顺口为前进基地，陆军由海军护送，前出至山东荣成湾成山头登陆，日本海军则从海上封锁威海卫。2月17日，日军在刘公岛登陆，在日本海、陆军夹击下，威海卫海军基地陷落，北洋舰队全军覆没。[3]

作为驻防黄海前哨的海防部队，回首120年前发生在我部防区海域及周边地区的这段屈辱历史，我们对战场的触碰最直接，对战争的感悟更痛切。我们要认真审视甲午战场战败的内因外因，深刻汲取沉重的历史教训，聚焦强军目标，大力锻造部队履行海防使命能力，确保千里海防国门永固，确保历史悲剧不再重演。

一、无"气"不足以勇，少"气"不成其师。要善养官兵"虎狼之气"，大力砥砺军人血性

"气"为兵神，"勇"为军本。战场是武器和战术的对抗，也是作风与意志的较量。一支军队缺乏"虎狼之气"，没有那么一种不畏强手、一往无前、所向披靡、战无不胜的骁勇之风，没有那么一种咬住不放、紧追不舍、牺牲奉献、精诚协作的坚强意志，未上战场，胜负已决，这既是甲午战场的警训，也是战争成败的铁律。

和平环境越久，打仗思想就越缺。历史上的八旗兵，曾是一支"威如雷霆，动如风发"的精锐之师，正是靠这支军队建立了大清帝国。然而，定都北京后，随着太平盛世的到来，这支昔日的铁骑劲旅"刀枪入库，马放南山"，战斗激情不像战争年代那样强烈，当兵打仗、带兵打仗的思想开始淡化。1894年10月23日傍晚，侵华日军第一师团分乘30余艘运输船，进抵庄河花园口登陆。随后，混成第十二旅团于10月30日开始从仁川出发，到11月8日，陆续抵达花园口，共登陆日军24049人、军马2740匹。在日军长达16天的登陆中，驻辽东半岛约7万清军无一抵抗，驻旅顺北洋海军军舰无一巡航，甚至日军2只运输船因失火沉没，"海陆军无过问者"，[4] 由此可见，大清军民的战备观念松懈麻痹到何等程度！"天下虽安，忘战必危。"长治久安是国家和人民之福，但对军队而言，军人不能奢侈地享受"和平时期"，不能忘记战斗队的根本职能。尤其是我们海防部队，从某种意义上讲，平时就是战时，我们要用海岛特殊的战略地位和部队担负的特殊使命任务，不断激发官兵的危机感和紧迫感，把枕戈待旦的战备意识渗透到官兵的血液中，使官兵在心里刻上"定远"舰的铁锚，始终保持"箭在弦上，引而待发"的高度戒备态势，随时做好应对各

种突发情况的万全之备，确保遇有情况，能够召之即来，来之能战，战之必胜。

和平积习越多，战斗作风就越散。古人说"变故兴细微"，一个国家和军队武备的松弛，往往从和平积习开始的。甲午战争前，北洋海军的种种官场痼习滋生蔓延，旅顺军港内驻泊的"南洋"号、"元凯"号、"超武"号兵船仅供大员往来差使，并不巡缉海面，甚至从朝鲜走私人参、装货载客挣钱牟利，为各衙门搞"创收"。[5]海军军官之间则结党营私，宗派思想严重。驻旅顺海军军官大半是闽人（福建籍），闽人之首刘步蟾被称为实际上之提督。真正的水师提督、淮人陆将丁汝昌，经常被"闽党"所孤立。邓世昌原是广东水师管带，因"不饮赌、不观剧、非时未尝登岸，众以其立异，皆嫉视之"，黄海大战"致远"舰被日舰围攻时，刘步蟾等闽人援救不力。[6]这种宗派思想也沾染到基层官兵身上，大副、二副、炮弁、水手、管旗、升火、管舱、夫役、文案、医官、舵工等下级兵士，相互之间，或拉帮结伙，或追利逐权，把军队搞得乌烟瘴气，战场上则各自为战、互不协作。因而张之洞痛呼："愤兵事之不振，由痼习之太深！"[7]历史上"没有一样的战争"，军之大忌乃在积习。积习一旦成弊，就会涣散战斗意志，搞垮战斗作风。海防无小事，责任重如山。我们要防微杜渐，充分运用战斗力这个军队建设的唯一的、根本的标准，来清疴除弊，及时消除与战斗力生成不相适应、不相符合的陈规陋习，真正形成向打仗聚焦的好风气，凝聚起真打实备的正能量。

生活越是安逸，"娇""骄"二气就越盛。光有好的生活条件，没有战斗精神，军队是不能打胜仗的。北洋海军的生活待遇非常高，普通士兵的饷银，一等水手月薪10两白银，一等炮目是20两白银，鱼雷匠月薪24两白银，电灯兵月薪30两白银，而当时一户中农的年收入为33—50两，就是说，一个普通海军士兵2个月的月薪，就相当于一户中农的年收入，官兵生活水平远远超过当时中等收入家庭的水平。军官的"年俸"（基本工资）和"船俸"（岗位津贴）就更高了，相当于普通士兵的几倍至十几倍。[8]随着生活越来越安逸，官兵开始骄奢淫逸。"每北洋封冻，海军岁例巡南洋，率淫赌于香港、上海"。驻金州、旅顺一带的绿营兵，经常"聚赌宿娼，勒索陋规，抢劫百姓，违禁犯法，无所不为。官欲查拿，即鼓噪欲变"。[9]金旅之战时，日军不过2万余人，而且劳师远征、战场陌生、供应线长，只要清军能以优势兵力凭险扼守，日军无援兵、缺粮饷，很难长久坚持，但清军毫无斗志、一触即溃，甚至望风而逃。一支没有备战观念和战斗意志的"绵羊"军队，是敌不过用"武士道精神"武装起来的"虎狼之师"的。因此，和平时期，军队生活条件搞得好一些是可以的，但决不能把兵带娇气了。要牢固树立练为战思想，突出实战化，强化野战味，消除"娇""骄"二气。要多让官兵到大海中去磨练，到实战环境中去摔打，外练"筋骨皮"，内强"精气神"，砥砺一不怕苦、二不怕死的战斗精神，培植血脉中"刺刀见红"的血性基因，使官兵不害怕艰苦，不拒绝责任，不逃避困难，做到脑子里永远有任务，眼睛里永远有敌人，肩膀上永远有责任，胸膛里永远有激情，做好随时冲锋陷阵、血洒海疆的准备。

二、平时令行禁止，战时挺身而出。要坚持不懈地铸牢军魂，确保闻令而动军令畅通

战场较量的是军心，比拼的是军魂。甲午战场上中日两支军队军心军魂的交锋启示我们，军队听谁的话、跟谁走，掌握在谁的手中、为谁服务、给谁打仗，始终是影响战场胜负、战争成败的首要问题，

日军第一师团长山地元治巡视旅顺港湾，湾内停泊着日本联合舰队的军舰

它既是一支军队的立军之本、建军之魂，也是一支军队集中统一、能打敢拼的动力源泉。

理想信念缺失，战时就会缺钙。"忠诚之所在，则国兴军兴；忠诚之所背，则国破军亡。"甲午战场上的清军，面临着严重的信仰危机。当时的主要兵源是世袭的八旗纨绔子弟和社会上的游手好闲者、各行各业的破产者和已经退伍的人。[10] 他们把当兵作为谋生的手段，既不懂为谁当兵，更不懂为谁而战，一旦走上战场，或弃阵而逃，或举手以降。1895年2月7日，日舰进攻刘公岛时，北洋海军10艘鱼雷艇在管带王平、蔡廷干率领下结伙逃遁，结果"逃艇同时受我方各舰岸上之火炮，及日军舰炮之轰击"，"或弃艇登岸，或随艇搁浅，为日军所掳"，[11] 一支完整无损的鱼雷艇支队，就这样毫无建树、丢尽脸面地毁灭了。2月8日，刘公岛部分水兵持刀威逼北洋水师提督丁汝昌，要求投降。丁汝昌服毒自尽后，5124名官兵向日军集体投降，[12]北洋舰队从此全军覆灭。1894年10月26日，日军第一军攻打九连城时，当地守军主动开门迎敌，一些居民拿鸡、猪献给日军，甚至请求为日本军队效力。[13]由此可见清朝军民的政治信仰缺失到何等程度。"信仰度"决定"忠诚度"，没有坚定正确的政治信仰作"底子"，军队就会成为缺钙的"病秧子"。黄海海域历来是军事斗争的热点地区、敌对势力渗透的活跃地区，官兵面临的反拉拢、反策反、反渗透的形势日益严峻，必须把开展理想信念教育、筑牢官兵军魂意识作为履行海防使命的首要任务和灵魂工程，深入推进创新理论武装，常态培育官兵当代革命军人核心价值观，坚持党对军队绝对领导的根本原则和根本制度不动摇，旗帜鲜明地抵制军队"非党化、国家化"等反动思潮，引导官兵自觉把高举旗帜、听党指挥作为最高政治原则来坚持，作为最高政治纪律来遵守，自觉做到无论在什么形势下，无论情况怎么变化，无论遇到什么困难和挫折，都真心爱党、诚心信党，铁心跟党走，坚决听从党中央、中央军委和习近平主席的指挥。

平时各自为政，战时就拧不成一股绳。各自为政、军令不畅，是导致清军战场失利的一个主要因素。清朝绿营兵当时有66万人，最高武官为提督，最高战术单位为镇，基本编制单位为营。绿营兵驻防全国各地，遇有战事则从各镇中临时抽调成军。绿营将官由兵部直接管理，不能直接统兵，战时临时拨给部队，而统兵之将多由文官担任，由于将不知兵、兵不知将，战时临时抽调成军，导致号令不一、各自为战。[14]1894年10月24日，日军混成第十二旅团攻击旅顺二龙山炮台时，统领姜桂题指挥清军凭垒瞰射，以200余人抗击3000余日军达4个多小时，但附近的案子山、松树山、鸡冠山、大坡山、小坡山、蟠桃山炮台等多处友军，既不以炮台火力支援，也不出动兵力侧击策应，坐视姜部兵败溃散。不久，这6处炮台也尽皆落于日军之手。[15]黄海海战时，战场最高指挥官是北洋海军提督丁汝昌，实际指挥员是"定远"舰管带刘步蟾，总教习是德国人汉纳根，幕后操盘手却是北洋大臣李鸿章，搞得水师无所适从。战后北洋水师军官感叹："我国海军章程，与泰西不同，缘为我朝制所限，难以尽仿，难操胜算也。"[16]可见平时组织松散，战场上就会溃散；平时军令不畅，战时就会各自为战。必须更加注重发挥军队各级党组织的核心领导作用，通过总揽全局、常议常抓、把关定向、抓要解难、调动合力，确保从思想上、政治上、组织上牢牢掌握部队；更加注重加强民主集中制建设，不断增强各级党组织的创造力、凝聚力、战斗力；更加注重保持党员队伍和干部队伍的先进性、纯洁性，巩固和发展团结友爱、和谐纯洁的内部关系；更加注重工作的统筹与融合，牢固树立"一盘棋"思想，通过上下协调动作，使各项工作形成相互配合、相互促进、共同进步的良好局面。只有平时做到"绝对纯洁"，战时才能"徐如林、疾如风、不动如山、动如脱兔"。

依法执纪不严，战时就不会步调一致。赏罚严明、执纪严格，是战场克敌制胜的法宝，也是政令军令畅通的重要保证。清军战场失利，往往都有这方面的教训。1888年，清廷颁布了《北洋海军章程》，这是中国第一部具有当时世界先进水平的海军条令，但绝大部分规章制度都没有落到实处。一是留营住宿制度不落实。《章程》明文规定，总兵以下各官皆终年住船，不建衙，不建公馆。但实际情况是，"左右翼总兵以下争挈眷陆居，军士去船以嬉"。而作为总帅的李鸿章对这种视军纪章程为儿戏的举动，睁一只眼闭一只眼，直到对日宣战前一日他才急电丁汝昌："官兵夜晚住船，不准回家。"[17]二是军官任职资格制度不落实。《章程》规定，战官、艺官必须从水师学堂毕业。

但因为海军待遇好、工资高,很多军官都是裙带式推举来的,外行不少。北洋海军提督丁汝昌,原是淮军将领,领导北洋海军10多年,仍不下功夫学习海军军事知识,却常以内行自居。[18]三是处罚制度不落实。大清兵部《处分则例》规定,官员宿娼者革职。威海之战期间,管带邱宝仁、林颖启登岸狎妓,整夜未回,所在的"来远""威远"二舰被日军鱼雷艇夜袭时,因无人指挥被击沉,数百官兵殉难,战后二人未受到任何处分。[19]执纪无度、赏罚不明,战场上就会人人离心离德、自由主义横行。因此张居正说:"天下之事,不难于立法,而难于法之必行。"海防部队大都点多面广、驻防分散,部队编制特殊、类型复杂,更要注重汲取历史警训,坚持从严治军、依法治军,注重依法指导和开展工作。要认真学法,组织官兵认真学习各种法规制度,加深对依法建军治军理念的理解把握,切实让法规进脑入心、进岗入责;要自觉遵法,引导各级决策事项先从法规中查规定,安排工作先从法规中找依据,遇到矛盾先从法规中寻对策,养成"法在身边、依令而行"的良好习惯;要严格执法,督导各级依法施教、依法组训、依法管理、依法保障,建立正规的战备、训练、工作和生活秩序,不断提高部队正规化水平,确保关键时刻能够靠得住、冲得上、打得赢。

三、平时多流汗,战时少流血。要从难从严训练部队,提高军事训练实战化水平

战场是军事训练效果的检验场,战场胜负直接反映军事训练水平,"因战而练""教戒为先"是古往今来的治训精要。甲午战场清军的惨败,再次警示我们,打仗是硬碰硬,训练必须实打实。必须把军事训练作为未来战争的预演,坚持从难从严从实战需要出发,不断提高部队的实战化训练水平。

仗在哪打,兵就在哪练。从战争一般规律看,要赢得战场的胜利,必须提前预设战场、事先熟悉战场,但这两个关键要素,清军一个也没有落实。旅顺战役前夕,旅顺军港外围防御阵地已建成15座海岸炮台、9座陆路炮台,共有重炮18门、轻炮41门、机关炮19门,军港内常驻约20余艘包括铁甲舰、快船、鱼雷艇在内的舰船。[20]但这些防御力量,战前既没有制定海岸炮台与陆路炮台的火力协同计划,也没有制定陆、海炮台与舰队火力的协同预案,更没有进行过驻旅顺诸兵种火力联合实弹演练,因此战斗一打响,陆上笨重的炮台与海上机动的舰队不能形成有效的协同火力网,让日军得以从容地各个击破。驻旅顺口防守部队共有33个营15000人,但设防不合理。从蟠桃山至松树山一线右翼阵地,有步队15营2哨、炮队1营、马队1营,却分属姜桂题、徐邦道两个总兵指挥;左翼案子山一线,只有步队2营,防守空虚;预备队有步队5营、马队1哨,配属于白玉山东麓[21],此处靠近右翼而远离左翼,导致战斗打响后,预备队难以策应左翼,使案子山一线很快失守。训练环境是影响实战化训练水平提高的重要因素。海防部队一个鲜明的特点是营区就是防区,训练场就是战场,坑道就是阵地。要从自身特点出发,充分利用战场环境,坚持枪在战位打、炮在阵位放、人在坑道住,让官兵熟悉作战方案、熟悉本级指挥、熟悉各自战位。要着眼"独立驻防、长期守备"的特点,加强战场配套建设,做到藏有场所、打有依托、物有储处,把海防一线建设成为"平时的海上乐园,战时的钢铁堡垒"。

仗怎么打,兵就怎么练。打仗是什么样,训练就是什么样;打仗需要什么,就苦练什么,这是实战化训练的基本要求。火炮射击训练是军舰最基本的训练科目。北洋海军的火炮射击还延续较为复杂原始的六分仪"水平测距法",需要军舰桅杆上的观测人员手持仪器进行

北洋海军"镇中"号炮舰

观测测距。但战场上的煤烟、硝烟、爆炸激起的海浪和横飞的弹片，都会极大地影响实际操作。而日本旗舰"吉野"号，却已经装备了划时代的先进测距仪，操作者只需像使用望远镜那样对准目标，让目镜合焦，就能快速显示出目标距离。[22]一到战场，训练质量的优劣就显露出来。据统计，海战期间，北洋舰队各舰平均中弹107.71发，而日舰平均中弹只有11.17发。[23]日本武装商船"西京丸"侧经"定远"舰时，"定远"向其连发4炮，仅1发命中。"福龙"号鱼雷艇赶来又连发3颗鱼雷，最近发射距离仅40米，竟无一命中，致使乘坐该舰观战的日军军令部长桦山资纪逃脱。[24]沉痛的教训启示我们，一支军队要有战斗力，归根结底要靠严格的、科学的实战训练来说话。现代战争条件下的海防军事斗争，首战即决战，必须"像打仗一样训练，像训练一样打仗"。在训练内容上，突出指挥技能、武器操作、综合演练等实战急需的课目；在训练质量上，对重点内容、重点课目适度超纲施训；在演练演习上，加强实兵、实装、实弹和全员、全装、全要素、全过程演练，在设置难局、险局、危局、败局中训练摔打部队，提高战场适应能力。

什么管用，就苦练什么。军事领域最不容保守、最富于生机，谁的作战理念先进，谁就能抓住先机，赢得战场主动权。甲午战场上，清军之所以连战皆败、一溃千里，作战理念陈旧、战法训法保守是一个主要原因。1894年10月24日8时许，驻扎在普兰店貔子窝的捷胜营马队营官荣安，从渔民处得知，有多艘不明船只泊于花园口外，便派骑探侦察，途中捕获钟崎三郎、山崎羔三郎、藤崎秀等3名日本间谍[25]，掌握了日军将在花园口登陆，尔后攻占金州、大连湾、旅顺口的重要情报。但面对这一重大敌情，驻守金州、大连湾、旅顺口的清军将领奉行防御至上主义，一味地坐等日军进攻，拱手将战场主动权送给敌手。黄海海战时，双方兵力大致相当，但战法却迥异。迎战前，中方以并列纵阵对日方单行鱼贯阵；接战时，中方以"定远""镇远"居中，成夹缝雁行阵，但左右两翼4舰追赶不及，以致形成类似后翼梯阵，日军趁机以前锋4舰直扑北洋舰队右翼2舰，使其起火退出战斗；双方缠斗正酣时，日舰绕至北洋舰队背后，与第一游击舰队形成夹击之势，使北洋舰队阵形大乱，多舰重创，败局遂定。[26] 历史证明，单靠买来的洋枪洋炮，是不能完成军事变革、挡住外敌入侵的。未来的海防作战，将是信息化条件下多维一体的海上联合作战，我们必须解放思想、与时俱进，加强信息化条件下海上联合作战的训法、战法、管法、保障法的研究演练。要着力构建"信息海防"，强化信息主导、体系对抗、综合集成、资源共享等理念，用信息技术的"倍增器"作用，实现侦察观测一体化、领导决策联合化、指挥控制实时化。要按照"封控更精确、防卫更严密、动员更高效、保障更有力、管制更快捷"的要求，加强驻岛诸军兵种联管、联训、联防、防演，全面提升部队基于信息系统的海防管控能力。

训练卡在哪，责任就问到哪。训练落不落实，严格的考核和具体的问责是重要保证。训练不落实、考核走过场，是制约北洋海军训练质量提升的重要因素。打靶演习时，"预量码数，设置浮标，遵标行驰。码数已知，放固易中"。[27]李鸿章检阅北洋水师军备时，要看实弹射击，"定远"舰管带刘步蟾就派人藏在靶船上，专等舰炮一响，便点燃船上的炸药以示命中。李鸿章被蒙蔽，夸耀水师"攻守多方，备极奇奥"，"发十六炮中至十五"。[28]上了战场，这种"花架子"就会被打出原形。黄海海战，双方相距5300米时，北洋旗舰"定远"号右主炮刚一开炮，巨大的后坐力就使得脆弱失修的舰桥被震塌，提督丁汝昌跌落受伤，由于战前没有明确代理人，北洋舰队一开战就失去了统一的指挥。"来远"舰帮带大副张哲溁在战后反思说："我军无事之秋，多尚虚文，未尝讲求战事。在防操练，不过故事虚行。故一旦军兴，同无把握。虽职事所司，未谙款窍，临敌贻误自多。"[29]没有严格的训练考核与问责，按纲施训就是一纸空文。必须坚持"仗怎么打、训练就怎么考"，严格考核程序、规范考核内容、量化考核标准，通过近似实战环境的实考、真考，倒逼训练与实战对接。要坚持"问为战"，对影响训练质量的行为发现一起问责一起，切实做到有权必有责、用权受监督、违规必追究，用问责的刚性把官兵真正逼上训练场，用奖惩的导向把官兵真正引向训练场作为，促进按纲施训的落实和训练水平的提升。

四、平时身先士卒，战时同仇敌忾。加强领导机关和领导干部队伍建设，提高谋略力形象力

领导机关和领导干部是建军治军的中坚力量，也是决胜战场的核心力量。甲午战场的教训表明，没有领导机关和领导干部平时的带头带动，就没有战时上下各级的同心同德、同仇敌忾。必须从事关战场胜负的全局高度，大力加强领导机关和领导干部队伍建设，不断增强谋略力、感召力、落实力。

妙算料敌在先，战时才能先机于前。对领导干部来讲，战场较量的谋略水平，检验的是指挥能力。甲午海战前，日军大本营做了充分的战前准备。日本大本营对海战拟定出三套预案，其中之一是：如果日本海军在海战中失败，北洋水师掌握了渤海与黄海的制海权，则日本海军确保本土海域的制海权。由此可见，日本领导机关不但精心策划制胜之道，甚至做好了战败的准备。[30] 一些高中级将领还亲赴战场侦察。日军在辽东半岛登陆前，为确定合适的登陆地点，联合舰队参谋长鲛岛员规带领几名随从，从9月17日至10月5日，乘舰亲往辽东半岛一带进行了长达18天的实地侦察，最后确认庄河花园口为适宜登陆点。[31] 为进一步搞准清军布防情况，日军由军事主官牵头，建立起庞大的军事情报网，并在清军布防区、军事要塞布控间谍，甚至买通李鸿章的外甥、时任军械局书办的刘棻，刺探到大量核心情报。[32] 反观清军，领导机关和高中级干部对"对日必有一战"认识不足，辽东半岛海、陆军战前都没有制定与日交战的作战预案。战斗打响后，总兵叶志超甚至建议丁汝昌，避免正面冲突，赶紧撤离战场。9月28日，大连湾守将总兵赵怀业电告李鸿章，日军有在辽东半岛登陆的迹象，要求速派救兵，李鸿章非但不给援兵，反而斥责道："倭匪尚未过貔子窝以南，汝等……可谓糊涂胆小！"[33]未来海防斗争，对各级领导机关和指挥员素质都提出了更高要求。我们要依托现实军事斗争准备实践，历练指挥员分析判断、快速决策、临机指挥等本领，提高谋略水平和指挥能力。要把练谋略、练指挥、熟悉战场环境等作为首长机关训练重点，学习情况处置、作战协同、综合保障，以及水文气象、潮汐规律、航道滩头等内容，熟练掌握指挥岛屿作战基本功。要围绕信息化条件下岛屿作战基本样式研究探索应对之策，掌握自己的，熟悉共同的，把握今天的，了解明天的，提高领导机关和各级指挥员指挥信息化作战的本领。

带头严于自律，战时才有感召力。领导机关和领导干部是军队的导向和标杆，如果不能以身作则，则作风就会失去标杆，军纪就会失去效益。大连湾之战前，守将赵怀业派人把军粮、军服运到烟台，换成白银，化成私财，连同家眷运往烟台。11月6日，他闻讯日军即将来战，竟没放一枪一炮，丢弃大连湾炮台群，仅率几名随从慌慌张张逃向旅顺。负责进攻的日军第一师团长山地元治中将认为，大连湾6座炮台均由德国人汉纳根采用当时最先进的军工技术和式样设计，地形险要、火力强大，[34]大连湾之战必是一场恶战，为减少伤亡，他要求日本联合舰队助战，不料想炮台清军见守将逃走，便一轰而散，日军于是轻取大连湾炮台，缴获火炮、炮弹、德国新式步枪、子弹无数，还有马匹、行帐、粮食以及没有启封的快炮等。[35]更有甚者，赵怀业逃跑时，连清军的水雷分布图都没带走，使得日军轻轻松松地照图清除了大连湾中的水雷。此后，大连湾码头就一直成为日军进攻旅顺、攻取威海卫的重要后勤补给转运站。甲午战争期间，旅顺北洋前敌营务处兼船坞会办道员龚照玙、黄金山炮台守将黄仕林等一批将领，贪生怕死、不战而逃，使部队陷入群龙无首境地。实践证明，"其身正，不令而行；其身不正，虽令不从"。领导机关和领导干部只有身体力行、率先垂范，才有感召力、凝聚力；反之，人格低下、品行不端，难免被群众戳脊梁骨。因此，必须高度重视领导机关和领导干部的形象力建设。要严把政治关，坚持党管干部原则和德才兼备的用人标准，努力把政治上靠得住、有本事、肯干事、干成事的优秀人才优先选拔到领导岗位上来；要坚持民主集中制原则，健全民主决策程序，开好民主生活会，不断增强班子的凝聚力、向心力和战斗力；要以党风廉政建设责任制为龙头，积极推进领导班子和领导干部的党风廉政建设，督导他们常修"七慎"（慎始、慎微、慎好、慎欲、慎权、慎独、慎终）之德，常炼"四自"（自重、自省、自警、自励）之道，从而使领导机关和领导干部在示范上严起来，在形象上好起来。

注重细节小事，战时才能不误事。细节小事是领导作风的具体体现。黄海大战北洋水师的失败，就有很多细节小事的印记。邓世昌所在的"致远"舰，缺少截堵水门的橡皮，致使战场中弹后，舱口封堵不上，船舱大量进水，船体迅速倾斜，250名官兵壮烈殉国。"定远"舰配炮零件不配套，导致海战中配炮损伤时，不得不停止射击，沦为4艘日舰围攻的活靶子。按规定，战备用弹必须是"开花弹（杀伤爆破弹）"，但"定远""镇远"2艘铁甲舰305毫米主炮的战备用弹仅3枚"开花弹"（"定远"1枚，"镇远"2枚），其余都是填充沙子的练习弹，[36] 致使日舰多艘中弹，却无一艘被击沉。这一连串的细节小事，暴露出北洋舰队领导机关和领导干部工作不细致、作风不扎实。血的教训证明，平时的领导作风"差之毫厘"，战场上的成败就会"失之千里"。优良的领导作风，体现在求真务实、真抓实干。要引导各级领导机关和领导干部牢固树立正确的政绩观，把"三个有利于"作为衡量工作的"尺子"，真正从战斗力提升出发部署工作，按照科学发展观要求统筹工作，遵循基层建设规律推动工作，用官兵满意度评价工作，带头说实话、办实事、报实情、求实效，以扎实务实的领导作风，带领官兵"聚精会神建海防，一心一意谋打赢"。

注释：

[1] 丁瑞：《北洋水师的覆灭》，《海事大观》2006年第1期。

[2] 戚其章：《甲午战争史》，上海：上海人民出版社2005年版。

[3] 丁瑞：《北洋水师的覆灭》，《海事大观》2006年第1期。

[4] 《侵华日军首次在花园口登陆》，《庄河县志》2012年7月2日。

[5] 张文生：《八旗兵的衰败与和平时期振军》，《解放军报》1988年8月12日。

[6] 张良村：《是谁葬送了北洋水师》，《当代军事文摘》2005年第11期。

[7] 石武英：《晚清军事变革的历史启示》，《理论月刊》2008年第9期。

[8] 马骏：《高薪养兵，北洋海军官兵的"工资单"》，《读书文摘》2009年第3期。

[9] 白皋：《论中日甲午战争失败的原因及其教训》，人民网。

[10] 文汇：《腐败毁了清军》，《领导文萃》2011年第6期。

[11] 余岳桐：《谁埋葬了北洋水师》，《领导文萃》2004年第6期。

[12] 《威海之战》，《新军事》，2009年3月3日。

[13] 郑彭年：《甲午悲歌——北洋水师的覆没》，北京：中国社会科学出版社2011年版。

[14] 文汇：《腐败毁了清军》，《领导文萃》2011年第6期。

[15] 渠鸿章主编：《辽宁战典》（近现代卷），2005年6月。

[16] 戚其章：《北洋海军历史的启示》，《人民日报》1988年11月14日。

[17] 张良村：《是谁葬送了北洋水师》，《当代军事文摘》2005年第11期。

[18] 白皋：《论中日甲午战争失败的原因及其教训》，人民网。

[19]《威海之战》,《新军事》,2009年3月3日。

[20]《百年旅顺》,全军政工网,2005年5月30日。

[21] 戚其章:《甲午战争史》,上海:上海人民出版社2005年版。

[22] 蔡伟:《甲午战争116年回顾:中国为什么会输?》,《三联生活周刊》2010年第45期。

[23] 戚其章:《甲午战争史》,上海:上海人民出版社2005年版。

[24] 丁瑞:《北洋水师的覆灭》,《海事大观》2006年第1期。

[25] 郑彭年:《甲午悲歌——北洋水师的覆没》,北京:中国社会科学出版社2011年版。

[26] 渠鸿章主编:《辽宁战典》(近现代卷),2005年6月。

[27] 白皋:《论中日甲午战争失败的原因及其教训》,人民网。

[28] 张良村:《是谁葬送了北洋水师》,《当代军事文摘》2005年第11期。

[29] 白皋:《论中日甲午战争失败的原因及其教训》,人民网。

[30]《晚清军事变革带给我们的历史启示》,新华网,2008年12月22日。

[31]《侵华日军首次在花园口登陆》,《庄河县志》2012年7月2日。

[32] 戚其章:《甲午战争史》,上海:上海人民出版社2005年版。

[33] 郑彭年:《甲午悲歌——北洋水师的覆没》,北京:中国社会科学出版社2011年版。

[34] 文汇:《腐败毁了清军》,《领导文萃》2011年第6期。

[35]《风不正则战必败——北洋水师惨败警示录》,《解放军报》2007年6月23日。

[36] 戚其章:《北洋舰队覆没的历史反思》,《百年潮》2009年第7期。

从海陆协同战例
反思甲午战争

苏小东

苏小东

海军航空工程学院人文社科系教授、海军史研究所所长,海军大校军衔。中国甲午战争专业委员会副主任委员。编、著有《中国近代海军史》《世界海军史》《甲午中日海战》等。

中日甲午战争是一场侵略与反侵略战争,这一性质决定了日本与中国的攻防战略选择。由于进攻一方的日本是海外征战,故其作战形式必然是海陆协同的联合作战,而防御一方的中国也必须以海陆协同作战来应对。当时固然尚无系统的联合作战理论,但历史地看,联合作战的实践要比人们从理论上总结联合作战早得多,此类战例在甲午战争以前的中外战争史上也已屡见不鲜。甲午战争中的联合作战主要表现为攻防双方海陆两个军种的协同,具体形式主要有三:一是海军为海路运送陆军护航,二是海陆协同进行登陆与抗登陆作战,三是海军以舰炮火力直接支援地面作战。就总的作战目标而言,无论何种海陆协同形式,都是以陆军作战为主,但海军的协同配合不可或缺。换言之,没有海军协同就无法开辟并主导陆上战场,

日本"扶桑"舰

其中的关键是制海权的得失。从军事角度看，甲午战争谁胜谁负，很大程度上就取决于双方对海陆协同作战的认识水平，以及由此形成的作战条件、作战准备及作战指挥。

一、中日海陆协同作战条件之比较

日本为发动侵华战争已经进行了20多年的准备。到甲午战争前夕，日本陆军已有7个野战师团，共计12万余人；海军拥有军舰31艘，鱼雷艇24艘，总排水量6万余吨。日本不仅在兵力建设上具备了海陆协同作战的基本实力，其军事体制的现代化也为海陆协同作战提供了组织保障。1894年6月5日，日本又成立战时最高指挥机构大本营，以确保在其即将挑起的侵华战争中对海陆联合作战的统一指挥。

日军的作战目标非常明确，就是投送陆军至中国渤海湾登陆，与清军在直隶（今河北）平原进行决战，然后直取北京。要实现这一作战目标,有赖海军保护海上交通线、护送陆军运输船及协同陆军登陆,而其核心则是制海权。为此,日军大本营根据其海军与中国海军争夺制海权可能出现的三种结果制订了三套作战方案:(1)若海战获胜,取得黄海制海权,陆军即长驱入直隶,直取北京;(2)若海战胜负未决,则陆军固守平壤,以舰队维护朝鲜海峡的制海权,并继续运送陆军赴朝;(3)若海军大败,则陆军全部从朝鲜撤退,海军也退守本土沿海。[1]日本海军为适应战时需要,经改编后组成了联合舰队,内分本队和第一、第二游击队等多个战术编队。大本营要求联合舰队采取攻势方针,通过海上决战夺取制海权,协同陆军实现最终的作战目标。

中国方面早已预料到日本将是中国永远之患,后来兴建海军就是以日本为假想敌。[2]但由于制度落后,尽管搞了近30年洋务运动,但军队近代化建设水平还很低,军事自强效果并不理想。清朝陆军正规部队由八旗、绿营组成,虽有数十万之众,但均属旧式军队,并分散驻防于全国各地,在对内对外战争中早已证明其不堪一击;在拱卫京畿的前沿北洋地区,除八旗、绿营及练军外,还有直隶总督、北洋大臣李鸿章节制的具有一定近代化因素的淮军,但也只是配备了新式枪炮而已,在编制上与旧式军队并无本质区别,且数量不过2万人左右。新式海军则是由地方大员分区组建的,北洋海军于1888年成军时,有9艘战舰、6艘守船、12艘鱼雷艇及4艘辅助舰船,加上成军后新添置的1艘战舰和1艘鱼雷艇,共计33艘舰艇4万余吨;没有成军的南洋海军仅有6艘尚可出海作战的军舰,战时又很难实现统一使用,后来只有广东的3艘军舰归入北洋海军参加了对日作战。由此可见,当时中国海陆军协同作战的基本实力远逊于日本。

不仅如此,中国方面限于落后的军事体制,既无法形成集中统一的指挥中心,也没有制定出切实可行的海陆协同防御作战计划。在中国传统军事指挥体制中,军令权一向集中于皇帝一人之手。面对日本的挑衅,年仅24岁的光绪皇帝虽坚决主战,但其军事理论和战争知识却十分有限。秉承皇帝旨意办理军机事务的中枢决策机构是军机处,其军机大臣均为文官,又是兼职,对近代战争极为陌生,连谋划御敌方略都力不从心,遑论制定具体的海陆协同防御作战计划。在中枢与作战部队之间还有一个指挥环节,即相当于战区指挥官的李鸿章,但他能够直接调动的部队仅限于他所节制的淮军和北洋海军。在这样的指挥体制下,要想临敌时组织并无预案的海陆协同作战,其难度可想而知。

二、朝鲜战场的海陆协同战例

甲午战争是因朝鲜问题而起,中日之战第一阶段的战场也就不可避免地集中在朝鲜及其附近海域。因此,在军事部署上,中日两国都涉及海外兵力投送问题,于是便有了海军护航的客观要求。日本方面对此既有明确的预案,又能根据形势的变化适时调整计划,故在海陆密切协同下安全顺利地达成了向朝鲜投送兵力的目标。中国方面有两次海军参与的经海路向朝鲜投送兵力,但由于事先没有切实可行的计划,临时又未对敌情作出准确研判,最终都导致了极为不利的严重后果。

(一)中国海陆军在朝鲜战场的第一次直接协同是增兵牙山,具体行动是海军派舰至登陆点掩护运兵船登陆,由此引发了丰岛海战。

增兵牙山的背景。1894年6月3日,朝鲜国王向清政府发出乞援书,请求中国派兵赴朝代剿东学党农民起义。李鸿章认为,朝鲜乃中国属国,当其内乱不能自了时,中国应邀出兵代戡本是"保护属邦旧例",故在请示朝廷后调提督叶志超、总兵聂士成率淮军1500人乘轮船开

在丰岛海战中搁浅的北洋海军"广乙"号

赴朝鲜。不料，在清军9日至12日于朝鲜西海岸南端牙山湾登陆的同时，日本竟然派出一个混成旅团7000余人至朝鲜仁川登陆。日本随即又向中国提出了"共同改革朝鲜内政"的无理要求，遭到中国方面的断然拒绝。清政府坚持与日本谈判两国共同自朝鲜撤兵，李鸿章则寄希望于列强出面调停，结果均未奏效。光绪皇帝见"势不可挽"，即谕令李鸿章速筹战备。李鸿章遂调4支大军入朝，以其节制的淮军为主力共1.2万人，分别进驻平壤和义州；孤悬牙山的叶志超部由海路移扎平壤，并由海军护运。[3] 但叶志超认为乘船转移平壤太危险，要求由陆路扼要移扎。李鸿章最后同意叶志超从陆路转移，但考虑到叶军太单，决定再派兵2000人乘船前往牙山增援，与叶军会合后再由陆路向北移扎。

海陆协同的增兵方案。李鸿章为确保由海路增兵牙山的安全，特作出如下安排：一是租用3艘英国商船运兵，并于7月21、22、23日分3次自天津大沽发船；二是要求海军派数舰往牙山口外游巡，候各船人马下清后再返回。在李鸿章看来，此时中日并未开战，运兵船又挂英旗，航行途中的安全应该问题不大，故无需海军护航，只需数艘军舰在登陆点掩护卸载即可万无一失。北洋海军提督丁汝昌根据李鸿章的指令，于7月22日上午派"济远"管带方伯谦统带"济远""广乙""威远"3舰自威海前往牙山。恰在此时，李鸿章获悉日本舰队已于20日从佐世保出港。其实这个情报并不准确，但李鸿章信以为真，当即电令丁汝昌带海军大队前往牙山一带巡护，以保障运兵船的安全。当晚丁汝昌回电称各舰已升火待发，并表示白天如遇日舰来势凶猛便"即行痛击"，夜间如遭其暗算则"只听天意"。[4] 李鸿章对海军的这一态度大为不满，加之此时又出现了俄国将出面调停的一丝希望，他当即取消了海军大队前往牙山巡护的计划。

增兵牙山在日舰偷袭下遭到重创。7月23日，进入汉城的日军混成旅团占领朝鲜王宫，随即建立了一个傀儡政权。同一天，方伯谦率"济远"等3舰抵达牙山。第二天，运兵船"爱仁""飞鲸"号先后驶入牙山湾，并立即开始卸载。是日下午5时半，前往仁川发送电报的"威远"舰回到牙山，带来日军已于昨日攻占朝鲜王宫、日舰大队将于明日开到的消息。方伯谦见情况紧急，命令官兵继续抓紧帮助运兵船卸载，并令弱舰"威远"当晚先行返航。25日凌晨，方伯谦未等"飞鲸"船卸清，并不再等候第三艘运兵船"高升"号到达，即率"济远""广乙"两舰起锚驶出牙山口。两舰行至丰岛附近海域，与日本联合舰队第一游击队"吉野""秋津洲""浪速"3舰遭遇。日舰首先开炮，不宣而战。中国两舰奋力反击，很快力不能支，"广乙"驶至朝鲜西海岸触礁搁浅，"济远"向国内方向撤走。"济远"撤退途中，先后与迎面驶来的运兵船"高升"号和北洋海军运输船"操江"号相遇，但其作为战舰竟然没有为解救两船做出任何努力。结果，"操江"被日舰掳走,"高升"被击沉,船上1100余名清军有780余人葬身海底。数日后,牙山清军在成欢不敌日军优势兵力的攻击,叶志超、聂士成率残部绕道撤往平壤。此次海陆协同产生如此效果,人们不免会在指挥和作战两个层面提出合理假设:如果李鸿章没有取消海军大队出巡的计划,结果将会怎样?如果作为战舰的"济远"能够竭尽全力救护"高升"号运兵船,后果又会如何?

(二)中国海陆军在朝鲜战场的第二次直接协同是增兵平壤,具体行动是海军为运兵船护航并守护其登陆,由此引发了黄海海战。

中日在宣战后的作战方针。8月1日,中日两国同时向对方宣战。中国方面宣战后,仍无海陆协同作战计划。主战的光绪皇帝一开始对战事看得很简单,认为从北路派赴朝鲜的4路大军在平壤完成兵力集结后,与叶志超军南北夹击,"即可合力驱逐倭寇,以解汉城之围";[5]北洋海军如全力出击,亦可一举荡平日本海军。具体负责指挥战事的李鸿章则认为,赴朝陆军未必能够击逐日军,但至少可以在平壤设立一道阻击日军向北推进的防线;北洋海军实力有限,倘若在孤注一掷的决战中遭到重创,势必造成渤海门户洞开。在海军兵力运用上,李鸿章坚持"保船制敌"方针,以"猛虎在山之势"构成对日军的持续威慑。[6]他将海军的作用定位在"吓日"上,自然不会考虑以海军实战直接或间接配合陆军的问题。丰岛海战后,他曾三次电令丁汝昌率北洋海军出巡朝鲜大同江口,目的是作象征性威慑,所以每次都强调要"速去速回,保全坚船为要"。[7]就在北洋海军8月9日第三次出巡的次日,日本联合舰队竟直扑威海卫港寻战,造成北洋全线高度紧张,草木皆兵。光绪皇帝于是又严令海军各舰以后只在威海、大连、烟台、旅顺等处来往梭巡,"严行扼守,不得远离"[8]。由此可见,朝廷对于海军的使用,也同样是以确保北洋门户安全为基本原则。

日本方面正式宣战后，按照原定作战计划，首先应由联合舰队与中国海军进行主力决战以夺取黄海、渤海制海权，为下一步日军登陆渤海湾创造条件。但因联合舰队迟迟没有寻找到战机，日军大本营认为陆军在渤海湾大举登陆已不能如期实现，遂决定将作战计划调整为首先发动平壤战役，再以朝鲜作为进攻中国本土的桥头堡。进攻平壤的陆军为第三、第五2个师团合编的第一军，联合舰队的任务改为掩护运兵船、运粮船至仁川等地登陆，并在大同江尽可能协同陆军进攻平壤。此时北洋海军已不再出巡朝鲜西海岸，所以日本海陆协同的大规模登陆朝鲜行动没有受到任何干扰。

北洋海军的一次应急护航行动。中国方面由北路入朝的4支部队8月9日终于全部开抵平壤，叶志超随后也率部到达，并奉命总统诸军。9月上旬，叶志超获悉日军援兵已陆续登陆朝鲜，并正向平壤进逼，遂不断向李鸿章发电告急，请求尽快调兵增援。李鸿章感到事态严重，决定调派淮军4000人增援平壤。从进兵速度考虑，由海路投送并直抵大同江上岸即到平壤，无疑最为快捷。鉴于陆路进兵缓不济急，由海军护航走海路直趋大同江又风险太大，李鸿章决定分海陆两段投送援军，即由北洋海军护送运兵船沿中国海岸前往中朝边界大东沟，援军登岸后再由陆路直趋平壤。然而，这批援军尚未登船启程，平壤战役就已打响了。9月15日拂晓，日军第五师团和第三师团一部共16000余人四路围攻平壤。在日本陆军向平壤发起总攻时，联合舰队除留第二游击队在仁川继续掩护陆军登陆，本队和第一、第三游击队驶向大同江，并由第三游击队溯大同江而上，以舰炮直接支援陆军进攻平壤。驻守平壤的约13000名清军与日军激战一天，于当晚弃城溃向鸭绿江边。

由于通往平壤的电报9月13日就已中断，对前敌形势变化一无所知的李鸿章仍按原计划派兵入朝增援。9月16日晨，丁汝昌率领18艘舰艇护送5艘运兵船自大连湾启航，当天下午抵达大东沟。丁汝昌派2艘炮船和4艘鱼雷艇护卫运兵船进入大东沟口内卸载，另派2艘军舰在口门处警戒，自率10艘主力舰在口外12海里处下锚。第二天上午，北洋海军突然发现日本舰队出现在西南方向海面，丁汝昌下令起锚迎敌。原来日方已经获悉北洋海军护送运兵船至大东沟的情报，联合舰队司令长官伊东祐亨因急于与北洋海军决战，不等第二、第三游击队前来会合，即率本队、第一游击队等12艘军舰搜索而来。是日12时50分，黄海大海战打响。北洋海军最初参战的军舰有10艘，后大东沟口内的2艘鱼雷艇和口门处的2艘军舰也赶来参战。经过近5个小时的激战，日本舰队包括旗舰"松岛"号在内共有4舰受重创，北洋海军则有4舰被击沉击毁，另有一舰在撤退途中触礁自毁，其他军舰也都程度不同程度地受伤。为了一次已经失去实际意义的海陆协同行动，北洋海军付出了极其沉重的代价，进而也证实了其战斗力的确不敌日本海军。

平壤陆战和黄海海战成为甲午战争的重要转折点。从此，朝鲜半岛完全为日本陆军所控制，黄海制海权也基本落入日本海军之手。战争转向中国本土已不可避免。

三、中国战场的海陆协同战例

中国战场的海陆协同主要是两次登陆与抗登陆作战，一在辽东半岛，一在山东半岛。

（一）在日军海陆协同登陆中国本土的辽东半岛之战中，中国方面并没有组织实施抗登陆作战，也不存在任何海陆协同的抗敌行动。

黄海海战后，日军大本营决定发动辽东半岛战役，目的是攻占旅

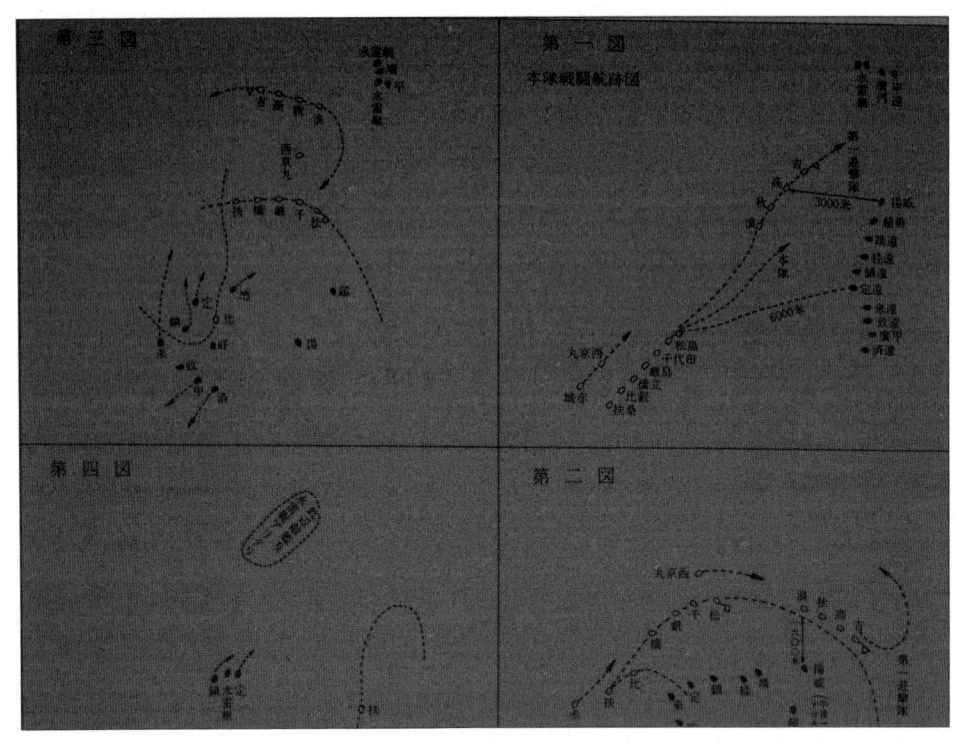

日方绘制的黄海海战双方舰艇航迹图

顺港,进一步打击基本实力尚存的北洋海军。作战计划是,以陆军第一、第二师团及第二十二混成旅团共 24000 余人编成第二军,由联合舰队护送至旅顺后路登陆,然后水陆夹击旅顺口;另由第一军越过鸭绿江从朝鲜攻入中国本土,在辽河以南地区牵制和打击陆上清军。为实现这一作战计划,日本联合舰队与第二军进行了密切配合。联合舰队经过勘察后,选定辽东半岛南岸貔子窝以东 20 海里处的花园口为第二军的登陆地点。此处海岸较浅,并不是一个理想的登陆地点,但也因为如此,清军在此没有设防。10 月 24 日,日本第一军和第二军分别从两个方向同时向中国本土发起进攻。第二军在联合舰队护航下陆续运抵登陆地点，然后分三批登陆，整个行动持续了半个月。在此期间，联合舰队第三游击队及部分辅助舰船主要负责协助陆军登陆和就近警戒，本队及第一、第二游击队则在运兵船外围巡弋，另派3个鱼雷艇队到内长山岛一带警戒，并不间断地派出舰艇到大连、旅顺、威海侦察，以防北洋海军来袭。

中国方面早已获得日军将在辽东半岛登陆进攻大连湾、旅顺的情报，但无从实时掌握日军的登陆时间和地点，也没有组织陆上机动部队与海军协同实施抗登陆作战的设想和准备。北洋海军因受伤各舰迟迟未能修复，加之士气严重受挫，直到黄海海战一个月后才勉强驶出旅顺基地，已不能也不敢有击敌运兵船于航渡之中的想法。当日军在花园口登陆得到证实，李鸿章给大连、旅顺守军的指令是在日军来路要口多埋地雷，只须各守营盘，不得轻易接仗。同时指示驻旅顺基地的北洋海军，如日军"水陆来逼，兵船应驶出口，依傍炮台外，互相攻击，使彼运船不得登岸"。[9] 日军已在花园口登陆，并正抄袭旅顺后路，李鸿章竟莫名其妙地担心日军还会在旅顺登陆。光绪皇帝曾要求北洋海军前往日军登陆地点"游弋截击，阻其后路"，[10] 但李鸿章认为海军力量太单，未便轻进，故未下达出击命令。由于没有实施海陆协同的抗登陆作战，使本来长时间处于极危险状态的日军登陆行动得以从容完成。

日军登陆后于11月6日攻陷旅顺后路重镇金州。丁汝昌认为如无重兵出援，旅顺万难久支，而一旦旅顺后路炮台失守，海军各舰在港内无能为力，有损无益。[11] 他在请示李鸿章并获准以保船为原则可以便宜行事后，即于第二天撤离旅顺，避入威海基地。也是在这一天，大连湾失陷，旅顺岌岌可危。李鸿章为解救旅顺，急调驻防山东半岛的8营约4000名淮军自登州（今蓬莱）渡海至旅顺填防，并要求海军护航。丁汝昌与洋员会商后认为,以军舰护送运兵船前往适以资敌,运兵船必不可保。李鸿章只好修改计划,增援部队改运营口登陆,不用海军护航。[12] 这样一来,旅顺守军就只能以现有兵力抗击日军的水陆夹击。当时旅顺守军共有14000余人,大多都是招募不久的新兵,且分属7个统领,主要驻防于基地海岸炮台和后路炮台。他们各守营盘,待敌来攻,结果只能是被各个击破。日军于11月20日发起进攻,22日便将旅顺攻陷。这一港口城市和北洋海军的重要基地,竟然是在没有海军参与协守的情况下被日军攻占了。

(二)接下来的山东半岛之战,几乎就是辽东半岛之战的重演,所不同的是已无处可退的北洋海军被迫与岸防部队"水陆相依"进行了最后一搏。

日军大本营在占领旅顺后再次调整作战计划,决定以第二军第二师团和国内的第六师团合编为"山东作战军",在联合舰队的配合下攻占威海卫,彻底消灭北洋海军。作战方式仍是由海军护送陆军至山东半岛登陆,然后抄袭威海后路,与海军构成对威海基地的水陆合围。

中国方面在旅顺失守后不久就已意识到,日军的下一个进攻目标必是威海,并将重施后路包抄、水陆合击之故伎。既有如此研判,理应吸取旅顺失守的教训,在御敌策略上有所变化。然而,中国要在山东半岛组织战役层面的海陆协同抗登陆作战,比在辽东半岛的难度还要大。从双方实力对比来看,日本"山东作战军"拥有34000余人,而李鸿章直辖的威海基地守军8000余人和山东巡抚李秉衡节制的山东防军约1万人,合计尚不足2万人;日本联合舰队此时已完全恢复到黄海战前的水平,而北洋海军本来就弱于日本舰队,黄海一战不仅折损5舰,且仍有伤舰未能修复,后来从旅顺撤回威海进港时还触礁损毁了2艘大铁甲舰之一的"镇远"号。在实力如此悬殊的情况下,威海守军与山东防军因隶属关系还不能实现统一指挥，很难形成合力。

李鸿章将防御重点集中在威海基地。他曾向威海守军下达海陆协防命令，即有警时，海军应出港，在炮台火力范围内与炮台合力迎击，不得远出大洋浪战；陆上守军但各固守大小炮台，效死勿去。[13] 就是这样一个仅限于威海基地的海陆协同作战方案，很快也在守军将领之间发生了激烈争执。驻守威海基地南北两岸炮台的绥、巩军统领戴宗骞表示，如日军在威海远处登陆，他将率部前往迎击，以免重蹈旅顺覆辙。海军提督丁汝昌则坚决不同意，认为南北岸守军兵力过单，一旦抽调远出迎剿，恐岸防不足为固。[14] 李鸿章当然不同意戴宗骞的远出迎剿之议，斥其不知兵亦不知大局。他明确要求海军"不得出大洋浪战"，丁汝昌也根本无意率部出击，故击敌运兵船于半渡已不可能。在这种情况下，戴宗骞提出在日军登陆时和登陆后进行阻击的建议并非没有道理，但问题是他率领远出迎剿的部队即使是炮台守军的半数，也不过3000余人，根本不可能实现阻敌目的，反倒削弱了海岸炮台的防御力量。戴宗骞曾设想与山东防军联合进行抗登陆作战，或联手在后路实施阻击。但这一设想也很难成为现实，因为仅万人左右的山东防军既少机动作战能力，又无法实现与威海守军的统一指挥。

李秉衡则在除威海之外的所有山东半岛北部沿海要地处处设防。他始终没有搞清日军可能的登陆地点，故明知兵分力单，仍不敢集中专注一处，将有限的兵力散布于威海后路东南至荣成、西至登州共500里之遥的沿海防线上。[15]

清中枢对山东半岛的防御作战始终没有从全局统筹兵力部署。日军进攻威海的消息得到证实后，光绪皇帝即连降谕旨，指出日军"图犯威海，意在毁我战舰，占我船坞"，指示李鸿章要设法调度海军相机迎击，以免坐困。[16] 李鸿章又电令丁汝昌妥筹御敌方案，并强调

基本精神是"水陆相依"。丁汝昌据此提出一个方案：如果日军只派少数军舰来犯，我舰队可出港迎击；如果日本舰队全体来犯，我舰队将出港分布于东西两口，在岸岛炮台大炮射程内与炮台合力抵御；如果基地南北两岸炮台失守，则我舰队与刘公岛陆军惟有誓死拼战，船沉人尽而已。[17] 其实日军在山东登陆的企图已经表明，在其没有完成对威海基地的水陆合围之前，并不会从海上正面发起进攻，所以丁汝昌所拟方案最终就只剩下海军将株守军港直至船沉人尽这一种可能了。海军将生存希望寄于陆上防御，陆上兵力本就不足，又无统一指挥下的海陆协同，威海重蹈旅顺覆辙已在所难免。

日军的登陆地点选定在山东半岛荣成湾。1895年1月16日，日本新组建的"山东作战军"在大连湾集结完毕。海陆两军在协商后，

1895年1月20日，日军运兵船抵达威海卫后路荣成龙须岛

决定运兵船于19、20、22日分3批出发，海军负责护送第一批运兵船。与此同时，联合舰队第一游击队3舰前往登州海面游弋，转移清军视线，牵制清军兵力，以掩护日军在荣成湾登陆的真实意图。1月20日晨，日本联合舰队本队和第二游击队护送运兵船进抵荣成湾，一面掩护陆军登陆，一面派出鱼雷艇前往威海监视北洋海军。当天下午，首先登陆的日军即向荣成进发。荣成守军约有2000余人，是毫无战斗力的河防营，早已撤离。日军登陆期间，光绪皇帝曾谕令李秉衡"厚集援军，迅往遏截"；并指出海军如能"齐出冲击，必可毁其多船，断其退路"。但李秉衡仅派兵千人前往荣成迎击，途中与日军先头部队遭遇，虽获小胜，最终却不支退回。李鸿章则以"海军船少，恐难远出冲击"为由，没有命令海军前去袭击在荣成湾登陆的日军。[18] 到24日下午，

日军登陆全部结束。

日军在全部完成登陆的第二天即自荣成兵分两路抄袭威海后路。为配合登陆日军作战，联合舰队派出一个鱼雷艇队靠近海岸与陆上部队同行以保持联络，本队及第一、第二游击队继续对威海港实施昼夜监视。[19] 当日军逼近威海后路炮台并发起进攻时，北洋海军在港内发炮为守军助战，甚至轰毙了日军第十一旅团长大寺安纯少将，但终究未能改变几座孤立炮台被日军野战部队各个击破的命运。接着，日军仅用不到3天时间，即于2月2日攻陷威海基地南北岸的全部炮台。至此，威海沿岸全为日军占领，北洋海军与刘公岛守军陷入日军的水陆合围之中。日本联合舰队随即展开海上正面进攻，先是连续2次派遣鱼雷艇潜入港内夜袭，重伤"定远"号铁甲舰，并击沉3艘军舰。2月7日，日本海陆军开始向威海基地发起总攻。在此之前，清廷已将从南方调往关外的万余名陆军改调威海增援，但因长途跋涉，军行迟缓，此时距威海最近者尚有数百里之遥。李秉衡此时仍强调其他沿海要地的防御，置威海之危于不顾，率部移至莱州。至2月12日，由于陆上援军绝望，威海基地的海陆军向日军投降，丁汝昌等数名将领相继自尽。山东半岛守军未能在海陆协同作战中死中求生，威海的海陆军竟在军港中"水陆相依"而亡，并最终铸成了中国在甲午战争中的败局。

纵观甲午战争的整个过程，中日双方投入的兵力均有海陆两军，但海陆协同作战的水平却表现出极大差距。中国方面由于战前没有在理论、体制、兵力、训练等方面进行相应准备，战时既不具备海陆协同作战的基本条件，也不可能产生海陆协同作战的主观指导。就衡量多军兵种协同作战的标准而言，中国方面虽然也有海陆两个军种参战，却基本没有做到围绕一个目的的统一行动；虽然也有自上而下的指挥体制，却无法实现对海陆军参战兵力的统一指挥。在战争第一阶段的朝鲜战场，尽管中国方面的两次兵力投送确实具有一定的海陆协同性质，但也只是出于安全本能而非理性筹划。结论显而易见，正因为中日之间在海陆协同作战能力上的悬殊，才导致战场的天平不断发生倾斜，乃至影响了战争的结局。但要继续探寻其背后更深层次的原因，显然已经超出了海陆协同作战本身，同时也超出了本文的研究范围。如果可以概而言之，中日之间海陆协同作战水平的高下，其实质是两个国家近代化水平的差距。

注释：

[1] 参见［日］藤村道生：《日清战争》，第78页，上海：上海译文出版社1981年版；外山三郎：《日本海军史》，第45页，北京：解放军出版社1988年版。

[2] 李鸿章：《议复梅启照条陈折》（光绪六年十二月十一日），顾廷龙、戴逸主编：《李鸿章全集》，第9册，第261页，合肥：安徽教育出版社2008年版。

[3] 李鸿章：《寄译署》（光绪二十年六月十四日巳），顾廷龙、戴逸主编：《李鸿章全集》，第24册，第133-134页。

[4]《丁提督来电》（光绪二十年六月二十日亥刻），顾廷龙、戴逸主编：《李鸿章全集》，第24册，第157页。

[5]《清德宗实录》，卷344，光绪二十年七月丁丑、丙申，北京：中华书局影印本，1987年版。

[6] 李鸿章：《复奏海军统将折》（光绪二十年七月二十九日），顾廷龙、戴逸主编：《李鸿章全集》，第15册，第405-406页。

[7] 李鸿章：《寄丁提督》（光绪二十年六月二十四日申刻）、《寄刘公岛丁军门》（光绪二十年七月初一日午刻），顾廷龙、戴逸主编：《李鸿章全集》，第24册，第166、189-190页。

[8]《清德宗实录》，卷345，光绪二十年七月丙申、丁酉。北京：中华书局影印本，1987年版。

[9]李鸿章：《寄旅顺龚道等》（光绪二十年十月初六日亥刻），顾廷龙、戴逸主编：《李鸿章全集》，第25册，第110页。

[10]《清德宗实录》，卷351，光绪二十年十月壬子。北京：中华书局影印本，1987年版。

[11]李鸿章：《复丁提督》（光绪二十年十月十一日未刻），顾廷龙、戴逸主编：《李鸿章全集》，第25册，第128页。

[12]李鸿章：《复译署》（光绪二十年十月十三日戌刻）、《寄译署》（光绪二十年十月十四日亥刻），顾廷龙、戴逸主编：《李鸿章全集》，第25册，第138、142页。

[13]李鸿章：《寄威海丁提督戴道刘镇张镇》（光绪二十年十一月初一日酉刻），顾廷龙、戴逸主编：《李鸿章全集》，第25册，第203页。

[14]丁汝昌：《致戴宗骞书》（光绪二十年十一月初三日），戚俊杰、王纪华编校：《丁汝昌集》，第223页，济南：山东大学出版社1997年版；《戴道来电》（光绪二十年十一月初四日到）、《丁提督来电》（光绪二十年十一月初五日到），顾廷龙、戴逸主编：《李鸿章全集》，第25册，第212、215页。

[15]李秉衡：《致总理衙门》（光绪二十年十二月二十四日），戚其章辑校：《李秉衡集》，第602-603页，济南：齐鲁书社1993年版。

[16]《清德宗实录》，卷356，光绪二十年十一月己未、庚申。北京：中华书局影印本，1987年版。

[17]李鸿章：《寄译署》（光绪二十年十二月二十日亥刻），顾廷龙、戴逸主编：《李鸿章全集》，第25册，第320-321页。

[18]《清德宗实录》，卷357，光绪二十年十二月己巳；李鸿章：《寄东抚李威海将领》（光绪二十年十二月二十七日亥刻），顾廷龙、戴逸主编：《李鸿章全集》，第25册，第338—339页。

[19]日本海军军令部编纂：《二十七八年海战史》，下卷，第60-64页，东京：春阳堂，1905年版。

晚清海军教育训练得失评析

刘化军

刘化军

海军陆战学院训练与管理教研室主任，海军上校军衔。多次参加海军重大任务和演习，从事军事训练教学与科研任务多年，发表学术论文 30 余篇，主编教材 3 部。

影响军队作战能力的因素很多，其中教育训练作为将作战思想和武器装备等战斗力要素转化为实际作战能力的催化因子，显得尤为关键。晚清时曾雄居"亚洲第一"的北洋海军在甲午海战中全军覆没，从军事教育训练的角度深入考察和客观评析历史得失，汲取其经验教训，具有重要意义。

一、开创近代海军军事人才培养新路

晚清海军在其筹建与成军过程中，逐步构建起近代海军军事教育体系，探索军事人才培养新模式，不仅培养了筹建海军急需的专业人才，更是挑战了封建社会教育传统，推动了中国社会近代化进程。

（一）兴办新式海军学校，开启近代军事教育先河。

1. 开办新式海军学堂培养专业人才。

晚清政府在两次鸦片战争后拉开了筹建近代海军的序幕。1866 年，左宗棠奏请在福州建厂造船的同时设立"求是堂艺局",即福州船政学堂,并主持制定了办学章程,成为近代第一所海军学堂。左宗棠认为办学堂目的:一是培养"能依书绘图,深明制造之法"的造船技术人员;二是培养"通船主之学,堪任驾驶"的海军战官。在以科举考试为人才选拔唯一途径的晚清时期开办海军学堂,培养海军军事人才,满足了近代化海军建设的需要,开创了近代军事教育先河,被誉为"中国防海设军之始、海军铸才设校之基"。

福州船政学堂很快取得显著成绩,并被晚清政府所重视。朝廷官员认识到"人才为水师根本,而学堂又为人才之所自出",更加强调"水师强盛,皆以学堂为根基","船政之根本在于学堂"。继福州船政学堂之后,各地依照福州船政学堂的办学目标、教学内容、教学方法和手段,相继开办了多所新式海军学堂,教授海军所需科学知识和专业技能,包括天津水师学堂、广州黄埔水师学堂、京师昆明湖水师学堂、江南水师学堂、北洋旅顺口鱼雷学堂、威海水师学堂、天津海军西医学堂、烟台海军学校、湖北海军学校等。

2. 构建近代化海军军事教育内容体系。

内容体系是海军军事教育最为核心的要素,决定着海军人才培养的方向和成败。工业革命的技术发明在近代海军中广泛运用,决定了海军军事教育内容必须以自然科学知识和海军专业技术为主,构建满足海军需要的教育内容体系。晚清各海军学堂从开办始,便强调学习先进的自然科学知识和军事实用技术,并要求所有学员必须掌握一门外语。与封建社会以经史子集为主要内容的私塾和书院相比,教育内容发生了根本性的变革。海军学堂也因此成为中国近代科学技术教育的真正发源地。

以福州船政学堂为例,分前学堂和后学堂,前学堂为制造学堂,后学堂为驾驶学堂。前学堂根据造船所需技术知识设置课程，包括算术、制图、物理、三角、几何、微积分、机械原理等，还设有蒸汽机制造和船体制造等实习课。后学堂按照驾驶船舶所需专业知识设置课程，全部采用英语教学，要求"凡习航海者，皆须考英语，然后轮船中能通问答"。

3. 开创全新海军军事人才培养模式。

首先，采取不拘一格的招生途径。海军学堂率先打破封建社会的科举考试选才模式，不限出身门第，向社会公开招生。福州船政学堂首批招生，就是在街头公开张榜，后来又到广东、香港等地招收学生，还挑选了一批青年工匠到制造学堂就读，招生对象直接面向社会最底层，走出了更为宽广的选才之路，无疑在晚清时期为中国近代教育吹来了一股新风。

其次，建章立制，规范学堂管理。福州船政学堂的《求是堂艺局章程》，详细规范教学活动和行政管理，学生须严格遵守。要求学生"每日晨起夜眠，听教习洋员授课，不准在外嬉游，致荒学业。不准侮慢教师，欺凌同学"。同时建立淘汰与奖励机制。天津水师学堂规定：学生须留堂学习英文三个月，由堂中总办大员甄别，择其聪俊者，留堂肄业，名为海军官学生，凡初选学生到堂第一年秋考，如不中式（即合格）即行剔退，第二年秋考不中式，准其展延六个月，俟至次年春季再考，如不中式，即行剔退。奖励机制相当于今天的奖学金制度，天津水师学堂规定：学生按考核成绩优劣给予赡银家用，成绩特别优秀者，最多可达每月十两，并赏给功牌、衣料等。

再次，根据海军军事教育要求选择方法和手段，采取课堂教学与实践教学相结合的方式，推行全新教学模式。沈葆桢认为："出自学堂者，则未敢信其能否成才，必亲试之风涛，乃足以观其胆智，否则即实心讲求，譬如谈兵纸上，临阵不免张皇。"福州船政驾驶学堂学生课堂学习完毕后，须上练船实习，每年两季，或"秋出冬归"，或"冬出夏归"。

4. 建设合格的海军军事教育师资队伍。

创办新式海军学堂，遇到的首要问题就是组建合格的师资队伍。由于晚清时期，教授科学技术知识的师资缺乏，学堂引进外籍洋人担任科学技术和海军专业知识教员，与教授国文的本国教员共同组成开办初期的教员队伍。福州船政学堂成立之初，主要从英、法等国家聘请洋人教员，由左宗棠与洋人签订聘用合同，聘期5年，担任外语、数学、物理、化学、气象、驾驶、轮机、航海、造船等课程教学。合同规定洋人教员须在5年任期内，不仅要使中国学生"尽其制造、驾驶之术"，还将以此"展转授受，传习无穷"，即不仅要教会学生船舶制造和驾驶技术，而且必须让中国学生5年后能够自己承担制造和驾驶课程的教学任务。这在当时是十分有远见的举措，初期取得了很好效果，毕业学生的造船、驾驶技术达到甚至超过了合同目标。洋教员5年期满时，沈葆桢奏请："其学生中有学问优长、身体荏弱不胜入厂上船之任者，令在学堂接充教习，俾指授后进天文、地理、算学等书。"

5. 形成规范的毕业学员选拔任用机制。

晚清海军十分重视学堂毕业学生的选拔任用，建章立制推行选拔任用的规范化和制度化，使学堂教育与海军需要相一致。《北洋海军章程》规定：指挥军官应为海军学生出身，在堂学习4年期满，考列优等，选上练船学习一年，考验中式，请咨部以把总候补。再逾1年，考验中式，送回水师学堂学习6个月，于枪炮练船学习3个月，如考列一等，保以千总候补；其次等仍为候补把总，但冠以"尽先"字样。

北洋海军水兵在"威远"训练舰上

海军各学堂毕业学生是掌握近代科学技术、精通海军指挥技能、熟悉日常管理且有爱国精神的优秀人才，是支撑晚清海军建设的基础，迅速成为近代海军建设骨干力量。北洋海军1888年成军时，除提督丁汝昌外，其他重要官员中有2名总兵、5名副将、2名参将和各主力舰船管带，均为福州船政学堂前三期毕业学生。清晰的指挥军官成长路线图和制度化的选人用人标准，不仅在当时是开创性的突破，至今仍具有重要借鉴意义。

此外，海军学堂毕业学生也是封建社会率先学习科学技术和先进思想的优秀群体，迅速成长为社会精英力量。如毕业于福州船政学堂第一期的严复（原名严宗光），成为中国近代著名的启蒙思想家、翻译家和教育家；毕业于天津水师学堂第五期的张伯苓（原名张寿春），成为创办南开大学的著名教育家；著名文学家、思想家鲁迅（原名周树人），也曾是江南水师学堂的学生。

（二）选派优秀学生出洋留学，创开放式海军军事教育新路。

在聘用洋人担任海军学堂教员的同时，选派优秀学生出国留学，学习西方先进科学知识和海军军事专业技术，感受西方海军文化，是晚清培养海军军事人才的另一重要途径。晚清海军留学生选拔要求严格，学习目的要求明确，后续任用得到重视，为晚清军事人才培养发挥了重要作用，也开启了近代开放式军事教育之路。

李鸿章1877年就福州船政局派遣留学生赴欧洲学习一事专门上奏："察看前后学堂学生内秀之士，于西人造、驶诸法多能悉心研究，亟应遣令出洋学习，以期精益求精。"晚清海军筹建主要效仿欧洲国家，以英德法为主，且战船多从欧洲国家购买。清政府官员认为，"制造各厂，以法最盛；而水师操练，英为最盛"，故将指挥军官派往英国学习海军作战与指挥技能，技术军官派往法国学习造船工程技术。1877年首批赴英法留学生共38名得以成行，包括赴英国学习驾驶或舰上实习的13人，赴法国学习制造或船厂实习的25人。至甲午海战前共派出海军留学生3批81人，包括于1881年派出的第二批10人、1886年派出的第三批33人。

留学生经过严格的挑选，学习目标要求明确，并有规范的管理监督机制和选拔任用制度。福州船政学堂制定的《选派船政生徒出洋肄业章程》规定：留学期限以满三年为限，学习专业分赴法国学习制造、赴英国学习兵船驾驶。培养目标则分船舶制造专业"能放手造作新式船机及全船应需之物"，"以备总监工之选"；驾驶与指挥专业"能管驾铁甲舰回华，调度布阵丝毫不藉洋人"。派出华洋监督随同学生出洋，督促执行留学生的学制学业、考察考试、待遇经费、纪律遵守等规章制度，对留学生进行严格管理，全面掌握留学生成绩与表现，以作未来任用依据。无故荒废、不求进取或染不良嗜好者将严肃处理。早期出洋留学的卞长胜就因表现不佳，被李鸿章下令提前终止学业，调回国内。

大部分留学生非常珍惜学习机会，回国后也受到了重用，成为晚清海军建设的栋梁之材。首批回国的5名学生中，严宗光出任船政学堂教习，刘步蟾、林泰曾和陈兆翱留福建海军任职。刘步蟾参与了《北洋海军章程》制定，刘步蟾与林泰曾编写的《西洋兵舰炮台操法大略》，成为北洋海军的基本训练教材。北洋海军接回外购的"扬威""超勇"号巡洋舰时，林曾泰是接舰管带之一，至北洋海军1888年成军时，主力战舰管带均由留学生担任，后续向德英订购的主力战舰，也都由留欧学生赴厂监督制造。

二、实现向近代化海军训练历史转型

旧式水师徒有水师之名而无水师之实，训练远落后于西方资本主义国家的近代海军，水师训练以驾驶兵船、施放枪炮和爬桅杆为主要内容，战术训练以不实用的阵法训练为主。且受封建帝制影响，旧式水师内部腐败，官兵疏于训练，大多居住陆地，战船停泊港内，出海时雇用民船舵工。乾隆皇帝就曾批评说："水师操演，则不过将演就阵法塞责了事。其操舟破浪之法，官弁兵丁茫然不知，以为此水手之事，漫不留意。即至舵工水手，其能熟练者，亦属寥寥。平时操演之时，各船进退尚且参差往来间断，苟其临敌，何以致用？"

两次鸦片战争，使晚清政府饱受有海无防的奇耻大辱。在筹建近代化海军过程中，晚清政府开明人士提出了"师夷长技以制夷"的思想。魏源在编写的《海国图志》中把"师夷长技"归纳为"一战舰，二火器，三养兵练兵之法"，学习"养兵练兵之法"是"师夷长技"的重要内容。通过学习和仿效西方海军训练方法，推动旧式水师训练向近代海军训练转变。

（一）翻译与编写相结合，建立近代海军训练指导法规。

海军训练需要有严格的法规依据，以统一训练思想、训练内容、训练方法和战术行动。晚清政府在筹建海军时，着手翻译了部分英、法海军法规，以指导近代海军作战和训练。1872年和1873年，江南机器局分别翻译了英国的《水师操练》和《轮船布阵》，1884年，天津船政学堂翻译了《船阵图说》等，成为晚清时期近代海军训练的指导教材。其中《船阵图说》编写的26种编队阵法和118种变换方法，是指导近代海军编队作战机动和战术训练的基本教材。在翻译西方海军法规的同时，晚清海军还根据自身特点，编写符合晚清海军实际的法规。1888年颁布的《北洋海军章程》，对北洋海军的编制、军官任免及待遇、海军军纪军规、海军后勤等作出明确规范，成为中国近代海军第一部章程，标志着晚清海军从旧式水师向近代海军的历史转变。

（二）加强军官和士兵基础训练，建立个人训练制度。

军官基础训练在水师学堂完成，遵循海军训练基本规律和特点要求，采取课堂理论讲授与实习结合的方式，提高军官基础训练质量。如福州船政制造学堂学生，"半日在堂研习功课，半日赴厂制造机械"；驾驶学堂学生课堂学习4年，然后练船1年，再回堂学习3个月，尔后到枪炮船实习3个月，学制5年，后增加练船时间到2年，学制延长到7年。学员从学堂到练船，再从练船到学堂的教育训练方式，使海军军官的基础训练非常扎实。

晚清海军培训的后备士兵称练勇，根据训练水平实施差别化训练。初上练船时为三等练勇，在海上训练1年后，经练船考官考试合格可升二等练勇；二等练勇主要训练内容包括结绳、开帆、荡舢板、泅水、四轮炮操法和洋枪刀剑操法等，训练完毕并经考试合格可升为一等练勇；一等练勇补升水手时不必再考。后备士兵练勇的分级训练制度，较好地保证了水手的基础训练水平。

（三）建立舰艇训练制度，规范训练运行机制。

晚清海军舰艇训练分单舰训练和编队训练，训练内容明确。单舰训练内容包括共同科目训练、专业训练和战术训练三项，其中战术训练以《水师操练》为教材，训练"各炮任意分放""一边之炮同时排放""暗号操练"等战术内容。单舰执行逐日小操制度，是单舰的经常性训练科目。编队训练为2艘以上舰艇进行的协同训练，也称"操演阵法"。编队训练以《船阵图说》为基本教材，演练海军舰队操演和战斗阵法，以鱼贯阵、雁行阵和斜列阵为训练重点。

建立舰艇训练制度，规范海军日常训练。设立了小操、大操、合练和检阅等训练制度，小操是单舰战术训练，由各舰管带组织；大操每月一次，由提督亲自组织，分为右、左、中、后4队，是以队为单位的编队训练；合操在大操基础上实施，每两月组织一次；检阅由海军大臣每年组织一次。通过以上系列的舰艇训练，打牢舰艇战术技术基础，提高舰队整体作战能力。

（四）设立训练机构和练习舰，为海军训练提供保障。

各水师学堂均有练船，以供学生实习之用，水师学堂毕业学生必须先上练船为练生，经过练习后方可成为正式海军人员。各学堂练船对保障学生实习、提高海上航行操纵能力发挥了重要作用。水手训练由相应训练机构完成，包括在威海的刘公岛的海军练勇学堂、福建马

大连市旅顺口区水师营街道出土的铁炮

尾的海军练营、旅顺口的海军练营、广东海军练营等,为水手提供基地化的专业训练保障。各练营主要进行新兵训练,期满后上练船训练,并经练船考核合格后,方可补充到各舰、艇、船。各练营分帆缆兵、管轮兵、管旗兵三科,枪炮和鱼雷军士从帆缆毕业生中挑选,再经过枪炮营、鱼雷营的训练并经考核合格后补充上舰。火炮和鱼水雷是晚清时期海军的主要作战武器,对应成立了旅顺鱼水雷营、旅顺海军枪炮营和南洋海军雷电学堂,提供枪炮和鱼水雷专业训练保障。军官和士兵通过基地化的专业训练,且经过考核合格后再补充到作战舰艇,保证了人员训练质量,提高了舰艇训练效益,具有开创性意义,至今仍是较好的训练组织模式。

三、训练实践先天不足留下惨痛教训

回顾晚清海军从无到有、从弱到强的建设过程,既有在腐朽没落的晚清王朝建设近代化海军的成功经验,又有时刻警示后人的惨痛教训,特别是军事训练水平和作战能力从低到高,再从强到弱的变迁,更是值得深思。分析晚清海军教育训练实践,主要存在以下几方面不足,这也是导致北洋海军在甲午海战中全军覆没的重要原因之一。

(一)近代海军教育训练与封建制度存在结构性矛盾。

海军教育训练是在一定物质环境中进行的,必然受到所处政治、经济和文化环境制约。晚清时期,虽然海军装备方面已达到近代化海军水平,但海军教育训练必须服从并服务于封建统治,腐朽没落的封建制度与近代海军教育训练的结构性矛盾不断显现,严重阻碍着近代化海军教育训练变革。首先是晚清时期"中学为体,西学为用"的指导思想,其本身就是一个矛盾的理论命题,只学习先进技术而不进行体制机制上的调整,必然导致教育训练的"变"而不"革"。其次是长期封建科举教育制度,使晚清时期人们都以"登科及第"为学习目标,学习科学技术的热情不高,甚至海军学堂各届招生都不能满员。再次是至高无上的封建皇权干扰了近代海军教育训练发展,特别是北洋海军成军后不久,海军建设经费被挪用,停止向国外购买新型舰艇及零部件,使北洋海军的装备技术在日新月异的世界海军发展中落伍,严重地影响了海军教育训练和舰队战备水平。第四是重陆轻海的传统思想和以"拱卫京畿"为主要目的的战略指导,使晚清海军的建设方向和教育训练失之偏颇。海军是"机动之师",但晚清海军在教育训练中将"机动之师"练成了"守御之师"，以致甲午海战中机动作战能力减弱，战损大大超过日本联合舰队，最后株守威海军港，军舰成为水炮台，直至坐以待毙。

（二）战术训练和指挥员训练严重不足。

教育训练的根本目标是赢得战争，瞄准可能的战争组织海军教育训练是最基本的原则。而晚清海军由于根本的作战指导不是为在海上作战，更谈不上准备决战，因而在舰艇战术训练方面，缺乏针对性和实战性，没有很好地研究潜在作战对手训练克敌制胜的战法，甚至在大操大阅中弄虚作假，有"练为看"的情况。从战术训练要求来看，当时铁甲舰、火炮、鱼水雷等装备投入使用，使海军作战战术发生了革命性的变化，而晚清海军战术训练仍然以阵法变换为主要内容，新式装备战术教育和实际训练不足。以大操和合操进行的编队训练，也只是一种显示威武气势的"摆架子"，并无实质性战术内容。从指挥员训练情况来看，虽然北洋海军各舰船管带均是正规海军学堂毕业生，但掌管海军教育训练的海军衙门官员大多是门外汉，对晚清海军教育训练发挥的指导作用甚微。从甲午海战各舰管带战场表现看，指挥员训练严重缺乏，以致丁汝昌受伤后，无人接替舰队指挥，致使编队各舰混乱参战。焉有不败之理？

（三）海军教育训练缺乏统一组织领导。

虽然晚清政府成立了海军衙门，但并没有形成实质意义上的统一领导，没有形成统一的指挥权。晚清的北洋水师、南洋水师、福建水师和广东水师等海上作战力量各自为政，建设缺乏统一的规范、统一的制度，日常的舰艇训练也是各自组织，没有统一规划和组织领导。包括兴办学校、训练指导、训练内容、训练法规没有统一标准，北洋海军编写翻译的《北洋海军章程》和《船阵图说》等规章，也仅用于北洋海军内部，没有达到统一海军教育训练标准的目的，甚至连各海军力量人员的薪酬都相差甚大。各海军力量尽管在平时训练中也组织过"合操"，但基本是流于形式，没有形成实质意义上的联合作战能力。

（四）海军自身教育训练人才缺乏。

晚清海军教育训练过分依赖洋人，加之后期风气败坏，经费保障困难，训练水平严重滑坡。筹建过程中的北洋海军，训练主要依靠英国人琅威理指导组织实施，虽然短期内训练水平得以提高，但受训的军官以及海军高层没有培养出自己的组训人才，没有将琅威理的职业精神、训练方法学到手。而洋人在海军中担任重要职务，对舰队指挥权的控制与反控制争夺始终未能停息，直接导致后来琅威理因"撤旗事件"而离职，北洋海军训练水平从此开始直线下滑。甲午战前，海军各级官员中腐化堕落、军纪败坏、吸食鸦片、嫖宿妓女的现象日益增多，严重影响战备训练。更为严重的是，由于海军建设经费难以保障，不仅不能添置新舰，炮弹也紧缺，日常训练难以为继，部分战舰甚至充当起了运输船、旅游船的角色，从事商业运输，以弥补经费短缺，教育训练几乎处于停滞状态。

（五）军事素质养成和战斗精神培养不够。

海军教育训练，除了使官兵掌握战斗所需要的知识和技能外，还必须重视军事素质养成和战斗精神培养，二者相互促进、相互影响，不可偏废。晚清海军教育训练，在"师夷长技"思想的指导下，重视学习西方科学技术，但离军事素质养成还有很大差距。海军学堂除学习西方技术知识外，在人生观塑造上依然沿袭封建的忠、孝、节、义的传统，读《圣谕广训》《孝经》，注重明义理，而缺少近代海军职业素质和战斗精神的教育。封建思想文化土壤里成长起来的海军学员，难免受到追逐私利、贪图安逸等腐败风气影响，战斗精神和职业意识消失殆尽。甲午海战时，虽然绝大多数官兵英勇作战、慷慨赴死，但也有不敢出战、临阵脱逃和力主投降者，扰乱了战场秩序和士气，成为甲午海战失败的因素之一。

从甲午海战看北洋海军的教育训练，既有经验，也有教训。它充分说明和平时期教育训练的重要地位，尤其是在今天信息化条件下，为了建设一支与国家地位相称、与履行新的历史使命相适应的强大的海军，必须大力推进教育训练的改革和转型，努力打造一支"能打仗，打胜仗"的现代化海军，有效维护国家海上安全，让甲午海战的悲剧永世不再重演。

从中日价值取向看甲午轮回

靳明臣

靳明臣

北京军区内蒙古军事检察院检察长,上校军衔。先后发表学术论文10余篇,主编《军人应掌握的军事法规常识》《趣味法律文化》等军队普法读物。先后2次被评为北京军区优秀政法干部、全国普法先进个人,荣立三等功2次。

今年又逢甲午年,也是中日甲午战争历史轮回新基点。回顾近代甲午海战的历史轨迹,无论与日本一衣带水的近邻,还是远在彼岸的西方,都有耐人寻味的历史诉说。回顾日本的近代史,就是一部侵略扩张史,从19世纪发动中日甲午战争起,就与英、法、荷、美、德、俄争霸,到20世纪挑起"九一八事变",发动太平洋战争,日本这驾军国主义战车从未停止。又一个甲午来到眼前,日本一些右翼分子仍欲重循军国主义战车的轨迹。甲午历史的轨迹清晰地告诫世界,饱受军国主义战争之苦的世界人民,特别是深受日本军国主义欺凌的中华民族,必须以历史为镜鉴。

一、小邦妄大和抱大图安

中日两国,一大一小,隔海相邻。中国内接陆外邻海,陆阔海宽。日本属于岛国,陆地狭长,四面环海。中国封建统治历史悠久,根深蒂固，经历无数辉煌。日本散治历史较长，史无盛事，在仰中学中占据日本古代历史主流的同时，也曾有过自感修成正果窥盛图中的插曲，但在唐、明两朝动武图谋中国的战事中皆以失败落空。从历史上看，日本对中国觊觎之心由来已久。近代日本被跻身列强的美国用武力敲开国门之后，不仅没有痛思西方扩张主义之过，反而对扩张之道产生执迷，开始仰视西方文明，移植西方政体。特别是从明治维新时代起，从政治、经济、军事等方面进行"脱亚入欧"改革。随着国力的增强，日本确立了扩张主义政策，把中国作为主要掠夺目标。明治天皇在登基大典上率领大臣吟诵《五条誓文》，在天皇《御笔信》中明确宣称：日本乃万国之本，要拓万里之波涛，布国威于四方。按其代表人物吉田松阴的话说，一旦军舰、大炮稍微充实，便当开拓虾夷，晓谕琉球，责难朝鲜，割南满之地，收台湾、吕宋之岛，占领整个中国，君临印度。1889年《大日本帝国宪法》正式颁布，标志着日本近代天皇制度形成，发动战争准备进入倒计时。这一时期，中国正在搞洋务运动，发展海防力量。清政府代表人物李鸿章明言："我之造船无驰骋域外之意，不过是保疆土、保和局而已。"可见办洋务、建海军仅是为了护疆保安。1892年，光绪皇帝颁布诏书，宣布启动慈禧寿辰庆典事宜，大清国庆寿准备进入倒计时。中日两国，两种准备，虽然准备的内容和目的完全不同，但准备的手段和态度都非常坚定。中日虽然都在学西方，但日本把图中作为目标，以小国之势侵吞中国之大。中国则以防侵维稳为目的，以大国之态无视小国之势。孤岛与天朝，一小一大，一攻一防，反映了两种截然不同的价值取向。日本追求扩张到极端，天朝贪图享乐到极致。两个极限形成天地反差，决定了战争向同一方向发展。

二、强己克彼和与邻为善

学者总拿日本资源不丰当"话题"解脱罪责,很少与其他邻海诸岛国也不富有,依靠自身图强做比较。换言之,这本身与侵占掠夺没有必然关联,但日本则把生存与抢富相联系,把"狭隘之地"演变为狭隘胸怀来传承。"穷则抢"成了其生存发展的逻辑法规,窥视他人"盘中餐",成为日本扩张求富的价值取向。在这种价值观驱动下,日本通过发动侵略战争,侵占他国领土,掠夺彼国资源,逐渐由穷到富发展壮大起来,一度成为亚洲霸主。同时,这样的经历使得日本更加坚信吞彼图强的信条。然而,第二次世界大战日本战败的结局,让其不得不又一次回到反思的原点。这是日本历史上屈指可数的警醒机会,日本有识之士也做过不懈的努力。但根深蒂固的军国主义残余势力,仍不思悔改,总想故伎重演,寻找一切机会欲重新踏上军国主义的道路。

中国传统的生存发展观念来源于自给自足的农业文明,是一种以保守节制、与邻为善为主流派的"和"文化,这种文化带有明显的和平主义内核,孕育着崇尚和平主义的价值观。可以说和睦相处、与邻为善占据着民族的历史,即便在遭受他人威胁之时,也会持"不得已用兵"的消极态度。从春秋战国开始至明朝,以筑长城为"防线"来延续这种以防御求和平的价值取向,使得规避与邻争利的传统观念由无形发展到有形。千年历史几度兴旺发达的轮回,使这种价值观更趋于坚信,从未动摇。历朝统治者做着两件事:御外患,防内忧。到了明朝,这种价值取向发展到极致。明朝建国之初曾一度推行对外封闭政策,"北修长城,南禁海贸"。到清朝,索性宣布"闭关锁国"。因此,历代皇帝头脑中基本上没有对外扩张的概念,遵

美国纽约《世界报》第一版刊登的
《亚瑟港大屠杀》

循着外不扰、图内安、与邻互不干扰的信条。就对日关系而言，中国历代统治者都以中日各守本土、互不侵犯便可相安无事为信条。时至今日，求国际和平环境，图发展自己的战略国策仍不失为国家信念。

两个甲午过去了，日本右翼分子还在扩张上做文章。1984年，日本将近代军国主义启蒙者福泽谕吉的肖像印在最大面额的1万日元纸币上，这本身就预示着没有准备放弃或改变扩张主义价值观，没有什么能够比依附在1万日元纸币上更能体现这种价值观的价值了，要让全民皆为拥有和使用这样的钞票而奔走，含义至深，让人警醒。福泽谕吉肖像印在纸币上，隐含着一整套军国主义复活的象征，它不是简单的复制，而是固有的模板在作怪。模板尚在，价值观又何尝不在？模板尚在，价值观何以改变？让被军国主义绑架在"钱"上的民族去反省谈何容易！英国广播公司（BBC）2014年春播出以《迷失了的历史：中国与日本》为题的节目。在调查性报道中，日本和中国记者分别在各自国家进行调查时发现，两国在了解战争历史方面存在巨大差异，比如，是否存在"南京大屠杀"，日本教科书只有轻描淡写的几页。这与曾经饱受日本军国主义侵略战争之苦的中国乃至亚洲其他国家截然不同，使得中日两国年轻一代对历史产生完全不同的认知。日本隐瞒侵略战争历史真相，本身就没有准备悔过自新。如何让曾经在侵略扩张道路上有过几度辉煌经历的军国主义余孽停止昔日的美梦，根除或改变这种连美国原子弹都无法消除的观念？这是给世人留下的又一道难题。

时至今日，以首相安倍晋三为代表的右翼势力重回权力中心，他们把甲午轮回看成重蹈军国主义老路的又一时机，不断离间邻里相互关系，重新期待乱局的出现。

三、欺弱怕强和同弱尊强

日本自汉代起就与中国往来，至盛唐时期交往趋向密切，在尊重与妒忌中开始学习借鉴中国历代的经验做法，是为学儒求道的仰视期。先后经历了学习文化、技术等方面单项选择的求学若渴期，度过了与邻相处观念和法则上复杂的摸索试探期。随着近代西方文明的崛起，中日两国与邻相处的价值观念受到冲击，一个固本守东，一个转向西方。特别是近代所经历的一次次历史事件，使中日两国价值取向逐步走向分化。1853年，美国黑体军舰出现在日本港口之后，日本仰视美军的强大,与美国签订了《神奈川条约》。接着又同英国签订了不平等条约。日本不仅没有反制西方,反而奉西方列强为尊,效仿列强的做法,把侵略目光投向弱者。从明治维新改革起,就制定了图谋弱者的扩张侵略政策。1894年,借朝鲜东学党起事之乱局,发动了甲午战争,以胜利者的身份与中国签订《马关条约》,并利用掠夺来的财富发展壮大,开始以强者自居,发动了对俄、对德、对法等一系列扩张战争,实现了称雄亚洲的目的。战争的节节胜利,给了军国主义极大的自信,在胜利与失败、受欺与欺人中找到自己的定位,即强者凌吾,我欺弱者。正如日本军国主义启蒙者福泽谕吉所言,对待中国、朝鲜的方法,也不必因其为邻国而特别予以同情,只要模仿西洋人对待他们的态度方式即可。

　　无论封建时代的大国地位变与不变,中国皆以大自居,以己为轴,图安自满。尊重大国,也不欺凌弱者小国。正如三国时期陈寿所言:"强不侵弱,风化肃然也。"中国古代以儒学文化为本,把如何做人、如何做好人作为原则,人与人关系以仁义为准则,强调"与人为善""不以邻为壑"。故千百年来,无论官场和民间均以此为标准。中国封建统治者吸收借鉴儒学相互交往尊敬之思想,将其由民间行为上升为国家准则,并把这种关系运用到国家对外施政层面加以推崇和维护,作为信条来发扬光大。到了明代,国际交往更加密切,这种价值观以自身行动示范,在对外交往中推向世界。明代中国航海船舶技术有了较大提升,国富兵强时,明成祖派郑和以和平使者身份七次下西洋与列国沟通示好,这一时代"与邻为友,友即善待"的理念色彩最为明显。即便具备扩充地域的时机和条件,明朝当权者仍坚定信奉"和为贵"传统价值观念而不动摇。清政府继承了这样的理念,在其强大乃至称雄世界之时,仍以天朝上国自居,只顾自大,闭门享受。在其无力之时,仍与邻为善。甲午战争失败10年后，积病而孱弱的晚清帝国，在财政入不敷出的窘境下，先后2次出银捐粮援助受灾的日本。

进入20世纪，靠军国主义扩张发迹的日本跻身列强队伍之后，在发动侵略中国战争的同时，依旧妄图借二次大战世界之乱局，再次乱中求强，不失时机地发动了太平洋战争。但这次战争随着广岛和长崎两颗原子弹的爆炸而宣告失败。对弈的结果是美国成了日本的盟友、铁杆"大哥"，签订了一系列条约，让"大哥"驻军，日本充当马前卒角色。原子弹的巨大威力，换来了美日历史上最密切的关系。同样作为战胜国的中国，以博大胸怀同情日本人民的苦难，于1972年与日本实现邦交正常化，共同发表了联合声明，中方为表示友好与和平诚意，放弃战争赔偿权。可是同情的结果是日本军国主义势力不失时机地发难于中国，右翼精英们无休止地参拜靖国神社伤害中国人民感情，以战争赔偿"已了结"为由拒绝民间劳工诉求，挑起"钓鱼岛"领土争端。日本对待中美两个战胜国的态度截然有别，甚至相反，迫使中国人民乃至世界人民都在反思中寻找答案。和平不在于弱，而在于强。

四、破规弃理和循规蹈矩

1747年，清政府以不利于水师稽查管理为由，下令禁止福建建造一种"桅高篷大，利于走风"提速的新船。1853年，日本被美国"黑色军舰"洞开大门，在震惊、恐慌之余废止了建造大船的禁令。一禁一放，一关一开，一个循规蹈矩一个解除陈规，揭示着生产力的束缚与解放，注定了这种观念当被移置到对待战争的态度时产生颠覆性影响，预示着中日甲午战争的结局。

近代日本针对不同的国家发动了无数次战争，这些战争都有"日

仁礼景范,1892—1893年间日本海军大臣

式"的标志,不把任何公约当责任承担。特别是军国主义式战争,不遵守任何国际道义和规则,近代日本军国主义启蒙者福泽谕吉说得很直白:数千万言的《万国公法》,可以用一声枪炮抹杀之。1894年,为了挑起甲午战事,日本联合舰队采用突然袭击的方式,偷袭了北洋护航舰队,首次尝试从"突然袭击"中获得巨大回报。1904年,日本不宣而战,以同样方式发动了对俄战争。第一次世界大战期间,日本视乱局为机会,趁火打劫,发动了对德国战争。连续的突然袭击给日本带来了可观的胜利成果,使其更加坚信"日式"战争的优越。随后

日本又采用同样手段，相继发动了对中国的"九一八"事变、"七七"事变，挑起对苏联的"诺门罕"战事，偷袭美国"珍珠港"事件。在一次次突袭中收获"日式"手段的辉煌战果，妄图永无止境地复制战争成果。所有的规则被日本视为争得胜利的工具，要战果不要规则，要结果不要文明。"规则"这个现代文明的标志、正义化身的标识，被军国主义非正义之道"突破了底线"，让世人在文明与野蛮中视线变得异常模糊起来。反观中国，在以"长城文化"为主宰的历史进程中，画线维稳是中华民族与邻相处的行为准则。历代皇帝把长城和海岸线视作地缘乃至心理防线，这种有形的"线"成为历朝统治者不可逾越的鸿沟，无疑在束缚着中华民族的思想，甚至到了中华民族生存受到严重威胁之时，仍然无限放大这种思维方式。1894年（甲午年）春，在处理日本借朝鲜东学党起义乱局图谋挑起中日战争的事端中，李鸿章在给驻朝鲜清军将领袁世凯的电报中就曾明示："日本首相伊藤博文尚明大局，不至于借机生事，伊藤与我交好，非虚伪。"为避免与日本发生冲突，李不仅以私人关系处理国家间大事，而且将私交诚信置于国家利益之上。即便处于不利地位，处境危险，也还执迷不悟地信奉："日虽竭力预备战守，我不先与开战，彼谅不先动手，此万国公例。"在军国主义强盗法则面前谈公理，靠与强盗讲理释法换来的只能是割地、赔银。在克己守礼与弃理图谋的碰撞中，"理"被暴力绑架歪曲，正义之力必然失效，克己尊礼被强盗图谋击得粉碎，文明被野蛮踩蹋得魂不附体。规则和诚信历来都是文明国家制定的，对野蛮国家没有什么约束力。

纵观日本战事皆有迹可寻，给世界以深刻的反思。盛唐时期，日本开始顺应国际潮流，仰慕开放的大唐，学习大唐文明，引进大唐政治体制，促进了日本的发展。这个在大唐曾经为了争夺使节朝位而争遍众邻的国度，学成之后却与中华反目为仇，剑指高丽，学中打唐。明治维新以后，学习西方文明，脱亚学西；自感羽翼可展时，即发动了太平洋战争，学西打美。学谁图谁即为军国主义本质特征，再次警告世人慧眼识真。

从甲午战争到抗日战争，中国最深刻的教训之一就是总幻想和平，寄希望于他人自觉，一次次把和平的主动权让与他人，甚至是强盗，然而从没有带来建立在平等之上的和平。两个甲午的历史事实证明，靠消极的"防"总是被动挨打的，防是防不住的，也是不可取的，和平的选项不是一方所能决定。中华民族应抓住机遇，实现强国梦、强军梦，找回属于自己的甲午年。

从攻防不对称律审视甲午战争

张 煌

张 煌

国防科学技术大学军事高科技培训学院国家安全与军事战略研究中心助理研究员，博士，少校军衔。以第一作者在《中国军事科学》《科学学研究》《自然辩证法研究》《解放军报》等刊物发表论文30余篇。

今年适逢中日甲午战争120周年。两个甲子前爆发的这场战争，不仅改变了东亚的战略格局，而且也引起了全世界的关注。当中日甲午战争的消息传至欧洲时，恩格斯尽管已是74岁高龄的古稀老人，却仍以哲学家的敏锐思维，站在人类社会文明演进的历史高度，就中国战败的原因给出了精辟而独到的见解。在恩格斯看来，中国甲午战败的直接原因，在很大程度上体现为政府和军方所奉行的被动防御策略。他在信中指出："在中国进行的战争给古老的中国以致命的打击。闭关自守已经不可能了，即使是为了军事防御的目的，也必须敷设铁路，使用蒸汽机和电力以及创办大工业。"[1]恩格斯对于中国消极防御战略的否定，反映了他对于军事技术发展过程中攻防不对称律的深刻认识。在120年后的今天，重温恩格斯当年的论断，从攻防技术发展的不对称性审视这场战争,既为甲午战争研究提供了一个新的视角,也可以启迪我们对于中国国防战略的深度思考。

一、中日历史上的攻防对弈

战争始终是古代国际关系的重要主题。作为与中国一衣带水的邻邦,日本与中国之间历史上就曾多次发生战争。史书记载的第一次战争是在公元663年,日本出动舟师数百,进攻朝鲜半岛白村江口(今韩国西南部),为唐朝军队所败。白江口海战后,日本开始大规模派出遣唐使,从而开启了中日两国古代历史上最友好、文化交流最密切的时期。第二次战争是13世纪中期,元朝的统治者忽必烈两次发动对日战争,日本借台风即所谓"神风"击败了忽必烈的舰队,打破了蒙古军队战无不胜的神话。第三次战争是16世纪末,统一日本的丰臣秀吉倾举国之力攻打朝鲜,被明军与朝鲜军合力击败,这一胜利遏制了日本封建领主的侵略野心,为东亚地区赢得了近300年的稳定局面。

在甲午战争之前,中日之间发生的三次战争虽然互有胜败,然而从攻防对弈的角度进行考量,可以发现一个共性的特征,即三次战争最终的胜利者都是防守方,而非进攻方。尽管从战争伦理的视角来看,防御方无疑占据了道义的制高点,而侵略者则会陷入"不义"的境地,但是事关国与国之间利益攸关的军事对抗,道义的因素往往是微不足道的。那么,究竟是何种因素造就了防御方的胜利,就成为一个值得探究的问题。

在笔者看来,甲午战争之前中日两国的三次战争,防守方的胜利看似偶然却必然,这是与军事技术发展的攻防不对称性密切关联的。军事技术的发展离不开源自进攻与防御需求的推动。原则上,有何种

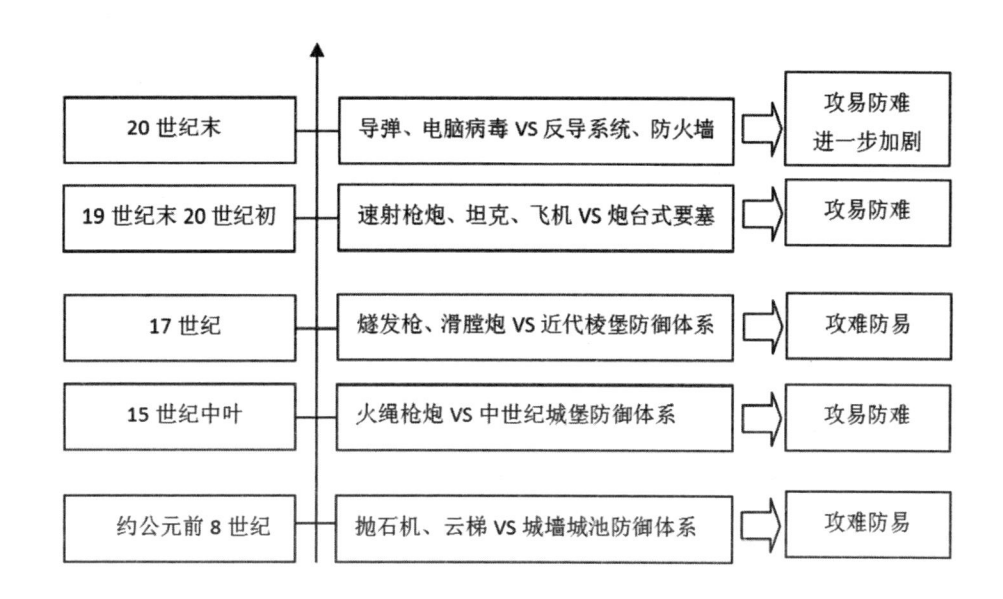

```
  20 世纪末          →   导弹、电脑病毒 VS 反导系统、防火墙    ⇒   攻易防难
                                                              进一步加剧

  19 世纪末 20 世纪初 →   速射枪炮、坦克、飞机 VS 炮台式要塞   ⇒   攻易防难

  17 世纪            →   燧发枪、滑膛炮 VS 近代棱堡防御体系   ⇒   攻难防易

  15 世纪中叶        →   火绳枪炮 VS 中世纪城堡防御体系      ⇒   攻易防难

  约公元前 8 世纪    →   抛石机、云梯 VS 城墙城池防御体系    ⇒   攻难防易
```

军事技术演进过程中的攻防不对称示意图

进攻手段，就会有对应的防御手段，因而攻击技术与防御技术的发展似乎应该是对称的。然而，在军事技术史上，攻防技术发展不对称的情况却是经常发生的。（如上图所示）在冷兵器主导战争的时代，城池和要塞成为攻防作战的主要对象，攻城技术长期落后于守城技术，从而使得攻城战在很大程度上演化成为旷日持久的消耗战，《孙子兵法》中所说的"攻城则力屈"，正是对材料对抗条件下攻守不对称状况的客观反映。甲午战前的三次中日战争处于冷兵器时代或冷热兵器并用的时代，火器虽已发明，但尚未成为主导兵器，蒸汽动力和钢制装甲则尚未出现。因此，进攻的一方只能依靠木质战船远涉重洋，在克服飓风、海啸等自然因素影响之后，又需面对攻难防易的不对称律制约，陷入攻坚作战的不利境地，一旦战争进入相持阶段，胜利的天

平往往会向防守方倾斜。

二、军事技术进步与攻防不对称的逆转

冷兵器时代的攻防不对称，是依靠材料的坚固性来维系的。以人的体能驱动的攻击武器系统，难以撼动坚固的盔甲和城防体系。事实上，在攻城炮成为重要的作战武器以前，依托地理优势在关隘、要塞构筑坚固的防御工事，就可以造成易守难攻的局面，从而将战争的主动权转移到防守方。这种防守优于进攻的局面，在15世纪的欧洲首先被打破，攻城火炮的强大威力使得中世纪的城防工事过时了，由于化学能取代生物能成为武器的毁伤动力，金属和石块构筑的防御系统就难以抵御火器强大的杀伤力，从而逆转了冷兵器条件下攻难守易的格局，在长达一个多世纪的时间内，形成了攻易守难的新局面。情况正如美国军事历史学家奥康奈尔所述："重装甲和中世纪城堡给人们的印象是那么地雄伟壮观，然而正是它们将在进入工业时代的时候遭到淘汰。"[2]

攻防不对称格局的第一次逆转，刺激了防御技术和手段的发展。从17世纪开始，一方面，棱堡城防体系的完善和火器在防守中得到广泛应用，另一方面，传统的重型攻城火炮存在射速过慢、机动性差等痼疾，导致攻防技术的对抗格局重新向着防易攻难的方向发展，并一直持续到19世纪下半叶。1870年，也就是甲午战争爆发前的24年，恩格斯鉴于法国巴黎的防御工事在阻挡普鲁士大军进攻中的重大作用评价说："如果有任何军事问题业已最后被目下战争的经验所解决的话，那么这个问题便是：以坚强的工事来设防一个大国的首都是很有胜算的。"

然而，也正是在19世纪70年代，火炮后座力消减技术的重大突破，

给战争攻防格局的转变带来了新的契机。1879年，法国人莫阿经过多次试验，发明了名为"制退复进机"的火炮反后座装置，成功实现将炮身后退的动能转化为复进力，将炮管退回至发射前的位置，使之重新处于待发状态，从而极大地缩短了火炮的发射时间，将火炮的射速提高至每分钟20发以上。速射火炮的出现，与1883年发明的马克沁机枪结合，共同引领军事技术进入速射火器的时代。从这一时期开始，由速射火炮提供的强大火力，已经足以挑战固有的防御体系，军事技术的攻防不对称律再一次向攻易防难的方向发生逆转。

三、攻防思想的差异与甲午战前的军备竞赛

中日甲午战争是在攻防技术对抗格局逆转的关键时间节点上发生的。在战前的30年间，世界海军发展进入了铁甲舰时代，这一时期海军新技术层出不穷，装甲、火炮以及鱼雷技术的不断发展，其发展变化速度快且充满不确定性，使得身处其中的海军将领应接不暇。面对军事技术领域层出不穷的进展，中日军方的高层在关键军事技术的选择上做出了截然不同的决策。中日两国基于不同的军备思想，分别发展了以防御为主和以进攻为主的两套军事技术系统。

就中方而言，以李鸿章为代表的军务大员在筹建北洋水师的过程中体现出鲜明的防御偏好。他在光绪五年（1879）十月二十七日的奏折中说："中国即不为穷兵海外计，但期战守可恃，藩篱可固，亦必有铁甲船数只游弋大洋，始足以遮护南北各口。"由此可见，防御是建立北洋水师的关键动因。在此思想影响下，清廷先后斥巨资订购了"定远""镇远"两舰，这两艘战舰的设计与制造，凸显了装甲、吨位和重炮的优势，这也与李鸿章立足防御的建军思想密切关联。他在光绪十一年（1885）十月十五日的《验收铁甲快船折》中指出："'定

日舰"桥立"号

远'水线下全系钢面铁甲,'镇远'水线下则参用铁甲,而两舰关系紧要之处皆用钢面铁甲保护。"充分体现了他对于战舰防御性能的重视。相形之下,李鸿章等人对于当时方兴未艾的速射武器显得不甚敏感。据美国人编写的一本《机枪插图史》记载,李鸿章曾在伦敦观看马克沁机枪的试射表演,并借机询问机枪的性能及造价情况,当得知机枪的理论射速是每分钟600发,耗费金额达30英镑时,他立即表示此枪耗弹过多且过于昂贵。在此思想影响下,加之清廷因重修颐和园而财政拮据,延误了大规模引进速射武器以扩充军备的时机。

与中国不同,日本扩军备战的根本动因就是为了对外扩张。"明治维新"后的日本,提出"拓万里之波涛,布国威于四方"的发展方略,制定了以侵略朝鲜、中国为核心的"大陆政策"。在扩张政策的牵引下，日本加快了陆海军的军备步伐。为了对付北洋水师的重型铁甲舰，日本高薪聘请法国海军部的白劳易担任日本海军省顾问、海军工厂总监督官，专门负责建造在火力和速度上足以对付"镇远"和"定远"的"三景舰"（"严岛""松岛""桥立"三舰），同时重金向英国阿姆斯特朗兵工厂订购快速巡洋舰。依据藤村道生在《日清战争》中的记述："日本海军为了弥补大炮的不足，建造了小型快速的巡洋舰，并安装了刚刚可以应用的小型速射炮。这种小型速射炮虽然是12厘米至15厘米粗细的中口径炮，但其发射速度却为原来大炮的8倍，在同一时间内发射出大量炮弹。如果利用快速使敌舰接近中口径炮的射程以内，便可完全削弱敌舰的战斗力。1893年9月底，期待中的'吉野'号巡洋舰在英国竣工，第二年3月底，'秋津洲'号也完工了。至此，海军方面也认为完全可以同北洋舰队进行角逐了。"较之中方，日军的决策者认识到速射炮将成为击伤敌舰、击杀敌舰有生力量的主力舰炮，并将其大量装备于日本海军的舰船上，这一战略预判在随后的海战中得到了丰厚的回报。

四、攻易防难格局下的甲午战争

中日两国在攻防技术领域截然不同的偏好，直接影响了甲午战争的进程和战争的最终结果。甲午战争的军事对抗，在技术层面体现为中国以防御为主的军事系统与日本以进攻为主的军事系统的对抗，其对抗的结果也进一步体现了军事技术攻易防难的不对称格局。

中日两国的海上军事技术对抗，实质上体现为大炮、巨舰与速射炮、快速巡洋舰之间的对抗。据统计，中日舰队的平均航速比是1:1.4，平均马力比则是1:1.8。奉行攻击战略的日本联合舰队，舰只马力大、航速快、机动性能良好，因而能在战场中迅速占据有利阵位，掌握战场的主动权。而在火炮的配置上，虽然北洋舰队拥有更多的大口径炮，然而日舰却装备了更多的速射炮。据《英国海军年鉴》统计："甲午海战中的12厘米速射炮每分钟可射8发至10发，15厘米速射炮每分钟可射5发至6发，而同口径之旧式后装炮每分钟仅射1发。清军舰炮威力虽大，但射速慢、操作不便、命中精度低，日本火炮射速快、操作便捷、命中精度高，两者相较，日本舰队在相同时间内的射弹量和命中率都要高于北洋舰队。正因为如此，"来远"帮带大副张哲溁才在战后指出："我开巨炮一，敌可施快炮五；如不命中，受敌已多，我又无快炮以抵。"面对速度和火力的劣势，北洋水师只能陷入"巨炮不能毁敌于远，铁甲不能庇己之弱"的被动局面。

中日两国的陆上军事技术对抗，则体现为依据地利构筑的传统要塞防御系统与连发枪、榴霰弹、野战火炮组成的现代火力系统之间的对抗。应当指出，李鸿章等人在海防要塞构筑防御体系时，从选址到施工可谓是颇费心血。仅就旅顺口和威海卫而论，作为扼守渤海的两大要塞，旅顺口门狭窄，背靠群山，峰峦蜿蜒起伏，呈半月之形，犹如天然巨大城垛，拱环后路。威海卫则有"渤海锁钥"之称，卫城前临海湾，南北两岸山势峻峭，刘公岛横置港口中央，形成二龙护珠之势，在港湾附近，明礁暗石，森列潜藏，其地势堪称险要。自19世纪80年代以来，清军在两地修建工事，构筑炮台，其工程之浩繁，构造之雄伟，耗费之巨大，堪称中国近代军事工程史的里程碑。李鸿章在威海卫基地检阅水师后也指出："但就渤海门户而论，已有深固不摇之势。"然而，甲午战争的实践表明，他心目中牢不可破的两大要塞，一经日本军队的密集火力攻击便立即崩溃，旅顺口要塞不到一日即告陷落，而威海卫也仅仅坚守了一周时间。究其原因，主要是由于炮台式要塞看似坚固，但其位置及结构容易暴露，一旦守军的火力及其抵抗力不强，便难以避免地成为敌军重炮轰击靶标。同时，以要塞为依托的防守方机动范围狭小，容易遭到实施迂回包抄战略的进攻方的前后夹击。事实上，在野战火炮大规模应用后，地理因素对于防御的作用日益弱化，建立有效的防御系统比建立同一水平的攻击系统，具有更大的难度，需要投入更多的财力，因而也就更不容易成功。清军的炮台式要塞对付火炮匮乏的太平军尚可一用，对付火力全开的日军却是难堪大用。针对这一点，专攻甲午战史的历史学家戚其章曾一针见血地指出："清军还想靠在国内镇压农民起义的一套手段打近代化战争，以对付武器装备和军队构成都比自己先进的日本侵略军，怎么能够打得赢？"

决定战争胜负的关键因素是人，而攻防武器系统的差别影响了攻防人员军事素养的构成。由于冷兵器主导的要塞防御作战主要依靠参战人员体能来进行，相应的军事训练即是一种极其初级的体能训练，目的仅限于体能素质的提升，从而导致参战人员的军事素养构成过于单一。速射火器主导的攻击作战则依靠参战人员的技能来进行，相应的军事训练是军事院校中系统化的科学文化和专业技术传授，目的是具有娴熟和标准的操作技能，从而保证参战人员具备相对完备的军事素养。从甲午战争中日官兵的对比来看，中方官兵显然尚未从体能对抗主导的军事训练模式过渡到技能对抗主导的模式上来，在军事素养层面存在巨大的缺陷。清末维新派的代表人物谭嗣同就以枪炮操作为例批评说，中国将领对于"左右前后之炮界若何？昂度低度若何？平线若何？抛物线若何？速率若何？热度若何？远近击力若何？寒暑风雨阴晴之视差增减若何？"没有多少人能说得上，其他更无从谈起。出身福州船政学堂的严复，对近代科技条件下的战争更有深刻认识和切身体会。他认为，缺乏科学理论的支撑导致了应用层次的崩溃，"不

日舰"浪速"号

知曲线力学之理，则无以尽炮准来复之用；不知化学涨率之理，则无由审火棉火药之宜；不讲载力、重学，又乌识桥梁营造？不讲光电气水，又何能为伏桩旱雷与通语探敌诸事也哉？"将领尚且如此，更遑论主要由农民构成的普通士兵。

反观日本，在甲午战争之前已经完成了全国范围的普及教育，使得每一名应征入伍的士兵都具有中级以上的文化水平。明治政府以法国、美国为榜样，建立了完善的教育体制，政府将全国分为八大学区，各设大学一所。每个大学区分 32 个中学区，每区设中学 1 所。每个中学区分 219 个小学区，各设小学 1 所。平均 600 人就有 1 所小学。在教育体制改革的同时，改革教学内容，着重灌输西方近代文化思想和传授理论科学知识。中学就开有算术、地理、外国语、博物、地质学、天文学等课程。大学开设力学、文学、法学、医学等方面的课程。相对于中国海军留学生不到3年的留学期限，日本留学生获得了10年甚至更长的时间，他们可以有更多的时间进行理论科学的研究，这就为他们今后的发展打下了坚实的理论基础。可以肯定的是，经过这样完备的教育体制培养出来的日本官兵，比中国洋务教育培养的人才具有更深厚的科学知识底蕴和军事素养。

甲午海战的战局也证明了这一点。1894年9月17日，在黄海北部大鹿岛以南海域，爆发了世界近代海战史上规模最大的一次海战——黄海海战。在这场战役级规模的海战中，中日海军参战的军舰数量大致相当。然而，经过约5小时的鏖战，北洋水师被击沉和击毁军舰5艘，被击伤军舰4艘，而日军联合舰队仅被击伤军舰5艘，未失一舰。这一结果，与双方军队的数量是不成比例的。造成这一结果的原因固然是多方面的，但中日两国将领在军事素养上的差异，是决定这场海战胜负的关键性因素之一。作为福州船政学堂驾驶班首届毕业生的邓世昌，驾舰撞击"吉野"、"誓与日舰同沉"的壮举，激励着一代又一代中国军人用生命实践自己的报国壮志，然而他企图用风帆战船时代的撞船战术攻击动力系统卓越的快速巡洋舰，造成舰沉人亡的悲剧，也宣告了中国海军军官在军事应用技能层次上对抗的失利。

甲午战争的攻易防难格局，还体现为攻防耗损比的不对称。恩格斯指出："暴力的胜利是以武器的生产为基础的，而武器的生产又是以整个生产为基础，因而是以'经济力量'，以'经济情况'，以暴力所拥有的物质资料为基础的。"攻防武器系统的不对称，在深层次上体现为经济层面的差异，具体而言，就是攻防双方经济耗损上的不对称。在冷兵器时代，攻城作战不仅要消耗大量的武器装备和生活资料，还要承受人员方面的巨大伤亡，相对而言，倚坚城固守的防守方的战争耗损要少得多。然而，在速射火器大量应用的甲午战争中，攻防对抗由拼辎重、拼兵员的消耗战，演变为依靠火力优势展开的攻坚战。回顾中日甲午战争的历次战役，力主进攻的日军损失都远远小于清军，军舰更是无一沉没，与全军覆没的北洋舰队形成鲜明对比。旅顺口的防御工事，经营10余年，耗费白银数千万两，驻守兵力达14700人，日军仅用不到一天时间，付出426人的伤亡代价，就拿下了这座重兵把守的要塞，清军则付出了3600多人的伤亡代价，攻防耗损比的反差可窥一斑。[3]

五、甲午战败的战略反思

作为马克思主义理论的奠基人，恩格斯不仅敏锐洞察了中国甲午战争失败的直接原因，还深刻地揭示了战败的深层次原因。他从唯物史观的立场出发，提出闭关自守的排外政策是与自给自足的自然经济密切关联的。他指出："在这里（中国），同家庭工业结合在一起的过时的农业体系，是通过严格排斥一切对抗成分而人为地维持下来的。"[4] 在恩格斯看来，自然经济体系固有的自闭性，必然导致国家军事方略的保守性。反过来说，执行保守的军事方略的最终结果，即是自然经济体系的覆灭。对于这一点，可以从恩格斯对甲午战争后果的预见中得以印证，他认为："不管这次战争的直接后果如何，有一点是必不可免的：古老中国整个传统的经济体系将完全崩溃……在陆地和海上打了败仗的中国人将被迫欧化，全部开放它的港口通商，建筑铁路和工厂，从而把那种可以养活这亿万人口的旧体系完全摧毁。"[5]

经济基础决定上层建筑。回顾五千年的文明历程，我们可以发现，在古代，汉民族建立的中央政权在与北方游牧民族的对峙中长期采取

日舰"吉野"号

"以守代攻"的防御战略。明朝颁布了"片甲不得入海"的禁海令，面对来自海上倭寇袭扰时，也长期采取以防御为主的策略。究其原因，并非是中央政权的力量无法与牧人或海盗相抗衡，而是由于草原和海洋对于农耕文明的经济体系没有太大的吸引力，无法提供开疆拓土的战略需求。因此，中国历史上虽然有汉武帝、唐太宗、康熙大帝等出师远征、横扫千军的有为君主，但其主动进攻的目的皆是为了巩固既有的政权，为农耕经济的持续发展创造稳定的周边环境。明代虽有宦官郑和统帅舰队七下西洋，但却更多体现为航海探索的壮举，而非真正的军事行为。

在冷兵器主导的低技术条件下，中央政权奉行防御为主的军事战略，在边防和海防区域设置要塞和卫所，既是由建立在农耕文明基础上的自然经济体系所决定的，也是顺应防易攻难的军事技术对抗格局的必然选择。然而，在信息化浪潮愈演愈烈的当下，中国乃至世界各国所面临的形势都发生了巨大的变化。在经济上，以高度开放性为特征的信息产业成为引领全球经济增长的核心驱动力，在军事上，信息化武器装备以其高效的突防能力和精确打击能力，推动军事对抗格局进一步向攻易防难的方向发展。在中国国家利益向全球拓展的大背景下，面对信息技术引发的全球经济与军事变革，面对数千年未有之强敌，摒弃"防御为主，后发制人"的传统军事战略，不仅可以赢取更深广的国际道义支持，而且可以更好地利用信息化条件下的攻防不对称律，从而在同等的国力财力支持下获取更大的军事实力，这也正是恩格斯军事技术哲学思想留给我们的宝贵精神财富。

注释：

[1] 中央编译局：《马克思恩格斯全集》（第一版），第39卷第297页，北京：人民出版社1956-1986年版。

[2] 罗伯特·L.奥康奈尔：《兵器史》，第80页，海口：海南出版社2009年版。

[3] 戚其章：《甲午战争新讲》，第163页，北京：中华书局2009年版。

[4] 中央编译局：《马克思恩格斯全集》（第一版），第39卷第285页，北京：人民出版社1956-1986年版。

[5] 中央编译局：《马克思恩格斯全集》（第一版），第39卷第285-286页，北京：人民出版社1956-1986年版。

晚清军事改革的教训和启示

王晓彬

王晓彬

军事科学院军事战略研究部国家安全战略研究室副研究员，大校军衔。发表学术论文60余篇，合著有《亚太安全战略论》《国际战略形势评估》《军队应对非传统安全威胁研究》等。

甲午战争爆发前，从19世纪60年代初期开始，晚清政府启动了以"自强"为宗旨，以引进西方先进军事技术为核心的军事改革。这次不彻底的改革没有挽救晚清沉沦的命运，以甲午战争的惨败为标志而宣告失败，在中国近代史上留下了悲壮一页。前事不忘，后事之师，晚清军事改革教训惨痛，发人深省，对于我们今天的军事改革仍然具有重要的镜鉴作用。

一、晚清军改取得一定成效

内忧外患中的晚清政府于1862年开始实施"洋务运动"，开启了近代晚清军事改革大幕，意图通过引进西方近代军事技术打造"利炮坚船"和"利器精兵"，实现"自强御侮""救亡图存"的目的。这场军事改革在开阔军事视野、推行军事教育、培育军事人才、引进西方武器装备和借鉴西方军事制度等方面取得了一定成效，并在清军收复新疆之战和中法战争中有所体现，其历史作用不容一概抹杀。

军事改革最主要的成就是将近代西方枪炮和舰船技术引入中国，购买和制造了一些近代武器装备，使得中国军队进入火器时代。洋务派建立了数十家近代兵工厂。李鸿章所部淮军率先换装洋枪洋炮。经过积极的引进和仿制，甲午战争前中日两军火器的技术差距，由原来的大约相差2个世纪缩短到10年左右。中国的舰船技术在19世纪下半叶逐渐接近了西方水准。甲午战争前，清政府主体武装力量——防军和练军都已基本实现了武器装备的火器化。以1888年北洋水师的正式成军为主要标志，晚清军事改革在海军建设方面达到了巅峰。

发展近代军事教育，培育多兵种军事人才，并聘请了英法专家担任军事智囊。在开明督抚大臣的努力下，福州船政学堂（1866年）、江南制造局操炮学堂（1874年）、天津水师学堂（1880年）、北洋武备学堂（1885年）等中国第一批近代军事学堂逐步建立起来。甲午战争前清政府所建立的军事学堂一共有19所，其中海军学堂12所。同时，清政府还先后派出数批约90余人到西方国家学习军事，其中派到英、法两国学习航海、驾船技术和海军指挥的就有80人。北洋海军主力船只的管带均由福州船政学堂毕业，其中又有9人是学成归国的留学生。

设立了崭新的近代海军军种制度，并对陆军兵种制度进行了局部改革。中国近代炮兵发轫于1863年初淮军组建的炮兵营。使用新式火器的步兵和骑兵也逐步编入清军部队序列。1888年颁布的《北洋海军章程》兼采英德等国海军制度优长，成为中国近代海军军种制度确立的里程碑，代表了甲午战争前晚清军事制度改革的最高成就。

近代陆军和海军战术开始萌生，海防思想得以确立。淮军在与太平军作战时，就参照运用法军"步炮协同"战法。1871年，淮军操典《枪炮操法图说》对步、骑、炮兵种"协同"战术做了具体规定。1884年天津水师学堂编写的《船阵图说》一书在引进英国海军战术的基础上，对北洋海军战术做了详细说明，强调舰首对敌和舰首冲撞的作用。在清廷两次国防大讨论后，李鸿章等人的近代海防思想逐步成型。

二、"只变事不变法"，流于表面

任何历史都是当代史。在当时的历史条件下，在中国这样一个具有独特军事传统和保守战略思维的大国里，在不触动封建专制制度的情况下，洋务派能取得这些成就实属不易。但是，这场声势浩大的军事改革具有严重的片面性、局限性和不彻底性，经不起真枪实弹的实战检验。

军事改革流于表面和肤浅，止于购买西式武器装备和军事技术的"器物"层面。军事改革没有触及军队战斗力提高的本质，在战争制胜根源的问题上始终存在模糊认识。晚清的军事改革仅仅停留在更新装备和改善教育训练的低层次上，对于军事制度和军事思想的深层次改革没有明确的认识和具体措施，一切都还停留在"坚船利炮"的表皮上，始终徘徊于"制器""练兵"等初级阶段。对于清军对西方军事技术的盲目崇拜，时人评价说："但外强中干，徒得其糟粕枝末，而未尝窥其精微，仍是粉饰习气。"晚清改革者"只变事不变法"，许多区域性改革最终也陷入因人而兴、人去而废的境地。

军事组织体制的改革收效甚微，军事制度改革方面没有多少建树。清廷固守腐朽没落的"朝制"，把军事改革局限于技术层面，缺乏对战略层面军事领导和管理体制的彻底改革。晚清军事制度十分混乱，旧的制度名存实亡，新的制度难以运行，旧规与新章互相干扰，导致清军的整体战斗力在走下坡路。海军建设中的多头管理、力量分散、

渤海湾出水的铜火铳

无长远计划等弊端长期存在，海军的内耗、低效问题特别严重。装备新式枪炮的军队仍旧维持着过时的勇营编制，新建的海军官制也完全依照旧军制，用陈旧的陆战思维方式指挥和管理新式海军。

晚清政府战略指挥能力严重欠缺，始终没有建立统筹陆海力量的联合指挥机构。海军领导管理和指挥体制始终未能理顺。甲午战争中，指挥中枢——朝廷及军机处和一线陆海军之间严重脱节，北洋舰队与其他陆军力量之间没有形成有效协调配合，李鸿章指挥权不出北洋，致使上下脱节、陆海失衡、南北阻隔，清朝规模庞大的武装力量竟成为一盘散沙，没有形成一致对敌的整体合力。

缺乏自主自立精神，始终没有建立独立可控的国防工业。晚清军事改革30余年，国防科技工业基础仍然孱弱，始终未能摆脱对外国的严重依赖。直到甲午战争前，清军还不能装备国产的系列枪炮，导致引进的枪炮、弹药型号繁杂，维修和使用极其不便，严重制约了清军战斗力。甲午战争前，清政府耗费巨资修建的9家舰船修造厂，相互之间不能配套成龙，导致了北洋海军维修保障能力低下，根本没有能力对战时受损的舰艇进行及时修复。火炮、弹药等基本物资保障严重不足，舰载火炮种类、型号没有统一标准，杂乱无比。1894年，北洋水师60多艘军舰上竟能找到近70种火炮型号。

晚清军事改革始终没有突破军事制度这个"瓶颈"。在旧体制的边缘实施改良修补只能取得局部的暂时的成效，难以应对真正的战争。这正如马克思所评价的那样："极力以天朝尽善尽美的幻想来欺骗自己，这样一个帝国，最终要在一场殊死搏斗中死去。"

三、日军改革彻底，剑指清廷

甲午战争前，晚清政府买了几万支洋枪，建立了全部新式装备的陆军，还购买了几十艘英、德的军舰，建立了北洋水师和南洋水师。从武器装备的角度看，中日军队实力对比不相上下；但从军事改革的角度观察，中国却落后于日本不止一个时代。

日本的军事改革起步于1868年开始的明治维新。日本军事改革起步虽略晚于清朝，但改革目标明确，总体筹划得当，改革措施坚决，取得显著成效，变革的速度和力度远胜于当时的清朝，其形成的近代化战斗力直接体现在甲午战争中。令人扼腕叹息的是，晚清政府在海军建设方面所花费的人力、财力、物力和时间比日本人多，同样占据相比西方的"后发优势"，而结果却大相径庭，这直接导致了决定国家和民族命运的战略决战的结局。

日本的军事改革有着明确的指导思想和战略目标。日本高举"脱亚入欧"大旗，倡导"文明开化"，强调知识的力量并不亚于武器的威力。日本效仿普鲁士的集权政体，建立"皇权一系"的天皇集权国家，实行"武国"政策，异化成了东西复合的军国主义。1868年4月6日，明治天皇发表《御笔信》，声称要"拓万里之波涛，布国威于四方"，明确宣示海外扩张路线，把侵略大陆、打败中国作为国家战略的核心指向。

日本大力引进西方近代化的武器装备，发展军事工业，打造近代化的兵工厂。日本的海军装备发展完全以清朝海军为参照系，着重提升舰队航速和火炮射速。到甲午战争前，日本海军已拥有55艘舰艇，总排水量6万余吨，总体实力实际上已超越吨位相当的北洋舰队。

日军全面模仿西方军队，陆军从编制到战术都模仿德国陆军，海军则师从英军。日本陆海军积极接受西方的军事文化观念，从思想观念、作战理论等各方面都进行了比较彻底的改造，完全吸取了西方进攻性、掠夺性、殖民性的军事理论精髓。

日本大力推进军事制度改革，建立近代军事领导指挥体制。1872年设立陆军省和海军省，1873年设立参谋本部和监军本部。1878年，成立由陆军省、参谋本部和监军本部组成的中央军事机构，"统全国兵权于中央"，实现了军政、军令机关分立。1883年，把军队镇台制改为师团制，建立近代化军队组织体制，实现了中央对军权的统一。1893年5月，日军制定《战时大本营条例》，确立举国一体、高度集权的战时最高司令部体制。从1868年到1895年，日本共计颁行100多项法规，几乎每年都有数项新的军事法规生效。到甲午战争前，日本已建立起完善的近代军事法律体系。

日本重视实施新的兵役制度。明治政府改变旧的幕藩军制，打破武士垄断的分裂局面，废除封建武士的军事特权，坚决主张实行"兵权归一"，建立近代武装力量体制。1873年初，明治政府颁布《征兵令》，用普遍义务兵役制取代武士职业兵役制，建立常备军，通过德式操法、欧式陆海军学校，培育军事人才，并对公民普及军事教育。实行义务兵役制直接增强了国防动员能力，甲午战争时日本全国人口不过4155万，但日本政府很快便征召29万人入伍备战。

明治军事改革在日本上下掀起了扩军备战的狂热，在当时日本政府经济实力远逊于清朝的情况下，日本以举国之力进行军事改革，不惜血本大力购买西方先进的舰船和枪炮。天皇带头捐资，官僚集团和普通民众争相响应。日本国家财政投入也十分巨大，1890年，日本军费开支占到国家预算的30%，1892年又增至41%强。这与晚清统治阶层注重个人享乐、挪用军费、贪污腐败盛行的历史现实形成了鲜明对比。李鸿章在《校阅海军竣事》的奏折中承认："即日本蕞尔小邦，犹能节省经费，岁添巨舰。"

四、清军改革失败，被动挨打

晚清军事改革在安全焦虑中仓促起步，承担着沉重的历史使命，一开始就显得步履艰难。这场改革没有进行周密筹划，思路不清晰，措施不配套，过程不连贯，结局很凄惨。这场改革失败的原因是多方面的，但只有超越物质层面的因素，从战略指导、思想观念、文化传统等层面才能找到真正的根源。这正如拿破仑所说，从长远来看，精神总能战胜利剑。

晚清政府缺乏对当时安全环境的准确评估、安全威胁的应有警觉和作战对手的清晰判断。清朝君臣们对"天朝"之外欧洲近代工业文明的气息充耳不闻，对世界性的军事变革征候视而不见，军事改革从一开始就失去了宏观视野和内在动力，对军事改革的迫切性和必要性缺乏深刻认知和持久热情。日本把清朝军队明确当作假想敌和作战对手，处心积虑扩军备战，而晚清军事改革缺乏明确的对手指向，可谓"既不知彼，更不知己"。晚清政府单纯把军备建设作为消极防御的手段，危机意识严重不足，对迫在眉睫的中日战略决战茫然无知。

晚清统治阶层思想观念严重保守落后。传统观念是一种惰性力量，成为制约改革者的绊脚绳。如果统治者思想因循守旧，固步自封，就会对军事改革造成观念上的束缚和思维上的桎梏，就不可能在改革实践中办成大事。洋务派所奉行的"中体西用""用夏变夷"等指导思想，企图将中国的"道"与西方的"器"进行嫁接，通过修补改良的方法"师夷之长技以制夷"，结果导致了军事改革的畸形发展。洋务派中最开明的李鸿章就认为："中国文武制度，事事远出于西人之上，独火器不能及。"这种一叶障目、不见泰山的片面认识，成为晚清军事改革的严重障碍，直接导致矛盾和问题越积越多，落后局面积重难返。

晚清军事改革缺乏明确指导思想和通盘规划。晚清的军事改革缺乏顶层设计和战略筹划，带有浓厚的个人主义色彩和思想局限性，个别成就难以弥补战略缺失和军事体系失衡。洋务运动一度搞得有声有色，但由于清廷内部政治斗争的影响，在政治上层和国家战略层面没有形成一个强有力的领导中枢，军事改革始终没有统一规划和全盘设计。清朝的海军建设从一开始就走上了歧路，海军开建的10余年间沿海各省各自为政，总理海军事务衙门直到1885年才"千呼万唤始出来"，但已晚于日本设立海军省13年。北洋水师更被视为李鸿章个人武装和政治资本，不得不在政治斗争的夹缝中艰难生存和发展。

军事改革缺乏社会环境的支持。成功的军事改革离不开社会支撑体系和"上下同欲"的社会环境。晚清军事改革从整体上而言,仅限于开明官僚、少数督抚的觉悟和推动,没有也不可能动员全社会的力量。晚清军事改革缺乏全民参与和关注,难以凝聚整个国家的力量和智慧,很难唤醒"沉睡"的民众和麻木不仁的社会氛围,军事改革注定难以为继。

晚清的军事改革没有充足的资源保障。军事改革与国家安全息息相关,必须动员全社会的力量和国家战略资源,深入持久推动,并在经费保障上给予重点倾斜。清政府虽有改革的初衷,但封建统治阶级的陋病积习和战略短视导致军事改革的投入逐渐减少,自上而下的改革缺乏持久动力,其中以挪用海防经费大兴土木最具典型性。据学者考证,北洋海防及北洋舰队的建设经费大致在3000万两白银左右,而慈禧太后修建颐和园即用去2000余万两。北洋海军成军后即未再添一舰一炮,海防建设实际陷入停滞状态。军事改革后劲不足,犹如强弩之末。

军事改革没有建立新式战略理论和学术体系,治标不治本。洋务派虽然也翻译、引进了一些西方近代的作战理论和学术思想,但从根本上仍陶醉于《孙子兵法》等中国古典兵学形成的虚幻谋略优势之中,不思进取,画地为牢,对于近代海权思想、海战理论等缺乏系统的研究和了解。晚清在国防战略方向选择上始终处于矛盾境地,战略指导上奉行处处设防、各自为守的消极防御思想,加剧了被动挨打的局面。海洋观念的先天缺失,海权理论的后天不足,直接导致了北洋水师这一劲旅的全军覆没。魏源的《海国图志》"墙里开花墙外香",于1851年传入日本后竟然大行其道。黄遵宪在1887年著成《日本国志》,详细介绍了日本军事改革的举措,企图唤醒国人,但只有在甲午战败后才得到中国官绅的广泛青睐。

装备先进后膛行营炮的清军炮队

战略文化传统深刻地影响着军事改革的进程和结局。中国"兵凶战危""重义轻利""重道轻器"等和平主义文化传统，在西方"强权即公理""论事不论理"的实力逻辑面前显得软弱无力，屡吃大亏，丧权辱国。内敛自持型的陆地文明与扩张拓展型的海洋文明必然产生激烈的碰撞与冲击，其在中国的融合过程倍感艰辛。"中体西用""羁縻为上"等思维取向，民族尚武精神的缺失，对军事改革产生了深刻的消极影响，这促使人们对中国传统战略文化进行深刻的反思。

五、深化军事改革，时不我待

究天人之际，通古今之变。欧阳修在《五代史·伶官传序》中说："盛衰之理虽曰天命，岂非人事哉！"晚清军事改革是洋务派企图改变军事技术中弱西强局面的可贵尝试，但许多人的努力和奋斗都付诸东流。

历史不能重演，但从历史脉络来说，我们今天仍处在"富国强兵"历史坐标的同一条延伸曲线上。如何发挥后发优势、充分汲取历史的经验和教训，仍是我们今天军事改革不能回避的时代课题。

必须牢牢抓住军事改革的历史机遇。当今世界正处在大国兴衰、力量分合、格局转换的历史阶段，世界主要大国普遍进入军事战略全面调整期、军事变革持续深化期、高新武器快速发展期，抢占军事斗争制高点的博弈日趋激烈，军事变革的浪潮汹涌澎湃。在周边安全环境严峻复杂的情况下，时不我待，只争朝夕，我们必须抢占先机，乘势而上，克服"和平麻痹症"和消极守成思想，加快推进国防和军队改革，把改革作为履行使命任务的重要前提，把改革作为实现强军目标的必由之路。正如俄罗斯原国防部长谢尔盖耶夫所说："改革的最佳时机就是现在，明天改革就会更加复杂，再迟改革就不可能进行了。"

必须着眼战争形态的加速演变。今天的战争已不同于过去的战争，过去能打胜仗不等于今天仍能打胜仗。甲午战争给军事改革设立了一个警示性路标：战争是最好的试金石，最容易暴露出一个国家的军事缺陷和战略软肋，最能验证一次军事改革的成败利钝。未来战争形态正沿着信息化方向加速演进，军事改革必须聚焦战争演变规律，剑指未来战争，把打赢未来信息化战争作为核心指向。

必须准确破解战斗力生成模式和战争制胜机理。不断创新战略指导和作战筹划，把军队战斗力作为军事改革的根本宗旨和唯一标准，加速推进战斗力生成模式转变，将战斗力标准贯穿和渗透于军事改革的各个要素、各个环节，着力解决国防和军队建设中存在的体制性障碍、结构性矛盾和政策性问题。军事训练是战争的"预实践"，必须以"抓铁有印，踏石留痕"的精神真抓实训，力避形式主义和"花拳绣腿"，打牢中国特色军事变革的桩脚。

必须加强军事力量体系软硬件的配套改革与完善。军事改革必须实施学术理论创新、核心装备技术研发、组织运行模式和法规制度建设等综合配套工程，力争实现军事力量体系各要素的有机结合。同时要加强顶层设计和科学规划，把改什么、怎么改、可能的困难等关键问题考虑清楚，设定清晰的路线图和实施步骤，以"壮士断腕"的勇气和魄力坚持不懈地推进实施。

战略决策失误与甲午惨败

肖天亮

肖天亮

国防大学战略教研部主任，博士生导师，少将军衔。中国军事科学学会理事、战略分会副会长，北京大学国际战略研究院理事。著有《战争控制问题研究》《军事力量的非战争运用》《战略学》《新中国军事外交》等。

战争双方的较量，首先表现为战略决策的较量。战略指导者对打还是不打、何时打、怎么打、打到什么程度等重大问题的决策，对战争胜负具有极其重大的影响。清军在甲午战争中惨败，与清政府战略决策能力不足、决策一再失误有着直接的关系。因此，有必要对清朝政府在甲午战争中的战略决策进行分析和反思，研究总结其失误和教训，用以启示未来，进而赢得未来。

一、缺乏适应时代要求的战略决策体制机制

对于甲午战败之因，梁启超曾经讲道："西报有论者曰：'日本非与中国战，实与李鸿章一人战耳！'其言虽稍过，然亦近之。"从战略决策角度分析，清朝政府战略决策屡屡失误，既与决策者自身认识、分析和决断能力不足有关，更与缺乏先进的战略决策体制机制有关。

甲午战争是一场大规模的近代化战争。近代

化军队与农业时代的军队相比，已经发生了根本性变革。陆军除了传统的步兵、骑兵，还产生了新型的步兵、炮兵、工兵、后勤兵、卫生兵等，同时海军舰队也逐步成为了主要作战力量。作战空间不再局限于陆地和河流，而且延伸到海上。战争保障不仅是传统意义上的粮草等方面，而且涉及国家的工业、交通、通信、金融体系等。另外，从东北亚战略形势看，这场战争不仅与中国、日本和朝鲜的历史命运直接相关，而且将英国、俄国、德国、美国、法国等大国卷入进来。各种国际力量及其利益在这里纵横交错，它们的矛盾、冲突与沉浮，都可能引发朝鲜半岛乃至东亚地缘战略格局的震荡。在如此复杂的战略环境中进行决策，必须把内政与外交、军事与政治、陆战与海战有机统筹起来。如果没有一个完整、科学的近代化决策体制机制，不可能做出正确有效的战略决策。

　　日本在向西方学习的过程中，逐步建立了新的战略决策体制机制。早在1878年，日本就开始模仿德国的陆军制度，将参谋局改为参谋本部。参谋本部是一个近代化国家武装力量的最高指挥机关，它的主要职责是拟定作战计划，用兵作战。1879年，参谋本部已经能够有效履行职责。例如，参谋本部派桂太郎、小川又次等数十名将佐，以使馆武官和留学生名义来华调查华北一带的形势和中国兵备、地理情况，回日本后提出《对清作战策》，并编纂《支那地志》《邻邦兵备略》等书。为了提高参谋人员的素质，日本在1883年设立参谋大学，致力于参谋人员的培养。1893年，天皇批准《战时大本营条例》。在大本营中，参谋总长参与筹划最高统帅部的机密事项，负责拟定全军的重大作战计划。在大本营中设置各机关的高等部，根据重大作战行动计划管理相应事务。1894年战时大本营正式开设后，为了统筹军事、政治和外交诸方面，日本首相和外相也都参与大本营会议，共同决策。

日本从执政团队到高级将领都年富力强，很多都有留洋经历。即使没有留过洋的陆军将领，也都接受了良好的西方军事训练和近代教育。决策层尽管有内争，但能够一心对外，从民主到集中，形成统一意志。

在这种近代化的战略决策体制下，政府和军队联合行动，在驻外公使馆设立谍报课，配置间谍武官、情报人员，或者通过浪人、商人、医生、学生等合法身份的居民，及时将大量清朝政府、清军及各国动向的情报资料，源源不断地传递到日本战略决策部门。日本参谋本部及国内相关机构，迅速对这些情报进行筛选、比较、评估，然后提出各种具有针对性的建议，拟订多种操作性很强的应对方案，为决策者最终决策提供参考。随后，高素质的日军参谋人员，能够将决策者的意志和战时大本营的决策及时贯彻落实到各作战部队。

反观清朝政府，其战略决策、外交交涉以及战争中清军部署等重大事项，几乎都交由李鸿章一人或数人承担。清朝政府决策层多数从未跨出过国门，视野狭隘、年龄老化、体制僵化、多方受制。以李鸿章为代表的"办事者"，不得不在正面抗敌的同时，还要在背面应对"评论者"的冷嘲热讽乃至落井下石。而在最高统治者看来，"将相不和"从来就不是坏事。庞大的大清帝国没有相应的国家职能机构可利用，部分辅助决策的人员，还是沿袭千余年来所谓的"谋士""幕僚"。这些人大多擅长词章之类的清谈，既不了解日本也不能正确认识自身，尤其对于新时代的大国关系、军事上的多兵种大兵团作战、近代化的战争规律等问题更是一窍不通。战争爆发后，他们大多只会发出诸如"蕞尔小邦，螳臂当车"或"传檄列岛，踏破东京"的虚谈空论，根本拿不出实际的军事行动方案。战争爆发后，战争准备迟缓的清军慌忙应战，最后只能是全军溃败的悲惨结局。

大清王朝的统治，经过250年的兴衰沉浮，清朝初年尚武的精神

位于东京日比谷的日本国会临时议事堂

与体制都已流失殆尽。清廷唯恐将领拥兵自重，武官的权力和地位不断被削弱，在朝廷中明显低于文官。地方决策权集中在属于文职系统的总督、巡抚手中，当战争发生时，各省总督临时任命调动将军参战。李鸿章身为直隶总督兼北洋通商大臣，既是政务官员，又是主管北洋外交事务的外交官，同时还兼任对日作战的总司令。这样的职权，与近代战略决策体制极不符合，国家军政体制极为混乱，对于一场关系到国家生死存亡的重大战争来说，无疑是有违近代化战争规律的致命缺陷。

　　大敌当前，如果把整个国家与民族的命运全部寄托在个别决策者身上，不仅是危险的，也是不公平的。甲午战争的失败固然有慈禧、李鸿章等的个人原因，但更与缺乏战略决策的组织形式密切相关。正是基于此类反思，甲午战争后，晚清军事改革者大都高呼改革首先要从改革军事制度入手。

任何决策，都是通过一定的组织形式来实现的，这对于发挥战略决策的效能十分重要。进入21世纪以来，随着全球化、信息化不断发展，安全环境更加复杂多变，战争节奏更加快速，战场情况更具有流动性、不确定性和高风险性，对战略决策提出了更高的要求。不仅要求战略决策者具备多谋、善断、速断的素质，更需要建立科学、高效、精干的战略决策体制机制，以集中各方面的智慧，协调各方面、各系统的关系，为决策者在面临重大威胁或危机爆发时作出正确的决断提供制度上的保障。

二、缺乏应对复杂困难情况的战略对策

进行战略决策，必须要有应对各种复杂困难情况的充分准备，特别是要把战略决策的底线放在应付出现最坏情况的可能上。对复杂困难的一面想得越多、准备得越充分，争取胜利的把握就越大。

甲午战争中，日军大本营根据可能出现的情况，制定了三种方案，对各种情况都作了深入的研判和准备。第一，如海战大胜，掌握了黄海制海权，陆军则长驱直入直隶平原与清军主力决战；第二，如海战胜负未决，陆军则固守平壤，舰队维护海峡的制海权；第三，如海战大败，陆军则全部撤离朝鲜，海军守卫本国沿海。日军大本营甚至做好了北洋海军攻击日本本土的计划。战争爆发前，日军估计清军向朝鲜派兵可能会达到5000人，日本为了必胜则需要6000至7000兵力。战争爆发时，清军在朝鲜的兵力只有3600人左右，而日军在朝鲜总兵力已达7000多人。同时，针对可能出现英国和俄国对日本的军事干涉，日本展开了一系列的外交活动。纵观日军整个战略决策过程，处处体现出立足最困难的情况，做最坏的准备，实现最低的目标。

反观清朝政府方面，李鸿章等人很早就预料到日本是中国最危险

的敌人。1864年，李鸿章在奏折中指出："夫今之日本，明之倭寇也。距西国远，而距中国近。我有以自立，则将附丽于我，窥伺西人之短长。我无以自强，则将效尤于彼，分西人之利薮。"但是，清朝政府却把希望寄托在通过战略威慑推迟战争爆发上，而不是立足于真打、早打的准备。朝鲜危机出现以后，袁世凯密报李鸿章日本已派军舰前来，并要求李鸿章令正南巡的北洋舰队迅速北返或直航朝鲜。但李鸿章却天真地认为日本首相"伊藤尚明大局，不致嗾韩匪起事"。李鸿章虽然也要求袁世凯对日本密为防范，却仍判断"伊藤与吾交好，非虚伪"。但日军却大举入朝，占据仁川、汉城一带战略要地，做好了先发制人的准备。面对突如其来的变局，清朝政府一开始表示震惊，但又认为这不过是"作声势""争体面"，仅仅是属于外交范围内的问题，做着完全凭外交手段退敌的美梦。此后，随着日军的步步进逼，前线将领提出"事至今日已无可闪避，不如制敌先机，予敌人以迎头痛击，挫其锋锐"，但李鸿章却给提出此先发制人建议的林泰曾记过处分，认为"日本添兵，虽谣言四起，并未与我开衅，何必请战"。

在"和"与"战"问题上，清政府不是立足于"战"，而在如何"和"上，又将希望寄托于列强对日本的干涉上。当时，列强在东北亚地区既有共同利益，又有深刻矛盾，它们对战略形势的走向、战争的爆发、战争的进程以及和平谈判等各方面，都具有一定的制约作用。这种情况对中国有不利的一面，也有有利的一面。李鸿章等人希望利用俄国和英国来压制日本，完全有根据且具备条件。分析当时的形势，俄国和英国无论对日本或清朝政府，既有支持也有抑制；不管是支持谁还是抑制谁，不管是何时支持还是如何支持，则完全取决于其利益的要求。但是，李鸿章等人醉心于外交调停，对列强的干涉期望过大，误以为俄国、英国会拔刀相助，不立足于自身的努力和发挥自身的优势去赢得和平，造成极其严重的后果。英国人赫德曾说："所有国家均向中国表示同情，并说日本这样破坏和平是不对的。但没有一个国家采取任何实际行动帮助中国。""外交把中国骗苦了，因为信赖调停，未派军队入朝鲜，使日本一起手就占了便宜。"

总之，清朝政府在整个战略决策过程中，不是力争把各种因素和条件都想到，把各种矛盾和问题都估计到，立足于最复杂、最困难情况制定多种方案，而是凡事都偏向于往好处思考，从而极大低估了日本的扩张野心、作战能力、外交运筹，错误判断了日本的战略目标和列强对待中日两国的态度，没有早打、大打、突然打、长期打、在自己本土打的计划，无论是战略计划的制定，还是战争动员、后勤工作、兵力部署诸多方面都杂乱无序。正如当时美国驻华公使田贝在致美国总统的秘密报告中指出的那样："中国以完全无准备状态而卷入战争，乃史无前例。"

历史反复向我们昭示，进行战略决策必须要有底线思维，立足于最复杂最困难情况，保持清醒头脑，克服麻痹轻敌、主观臆断等错误倾向。有了应付最坏情况的精神准备与物质准备，才能在敌我互争中措置裕如，在战争中始终处于主动地位。

三、缺乏对战争的精心设计和周密谋划

精心设计战争，周密谋划战争，是战略决策的重要内容，也是事关战争胜负的重大问题。设计和谋划战争，必须以战略目标为依据，以国家实力特别是军事实力为基础，同时考虑地理条件和国际国内支持程度等因素。甲午战争中，小日本打败了大中华，小日本对战争精心设计、周密谋划，而大中华设计不足、谋划不力，由此胜败已见分晓。

日本对侵略中国和朝鲜的战争进行了长期的研究和设计，在战前

就明确了战争的目标任务，制定了战略方针。早在 1875 年前后，日本画家安田老山和海军少将赤松则良密议，向日本政府提出《对清国决战之策》的书面建议。1880 年，桂太郎等人在《对清作战策》中，就对中国开战进行了军事部署，并充分考虑战争发展过程中的各种可能，制定了详实的作战计划。1886 年，日本海军大尉关文炳奉命潜伏中国，回去后提交了《关于威海卫及荣成湾之意见书》，其中详细的作战建议，在甲午战争中得到了完全实现。

1887 年，日本制定对中国作战计划达到了高潮。参谋本部第二局局长小川又次制定了《清国征讨策案》，海军部第一局第一科科员樱井规矩之左右、第二局第二科长岛崎好和科员三浦重乡、第三局第一科科员日高已雄和佐佐木广胜、"浪速"舰舰长矶边包义等 6 人分别拟定了 6 个作战方案。这些方案是日本所制订的军事作战计划中最具有代表性的，其详细性、针对性即使今日也令人不寒而栗。以矶边包义的《对策》为例，其中提出："舰队获全胜后，立即进攻占据威海卫并将其封锁之。该港布设各种水雷，港之两侧筑有炮台，以陆军 22 个营，即 1.1 万人守备，故不得轻率进攻。可自海上攻破炮台，夜间利用反装水雷将其水雷全部排除，使舰队驶入。于炮台方面，港内地区高山之一侧为崖壁，非大兵自由活动之地形；另一侧之刘公岛半受来自海上之炮击，其海军失利后，并非其久驻之地，退走乃必然之事。我军先占刘公岛，使陆军登陆，各运输船返回内地，仍须要再护送 1 个师团、1 个联队。实为必要。"上述种种方案不仅在甲午战争中成为日军整个作战计划的重要组成部分，而且一些建议如《清国征讨策案》中如何处置中国的问题，还影响了此后几十年的侵华战争。

在每次会战的战略决策中，日军不仅明确了具体的战略方针，还规定了陆军与海军如何协同、如何设立兵站、何时切断何处电线、何

北洋海军"镇北""镇南""镇东""镇西"四舰

时派出侦察兵等等。例如，在旅顺会战中，日本联合舰队一方面积极协助第二军登陆，一方面密切监视海上态势，寻机歼灭清军舰艇。

相反，与日本清晰、全面且志在必得的战争设计和谋划相比，清朝政府全然没有一套应付日本进攻的战争构想，更没有制定出应付各种可能情况的作战预案。甚至连敌人何时可能发动战争也一概不知，一味凭着感觉和"万国公法"等行事。

丰岛海战之前，北洋舰队明确得到"倭舰将要来截"的情报。丁汝昌"电请率我海军大队继发接应"，以防日舰偷袭。而此时的李鸿章对战争中的重大决策全无考虑，依然相信日本会遵守"万国公法"，不会偷袭中国护航舰与运兵船，拒绝了丁汝昌"率海军大队继发接应"

的请求。直到丰岛海战北洋海军遭到日舰袭击后，李鸿章仍然天真地认为"华倭现未宣战，倭船大队遽来攻扑我巡护之船，彼先开炮，实违公法"。可以想象，日本早已磨刀霍霍、大军出动，清廷还浑然不知战争何时开始，不啻羊入虎口、引颈就戮。战争开始后，清朝政府也没有系统完整的战争设计和谋划。1894年8月1日，清王朝被迫对日宣战，光绪皇帝颁布谕旨："倭人渝盟肇衅，无理已极，势难再予姑容。著李鸿章严饬派出各军迅速进剿，厚集雄师，陆续进发，以拯韩民之涂炭。并著沿江沿海各将军、督抚及统兵大臣，整饬戎行，遇有倭人轮船各入口，即行迎头痛击，悉数歼除，勿得稍有退缩，致干罪戾。"这实际上是一个政治口号，没有可操作性的作战方针和原则。战争初期，清廷4支大军齐集平壤，却毫无战略谋划，统帅叶志超根本不知道应该如何应敌，关键时刻首先想到逃跑。

吸取历史的教训，就是要根据信息化条件下战争力量多元、时间缩短、节奏加快、空间广阔、首战即决战的特点，把在哪打仗、与谁打仗、打什么样的仗、怎么打仗研究透，对可能的战争进行精心设计、缜密谋划，有针对性地进行充分准备，并根据战场情况灵活应变，确保打赢战争。

四、缺乏战略指导的积极性、主动性和创造性

战略决策是战略指导能力的集中体现，是一种高度创造性的思维活动。战略决策必须正确反映战争的客观规律，能动地指导战争的有效实施。这就要求战略指导者从战争发生发展的客观规律出发，积极主动地、创造性地指导战争，确保赢得战争胜利。

甲午战争中，日本政府和日军在战略指导中表现出强烈的积极性、主动性和创造性。从当时东北亚战略形势来看，中国、日本、英国、

俄国是影响战略格局变化的4种力量,沙俄和英国的立场将极大影响中日两国的军事博弈。甲午战争爆发前,沙俄正投入巨大的人力财力经营远东,为进一步扩张作准备,日本占据朝鲜将阻挡其南下通道;英国在远东的势力和影响首屈一指,是这个地区最大的受益者,它不希望在同一地区出现新的竞争对手,挑战其既得利益和优势地位。因此,中日战争既是双方的武力冲突,也是以分割包括朝鲜在内的东亚为目标的帝国主义之间对立的一部分,日本发动战争很可能面临沙俄与英国军事干涉的风险。但是,以山县有朋的《军备意见书》为代表,日本认为虽然欧洲正保持势力均衡,但列强却正在一味计划着对东方的侵略,特别是俄国西伯利亚铁路全线通车后,将是对日本扩张战略的严重威胁。同时,清王朝正在出巨资进行海陆军大整顿,庞大的北洋舰队已经令日本上下产生恐惧。为了确保战略要地朝鲜,必须充分发挥主动性和创造性,尽快寻找机会对中国进行作战,并将开战时间规定在清王朝实现军队改革以及欧美各国拥有远征东洋实力之前。

甲午战争爆发前,日军虽然大体上完成了对中国作战的准备,但对于战争的胜算仍然没有把握。日本历史学家外山三郎在《日本海军史》一书中谈道:"当时,日本海军不仅没有战胜清国舰队的把握,而且还对它怀有一丝恐惧的心理。"日本海军虽然凑齐了以日本的"三景"命名的3艘军舰,但可以击破北洋海军"定远""镇远"铁甲舰的大炮只有3门。同时,因为"三景"舰舰体小,大炮一转动就要朝着射击舷倾斜,瞄准困难,在实战中究竟有多大作用还是一个未知数。日本海军为了弥补大炮不足,建造了小型、快速的巡洋舰,安装了发射速度是原有大炮8倍的小型速射炮。这种速射炮虽然发射快,但存在射程短的弱点。日军希望利用巡洋舰和速射炮的优势,快速接近敌舰以完全削弱敌舰的战斗力。这种抵近炮击战术具有很大的风险性,在战斗初期将面临北洋海军单方炮火攻击。日军通过训练，坚定了这种战术的运用。由此看出，日军在力量并不占明显优势的情况下，在没有取胜把握的情况下，作出发动战争的决策，是具有冒险性的，从另一个角度看也是积极性和主动性的反映。

相对而言，清朝政府的战略指导则非常消极，更没有任何创造性可言。

平壤战役前夕，由于日本联合舰队与北洋海军还没有决战，制海权的归属不明，日军一开始不敢向靠近平壤的仁川登陆，只能从朝鲜半岛最南端的釜山和东部的元山登陆。当时正处于炎热的八月，漫长的山地给日军行军和后勤补给造成了极大困难，如果清军再予以攻击，日军就有面临失败的危险。为了挽救危机，日军大本营决定冒险从仁川登陆。但在当时北洋海军主力完整的情况下，这种做法完全是一种赌注。

然而，丰岛海战之后，李鸿章只是命令丁汝昌率北洋舰队赴汉江江面"游巡"，一再指示"惟须相机进退，能保全坚船为要，仍盼速回"。其后临近海战的关键时刻，李鸿章反复提出"速去速回，保全坚船为要"的要求。8月23日，日本联合舰队窜至旅顺、威海口外侦察骚扰，清廷甚为惊恐，颁布谕旨："威海、大连湾、烟台、旅顺等处，为北洋要隘、大沽门户，海军各舰应在此数处来往梭巡，严行扼守，不得远离，勿令一船闯入。"在这种情况下，李鸿章不仅不让海军舰队主动寻机歼敌，反而正式明确了"保船制敌"的思想。这一思想的关键在保船，而不是制敌。强调"海上交锋，恐非胜算"，建议清廷放弃争夺制海权。他认为，今日海军力量，以之攻人则不足，以之自守尚有余，因而主张北洋舰队"不必定与拼击，但令游弋渤海内外，作猛虎在山之势"。《日本海军史》后来也总结说："占绝对优势的北洋舰队覆灭的根本原因在于战术错误,丁汝昌的上司李鸿章不接受丁汝昌积极进攻的主张,采取消极保存舰队的错误政策,让舰队始终在沿海活动,以保护陆军,从而错过了对日军,特别是对日运输队实施攻击的良机。""保船制敌"方针限制了北洋舰队机动性和进攻性功能的发挥,把"活"的舰只变成了"死"的炮台,是战略指导上消极被动思想的突出表现。

从整个战争过程来看,以李鸿章为代表的清政府高层在战略决策上普遍消极保守,既缺少战役战斗上的主动进攻,也没有战略上的主动出击。1894年春,朝鲜发生东学党起义后,日本侵略朝鲜和中国的图谋即完全暴露出来,并在积极寻找开战的借口。当时,许多有识之士都已意识到,中日之战难以避免,清政府应急谋御敌之策。由此时起,朝野人士围绕应敌策略各抒己见。中日两国宣战之初,即不断有人提出"围魏救赵"之说,主张"趋兵蓬岛,直抵扶桑,倭奴首尾无援,自必疲于奔命,则高丽之倭兵自退,而我国之疆圉以安"。"捣其长崎,长崎破而煤源绝矣。捣其神户,神户破,则由大阪铁道直达西京,而其国断而为二矣。捣其横滨,横滨破,则东京震动,势将迁都,全国可传檄而定矣。"尽管这种主动出击、直捣日本、以攻为守的方略过于理想,但是以历史的眼光去审视,也不是全无是处。历史上,从唐朝开始,中日恩怨一千余年,其间大大小小的武力冲突有许多次,从中可发现一条规律:凡是主动出击,跳到外线作战的,都没有失败;凡是消极保守,一直守在家门口等着敌人来打的,都是惨败。例如,我国唐朝、明朝在面临日军侵犯威胁时,主动到朝鲜半岛参战,给予日军痛击。而清朝后期,对日消极防御,无论形势如何变化,在战略战役上始终坐等日军进攻,终致甲午惨败。

可见,战略决策中增强积极性、主动性、创造性极其重要,消极防御、怕冒风险、因循守旧必然导致被动挨打。即使面对强敌,也要积极进取，正确把握防御与进攻、后发与先制、内线与外线，灵活运用你打你的、我打我的战略思想。

五、缺乏坚定的战略决心和意志

战略决策是决策者筹划指导战争全局能力与素质的集中体现，它要求具有无畏的勇气、果敢的魄力、坚强的意志与坚韧的毅力。在这些方面，清朝政府与日本战略指导者的差距也是非常巨大。

战争中，中日双方在同一时空条件下激烈争斗，情况瞬息万变，战机稍纵即逝，对战略决策的时效性要求更高，需要战略决策者坚定、果断地进行决策。日本一开始就认识到，无论朝鲜的局势如何走向，决策者必须要把所有精力都放在"在朝鲜如何取得优势地位"上，从而于开战前在军事、外交上都占尽了先机。而清朝政府面对日本大军压境，不是在有限的时间内权衡利弊，抓住机遇，果断决策，而是处处采取息事宁人的态度，奢望日本不发动战争而维持和局。同时，又把希望寄托于列强干涉或国际法的制约上，不依靠积极主动的战备去遏制战争。既无坚决"打"的决心，也无坚决"和"的办法，犹豫不决而贻误战机。

在整个战争中，清朝政府决策自始至终就没有必胜的信念和放手搏击的勇气。尤其是到了战争后期，当清军在战场上一败涂地之际，清朝政府只知一味乞求和平，既无战略，也无策略，更无胆略，不能审时度势灵活运用"和"与"战"两种手段去争取和平，结果使国家和民族付出惨重代价。

当时，面对清朝政府的乞和，尽管日本政府在谈判桌上盛气凌人，以胜利者自居，但在其貌似强大的背后，却存在着极大的空虚。因为日军在战场上看似所向披靡，但是已经到达进攻的顶点。因为战场上压力过大，一些日军士兵开始自杀。尽管日军所到之处大肆掠夺，但毕竟小国寡民，日本国内的人力、物力、财力已消耗殆尽。清朝政府驻英公使从英国外交部得到消息："闻倭兵伤亡甚多，不仅苦于战，且冻馁难耐。现倭在英借债，汇丰密告。"俄国驻日本使馆的情报指出："（日本）所有军舰锅炉，经过十个月连续不断使用的结果，已经破坏到这样程度，以至船只的最起码速度都无法维持，所以船只都急待整修和更换锅炉。"日本外务大臣陆奥宗光也承认："国内海陆军备几成空虚，而去年来继续长期战斗之我舰队及人员、军需等，均告疲劳缺乏。"英国《泰晤士报》认为，"日军在中国已陷入困境，战争的转折点即将到来"。因为中国的优势还是潜在的，只有在战争继续坚持的情况下才有可能逐步显现出来。而要将潜在优势转化为现实优势的决定条件，就是决心将战争拖下去。

当时，中国国内很多人也看到了这一点。广东陆路提督唐仁廉认为有"十可战"。黑龙江将军依克唐阿认为："但能力与之持，不过三年，彼必死亡殆尽"。南洋大臣刘坤一认为，"割地、赔款多节，目前固难允行，后患更不堪设想，宜战不宜和，利害轻重，事理显然。……在我只须坚韧苦战，否则高垒深沟，严为守御。倭奴悬师远斗，何能久留？力尽势穷，彼将自为转圜之计。况用兵两年，需饷不过数千万，较赔款尚不及半，而彼之所费愈多。'持久'二字，实为制倭要著。"因此，《马关条约》签订的消息传开后，全国上下掀起了"拒和、迁都、再战"的呼声。

那么，假如日本能够打下去，直至占领北京又如何呢？日本首相伊藤博文早就说过，"清国将是满朝震惊，土崩瓦解并陷入无政府状态"。若是清朝政府因此而瓦解了，那么日本便失去了和谈的对手，找谁去割地赔款呢？已经到手的战争利益就会大打折扣。同时，日军长驱直入,已经严重触犯了列强在远东地区的利益。英国《标准报》评论,如果日本和谈条件过高,各国将联合起来,采取让日本认识到各国联合的意志是不能抗拒的手段。后来《马关条约》签订引发的"三国干涉还辽"事件,就是这一情况的直接证明。

当时,极端腐朽的清朝政府决策者最担心的是如果持久作战,王朝在日军的冲击下就有倾覆的危险。但是根据当时的情况分析,掣肘日本决策者的矛盾和问题,比清朝政府决策者还要复杂,日军战略指导者决策起来更加艰难。这种情况是对中日双方决策者战略决心和意志的极大考验。然而,清朝政府决策层对战争的前途已经完全丧失信心,无视当时的军事、政治及国际战略形势的发展变化,为了确保王朝的私利和政治前途,签订了丧权辱国的《马关条约》。

历史告诫我们,战略决策的风险是绝对的,相应带来的冒险也是绝对必要的。因此,战略决策者必须要有风险意识和敢于斗争、敢于胜利的胆识与气魄,善于在极大风险意识中发现和创造机遇,作出最佳抉择,最大限度地捍卫国家利益,最大可能地打赢战争或争取和平。

结语

战略决策具有巨大的风险性、激烈的对抗性、超常的创造性、高度的时效性,战略决策正确与否,直接关系到国家安危、民族兴衰、利益得失和战争胜败。我们要认真吸取甲午战争战略决策失误的历史教训,本着对历史负责、对国家和民族负责的精神,加强战略决策的研究和筹划,在国家安全面临重大威胁时,慎重决策、果断决策、高效决策、科学决策,有效维护国家的安全和发展利益。

走进甲午，是为了走出甲午
——败局远去的沉思

余爱水

余爱水

北京军区空军政治部主任，经济学博士，中央财经大学经济学博士研究生导师，解放军西安政治学院、南京政治学院上海分院军事学博士生导师，空军少将军衔。发表学术论文百余篇，先后出版《军事与经济互动论》和《解放思维》。

又逢甲午，国际风云变幻，东海波诡浪谲，日本右翼势力围绕钓鱼岛问题屡屡制造事端，企图通过修宪扩大集体自卫权，建立所谓正常国家，日本军国主义复活的野心昭然若揭，应对日方挑衅，随时有擦枪走火的可能。这就使120年前那场改变近代中国命运的战争，再次勾起我们沉痛的回忆。但今天的甲午已不是两个甲子前的甲午，祭奠那场远去的战争，我们有无限的殇思。

走进甲午，是为了更好地走出甲午。如果日本军国主义分子胆敢再次把战争强加在我们头上，我们是否做好了再打一场"甲午战争"的准备？如果再打一场"甲午战争"，我们是否能以决战决胜、决战到底的勇气和能力打赢这场战争？我们反思历史，在于把握现在，赢得未来。

甲午战争时担任"浪速"号
舰长的东乡平八郎（中坐者）

一、大国输给小国，根源何在？

甲午战争是世界战争史上一场泱泱大国输给"蕞尔小邦"的特例，它不符合常规，但却真实地发生了。其中，有深刻的时代背景，它是走向鼎盛的资本主义工业文明对走向衰落的封建主义农耕文明的胜利，是清王朝民族矛盾、阶级矛盾不可调和最终走向全面失控的结果。同时，又有着深刻的内在必然。这次战争，中日角力，不仅仅取决于战场上的搏杀，也取决于战前的准备，还取决于战场之外的较量。

甲午战争的惨败，其原因、教训可以列出若干条，但根源只有三条：第一，政治彻底腐败。中国封建政治文明最大的特点是高度的中央集权，号令天下。通常的规律是，在王朝鼎盛时期，政治相对清明，朝廷有令必行，社会有序，四方臣服；王朝没落时期，政治腐朽，完全无力应对和解决内忧外患，无可挽回地要走向崩溃。晚清末年，就处于这样的历史节点，统治集团互相倾轧，腐败盛行，已经到了完全无法应对列强凌辱的地步。彻底的腐败导致了彻底的失败。第二，备战严重不力。鸦片战争后，"师夷长技以制夷"渐成朝廷共识，于是有了洋务运动，近代国防工业得以发展。但在"中体西用"思想的主导下，并无清晰的发展战略和确定的作战对手。在日本倾全国之力扩军备战的紧要关头，清政府反而以财政紧张为由削减军备预算，停购军舰，停拨经费，放松国防建设，对即将到来的中日对决缺乏足够准备。第三，国家意志力极其薄弱。当时的日本，上下一心，长期准备，一心一意与中国为敌，勒紧裤带扩军备战。而大敌当前的清政府，软弱怯懦，寄予侥幸，朝纲混乱，政令军令不一，各种矛盾聚集发酵，社会动员乏力，凝聚不起克敌制胜的统一意志，根本没有决战到底的坚强信心和坚定决心。

二、悲剧不再重演，路在何方？

历史是一部博大精深的教科书，不同的时代、不同的人会有不同的解读，受到不同的启迪，得出不同的结论。今天的中国，正走在民族复兴的伟大征程上，重新审视甲午战争，有太多沉重的感悟和启示，但归结起来，最重要的有三条：一是必须始终把作风建设摆在生死存亡的高度，作为头等大事抓好；二是必须始终加强备战，建设一支能战胜一切敌人的一流军队；三是必须始终具有超强的国家意志力，凝聚全民力量，以决战到底的决心应对一切挑战和敌人。我们要做到这些，思想和行动就不能定格在过往的历史上，必须勇于超越，这是时代的呼唤和要求。

1. 我们不能在时间上定格，走向复兴一定要超越陈年旧事。

历史是一面镜子，可以反照现实，但历史仅仅是一面镜子，不是现实世界。简单类比会得出错误判断。一定要用科学的态度和正确的方法去看待历史。120年前的甲午，统治者醉生梦死，全不顾社稷安危，据统计，甲午战争爆发前的10年间，清政府共挪用海军经费约1098万两白银（其中，重修"三海"工程挪借436.9万两，修建颐和园挪借661.1万两），以至于北洋水师提督丁汝昌在甲午战争爆发前提议购买18门12厘米快炮以更换旧炮，仅仅需银60万两，朝廷也拿不出来。为了保住摇摇欲坠的家族统治，朝廷解决"心腹之患"胜于"肘腋之患"，以至于割地赔款在所不惜，封建王朝内部勾心斗角，为防范李鸿章坐大，清政府宁愿养着八旗和绿营，也要坚决遏制北洋舰队和北洋陆军的发展。清朝末年的党争是历史上最复杂最严重的内斗。帝党、后党、湘党、淮党挟国家利益而争权，把集团利益置于国家安危之上。主战的帝党，不明敌情盲目自信，一味主战，背后希望借此机会夺权；主和的后党，实际控制朝权，为巩固和扩大自己的权势，消极备战、迎战，力主调停。湘、淮两党不顾外敌压境，在窝里斗方面不遗余力，尤其是在用人打仗上甚至到了赌气用事的地步，非我族类，一概不用。

大敌当前，需要上下一心，号令一致，令行禁止，政令、军令畅通无阻，但当时的清廷，君臣各有盘算，导致有令不行、有禁不止。大东沟一战，北洋水师惨败，李鸿章奏请南洋水师支援，朝廷下旨："暂调'南瑞''开济''寰泰'三船迅速北来助剿。"两江总督、南洋大臣刘坤一以"东南各省为财富重地，倭人刻刻注意"为由拒绝。旅顺陷落前夕，湖广总督署两江总督、南洋大臣张之洞一面积极表态："舍此四轮亦所不计矣！"同时又自贬南洋官兵："皆不得力，炮手、水勇皆不精练，毫无用处，不过徒供一击，全归糜烂而已，甚至故意凿沉搁浅，皆难预料。"要求北洋派人，"将此四轮管带全行更换"，故意为难北洋，最终未派船舰助战北洋。自古以来，文官不敛财，武官不怕死，则国固邦安，而此时的朝野上下，腐败盛行，上下其手，中饱私囊，恣意挥霍享受。光绪七年至十七年，北洋水师购买9艘军舰花费1100万两白银，而被中饱私囊的却有2580万两白银，是实际花费的2倍还要多。李鸿章有一次在听取下属汇报："内务府账目皆系伪造"之时，感叹"大清每年的银子，十之有一用在正经的地方就不易了"！法规制度形同虚设，日渐崩坏，连水师提督丁汝昌也不遵守《北洋海军章程》"总兵以下各官，皆终年住船，不建衙，不建公馆"的规定，在刘公岛盖铺屋，出租给各将领居住；一线管带走私贩运、行贿受贿，士卒之间拉帮结伙、攀亲结贵。如此景象，已是腐败入膏肓。谭嗣同在临刑前呐喊："有心杀贼，无力回天！"那是对整个腐朽腐败体制机制的无奈。

此时非彼时，来时非今时。历史是惊人的相似，但历史从来又不完全相同，历史表面上的相似往往掩盖了其间的巨大差别。那个甲午，是封建王朝的家天下，今天，我们是共产党领导下的人民当家作主的社会主义国家。那个时候，腐败是王朝的腐败、制度的腐败、彻底的腐败；今天，我们也有腐败，但是今天我们完全有能力自我完善，解决自身的问题。我们要从历史当中得到警醒，而不能悲观消极、造成误判。今天的中国，有着坚强的领导核心，强大的民族团结，积累了深厚的发展基础。走出甲午，我们要把一切着眼点放在实现中国梦、强军梦上，放在推进和维护世界和平上，放在实现共产主义伟大理想上。要相信中国共产党的正确领导和战略定力，相信全国各族人民的强大向心力、凝聚力，增强我们的道路自信、理论自信、制度自信。

要高举和平发展大旗，以应有的大国心态、全球视野，在国际竞争的大棋局中，审时度势、纵横捭阖，信心满怀地开创中华民族幸福美好新时代。

2. 经验主义是创新发展的大忌，摆脱羁绊一定要超越思维定势。

近代中国，闭关自守，虽然国门被列强洞开，"睁开眼睛看世界"逐步成为上下共识，但甲午战争前后，"中体西用"的思维仍主导整个朝野。经历了明治维新的日本，迅速崛起，已经成为东亚具有扩张野心的资本主义强国，而此时的大清朝，依然以"天朝上国"傲视"蕞尔小邦"。在军事战略指导上，更是没有方向。日本早已把目光盯在东亚大陆，在1887年就制定了《清国征讨策案》，1889年就建立了国家动员体制，甲午战争前，已经做出媒体管控和占领区行政机构的设立方案，开战只缺一个时机。而大清朝野，几乎没有人相信日本敢于来犯，即使主导洋务、左右朝政的李鸿章也认为"倭人为远患而非近忧"。

在推进军事变革上，只引进装备不改变制度。日本按西方军制全面改造军制，从作战指挥、军事训练、勤务保障等方方面面实现了近代化。而清军还是沿用冷兵器时代的制度机制，用管理陆军的办法管理新式海军，虽然进口了大炮军舰，制造了一些武器弹药，也换了军装，训练了新军，但总体上在军队军制、军事指导和作战方法上远远落后。在战略预判、有针对性备战上铸成大错。日本提前十几年就开始战前情报准备，日本天皇亲自接见间谍，民间人士九死一生充当间谍，他们冒着生命危险，把中国里里外外摸得一清二楚，甚至比中国人还了解中国。相反，清政府不屑于搞情报，老百姓没兴趣搞情报，夜郎自大、淡漠国事是当时举国上下的普遍心态。当时虽然引进了电报，但无法杜绝谎报军情，战争中弥天大谎脱口而出，上行下效乐此不疲，先进的电报只是加快了谎言传播的速度。

在发展装备上跟进意识不强，不适应紧迫战争准备需求。1890年，北洋水师2000吨位以上的战舰有7艘，总吨位2.7万多吨，日本海军2000吨位以上的战舰有5艘，总吨位1.7万多吨。而到了甲午战争前夕，日本海军的总吨位达到了6万余吨，北洋水师却没有增添任何舰只，且舰龄渐渐老化，与日本新添的战舰相比，火力弱、射速慢、航速迟缓。而且北洋水师的舰上火炮，炮弹不足，质量不好，型号不一，有药无弹、有弹无药的问题突出，有的打不响，有的中敌舰而不炸，有的根本无法装入炮膛。黄海海战前半个月，英国人、中国海关总税务司赫德在一封信中说："当前的难题是军火……汉纳根（北洋舰队的德国军事顾问）已受命办理北洋防务，催办弹药……他想凑集能打几个钟头的炮弹，以备作一次海战，在海上拼一下，迄今无法到手。最糟的是恐怕他永远没有到手的希望了！"

主观主义、经验主义永远是新生事物的绊脚石。100多年来，世界军事变革一刻也没有停止。我们要汲取历史惨痛教训，用敏锐的思维、宏阔的视野感知世界、跟进变革。海湾战争以来，战争形态和样式急剧变化，美军近年来相继提出"网络中心战""空海一体战""全球军事打击"等军事战略，军事指导理论变化之快前所未有。我们既不能原地踏步，也不能亦步亦趋地追赶，而要立足自身条件，搞清楚强敌是谁、从哪里来、用的什么武器、软肋是什么，有针对性地进行战争准备，充分发挥我们的优长，瞄准敌人的死穴，只要敌人敢于来犯，就要确保来之能战，战之必胜。人在战争胜负中始终起决定作用，但这种决定作用主要是在战前而不是在战中，在战前的充分备战中拥有和掌握先进武器。没有最先进的武器，即使训练水平再高，也很难战胜凶恶的、用最先进的武器装备武装起来的敌人；即使打了胜仗，也会作出巨大牺牲，付出极大代价。我们抗日战争的胜利，付出了2000多万的生命。在现代战争条件下，以劣胜优、以弱胜强，概率并不是很高。特别是当我们有条件有能力把武器装备搞上去并取得优势的情况下，就更不能固守以劣胜优的格局，而要谋求以优胜优、以优胜劣。这样取胜的把握更大，代价最小。我们还要超越以怀柔对恶敌的思维定势，在国家主权、尊严、利益受到侵害的时候，哪怕是经济发展受损甚至停顿下来，哪怕是与敌人同归于尽，也要有血战到底的意志决心！实践证明，你如果顾虑重重、怕这怕那，是不可能成为强国的，最终还是要回到落后挨打的原点，甚至比原点更糟糕。

3. 当前的威胁主要来自海上，应对挑战一定要超越大陆。

在中国2000多年的封建统治史上，都是逐鹿中原争夺王权、巩固政权，历代统治者从来都仅仅是把海洋作为天然屏障，从不予以重视。1840年，英国舰队从海上打开了中国国门，列强随之破浪而来，清政府仍没有意识到这是一个海权时代的到来，迟迟不能超越大陆意识、陆战思维，造成战略视野狭隘、军事指导落后、装备发展迟滞，成为最终彻底失败的重要因素。

一方面，长期不重视发展新军种。直到1874年，日本侵犯台湾后，朝野大惊，才引起了一场海防大讨论，李鸿章上了一道《筹议海防折》，充分陈述了海军海防问题的重要性、迫切性，进言呼吁购买铁甲巨舰，但清政府不以为然，未予采纳。1884年，好不容易建起来的福建水师在中法战争中全军覆没，光绪帝才颁布"惩前毖后，自以大治水师为主"的上谕，成立了海军衙门，组建北洋水师，但投入远远不够。截止到甲午战争爆发前，李鸿章用于修筑炮台、船坞和筹建海军购买舰船的费用总计3500万两白银，仅占同期清政府财政开支的2%，远远低于同期陆军的军费开支，同时，清政府依靠少得可怜的关税厘金来维持海防建设，拆东墙补西墙。另一方面，没有海权思想，没有清晰的建设运用海军的战略思路。长期固守"以陆制海""陆主海从"的作战思想，认为"战不如守，而守即为战"，列强虽从海上来，但"不必与战于海"，而应"不争大洋冲突，只专海口严防"，仅仅视海军为专防内地向海口防御的延伸，加之重臣把保存军事装备作为扩张政治势力的资本，又延伸出所谓"保船制敌，避战保船"狭隘消极的治军作战指导思想。

近代以来，外国对我国的侵略主要是从海上来的，现在我们的主要威胁也来自海洋，海洋已经成为我们的最大风险点和战略竞争点，许多的矛盾、问题都聚焦在海洋上。我们迫切需要增强海权思想和夺取海权能力，对我们主张的海域具有更强的甚至是绝对的掌控力。我们需要建设海洋强国，但海洋不是孤立的，我们不能简单地、机械地由海洋到海洋，要认识到，海洋是陆地的延伸，空天是陆海的延伸。没有空天的优势就没有海洋和陆地的优势，没有制空权、制天权，就没有制海权、制陆权。毫无疑问，在战争的威胁更多来自毫无边界的太空的时候，我们必须考虑到建设空天强国。很难想象，一个没有制空权、制天权的国家，能够建设起海洋强国，能够在海上打胜仗。我们总结吸取甲午战争教训，不能得出只需要加强海上力量建设而不必继续巩固陆基力量，特别是加大空天力量建设的简单化的结论。如果是那样，我们不但不能从甲午战争失败中得到启迪和智慧，反而会加重我们的落后，带来新的更深重的灾难。

4. 战争是国家综合实力的较量，建设现代化强军一定要超越军队。

战事之败败在军，军队之败败于国。国家战略的失败是最大的失败。甲午战争爆发前，国情是中劣日优，战争准备是日本准备充分，中国仓促应战；日本政权稳固，中国政权动摇；日本民族统一，中国一盘散沙。国力是中强日弱，军力是中弱日强，清朝的财政收入大约是日本的3倍，但在军费投入上却不及日本。日本军费投入占财政收入的30%—40%，多数用在发展海军，而清政府用于海军的投入仅占财政收入的2%，在投入上相差巨大。

对发展现代国防，清廷大臣出于政治斗争考量，相互杯葛，各执己见。甲午战争爆发前3年，右翼总兵刘步蟾已发现北洋水师战斗力远不如日本，向李鸿章疾呼"添船换炮"，而朝野人士皆不以为然，户部尚书翁同龢置若罔闻，决定海军经费停拨两年，甚至把750万两能够添置280门速射炮的海军经费挪作他用。原本打算购买英国当时在世界上活力最强、航速最快的巡洋舰，因经费短缺而被日本抢先买走，这艘被日本命名为"吉野"号的战舰最终成为海战中北洋水师的克星。甲午战争后，清政府赔款2.3亿两白银。战前少投入750万两。战后赔款加向英法借债，合计6亿两，仅钱款一项损失收益就是1:800的关系。

由于尖锐复杂的社会矛盾造成社会动员严重乏力。晚清末年，因朝廷残酷镇压太平天国农民起义和各地的暴动，当外敌入侵、民族矛盾上升为主要矛盾的时候，清政府无法、无力统一国家意志，凝聚人民力量。在国家兴废存亡的关头，朝廷既无权威调动南洋水师参战，也没能力发动全民抗战，地方官府贴出告示，对老百姓诱之以利，许诺"助官抗日，可免三年钱粮"，但仍得不到响应，唤不起斗志。战争爆发时，著名人物冯玉祥正在保定当兵，他记录下了当所在部队奉命调往大沽口防御日军时的情景："官兵们骇得失神失色"，"部队开拨时凄惨一片"，"男女老幼奇哭怪号声震云霄"，"不明底蕴的人以为谁家大出殡，惊动了这么多人哭送，绝对想不到这是军队开拨去抵御敌人。为民族争生存、为国家争荣耀，所谓国家观念、民族意

走进甲午，是为了走出甲午 / 481

逃离战乱的旅顺难民无家可归

识在他们是淡薄到等于没有的"。战争时，《旧金山早报》记者采访了在旧金山经商或做苦力的华人，他们都不关心战争，对2000名清国海军官兵死亡更是无动于衷。梁启超曾经在日本亲眼目睹了日本国民踊跃参军的场面："亲友、宗族把送迎兵卒出入营房当作莫大的光荣"，"那光荣的程度，中国人中举人、进士不过如此"。对于日本军人的"祈祷战死"，连梁启超都"矍然肃立，流连而不能去"。

总结甲午教训，就要把国防和军队建设放在整个国家发展的大局下考量，举全党全国之力，而不是单单靠军队，国防工业的发展、科学技术的进步、社会风气的好转、兵员来源的优化、全社会国防意识的增强，都是不可或缺的因素，尤其要处理好国防建设与经济建设的关系，充分认清强军是强国的重要组成部分。强军是唯一选择，要么强军，要么挨打，二者必居其一。强军不仅保护经济，还创造经济。

军事对经济具有巨大的引擎作用，不仅仅是国家安全力量的支撑，也是经济发展的强大动力，最先进的科技、最高端的领域往往是从军事领域开始的。因此从一定意义上讲，发展军事就是发展经济。在合理的区间内增加国防投入，不但不会削弱经济，反而会增大经济发展的动力和保持经济的可持续发展，并带动产业结构的调整升级。必须看到，在特殊情况下，增强军力，比增加经济力更重要。我们永远不能让甲午失败的悲剧重演。

中华民族饱受战争的灾难，近代以来，经历了两次鸦片战争、中法战争、甲午战争、八国联军侵华战争、抗日战争、抗美援朝战争，如果我们还对战争麻木不仁，我们这个民族就是一个不可救药的民族。必须以整个国家的意志和力量，万众一心抓战备搞国防。

5. 军国霸权的疯狂性、危险性往往超过想象，战胜强敌一定要超越国界。

帝国主义为了争夺霸权，争夺势力范围，不讲规则，不择手段，灭绝人性，给受害国带来深重灾难。据英国国际公法学者胡兰德博士的记载，日军攻陷旅顺后，在城内进行了4天3夜的屠杀、抢劫和强奸，死难者2万人，只有埋尸的36人幸免遇难。英国人艾伦《在龙旗下》和美国记者克里曼记载了一幕幕惨无人道的场景："他们野蛮地屠杀非战斗人员和妇女儿童，遍地躺卧着肢体残缺的尸体"，"用刺刀穿刺妇女的胸膛，将幼儿串起来挑向高空"，更惨的是"有一家炕上母亲的身边围着四五个小孩，小的还在吃奶就被捅死了，枪声、呼喊声、尖叫声、呻吟声到处回荡"。

甲午战后，一纸不平等的《马关条约》毫不留情地把中国的土地割去、白银拿去，中断了中国近代化进程，使中国跌进半封建半殖民地的深渊。之后，西方列强兴起瓜分中国热潮。

当前，日本军国主义势力重新抬头，不断发出危险信号，频频采取军事挑衅行动，这种亚战争状态，是军事手段的别样运用，是没有打响的战争，即隐形战争。我们一定要意识到，战争已逼近我们家门口，危险、危机已经到来，决不能高枕无忧，再一次沉睡过去。应该看到，目前日本所作所为日益背离理性、走向失控。安倍叫嚷"中国同日本和其他亚洲邻国的冲突是根深蒂固的需求"，"日本将阻止中国掠夺他国的领土"。随着日本在军国主义的道路上越走越远，我们应有兵临城下的危机感，不能等到开火才认为是战争到来，必须充分准备，做好打恶仗、打硬仗的准备。军国主义是亚洲及世界公敌，其侵略性、残酷性、破坏性远未被世人认识到。军国主义的复活和猖狂有其自身根源，同时也与我们应对军国主义的军事斗争准备不够充分、军力还不够强大有着重要关系，一旦正义力量强大起来，军国主义将会不打自倒、不灭自亡。军事强大是对付军国主义的最好的选择。除了军事，其他任何力量在军国主义面前都苍白无力，无论是经济的、外交的，还是民间的、文化的方式，统统都解决不了根本问题。只要军国主义处于强势优势，你压不倒它，它就一定会侵略、践踏、毁灭你，这一点务必清醒认识到。如果日本好战分子再次对我挑起战争，我们要勇敢面对，并把它作为一种特殊机遇用好。中国要站在世界反军国主义的最前列，并带动整个亚洲及世界反法西斯力量，共同消灭军国主义残余，彻底铲除其根苗。这是为了中国、亚洲、世界和平，也是为了日本自身利益。今天的世界比以往任何时候都联系更加紧密，你中有我、我中有你。现代信息化战争，尽管多是局部战争，但仅靠一国的力量，并无胜算；即使取胜，也承载过大，损失过重，利益攸关者、利益共同体紧密联合变得尤为迫切，不管你愿不愿意。这和结盟很不一样，我们坚持不结盟，但必须谋求建立世界统一战线，联合一切可以联合的正义力量。在第二次世界大战中，如果没有利益攸关者、共同体的联合作战，反法西斯的战争是不可能取得历史性胜利的。相反地，法西斯主义者恶性膨胀，到处发动战争，就是因为在此之前弱小的、正义的、和平的利益攸关者联合意识不强、觉醒不够，在力量弱小和松散的局势下，被法西斯一个一个吃掉、一个一个践踏。欧洲是这样，亚洲更是如此。日本侵略者是那样地疯狂，铁蹄践踏了亚洲大部分土地，到处屠城，被侵略的国家各自为战，战争初期吃了大亏。马克思曾经号召，"全世界无产者联合起来"。我们今天需要把全世界正义者、和平者联合起来，高举和平发展大旗，共同反霸权、反强权、反侵略、反"三种势力"。

　　反思甲午战争，我们可以得出这样的结论：腐败必亡！弱军必败！怯战必溃！

出版后记

由新华社解放军分社与参考消息报社联合组织策划的"军事名家的甲午殇思"系列30篇长文,自2014年3月3日至4月11日在《参考消息》上刊发后,引发了社会各界的广泛关注和热烈讨论。很多读者或来电来函,表达感受体会;或在微博上转发评论专题文章;还有读者非常认真地撰写长文参与讨论。互联网上的点击率持续攀升,截至4月12日,各类信息转载、跟帖超过8000万条。

长期以来,甲午战争一直是中国学界、军界和社会大众研究讨论的重要课题。这组系列文章,旨在集纳军事名家从不同侧面研究甲午战争的学术观点和研究成果,供各界了解、参考和探讨。文章的作者有长期从事军事学术研究的专家、学者,有军队中高级领导干部,还有基层部队的一线指挥员。在长达一个多月的时间里,他们从各自的角度,对120年前的那场战争,进行了多层次、多领域的深入思考,范围涉及政治、经济、军事、外交、民族和文化等诸多方面,引领《参考消息》的数百万读者穿越于历史与现实之间,在耻辱和激愤中迸发民族的血性和荣光。

由于各位军事名家掌握的历史资料多寡不一,认识上难免存在差异,所以在其文章中,对于同一问题、同一人物评价有差异,甚至可能对基本史实的认识也会有所不同。在出现这种情况时,我们均尊重作者的个人观点。我们认为,反思、讨论甚至争论,并不会引发混乱,反而会让我们的思想越发明晰。其中一些有较多争议的史料和观点,我们将在吸收各方意见、建议的基础上,进一步组织更大范围的专家、学者进行研讨，并将研究成果汇集整理，公开出版。

本书是在《参考消息》刊出的"军事名家的甲午殇思"系列文章的基础上，经作者和编者进行充实完善后出版的。其中3篇文章作了替换。我们特将刘亚洲空军上将的《制度·战略·信仰·国运——由甲午战争谈起》置于卷首位置代作序言，其他作者的文章再按照在《参考消息》刊发的顺序先后排列。

上海世纪出版集团和上海远东出版社领导高度重视本书的编辑出版工作，组织精干的编校力量，对书稿进行了认真的编辑加工和审校，对于书稿中存在的疑难问题，又特请军事专家和文史专家帮助审核。

由于出书时间紧促，书中难免存在错讹和不够统一的地方，敬希各界读者不吝指正，以便在重印时予以改正。

2014不是1914，更不是1894！

勿忘国耻！勿忘军耻！

又值甲午，我们知古鉴今，知耻近勇，为的就是慰军魂，聚民心，扬国威！

上海远东出版社
2014年4月18日

图书在版编目(CIP)数据

甲午殇思 / 刘声东,张铁柱主编;刘亚洲等撰.
—上海:上海远东出版社,2014

ISBN 978-7-5476-0853-1

Ⅰ. ①甲⋯ Ⅱ. ①刘⋯ ②张⋯ ③刘⋯
Ⅲ.①中日甲午战争—研究 Ⅳ. ①K256.307

中国版本图书馆CIP数据核字(2014)第073051号

甲午殇思

撰　　文/刘亚洲等
主　　编/刘声东　张铁柱
责任编辑/徐忠良　杨林成
装帧设计/熙元创享文化

出版：上海世纪出版股份有限公司远东出版社
地址：中国上海市钦州南路81号
邮编：200235
公众微信：yuandongchubanshe

发行：新华书店上海发行所　上海远东出版社
　　　上海世纪出版股份有限公司发行中心
制版：北京华联印刷有限公司
印刷：上海中华印刷有限公司
装订：上海中华印刷有限公司

开本：710×1000　1/16　印张：32　插页2　字数：396 千字
2014年4月第1版 2015年5月第11次印刷

ISBN 978-7-5476-0853-1 /G.612
定价：68.00 元

版权所有　盗版必究（举报电话：021-62347733）
如发生质量问题，读者可向印刷厂调换。
零售、邮购电话：021-62347733 转 8538